Karl-May-Studien Bd. 5
Hg. v. D. Sudhoff (†) u. H. Vollmer

Dieter Sudhoff (†) / Hartmut Vollmer (Hg.)

Karl Mays
„Satan und Ischariot"

LITERATURWISSENSCHAFT

Dieter Sudhoff/Hartmut Vollmer (Hg.)
Karl Mays „Satan und Ischariot". Karl-May-Studien; Bd. 5
1. Auflage 1999 | 2. Auflage 2012
ISBN: 978-3-86815-560-0
© IGEL Verlag Literatur & Wissenschaft, Hamburg, www.igelverlag.com
Alle Rechte vorbehalten.
Igel Verlag Literatur & Wissenschaft ist ein Imprint der Diplomica Verlagsgruppe
Hermmanstal 119 k, 22119 Hamburg
Printed in Germany

Die Deutsche Bibliothek verzeichnet diesen Titel in der Deutschen Nationalbibliografie.
Bibliografische Daten sind unter http://dnb.d-nb.de verfügbar.

INHALT

Dieter Sudhoff / Hartmut Vollmer
Einleitung 7

Helmuth Mojem
Karl May: Satan und Ischariot
Über die Besonderheit eines Abenteuerromans
mit religiösen Motiven 23

Helmut Schmiedt
Identitätsprobleme
Was ‚Satan und Ischariot' im Innersten zusammenhält 41

Werner Kittstein
„Was nun thun? War ich denn noch nicht da?"
Beobachtungen zur Erzählsituation
in Karl Mays ‚Satan und Ischariot' 62

Walter Olma
„So etwas war noch nie dagewesen"
Ein Apatschenhäuptling im Orient und andere unglaubliche Geschichten in Karl Mays ‚Satan und Ischariot' 78

Joachim Biermann
Von der Felsenburg zur wahren Heimat
Örtlichkeiten zwischen Heimat und Fremde
in ‚Satan und Ischariot' 115

Gudrun Keindorf
Schöne Männer und schmutzige Frauen
Physiognomische Phänomene als Elemente der
Charakterbildung in Karl Mays ‚Satan und Ischariot' 144

Walther Ilmer
Wirrwarr ‚in der Heimat'
Dokument einer Wende mit Folgen 180

Martin Lowsky
Strukturen des Erzählens, Sehnsüchte des Erzählers
Über die Motivreihe Gasthaus, Heim, Heimat
in Karl Mays ‚Satan und Ischariot' 217

Helmut Lieblang
„Ich war noch niemals hier gewesen"
Die Quellen zu ‚Satan und Ischariot' 234

Bibliographie 277

Dieter Sudhoff / Hartmut Vollmer

Einleitung

I

Die Romantrilogie *Satan und Ischariot* ist in inhaltlicher, formaler und textgeschichtlicher Hinsicht eines der eigenartigsten Werke Karl Mays. Ähnlich wie die Romanzyklen *Winnetou*, *Old Surehand* und *Im Reiche des silbernen Löwen* weist *Satan und Ischariot* eine kompositorische Brüchigkeit auf, die der Popularität bei den Lesern – sieht man im Falle der *Silberlöwen*-Tetralogie von der besonderen Rezeptionsproblematik des Spätwerks ab – aber offenbar keinen Schaden zugefügt hat. Dies verwundert um so mehr eingedenk der Tatsache, daß die Buchfassung des Romans im Vergleich zum Manuskript von einer Textreduktion wie kein anderes Werk Mays geprägt ist.[1]

Als Erklärung für die Brüchigkeiten im Mayschen Œuvre hat die Forschung einerseits die Konsequenz der Literarisierung eines höchst problematischen autobiographischen Stoffes und der damit verbundenen ethisch-ästhetischen Prätention genannt, sie andererseits aber auch als das Resultat spezifischer Publikationssituationen und -bedingungen begriffen. Dies trifft im besonderen auch auf *Satan und Ischariot* zu. Recht eigentlich haben wir es nämlich bei dieser Trilogie mit vier verschiedenen Textfassungen zu tun: der handschriftlichen Fassung (die heute allerdings nicht mehr vollständig erhalten ist), der ersten Druckfassung in der Zeitschrift ‚Deutscher Hausschatz', der ersten Buchfassung in der Fehsenfeld-Reihe und der späteren Buchfassung in der Radebeuler bzw. Bamberger Reihe, in der 1997 auch separat das in allen Publikationen des Romans fehlende Kapitel *In der Heimath* erstmals nach dem Text des Manuskripts veröffentlicht worden ist.

Der Roman erschien im Regensburger ‚Deutschen Hausschatz' zwischen 1893 und 1896 zunächst in Form von drei zusammenhängenden Reiseerzählungen unter den Titeln *Die Felsenburg* (Jg. 20, Nr. 1-52, Oktober 1893 bis Oktober 1894), *Krüger-Bei* (Jg. 21, Nr. 1-33, Oktober 1894 bis Mai 1895) und *Die Jagd auf den Millionendieb* (Jg. 22, Nr. 1-46, Oktober 1895 bis August 1896). Zugrunde lag dem Zeitschriftendruck ein Manuskript von 4.269 Seiten (die fortlaufende Numerierung des Manuskripts endet mit Seite 4.270, wobei May die Seite 1.898 jedoch ausgespart hat).[2] Erhalten geblieben, aufbewahrt im Archiv des Karl-May-Verlags in Bamberg, sind die Manuskriptseiten 1.679 bis 2.040, 2.101 bis 2.182 und (bis auf wenige fehlende Einzelblätter) 2.889 bis 4.270.[3]

Mit der Niederschrift des ersten Roman-Teils, *Die Felsenburg*, begann May vermutlich im Mai 1891. Bis Ende des Jahres war nicht nur diese Erzählung abgeschlossen, es lag auch bereits ein beträchtlicher Teil von *Krüger-Bei* vor, und zwar das ‚Erste Capitel' *In der Heimath* (beginnend mit der Manuskriptseite 1.679)[4], das in der Publikationsgeschichte der May-Texte eine besondere Bedeutung gewinnen und zum Exempel der brüchigen Komposition von *Satan und Ischariot* werden sollte.

Wie bei den voraufgegangenen ‚Hausschatz'-Erzählungen *El Sendador* (*Lopez Jordan / Der Schatz der Inkas*, 1889-91) und *Der Mahdi* (*Der Mahdi / Im Sudan*, 1891-93) plante May ursprünglich ein zweiteiliges Erzählwerk, das sich über zwei Jahrgänge der Zeitschrift erstrecken sollte. Im Vergleich zur *Felsenburg*-Erzählung überschritt jedoch der zweite Teil sowohl quantitativ als auch bezüglich der Handlungsschauplätze unversehens den anfänglich gesteckten Rahmen. Diese Formsprengung zeigte sich bereits in der Struktur der Kapitel. Während die 1.678 Manuskriptseiten der *Felsenburg*-Erzählung im ‚Hausschatz'-Druck in vier Kapitel eingeteilt waren (*Der Mormone, Ein Teufelsstreich, Auf der Spur* und *Unter der Erde*)[5], umfaßten die nachfolgenden 2.591 Manuskriptseiten von *Krüger-Bei* lediglich drei Kapitel, von denen allein das mit ‚Schluß' überschriebene ‚Cap. 3' (im ‚Hausschatz' dann als dritter Roman-Teil unter dem Titel *Die Jagd auf den Millionendieb* veröffentlicht) 1.382 Seiten aufwies. Ebenso merkwürdig mutet die Titelgebung des zweiten Teils an, der nach der „Reiseerzählung" *Die Felsenburg* nun als „Reise-Roman des beliebten und bekannten Erzählers Dr. Karl May" angekündigt und abgedruckt wurde: Die Titelfigur Krüger Bei, die schon aus der Erzählung *Der Krumir* (1882) und dem Kolportageroman *Deutsche Herzen, deutsche Helden* (1885-87) bekannt war, tritt nur auf knapp einem Fünftel der 2.591 Manuskriptseiten in Erscheinung, noch dazu in einer eher untergeordneten Bedeutung.

Solche kompositorischen Unstimmigkeiten deuten darauf hin, daß sich der Schreibprozeß Mays von der ursprünglichen Erzählidee und -konzeption offenbar entfernte oder sich gar – im Sinne einer psychischen Entlastung – gewissermaßen von ihr ‚befreite'. So läßt die Titelgebung des zweiten Roman-Teils vermuten, daß May der Figur Krüger Beis zunächst eine zentrale Funktion zugedacht hatte, wodurch auch der Afrika-Teil einen wesentlich breiteren Raum eingenommen hätte. In diesem Zusammenhang wäre dann auch der Figur Thomas Meltons eine größere Rolle zugefallen. Beide Figurenausgestaltungen hätten die religiös-allegorische Erzählebene des Romans, die vom Titel der späteren Buchfassung proklamiert wurde, sicherlich stärker akzentuiert: Nicht nur im ausführlicher dargestellten Konflikt des Brüderpaares Harry und Thomas Melton als ‚Satan' und ‚Ischariot', sondern auch durch eine verstärkte Profilierung ihrer Gegenfigur Krüger Bei, die von May im ursprünglichen Erzählungstitel als „Herr der Heerscharen" glorifiziert wurde. Statt dessen aber gab May dem Abenteuergeschehen Priorität, auf einer rasant-bewegten und vielfarbigen Handlungsebene, die zur Bühne für die grandiosen Heldentaten Old Shatterhands resp. Kara Ben Nemsis und seines tapferen Blutsbruders Winnetou wurde und so der konfliktbeladenen ‚Old-Shatterhand-Legende' ein geeignetes Forum verschaffte. Bezeichnenderweise manifestierten sich bei dieser Abenteuer-Fixierung deutliche Bezüge zu den Kolportageromanen Mays, die er zwischen 1882 und 1887 im Dresdner Münchmeyer-Verlag veröffentlicht hatte.

Eigenartig und rätselhaft erscheint hinsichtlich der Fabel des Romans besonders der extreme Wechsel der Schauplätze zwischen Amerika, sächsischer Heimat und Orient, bei dem der edle Apatschenhäuptling Winnetou von May sogar nach Dresden und in die nordafrikanische Wüste geschickt wird. Das ursprüngliche Eingangskapitel von *Krüger-Bei*, mit dem programmatischen Titel *In der Heimath*, beruft sich im Rahmen der wilden Abenteuerexotik – rückblickend – überraschend auf einen autobiographisch vertrauten Schauplatz, der in der Vergangenheitsorientierung zugleich den Bezug zur Gegenwart des schreibenden Autors herstellt und abseits von der grellen Abenteuerszenerie eine tief melancholische Liebesgeschichte erzählt, an deren Tragik der sonst so strahlende Ich-Held eine bedrückende Schuld trägt. Welche konkreten Gründe den ‚Hausschatz'-Redakteur Heinrich Keiter (1853–1898) dazu bewogen haben, dieses Kapitel zu streichen (nachdem er sich, wie das erhalten gebliebene Manuskript beweist, zunächst an verschiedenen Kürzungen versucht hatte), wissen wir nicht. Vermutlich erschien ihm der umfangreiche *Heimath*-Text als ein allzu großer handlungsretardierender ‚Fremdkörper' innerhalb der tempo- und aktionsreichen Abenteuerfabel, den er den ‚Hausschatz'-Lesern nicht zumuten wollte.[6] Einen ersten Hinweis auf den schweren redaktionellen Eingriff, der zum Zwist Mays mit dem ‚Deutschen Hausschatz' führte, gab ein Brief Keiters an den Schriftsteller vom 30. November 1895:

An der Felsenburg, sehr verehrter Herr Doctor, habe ich nur wenige Blätter, dagegen in Krüger-Bei die ersten 300 Seiten mit Ihrer gütigen Erlaubnis ausgelassen; ich habe alles zurückgelegt, um es Ihnen gelegentlich wieder zugehen zu lassen.[7]

Tatsächlich umfaßten die ‚Auslassungen' Keiters aber insgesamt rund 440 Manuskriptseiten. Der seit kurzem erstmals vorliegende Text des *Heimath*-Kapitels in der Manuskriptfassung[8] dokumentiert eindrücklich, welchen Verlust Keiters Streichung bedeutete. Um so verwunderlicher erscheint es, daß May auch für die Buchfassung auf das Kapitel, dessen Manuskript ihm zurückgeschickt worden war, verzichtete und statt dessen eine neue Zusammenfassung schrieb, um den weiteren Handlungsverlauf erklärbar zu machen (XXI 226-230).[9] Möglicherweise war ihm selbst inzwischen klargeworden, daß die breite *Heimath*-Episode für das Tableau und die Dynamik der exotischen Abenteuerhandlung allzu störend wirkte, und überdies dürfte ihn das Kapitel, aus der kritischen Distanz betrachtet, auch an zuviel Unliebsames aus seiner Biographie erinnert haben.[10]

Sowohl mit als auch ohne *Heimath*-Kapitel war Mays ursprünglicher Plan, einen ganzen ‚Hausschatz'-Jahrgang mit dem vermutlich im August 1892 beendeten zweiten Roman-Teil auszufüllen, jedenfalls hinfällig geworden, so daß der Abdruck von *Krüger-Bei* bereits im Mai 1895 abbrach und mit der *Jagd auf den Millionendieb* im neuen ‚Hausschatz'-Jahrgang ein dritter Roman-Teil begann (Manuskriptseiten 2.889-4.270), dessen Text aber wiederum nicht für 52, sondern nur für 46 Heftnummern ausreichte.[11] Die Dreiteilung des Romans behielt May dann auch für die Buchausgabe im Fehsenfeld Verlag bei, die 1896/97 als Band XX-XXII der ‚Gesammelten Reiseerzählungen' unter dem Gesamttitel *Satan und Ischariot* erschien.[12]

Die Textvarianten zwischen dem ‚Hausschatz'-Druck und der Buchfassung sind im ganzen gesehen geringfügig[13], hinsichtlich der Kapitel hat May allerdings notwendigerweise eine neue Einteilung vorgenommen und neue Überschriften gewählt. Der ‚Hausschatz'-Text *Die Felsenburg* umfaßt in der Buchausgabe den gesamten ersten Band (550 Seiten) sowie die Seiten 1-200 des zweiten Bandes; die *Krüger-Bei*-Erzählung umfaßt die Seiten 201-540 des zweiten Bandes, wogegen *Die Jagd auf den Millionendieb* den gesamten dritten Band einnimmt (615 Seiten). In der Radebeuler und Bamberger Buchausgabe erschien die Trilogie in bearbeiteter Fassung unter den Titeln *Die Felsenburg*, *Krüger Bei* und *Satan und Ischariot*; das *Heimath*-Kapitel wurde 1927 in der Bearbeitung von Franz Kandolf unter den Titeln *Professor Vitzliputzli* und

Wenn sich zwei Herzen scheiden in Band 47 der ‚Gesammelten Werke' veröffentlicht.

Ob May den biblischen Titel *Satan und Ischariot* von Anfang an für seinen Roman vorgesehen hatte, bleibt fraglich.[14] Sicher dürfte aber sein, daß er die Abenteuerfabel ethisch und ästhetisch erhöhen, sie religiös-allegorisch fundamentieren wollte, wie etwa der ursprüngliche Manuskripttitel des zweiten Roman-Teils, *Krüger Bei, der Herr der Heerscharen*, bezeugt. Auch in der Fabel, den Figurenzeichnungen, Motivgestaltungen und Szenerien lassen sich dezidierte Belege dafür finden, und tatsächlich kann man sogar so weit gehen, in diesem Werk „ein in populärer Ausdrucksform dargebotenes Mysterienspiel" zu sehen, das bereits auf Mays großes symbolisches Alterswerk *Ardistan und Dschinnistan* vorausdeutet.[15] Andererseits sind jedoch auch die Affinitäten zur Kolportage unverkennbar, wodurch sich die Trilogie als ein wichtiges Werk einer ‚Zwischen-' oder ‚Übergangsphase' im Schaffen Mays darstellt. Vor dem autobiographischen Entstehungshintergrund reflektiert der Roman deutlich Mays persönliche und literarische Identitätssuche, mit allen Irrwegen und Widersprüchen, Phantasieüberblendungen, Traum- und Traumata-Bildern. Nach der für May dunklen Kolportagezeit der 1880er Jahre etablierte er sich immer erfolgreicher als Autor exotischer Reiseerzählungen, die ab 1892 in Buchform gesammelt erschienen und den sozialen/finanziellen Aufstieg des Schriftstellers ermöglichten. Für diesen Erfolg, der zugleich eine Erlösung aus leidvoller Vergangenheit bedeutete, verband sich May, geradezu manisch, ganz und gar mit der Phantasiewelt seiner Bücher, indem er die verhängnisvolle Identität seines Ich-Helden annahm und sie nun offen deklarierte, im Irrglauben freilich, daß damit Traum und Realität zur Koinzidenz geführt werden könnten. Wenn er im *Heimath*-Kapitel vom „Roman des wirklichen Lebens" spricht und erklärt, „daß das Leben der fruchtbarste und phantasiereichste Romanschreiber ist, den es geben kann"[16], so artikuliert sich hier das Bewußtsein einer engen Verflechtung von Literatur und Biographie, Realität und Fiktion.

Als omnipotenter Held auf dem amerikanischen und orientalischen Abenteuerschauplatz, als gelehrter Mann mit Doktortitel in der sächsischen Heimat auftretend, präsentiert sich uns der Ich-Erzähler in einer Rolle, die bis an extremste Grenzen getrieben wird. *Satan und Ischariot* zeigt sich wie ein Experimentierfeld, auf dem der Autor das Phantasie-Schauspiel durch Zusammenfügung der amerikanischen und orientalischen Abenteuerwelt und durch gleichzeitige Verknüpfung mit der Heimat des realen Lebens im wahrsten Sinne *übertreibt*. May versucht dabei zu veranschaulichen, daß der reputable Bürger in der Heimat und der imposante Held in der Fremde keine Gegenfiguren sind, sondern daß sie im schreibenden/erzählenden ‚Ich' zur Identität finden. Betrachtet man wiederum den autobiographischen Hintergrund der Trilogie, so überrascht es nicht, daß die Fixierung auf den materiellen Reichtum, die ‚Jagd auf die Millionen' die dominanten Handlungsmotive sind, die das höhere Anliegen des Romans immer wieder, verstärkt im zweiten und dritten Teil, beiseite drängen. Die Demonstration des Verhängnisses von Reichtum, Geldgier und Großmannssucht – protagonistisch figuriert im diabolischen Harry Melton, seinem Bruder Thomas und Neffen Jonathan sowie in der dämonischen Judith Silberstein – verweist indes stetig auf eine metaphysische Ebene des Werks. Wie May zur Entstehungszeit von *Satan und Ischariot* eindringlich erfuhr, ließ sich seine Sehnsucht nach bürgerlicher Reputation nur durch den materiellen Erfolg verwirklichen, das hieß im konkreten: May mußte aus seinem Schreiben möglichst viel Kapital schlagen. Die ‚Vielschreiberei' oder literarische ‚Überproduktion', die ihm unter ästhetischem Aspekt oft zum Vorwurf gemacht wurde, ist – neben der schreibpsychologischen Motivation – als ein Resultat dieser Erkenntnis zu sehen. Als May im Januar 1896 die Villa „Shatterhand" in Radebeul bezog, war dies ein augenfälliger Akt, das Ziel des gesellschaftlichen Aufstiegs endlich erreicht zu haben, wobei die Titulierung des neuen, prächtigen Domizils einen Versuch darstellte, das materielle ‚Prestigeobjekt' mit der immateriellen Phantasiewelt zu verbinden, es gewissermaßen unter ihren ‚Schutz' zu stellen, vielleicht auch als stetige Erinnerung an die literarischen Wurzeln des sozialen Erfolgs. Letztlich aber bedeutete der goldglänzende Name des neuen Existenzortes, der heimatlichen Schreibstätte, nur ein groteskes Signum für die unüberbrückbare Kluft zwischen Imagination und Realität.

Auch *Satan und Ischariot* gründet auf dieser Kluft. May hat in diesem Werk bezüglich der Ich-Identität bekenntnishaft-offen wie nie zuvor einen Realitätsanspruch seiner Reiseerzählungen erhoben, zugleich jedoch durch eine maßlose Steigerung der Abenteuerfabel diesen Anspruch unwillentlich konterkariert. Daß sich die Romantrilogie trotz der genannten zahlreichen Brüche durch eine beeindruckende erzählerische Dichte und durch spannungsreiche Rasanz und Farbigkeit auszeichnet, dokumentiert die besondere Bedeutung des Werks und gehört zum Phänomen des Autors Karl May.

II

Während der Roman *Satan und Ischariot* bei den von Winnetou und Old Shatterhand begeisterten Lesern kaum weniger beliebt ist als die beiden anderen Amerika-Trilogien Karl Mays, *Winnetou* und *Old Surehand*, gilt er in der Forschung als sehr umstritten und fand bisher überwiegend nur marginales Interesse, etwa in Untersuchungen zum realen Vorbild Krüger Beis[17], über motivische Korrespondenzen des *Felsenburg*-Teils zu den ‚Wunderlichen Fata' Johann Gottfried Schnabels von der *Insel Felsenburg*[18], zu den konträren Frauengestalten Judith Silberstein und Martha Vogel[19] oder zu den hier wie sonst allfälligen autobiographischen Spiegelungen.[20] Zum Teil erklärt sich diese unbefriedigende Rezeptionslage dadurch, daß man ohnehin lange Zeit meinte, dem Verständnis Karl Mays seien Gesamtdarstellungen dienlicher als Einzelinterpretationen seiner Werke, in denen er doch nur stets dieselben Ideen und Motive variiert habe. Wesentlicher noch dürfte in diesem Fall gewesen sein, daß die offenkundigen kompositorischen Mängel diese Reiseerzählung unter literarischen Gesichtspunkten so sehr diskreditierten, daß sie als Quantité négligeable beiseite geschoben wurde. Übersehen wurde dabei freilich, daß es oft gerade die Werke des Scheiterns sind, die uns einem Autor näher bringen können und in der Differenz von Anspruch und Versagen ein eigenes Interesse beanspruchen dürfen. Für Karl Mays *Satan und Ischariot* gilt dies in besonderem Maße, denn kaum irgendwo sonst bei ihm treffen die Extreme seines Erzählens, von der wildbewegten Kolportage bis zum religiösen Erlösungsmythos, so heftig aufeinander wie eben hier, und auch seine Identifikation mit dem Ich-Helden und die Fiktion des Weltreisenden hat er nirgends wieder so weit ins Absurde getrieben. Eine Rehabilitation kann und will auch unsere Aufsatzsammlung, in deren heterogenem Meinungsbild sich die Brüchigkeit des Romans selbst widerspiegelt, nicht liefern; wohl aber soll sie beitragen zum Verständnis eines Schriftstellers, der sich gerade auch in seinen Fehlern manifestierte.

Es entspricht im wesentlichen der historischen Forschungssituation, wenn mit den (hier leicht überarbeiteten) Aufsätzen von Helmuth Mojem und Helmut Schmiedt nur zwei ‚Altbeiträge' wieder vorgestellt werden, und auch diese sind derart jungen Datums, daß sie diesem Terminus eigentlich nicht entsprechen. Wenn wir dennoch auf diese beiden Arbeiten, die im *Jahrbuch der Karl-May-Gesellschaft* (1989 resp. 1996) leicht zugänglich sind, nicht verzichten wollten, so deshalb, weil sie je in ihrer Art, noch dazu in prägnanter Kürze, grundlegende Einsichten in das Textgefüge des Romans vermitteln und sich so auch als einführende Lektüre besonders empfehlen.

Helmuth Mojem erkennt in *Satan und Ischariot* die schon vom Titel evozierte *Besonderheit eines Abenteuerromans mit religiösen Motiven* und weist nach, wie es May bereits in dieser Reiseerzählung darum ging, die beiden im Grunde gegenläufigen Komplexe abenteuerlichen Fabulierens und religiöser Sinngebung miteinander zu verbinden, ohne daß ihm dieses waghalsige, vor allem im *Felsenburg*-Teil evidente Unternehmen wirklich gelungen wäre. Allzu aufgesetzt noch wirkt die christliche Emblematik der spannenden Romanhandlung, und als habe May dies selbst empfunden, verliert sie sich in den Folgeteilen *Krüger-Bei* und *Die Jagd auf den Millionendieb* auch immer mehr und tritt wieder zurück hinter einen wildbewegten Aktionismus. Erst in der *Old Surehand*-Trilogie (1894-96), besonders im letzten Band, sollte es zu einer echten Durchdringung der gegensätzlichen Sphären kommen[21], und erst im allegorischen Spätwerk dirigiert das religiös-weltanschauliche, nun überkonfessionelle Anliegen die Handlungsführung selbst. Immerhin etabliert die religiöse Leseebene bereits *Satan und Ischariot* als ein Werk des Übergangs zu einer neuen Literaturkonzeption und hätte also schon deshalb größere Beachtung verdient als dies bisher geschah.

Es liegt nahe, hinter der unentschiedenen Ambivalenz von Abenteuer und Religion im *Satan*-Roman eine Persönlichkeitskrise des Autors zu vermuten, der sich im Spannungsverhältnis zwischen den eigenen Ansprüchen und den Bedürfnissen seiner Leser unsicher über sein Rollenverständnis geworden war. Um so mehr zeugt es von der genuinen Erzählerbegabung Mays, daß er nicht in eine Schreibkrise geriet, sondern vielmehr das sich ihm selbst stellende Identitätsproblem zu einem zentralen Thema seines Romans machte. Wie Helmut Schmiedt auf überzeugende Weise darlegt, ist es „der aufwendige und folgenreiche Umgang mit dem Identitätsproblem", was ‚Satan und Ischariot' trotz der sonstigen Brüchigkeit *im Innersten zusammenhält* und sowohl seine Makro- wie seine Mikrostruktur bestimmt. Mag das Spiel um Masken und Rollen bei May auch sonst virulent sein, so hat er es doch selten derart auf die Spitze getrieben wie hier, wo noch die Identität des Textes selbst im Ungewissen bleibt – ein Merkmal nebenbei, das den vordergründigen Abenteuerroman überraschend nahe an die Literatur der Moderne rückt und so ein weiteres Mal als ‚Übergangswerk' erscheinen läßt.

Als „Schwellentext im Gesamtwerk Mays" wertet auch Werner Kittstein, dessen *Beobachtungen zur Erzählsituation* die Reihe der eigens für diesen Studienband geschriebenen Beiträge einleitet, die Trilogie *Satan und Ischariot*. In ähnlich textinterner Perspektive wie Helmut Schmiedt untersucht Kittstein die Stellung des charismatischen Helden zu seinen Gefährten, die in ihrer Gefährdung hier nicht nur Konsequenzen für die Handlung, sondern selbst noch für die Erzählweise zeitigt. Die auffällig kritische Haltung der Begleiter veranlaßt den Protagonisten nicht allein zu immer neuen und stärkeren Beweisen seiner Omnipotenz, sie irritiert auch die behauptete Gleichung von Held, Erzähler und Autor, bis hin zum Bruch der an sich konstitutiven Ich-Erzählsituation. Ob man im Verstoß gegen den narrativen Modus tatsächlich eine erzähltechnische Innovation sehen kann, ein „Zeichen erzählerischer Freiheit und künstlerischer Qualität", oder nicht doch eher das Resultat einer Ich-Diffusion, werden wohl erst Vergleichsstudien ergeben, für die Kittsteins Aufsatz eine wesentliche Diskussionsvorgabe leistet.

Im positiven Sinne provokant könnten die Wertungen Walter Olmas wirken, dessen kritischer Blick dem *Apatschenhäuptling im Orient und anderen unglaublichen Geschichten* gilt. In seiner Untersuchung läßt er keinen Zweifel daran, daß er den *Satan*-Roman unter literarischen Aspekten für insgesamt mißlungen hält. Auch wenn man sich diesem radikalen Urteil nicht anschließen will, macht Olma in seiner Betrachtung der sich hier wie selten sonst in den Reiseerzählungen häufenden Skurrilia doch überzeugend einsichtig, daß Mays in der Trilogie noch einmal durchbrechende Tendenz zur Sensation und grotesken Übersteigerung ihn in die Nähe der Trivialliteratur rückt und vor allem auch seiner eigenen Realitätsbehauptung zuwiderläuft. Die doppelte Intention, das persönliche Ich zu überhöhen und zugleich ein sensationsgieriges Publikum zu befriedigen, mußte letztlich zur Überspannung des Erzählbogens führen und damit zu einer erzählerischen Neukonzeption, deren erste Ergebnisse sich dann in den neugeschaffenen Teilen der Trilogien *Winnetou* und *Old Surehand* zeigten und ihren Höhepunkt im Roman *„Weihnacht!"* fanden.

Joachim Biermann räumt dem *Satan*-Roman deshalb eine „Sonderstellung" ein, weil in ihm Bauwerke und Behausungen eine für die ansonsten eher Naturszenerien imaginierenden Amerikaerzählungen ungewöhnlich dominante Rolle spielen. *Von der Felsenburg zur wahren Heimat* besichtigt Biermann die *Örtlichkeiten zwischen Heimat und Fremde* und stellt dabei auffällige Parallelen zu Mays Kolportageromanen wie auch zu seinem Spätwerk fest, die einmal mehr die Ambivalenz gerade dieser Reiseerzählung demonstrieren. Über diesen Befund hinaus bietet der Aufsatz eine nahezu vollständige Topographie des Romans, wie es sie in solcher Ausführlichkeit und existentiellen Ausdeutung wohl noch zu keinem anderen Werk Karl Mays gegeben hat, und ist damit ein glänzendes Beispiel auch für künftige Untersuchungen auf diesem lange Zeit vernachlässigten Gebiet.

Schöne Männer und schmutzige Frauen nimmt Gudrun Keindorf in ihren Blick, wenn sie die *physiognomischen Phänomene* der Romanfiguren als *Elemente der Charakterbildung* beschreibt. Zwar ist die prinzipielle Bedeutung, die May der Physiognomik bei der Konstruktion seiner Gestalten beimaß, seit langem bekannt, in ihrer Funktionalität für ein Einzelwerk aber wurde sie bisher kaum einmal mit solch systematischer Gründlichkeit untersucht. Umgekehrt dürften wesentliche Erkenntnisse Keindorfs, etwa zur Hierarchisierung, zur physiognomischen Veränderung oder zur Disharmonie zwischen Charakter und Erscheinung, von grundsätzlicher Relevanz auch für andere Werke Mays sein, so daß wohl generell das Vorurteil zu revidieren wäre, der Schriftsteller habe seine Traumfiguren eindimensional nach stereotypen Mustern gestaltet.

Vor allem mit ‚schönen Frauen' wie Martha Vogel und Klara Plöhn beschäftigt sich Walther Ilmer, wenn er den *Wirrwarr ‚in der Heimat'* durchleuchtet und das in seiner authentischen Fassung über hundert Jahre lang unbekannte Kapitel *In der Heimath* als autobiographisches *Dokument einer Wende mit Folgen* deutet. Ob diese Episode literarisch wirklich so mißlungen ist, wie Ilmer konstatiert, oder ob sie in der Mischung burlesker und sentimentaler Motive nicht doch eine ganz eigene, ‚tragikomische' Qualität besitzt, sei dahingestellt; fest steht, daß das Kapitel mit der Haupthandlung des Romans nur sehr lose verbunden ist und vom Autor daher leicht entbehrt werden konnte – mit der merkwürdigen Konsequenz, daß *Satan und Ischariot* noch nie in der ursprünglichen Konzeption der Handschrift erschienen ist und wir strenggenommen von einem Romanfragment sprechen müßten. Ein wesentlicher Grund dafür, daß May es bei der unvollständigen Fassung beließ, dürfte die eminente Autobiographik der *Heimath*-Episode gewesen sein. So ist es nicht nur legitim, sondern geradezu notwendig, daß Ilmer den Lebensspuren im Text nachgeht, mögen manche seiner Folgerungen, speziell zur Rolle Klara Plöhns, auch zwangsläufig spekulativ sein und nicht unwidersprochen bleiben. Die Forschung steht hier erst am Anfang und könnte noch so manche Überraschung bereithalten.

Sehr konkrete persönliche Erfahrungen dürfte Karl May auch mit der von Martin Lowsky untersuchten Motivreihe *Gasthaus, Heim, Heimat* gemacht haben, die in *Satan und Ischariot* von besonderem Gewicht ist. Unter literarischen Aspekten wichtiger ist jedoch Lowskys Erkenntnis, daß May dieses dem bewegten Abenteuer entgegenstehende Sujet der Ruhe zur Strukturierung seines Romans benutzt und am Ende vom irdischen ‚Heim' aus noch die Perspektive auf eine utopische ‚Heimat' eröffnet. Dem vordergründig banalen Motiv der Gasthausszenen kommt damit erzähltechnisch wie inhaltlich ungeahnte Bedeutung zu, und zwar nicht nur in *Satan und Ischariot*, wie neuerdings ein weiterer Aufsatz Lowskys zum Thema gezeigt hat.[22]

Den in jeder Hinsicht gewichtigen Schluß unseres Studienbandes bildet die Materie, mit der recht eigentlich Karl May seine Phantasiereise durch amerikanische und orientalische Gefilde begann. Helmut Lieblang stellt die *Quellen zu ‚Satan und Ischariot'* vor; dabei erschließt er nicht nur wichtige, bisher wenig oder gar nicht bekannte Baustoffe, vom Lexikonartikel über das Reisewerk bis zur Landkarte, aus denen May seinen literarischen Kosmos entstehen ließ, er vermittelt darüber hinaus grundlegende Einsichten in den Schaffensprozeß dieses Schriftstellers überhaupt. So läßt sich etwa am Beispiel der *Satan*-Trilogie Mays produktiver Umgang mit den Quellen ebenso aufzeigen wie das Nachlassen seiner Kreativität, wenn ihm solche Orientierungsmarken der Phantasie fehlten.

Auch wenn uns alle wesentlichen Interpretationsaspekte berücksichtigt scheinen, soll nicht der Eindruck erweckt werden, als sei mit den vorliegenden Beiträgen schon ein letztes Wort über Karl Mays Trilogie *Satan und Ischariot* gesprochen. Im Gegenteil will dieser Studienband zur weiteren Beschäftigung mit einem Roman anregen, der zwar unbestritten zu den schwächeren Reiseerzählungen des Autors gehört, der in nuce aber doch den ‚ganzen Karl May' enthält und in mancher Hinsicht eines seiner merk- und denkwürdigsten Werke überhaupt ist.

Paderborn, im Dezember 1999

Anmerkungen

1 Anders als bei den Kolportageromanen Mays gilt das sowohl für die erste wie für die nachfolgenden Buchfassungen von *Satan und Ischariot*.
2 Für diesen und weitere Hinweise zum Manuskript von *Satan und Ischariot* sei Walther Ilmer, Bonn, herzlich gedankt.
3 Vgl. Roland Schmid: *Nachwort zur Reprint-Ausgabe* v. Karl May: *Satan und Ischariot III*. Bamberg 1983, S. N2.
4 Das erhaltene *Heimath*-Manuskript bricht mit Seite 2.182 ab.
5 Da das *Felsenburg*-Manuskript verlorengegangen ist, läßt sich nicht genau klären, ob diese Kapiteleinteilung tatsächlich von May stammt.
6 Vgl. dazu Walther Ilmer: *Der Professor, Martha Vogel, Heinrich Keiter und Mays Ich. Zur Heimat-Episode in „Satan und Ischariot"*, T. 2. In: MKMG 48 (1981), S. 3, sowie den Kommentar von Christoph F. Lorenz in Karl May: *Old Shatterhand in der Heimat* (*Karl May's Gesammelte Werke*, Bd. 79). Bamberg, Radebeul 1997, S. 16f. Aus dem *Heimath*-Manuskript verwendete Keiter die verlorengegangenen Seiten 2.041-2.100 für den Beginn der Erzählung *Krüger-Bei*.
7 Abgedruckt bei Schmid [Anm. 3], S. N2.
8 In: Karl May: *Old Shatterhand in der Heimat* [Anm. 6], S. 21-253.
9 Zu Keiters Streichung schrieb May dagegen später in seiner Selbstbiographie dezidiert: „Ich habe Korrekturen und Kürzungen nie geduldet. Der Leser soll mich so kennen lernen, wie ich bin, mit allen Fehlern und Schwächen, nicht aber wie der Redakteur mich zustutzt." Karl May: *Mein Leben und Streben*. Freiburg/Br. 1910 (Reprint Hildesheim, New York 1975), S. 234.
10 Vgl. dazu ausführlicher den Beitrag von Walther Ilmer im vorliegenden Band sowie Hans-Dieter Steinmetz: *„Der gewaltigste Dichter und Schriftsteller ist... das Leben." Zur Deutung der Nebatja- und Martha-Vogel-Episode*. In: MKMG 40 (1979), S. 12-23.
11 Zum Titel dieses dritten Teils bemerkt Roland Schmid: „Der für Karl May völlig untypische Titel ‚Die Jagd auf den Millionendieb' stammt mit Sicherheit nicht von ihm, sondern vermutlich von Heinrich Keiter." Schmid [Anm. 3], S. N7.
12 Zur Buchveröffentlichung schrieb May in einem Brief vom 6. Oktober 1896 an Fehsenfeld: „Dafür werden wir jetzt ‚Satan und Ischarioth' in Angriff nehmen, 3 Bände, also Band 20-22. Sie glaubten, das könne noch nicht geschehen; aber der Anfang ist schon vor 3 Jahren erschienen, und der Redacteur des ‚Hausschatz' hat die Herausgabe ganz eigenmächtig so verzögert, daß Pustet mir bei seinem letzten Besuche erklärte, gegen die schon jetzige Buchausgabe weder Etwas haben zu können noch zu wollen, zumal Keiter mir Bd. III so verdorben hat, daß ich ihn umarbeiten muß." Abgedruckt bei Schmid [Anm. 3], S. N7. Die angekündigte ‚Umarbeitung' des dritten Bandes unterließ May letztlich jedoch.

13 Vgl. dazu detaillierter Ilmer [Anm. 6], S. 7-9; ders.: *Einführung*. In: Karl May: *Die Felsenburg* (Hausschatz-Reprint). Hamburg, Regensburg 1980, S. 8; ders.: *Einführung*. In: Karl May: *Krüger Bei / Die Jagd auf den Millionendieb* (Hausschatz-Reprint). Hamburg, Regensburg 1980, S. 7f.; sowie Anton Haider: *Vergleichslesung „Satan und Ischariot". Vom „Deutschen Hausschatz" zur Buchausgabe*. Oftersheim 1998.
14 Die Titelblätter des Manuskripts, die darüber Auskunft geben könnten, sind nicht erhalten; vgl. dazu Roland Schmids Überlegungen [Anm. 3], S. N6f. Hartmut Kühne geht davon aus, daß der „religiöse Titel" „erst nachträglich für die Buchausgabe geschaffen worden" ist; H. Kühne: *Satan und Ischariot I-III*. In: *Karl-May-Handbuch*, hg. v. Gert Ueding. Stuttgart 1987, S. 265.
15 Vgl. Ilmer: *Einführung* zum Hausschatz-Reprint *Die Felsenburg* [Anm. 13], S. 6.
16 May [Anm. 6], S. 21.
17 Vgl. Franz Kandolf: *Krüger-Bei und der „Vater der Fünfhundert"*. In: KMJb 1924, S. 90-104; ders.: *Sir David Lindsay und Krüger-Bei* (1937). In: KMJb 1979, S. 41-53; Mounir Fendri: *Neues zu Karl Mays Krüger-Bei. Das Manuskript des Muhammad ben Abdallah Nimsi alias Johann Gottlieb Krüger*. In: JbKMG 1992, S. 277-298.
18 Vgl. Rudi Schweikert: *Artistisches Erzählen bei Karl May: „Felsenburg" einst und jetzt. Der erste Teil der ‚Satan und Ischariot'-Trilogie vor dem Hintergrund des ersten Teils der ‚wunderlichen Fata' von Johann Gottfried Schnabel – und ein Seitenblick auf Ernst Willkomms ‚Die Europamüden'*. In: JbKMG 1992, S. 238-276.
19 Vgl. Werner Tippel/Hartmut Wörner: *Frauen in Karl Mays Werk*. SoKMG 29 (1981), S. 39-43; Steinmetz [Anm. 10]; Joachim Biermann: *Die wahre Judith. Motivverwandtschaften zwischen dem „Verlorenen Sohn" und „Satan und Ischariot"*. In: MKMG 48 (1981), S. 23-25.
20 Vgl. vor allem die Nachworte Walther Ilmers zu den beiden Hausschatz-Reprints [Anm. 13], S. 216-227 bzw. 275-285, seinen Aufsatz *Der Professor, Martha Vogel, Heinrich Keiter und Mays Ich* [Anm. 6], in: MKMG 47 (1981), S. 3-12 u. MKMG 48 (1981), S. 3-10, und das KMG-Sonderheft *Winnetou im Gesangverein. Ein Traum des Gefangenen* (1982).
21 Vgl. Martin Nicol: *Karl May als Ausleger der Bibel. Beobachtungen zur ‚Old Surehand'-Trilogie*. In: JbKMG 1998, S. 305-320.
22 Vgl. Martin Lowsky: *Die Einkehr. Zur Poetik von Karl Mays Gasthausszenen*. In: JbKMG 1999, S. 148-165; der Beitrag entstand erst nach Lowskys Überlegungen zu *Satan und Ischariot*.

Abkürzungen

Römische Ziffern beziehen sich auf die im Verlag von Friedrich Ernst Fehsenfeld, Freiburg i. Br., seit 1892 erschienene Reihe ‚Karl May's gesammelte Reiseerzählungen' (bis 1896 ‚Reiseromane'); Reprint: Bamberg 1982-84:

I	Durch Wüste und Harem, 1892
II	Durchs wilde Kurdistan, 1892
III	Von Bagdad nach Stambul, 1892
IV	In den Schluchten des Balkan, 1892
V	Durch das Land der Skipetaren, 1892
VI	Der Schut, 1892
VII	Winnetou I, 1893
VIII	Winnetou II, 1893
IX	Winnetou III, 1893
X	Orangen und Datteln, 1894
XI	Am Stillen Ocean, 1894
XII	Am Rio de la Plata, 1894
XIII	In den Cordilleren, 1894
XIV	Old Surehand I, 1894
XV	Old Surehand II, 1895
XVI	Im Lande des Mahdi I, 1896
XVII	Im Lande des Mahdi II, 1896
XVIII	Im Lande des Mahdi III, 1896
XIX	Old Surehand III, 1896
XX	Satan und Ischariot I, 1897
XXI	Satan und Ischariot II, 1897
XXII	Satan und Ischariot III, 1897
XXIII	Auf fremden Pfaden, 1897
XXIV	„Weihnacht!", 1897
XXV	Am Jenseits, 1899
XXVI	Im Reiche des silbernen Löwen I, 1898
XXVII	Im Reiche des silbernen Löwen II, 1898
XXVIII	Im Reiche des silbernen Löwen III, 1902
XXIX	Im Reiche des silbernen Löwen IV, 1903
XXX	Und Friede auf Erden!, 1904
XXXI	Ardistan und Dschinnistan I, 1909
XXXII	Ardistan und Dschinnistan II, 1909
XXXIII	Winnetou IV, 1910

KMJb	Karl-May-Jahrbuch, hg. v. Rudolf Beissel u. Fritz Barthel, 1918-19: Breslau; hg. v. Rudolf Beissel u. Fritz Barthel, 1920: Radebeul bei Dresden; hg. v. Euchar Albrecht Schmid u.a., 1921-33: Radebeul bei Dresden; hg. v. Thomas Ostwald u.a., 1978-79: Bamberg, Braunschweig; 1934-35: hg. v. Wolfgang Hermesmeier u. Stefan Schmatz, Bamberg, Radebeul 2008/2011.
KMG	Karl-May-Gesellschaft e.V. (Geschäftsstelle: Wasastraße 50, 01445 Radebeul).
MKMG	Mitteilungen der Karl-May-Gesellschaft, Hamburg 1969-2009; ab Dezember 2009 (Nr. 162) Radebeul.
SoKMG	Sonderheft der Karl-May-Gesellschaft, Hamburg 1972-2009; ab 2010 (Nr. 142) Radebeul.
JbKMG	Jahrbuch der Karl-May-Gesellschaft, hg. v. Claus Roxin, Hamburg 1970-73; hg. v. Claus Roxin u. Heinz Stolte, Hamburg 1974; hg. v. Claus Roxin, Heinz Stolte u. Hans Wollschläger, Hamburg 1975-81, Husum 1982-92; hg. v. Claus Roxin, Helmut Schmiedt u. Hans Wollschläger, Husum 1993-99; hg. v. Claus Roxin, Helmut Schmiedt, Reinhold Wolff u. Hans Wollschläger, Husum 2000-02; hg. v. Claus Roxin, Helmut Schmiedt, Hartmut Vollmer, Reinhold Wolff u. Hans Wollschläger, Husum 2003-07; hg. v. Claus Roxin, Helmut Schmiedt, Hartmut Vollmer u. Johannes Zeilinger. Husum 2008ff.

Sperrdruck (im Original) wird grundsätzlich kursiv wiedergegeben.

Vorbemerkung zur zweiten Auflage

Dreizehn Jahre nach dem Erscheinen der Erstausgabe des ‚Studienbandes' zu Karl Mays *Satan und Ischariot* hat sich bei der Planung einer Neuauflage des schon seit längerem vergriffenen Buches unweigerlich die Frage gestellt, die Beiträge des Bandes zu überarbeiten und zu aktualisieren oder sie in unveränderter Fassung neu zu veröffentlichen. Angesichts der Tatsache, dass der Band trotz neuerer Forschungsarbeiten noch immer uneingeschränkte Gültigkeit beanspruchen darf, aber ebenso in der Intention, den Charakter einer ‚historischen Dokumentation' zu bewahren – was traurigerweise auch durch den Tod des Mitherausgebers der *Studien*-Reihe Dieter Sudhoff 2007 bedingt wird –, haben Verlag und Herausgeber sich für eine unveränderte Neuauflage entschieden. Um den neuesten Stand der Forschung zu *Satan und Ischariot* zu dokumentieren, ist die Bibliographie allerdings aktualisiert worden.

H. V.   *Paderborn-Dahl, im Mai 2012*

Helmuth Mojem

Karl May: Satan und Ischariot

*Über die Besonderheit eines Abenteuerromans
mit religiösen Motiven*

Der Name Karl Mays ist längst zum Begriff geworden; die Verbindung Karl-May-Roman, vielen schon geradezu gedankenlos geläufig, bezeichnet innerhalb des breiter greifenden, wissenschaftlichen Terminus Abenteuerroman Spezifisches, dem deutschen Leser – nach den Auflagezahlen geurteilt – Teures. Fragt man, was so faszinierend daran denn sei, so kommt man weniger auf eine übergreifende Aussage, eine Botschaft gar; geschätzt werden bei May neben der spannend und phantasiereich erzählten Story vor allem seine idealen und konstanten Helden Old Shatterhand, Kara Ben Nemsi und Winnetou. Ihr Kampf mit typisierten Indianern, Westmännern oder Beduinen, der an exotischen, dem versierten Leser aber bereits wieder vertraut gewordenen Schauplätzen stattfindet, meist im amerikanischen Westen oder im Vorderen Orient, vermag ständig aufs neue zu fesseln. Und auch die Art, wie erzählt wird, ist beliebt, der Humor des Autors, seine Deutschtümelei, die sich in solcher Nachbarschaft sonderbar genug ausnimmt; noch eigenartiger, gibt's doch kaum Humorloseres, auch sein Hang zu christlich-moralisierenden Einschüben und zu platter Religionsphilosophie.

Die drei zusammenhängenden Erzählungen *Die Felsenburg*, *Krüger-Bei* und *Die Jagd auf den Millionendieb*, die zwischen 1893 und 1896 in der Zeitschrift ‚Deutscher Hausschatz' erschienen und unter dem Gesamttitel *Satan und Ischariot* 1896/97 in die Fehsenfeld-Buchausgabe aufgenommen wurden, enthalten das alles in ausreichendem Maß: Sämtliche drei Helden treten in einer abwechslungsreichen Handlung auf, die Romane spielen sowohl im fernen Wildwest als auch in Nordafrika, daselbst agieren bereits bekannte Figuren (Emery Bothwell, Krüger Bei), gleich zu Beginn findet der Leser eine humoristische Episode, nationales Empfinden sowieso überall, ein religiöser Hintergrund des Erzählten läßt sich allein schon von der Überschrift der Trilogie her ausmachen. Dennoch reicht die Bekanntheit dieser drei Bände bei weitem nicht an die anderer, zu Karl-May-Klassikern gewordenen Werke heran, etwa an die des Orientzyklus, des *Winnetou*-Romans, des *Schatz im Silbersee*.

Ein Grund dafür ist zweifellos der spröde Titel, der sich in biblisch-christlichen Bezügen bewegt und auf die Abenteuergeschichte nicht im geringsten verweist. Die Durchsetzung etlicher Werke Mays mit frommen Betrachtungen wurde vorhin als ein Merkmal benannt, das seine Leser schätzten. Das gilt sicherlich für viele. Andere hingegen nehmen sie lediglich der spannenden Handlung zuliebe in Kauf, ja pflegen sogar die entsprechenden Seiten zu überschlagen. Diesem Publikum sind vor allem die metaphysisch überfrachteten Spätwerke ein Greuel. Die durch den Titel genährte Vermutung, es könne sich bei der vorliegenden Trilogie um einen solchen Roman handeln, mag manchen bestimmen, die Lektüre doch lieber sein zu lassen.

Dabei ist *Satan und Ischariot* durchaus eine Abenteuergeschichte, die viele Elemente der Mayschen ‚Klassiker' enthält und vom Stoff und von der Machart her unbedingt Interesse beanspruchen kann. Das religiöse Moment ist aber zweifelsohne auch vorhanden, und zwar in merklich höherem Maß als in den früheren Werken. Wie diese beiden Komplexe miteinander verschmolzen sind und welches der Grund für diese seltsame Mischung ist, das soll im folgenden untersucht werden.

Eine klare Ambivalenz tritt bereits im Titel zutage. Während die Gesamtüberschrift *Satan und Ischariot* einen christlichen Rahmen anzeigt, sind die Einzeltitel der drei Teile Anreißer, die mit Exotik und Kriminalität gewürztes Abenteuer verheißen: *Die Felsenburg, Krüger-Bei, Die Jagd auf den Millionendieb*. Die Kapitelüberschriften beziehen sich lediglich auf das Geschehen und enthalten in der Regel keine weitergehenden religiösen Verweise. Nur manchmal kann man eine gewisse Zweideutigkeit erkennen: *Ein Teufelsstreich* oder *Unter der Erde* lassen an den ‚Satan' des Titels und den dazugehörigen Ort der Hölle denken. Überhaupt scheint die gesamte Haupthandlung der *Felsenburg* diese doppelte Lesart zu gestatten. Daß Harry Melton eine diabolische Figur sein soll, wird dem Leser durch den Hinweis auf seine Ähnlichkeit mit der Satansdarstellung Gustave Dorés sehr nachdrücklich nahegebracht. Dieser ‚Satan' bzw. ein von ihm Beauftragter verführt die deutschen Auswanderer zu einer Reise, die in der Unterwelt des mexikanischen Bergwerkes enden soll, das man somit wohl als ‚Hölle' bezeichnen kann – gebietet doch Melton darüber. Die Emigranten sind dann als gefährdete Seelen zu sehen; der Ausdruck kann ja umgekehrt – man denke an Gogols ‚Tote Seelen' – als pars pro toto verstanden werden, so wie auch die Wendung ‚Seelenverkäufer' für ein unsicheres Auswandererschiff gängig war. Der Ich-Erzähler befindet sich in Guaymas in einer Notsituation, er will fort und findet dazu keine Gelegenheit. Da wird ihm von Harry Melton ein scheinbar selbstloses Angebot unterbreitet, das ihm die Weiterreise ermöglicht, eigentlich aber nur dem Zweck dient, ihn ins Verderben zu stürzen – hat der Mormone doch längst in ihm den potentiellen Feind und Widersacher Old Shatterhand erkannt. Es ist ein Antrag Satans, eine Andeutung von Teufelspakt. Daran gemahnt auch der Schauplatz. *In der Sonora* ist das Kapitel überschrieben; das kann gelesen werden ‚in der Wüste' und erinnert an die bekannte biblische Versuchungsszene. Dadurch bekommt Old Shatterhand die Position des Gegenspielers zu Harry Melton, der ja der Teufel ist, zugeordnet; er erscheint als Lichtfigur, als Held Gottes, der die unterweltliche Herausforderung ohne Zögern annimmt – die Abenteuergeschichte wird zum Kampf Satans gegen den Streiter Christi.[1]

Aber fraglos bleibt die Abenteuergeschichte als solche auch bestehen. Es genügt, sich die Handlungsstruktur des ersten Bandes zu vergegenwärtigen. Die Begegnung Old Shatterhands mit der rätselhaften, aber eindeutig negativ markierten Figur des Mormonen; die heimliche Auseinandersetzung der beiden mit Hilfe von List und Gegenlist; die Anschläge Meltons, die Old Shatterhand belauscht und daraus stückweise den verderblichen Plan der Schurken errät; die Fortschritte, die dieser Plan macht, während der positive Held anfangs nur Mißerfolge hat; die wachsende Zahl der Feinde, wogegen der Ich-Erzähler allein bleibt; schließlich der Triumph Meltons und die Gefangenschaft Old Shatterhands bei den Yuma-Indianern, eine hoffnungslose Situation, aus der heraus der Westmann doch noch alles zum Guten wendet und seine Feinde beherrscht – das folgt alles so spannend aufeinander, wie seine Aufzählung hier stereotyp wirkt.

Die beiden Lesarten, die religiös ausgerichtete und die rein auf das Abenteuer angelegte, bestehen aber nicht nur nebeneinander, sie verquicken sich auch im Detail, etwa wenn Harry Meltons Mordpläne gegen Old Shatterhand dadurch motiviert werden, daß dieser vor etlichen Jahren den Bruder Meltons, einen Spieler und Mörder, der strafenden Gerechtigkeit überliefert hat. Das ist ein einsichtiger Grund für den Haß des Mormonen. Es ist jedoch gleichermaßen ein Hinweis auf die quasi mythische Tradition des Bösen in dieser Familie, der der Held immer wieder in erneutem Kampf gegenübersteht. Wie denn auch Harry Melton, der Gefangener bei den Yumas war und für den Leser eigentlich schon am Marterpfahl gestorben ist, unversehens wieder auftaucht und bei einem neuen Verbrechen mitwirkt, nachdem beiläufig sein Entkommen erwähnt worden ist.

Die Ursachen für solche Vermischung können klarer werden, wenn man den Verlauf der Handlung, die Art und die Struktur der einzelnen Abenteuer genauer untersucht. Ihr grobes Schema ist immer gleich. Old Shatterhand steht einer Gruppe von Hilfsbedürftigen gegen die Machenschaften irgendwelcher Schurken bei – meist der Meltons und ihrer Helfershelfer – und führt die Sache zu einem guten Ende. Dabei leitet ihn kein Eigeninteresse, er handelt rein moralisch, allenfalls durch nationale Sympathien bestimmt; die Auswanderer in der *Felsenburg* sind Deutsche. Dadurch, daß es sich bei den Bedrohten um eine Gruppe handelt, wird das Abenteuer zum sozialen Ereignis. Ganz deutlich merkt man das im ersten Band. Die deutschen Arbeiter emigrieren aus wirtschaftlichen Gründen, es sind kleine Handwerker oder Pächter, die der ökonomischen Enge der Heimat entfliehen wollen und sich in der Neuen Welt ein besseres Leben erhoffen. Jakob Silberstein beschreibt prägnant diese Absicht und die Stimmung, die sie begleitet:

„Fällt doch ab drüben im alten Lande ein so geringer Gewinn, daß man muß schnallen den Leibriemen von Tag zu Tag immer enger, wogegen in Amerika, was hier Mexiko und Sonora heißt, die Pesos und Dollars liegen geradezu auf der Straße für den, welcher Augen hat, sie zu finden, um sie zu entdecken." (XX 44)

Das Schicksal der Auswanderer verläuft jedoch zunächst anders. Sie werden von Melton betrogen, von den Yumas verschleppt, im Quecksilberbergwerk gefangengehalten und müssen sich schließlich sogar des Haziendero und der Obrigkeit, vertreten durch den Juriskonsulto, erwehren. Old Shatterhand steuert allen diesen Gefahren, indem er in bewährter Einzelkämpfermanier, unter Umgehung und Mißachtung des ohnehin fragwürdig wirkenden offiziellen Gesetzes, die Dinge ins rechte Lot bringt und die bis dahin Betrogenen mit dem Besitz der Betrüger, den diese sich widerrechtlich angeeignet haben, entschädigt. Dabei erscheinen die amerikanischen Zustände im Resümee Old Shatterhands in einem anderen Licht als noch bei Jakob Silbersteins Lobeshymne:

„Hier giebt es andere Verhältnisse und andere Menschen als drüben in der Heimat, wo man für die Armen sorgt und es überall tausend Menschen giebt, welche dem Bittenden eine Gabe reichen oder die hilfsbereite Hand entgegenstrecken. Ja, Sie würden hier sterben und verderben, [...] ich habe sie [Melton und Komplizen] gefangen und müßte sie und ihr Geld nach den hier herrschenden Gesetzen dem Richter übergeben. Was würde die Folge sein? Das Geld würde verschwinden und die Schufte wahrscheinlich auch, um an anderm Orte wieder aufzutauchen und neuen Unfug zu treiben; Sie aber würden keinen Heller bekommen und hätten nichts, womit Sie Ihre Blöße bedecken und Ihren Hunger stillen könnten." (XXI 105f.)

Zweifellos geht es May nicht darum, die Verhältnisse in Amerika zu verteufeln und die in Deutschland zu verherrlichen. Was im Roman als räumliche Distanz auftritt, muß eigentlich als zeitliche gelesen werden. Alte und Neue Welt, Deutschland und Amerika, stehen für die Behandlung, die die Arbeiter in ihrem ehemaligen und in ihrem jetzigen Land erfahren haben, für die Umstände, unter denen sie ihr Leben vormals verbrachten, bzw. die, in die sie sich nun einrichten müssen. In Deutschland führten sie ein zwar ärmliches, aber dafür friedliches und ruhiges Dasein; es hatte ein jeder ein „kleines Eigentum" und ein „kleines Häuschen" (XXI 104), es war ein Leben im gewohnten Kulturkreis, überschaubar, heimelig und heimatlich. In Amerika, wohin sie die Hoffnung, viel Geld zu verdienen, gebracht hat, sind sie Fremde, verstehen die Sprache und kennen die Verhältnisse nicht. In der betrügerischen und gewalttätigen Auseinandersetzung zwischen Melton und Timoteo Pruchillo geht es nicht zuletzt um die Arbeiter, die jeder der beiden Unternehmer – denn als solche treten sie auf – für seine Zwecke ausbeuten will, wobei der eine sich der Hilfe der gesetzlosen Indianer bedient, der andere auf die moralisch noch zweifelhafte Polizei und Justiz zurückgreift. Es ist das Panorama eines höchst anarchischen Kapitalismus, mit den unzulänglichen Mitteln des Abenteuerromans gezeichnet.

Selbstverständlich trifft diese Gegenüberstellung von Deutschland und Amerika historisch so nicht zu. May hatte in seiner Kindheit und Jugend Elend genug erfahren, um zu wissen, daß eben dieser geschilderte Kapitalismus seinen Einzug längst auch in Deutschland gehalten hatte.[2] Es ist wohl auch der heimische gemeint; Amerika dient nur als Metapher, verkörperte es doch gegen Ende des 19. Jahrhunderts geradezu beispielhaft industrielles Wachstum, expandierende Wirtschaft und soziale Spannungen. Ein deutsches Gegenbild dazu ist schlechthin irreal. In die diffuse Vergangenheit der ‚guten alten Zeiten' versetzt, mag es allerdings die Folie für den Wunsch abgegeben haben, eine unübersichtlich gewordene gesellschaftliche Situation, eine als bedrohlich empfundene soziale Realität imaginär zu korrigieren, sie durch eine Welt zu ersetzen, in der klare Wertvorstellungen, einfache Rechtsnormen, überschaubare Handlungszusammenhänge und auf humanen Grundsätzen beruhende Lebensformen existieren. Träger und Verwirklicher dieser Utopie ist das souverän handelnde Individuum Old Shatterhand, selbst freilich wieder ein Reflex auf den ohnmächtigen, letztlich wirkungslos agierenden Einzelnen im späten 19. Jahrhundert. Im Roman stehen sich zwar bei kriegerischen Auseinandersetzungen immer Kollektive gegenüber (Yumas – Mimbrenjos, Nijoras – Mogollons), so wie es auch wirklich die Zeit der Massen- und Materialschlachten war. Gelöst werden die Konflikte aber stets durch den Einzelkampf, durch die Einzelinitiative, und fast immer dankt der Held den Sieg seinen außerordentlichen Eigenschaften; technische Überlegenheit spielt dabei eine geringe Rolle. Seine Aufgabe erschöpft sich aber nicht in der Überwindung des Gegners. Nachdem Old Shatterhand die Auswanderer aus allen Gefahren gerettet hat, ermöglicht er ihnen nicht nur eine materiell gesicherte Zukunft, er sagt ihnen auch, wie sie zu gestalten sei: „Wie sollen wir Ihnen dafür danken!", fragen die im Wirbel der modernen Zeiten Orientierungslosen. „Dadurch, daß Sie drüben fleißig arbeiten und Ihrer deutschen Abstammung Ehre machen." (XXI 108) „Deutsch" meint hier wieder ‚Alte Welt' und vertraute heimatliche Verhältnisse. Im Roman steht somit der Exklave der Menschlichkeit inmitten der feindlichen, kapitalistischen Umwelt nichts mehr im Wege: „Damit war die traurige Vergangenheit für sie alle verschwunden, und sie konnten einer zwar einfachen, aber doch bessern und früchtereichen Zukunft entgegenblicken." (XXI 200)

Das im zweiten Band erzählte Abenteuer in Afrika verläuft nach dem gleichen Schema und läßt sich auch auf ähnliche Hintergründe zurückführen. Hier hilft Kara Ben Nemsi den Uled Ayar gegen die Uled Ayun. Letztere sind reich, erstere unverschuldet arm; beide aber stehen sie unter der Oberhoheit des Paschas von Tunis, dem sie Steuern bezahlen müssen, was begreiflicherweise den Ayun leichter fällt. Darüber hinaus verfolgt der reiche Stamm den armen, der ohnehin bereits den Zorn des Machthabers auf sich gezogen hat, weil er seiner finanziellen Untertanenpflicht nicht nachgekommen ist. Es ist nicht allzu schwer, im Gesellschaftspanorama des Deutschen Kaiserreiches Parallelen zu dieser fiktiven Konstruktion zu finden. Daß sie gar sehr mit dem Holzhammer gezimmert ist – was tut's; es liegt am Genre. Kara Ben Nemsi schafft auch hier mit leichter Hand Ordnung. Das Recht des Herrschers bleibt unangetastet, nur wird das Geld eben nicht von den armen guten, sondern von den reichen bösen Leuten genommen. Deswegen wird niemand May einen Sozialrevolutionär nennen wollen; in seiner Lösung, die einfacher noch ist als die Konstruktion, drückt sich nur wieder die Sehnsucht nach einer Welt aus, in der sich so handeln läßt, in der es gute Obrigkeiten (repräsentiert von einem Deutschen, Krüger Bei) und zufriedene Untertanen gibt, altüberkommene Lebensformen und einfache, klare Gesellschaftsstrukturen. Letztlich auch der Wunsch, die Umstände, unter denen er lebte und arbeitete, solchen, wie in seinem Buch geschildert, anzunähern; ein Akt der Phantasie, den die Leser, die mit den gleichen Verhältnissen konfrontiert waren und sind, begeistert und in Massen nachvollzogen.

Auffällig ist an dieser Geschichte die Rolle, die der offiziellen Gewalt zugeschoben wird. Zwar ist der eigentliche Motor der Lösung selbstverständlich Kara Ben Nemsi, zwar ist Krüger Bei, der Vertreter des Paschas, sein Freund und obendrein ein Deutscher, Tatsache bleibt indes, daß die Autorität des Souveräns und sein Recht, Abgaben zu verlangen, nirgends in Zweifel gezogen werden – sehr im Gegensatz zu den anderen Abenteuern, wo der Juriskonsulto oder der Anwalt Murphy bzw. die Rechtssysteme, die sie vertreten, ganz und gar negativ gezeichnet sind. Des Autors gesellschaftlicher Wunschzustand schließt also Steuerpflicht und Gehorsam keineswegs aus und offenbart sich somit als recht zahme Vorstellung. Abgesehen davon, scheint sich mir aber in diesem Zug eine wichtige Charakteristik von Mays Utopie auszudrücken: daß es nämlich nicht um die Änderung von Gesellschafts- oder Wirtschaftsordnungen geht, sondern um gerechtere und menschlichere Lebensformen. Da aber sind die Beduinen mit ihren althergebrachten Traditionen den neumodischen Zeiten – man denke an die Undankbarkeit Timoteo Pruchillos – noch allemal Vorbild; so meint May: „Bei den Beduinen wird einer Dschemma die größte Ehrerbietung erwiesen, und mancher junge Civilisations-Fant könnte von diesen ungebildeten Leuten lernen, wie man das Alter zu achten und zu ehren hat." (XXI 445)

In ähnlichem Sinn löst Old Shatterhand den Konflikt zwischen den Nijoras und den Mogollons. Auch die Haupthandlung der letzten beiden Bände, die Verhinderung des durch die Meltons beabsichtigten Betrugs an der Familie Vogel, fügt sich der gleichen Struktur. Der Held überwindet die Verbrecher mehr oder minder allein, nimmt ihnen das Geld ab und läßt es den rechtmäßigen Besitzern zukommen. Darüber hinaus kann man an der Vogel-Episode wieder aufs deutlichste ablesen, wohin die Stoßrichtung dieses doch sehr simplen Handlungsgerüstes zielt.

Das hängt nicht zuletzt damit zusammen, daß nun einzelne Personen im Mittelpunkt stehen. Die Auswanderer und auch die Uled Ayar waren amorphe und passive Gruppen, die sich vom Ich-Erzähler auf den rechten Weg leiten ließen. Aus ihnen stachen lediglich Jakob Silberstein und seine Tochter Judith hervor, die sich vom Kapitalismus amerikanischer Prägung blenden ließen – es sind, dem Vorurteil der Zeit folgend, bezeichnenderweise Juden – und mit denen es auch demgemäß ein schlimmes Ende nimmt. Als Parallel- und Gegenfigur zu Judith ist Martha Vogel angelegt, die der Versuchung des Reichtums zwar auch nicht widerstehen kann, aber noch rechtzeitig zu den wahren Werten zurückfindet und dabei auch Eigeninitiative entwickelt. Entscheidend ist zwar immer noch die Hilfe Old Shatterhands, doch läßt sich hinter dieser Weiterentwicklung des Typs Hilfsbedürftiger zur eigenständigen, handelnden Person eine wohlüberlegte Absicht Mays vermuten, dem wohl klargeworden war, daß sein erträumter End- und Glückszustand Gefahr lief, unversehens zu einem Paradies für willenlose Schäfchen zu werden.

Martha und Franz Vogel sind die Kinder armer, aber ehrbarer Leute aus dem sächsischen Erzgebirge, die von dem Ich-Erzähler als musikalisch begabt erkannt werden und mit seiner Hilfe einer zwar äußerlich bescheidenen, aber innerlich reichen Zukunft als Künstler entgegengehen. Gestört wird diese harmonische Entwicklung durch das Auftauchen Konrad Werners, eines jungen Ölprinzen und Dollarmillionärs, der Martha Vogel heiratet, sie der Heimat entzieht und nach Amerika mitnimmt. Werner ist zwar auch ein Deutscher, aber durch den Ort seines neugewonnenen Reichtums und mehr noch durch seine Lebensgeschichte ist er ein Bürger der Neuen Welt. Sein Aufstieg von bitterstem subproletarischem Elend zum Millionär ist ein Topos aus der kapitalistischen Zeit und folgerichtig verschließt der Ich-Erzähler, handlungsbedingt sein Konkurrent und Rivale um Martha, aber auch strukturell sein Gegenspieler als Repräsentant der alten, bescheideneren, menschlicheren Welt, davor seine Augen: „Ich meine, wir schweigen lieber darüber" (XXI 207); „es ist besser, darüber zu schweigen." (XXI 206) Solchermaßen wehrt er sich gegen die Schilderung von Not und Armut und taut erst auf, sobald der reiche Amerikaner die Absicht zeigt, seinen ehemaligen Meister finanziell zu unterstützen, karitative Hilfe auf engstem, persönlich überschaubarem Raum zu leisten, so wie es der Ideologie der ‚Heimat' und des Althergebrachten entspricht: „Ihre Geschichte beginnt, mich zu interessieren; der Anfang aber wollte mich abstoßen." (XXI 209)[3]

Damit die Sache noch stimmiger wird, ist Konrad Werner zudem ein roher, gefühlloser Mensch, der nicht im entferntesten an die Qualitäten Martha Vogels heranreicht. Und da das Glück in der Neuen Welt dem schnellen Wechsel unterliegt – im Gegensatz zu der Alten, welcher die Beständigkeit als prägende Charakteristik zugesprochen wird –, verliert Werner alsbald sein Vermögen, und Martha, die in dieser Konstruktion die zentrale Rolle einnimmt, steht nach einer gescheiterten Ehe mittelloser da denn je. Der amerikanische Traum ist ausgeträumt.

Der Punkt der allergrößten Distanz von der Heimat ist damit erreicht, was man durchaus auch räumlich verstehen kann, Vogels wohnen nämlich in San Francisco; nun kann die Rückbewegung beginnen. Eingeleitet wird sie durch eine Erbschaft, die ihnen von ihrem Onkel aus New Orleans – das schon wesentlich näher zu Deutschland liegt – zufällt, einem ebenfalls amerikanisierten Deutschen, der auch Dollarmillionär geworden ist. Das Schicksal dieser Familie und das ihres Vermögens steht, ebenso wie das Werners, unter keinem guten Stern, es ist amerikanisches Vermögen und amerikanisches Schicksal. Der alte Hunter stirbt noch eines natürlichen Todes, sein Sohn jedoch wird umgebracht und sein Besitz von den Meltons, erzamerikanischen Bösewichtern, geraubt. Da bedarf es des Eingreifens Old Shatterhands, der das Geld den rechtmäßigen Erben verschafft, die sich damit in der Heimat niederlassen und sinnigerweise das tun, was Konrad Werner unterlassen hatte, nämlich tätige Hilfe im nächsten Umkreis leisten, mittellose Talente fördern und soziales Elend beheben.

Dieses bürgerlich-familiensinnige Finale erscheint schlüssig, wenn man bedenkt, wie sehr eigentlich alles Geschehen in diesem Roman um die Institution der Familie kreist. Zwei Zentralmotive mögen dies verdeutlichen: Jonathan Melton wird als falscher Sohn und Erbe untergeschoben. Konrad Werner zerstört die bürgerlich-wohlanständige Existenz der Vogels. Darüber hinaus kann man feststellen, daß die negativen Personen des Buches durch Roheit gegenüber ihren Verwandten gekennzeichnet sind. Judith Silberstein kümmert sich ebensowenig um ihren Vater, wie Werner sich Gedanken um den Tod seiner Mutter macht. Thomas Melton will den eigenen Sohn verkaufen, wie er auch seinen Bruder umbringt und seinen väterlichen Freund Krüger Bei verrät. Und auch Harry Melton, der als Unternehmer der ‚Vater seiner Arbeiter' sein sollte, ist alles andere eher als das. Das positive Gegenbild hierzu, Winnetou und Old Shatterhand, zeigt sich ja ebenfalls durch eine Verwandtschaftsstruktur geprägt; sie sind Blutsbrüder. Die patriarchalische Geste des Ich-Erzählers als Beschützer, Wohltäter und Gönner rundet das Tableau ab.

Eine ähnlich wichtige Funktion gewinnt in diesen Passagen der Begriff des ‚Deutschen'. Es ist wohl nur zum Teil übersteigerter Nationalismus, der May bewogen hat, seinen Landsleuten so viele und so positive Rollen in seinen Werken zuzuteilen. Deutschland und mehr noch deutsches Wesen verkörpern für ihn – ebenso wie die heile Familie – eine Art vorkapitalistischer Existenzform, die modernem, amerikanischem, d. h. kapitalistischem Treiben so entgegensteht, daß sie sich erfolgreich als Alternative dazu anbieten kann; man denke an den Leserzuspruch. Daß dies nur Augenwischerei ist, beweist am deutlichsten jene Szene, wo der Erzähler sich weigert, die Elendsgeschichte Konrad Werners anzuhören. Soziale Not gehört zur realen Sphäre des Kapitalismus und hat in dem Konstruktionsplan des Romans keinen Platz, allenfalls dann, wenn die Mittel zu ihrer Beseitigung schon bereitstehen. Dann kann sie den fast schon pittoresken Hintergrund des schließlich erreichten Glückszustandes bilden, diesen durch die Möglichkeit gedankenvoller Rückerinnerung noch steigernd und vermehrend.

Diesen Abenteuern kann, wie gesagt, auch eine religiöse Struktur unterlegt werden, indem man sie als Kampf zwischen der Satansgestalt Harry Melton und dem Ich-Erzähler liest, der dadurch zum Streiter Gottes wird. Gegenstand dieser Auseinandersetzung, dieses Ringens um Seelen, sind in der *Felsenburg* die Auswanderer, die Melton ins Verderben, Old Shatterhand zu ihrem Heil führen will; aber auch die Yumas, die sich irreleiten und anschließend wieder läutern lassen. Die weltliche Gerechtigkeit erweist sich als unfähig, in diesen Kampf einzugreifen, sie erliegt zeitweilig sogar den Vorspiegelungen des Bösen. Es triumphiert dennoch die Lichtgestalt. Aber schon steht der nächste Vertreter der Hölle bereit, Thomas Melton, Ischariot, der die Uled Ayar zum Aufstand gegen den Pascha von Tunis treibt, seinen Wohltäter verrät und obendrein noch Small Hunter umbringt, unterstützt von seinem Sohn Jonathan Melton, der anstelle des Ermordeten untergeschoben werden soll. Der Ich-Erzähler siegt auch hier, rettet die Verführten und entschädigt sie auf Kosten reicher Schurken, kann aber nicht verhindern, daß die Haupt-Auseinandersetzung weitergeht. Es bedarf eines dritten Bandes und eines erneuten Schauplatzwechsels, um den Kampf zwischen Gut und Böse schließlich zu endigen.

Wer als Leser nun erwartet hat, daß in *Krüger-Bei* und der *Jagd auf den Millionendieb* die Hinweise auf eine religiöse Lesart noch vermehrt auftreten würden, sieht sich allerdings enttäuscht; es werden im Vergleich zur *Felsenburg* deutlich weniger. Zwar bleibt das Grundmodell des Kampfes zwischen Gott und Teufel erhalten, im zweiten Band kann man noch zur Not die Rettung der vom Bösen verführten Uled Ayar oder den Verrat Thomas Meltons geltend machen, aber im dritten Teil erscheint diese Deutung mehr als gezwungen. Bei den Konflikten Old Shatterhands mit den Komantschen und den Mogollons hat zwar beidesmal Jonathan Melton die Hand im Spiel, gefährdete Seelen, die gerettet werden müssen, lassen sich aber nirgendwo mehr ausmachen. Auch fehlen sinnbildliche Handlungsorte, wie das unterirdische Bergwerk einer war, stringente, christlich interpretierbare Geschehenszusammenhänge und eine religiöse Einordnung der Verbrechensopfer. Die isoliert stehenden Verratshandlungen Thomas Meltons können das alles nicht ersetzen. Und auch in der Vogel-Geschichte geht es eben nicht um die Verführung Marthas durch irgendeinen Melton, sondern um ihre Faszination durch die prunkvoll glitzernde Sphäre der Neuen Welt, vertreten von Konrad Werner.

Selbst da, wo sich biblische Bezüge festmachen lassen, besitzen sie nicht mehr die Schlüssigkeit jener im ersten Band. Das wichtige Motiv des Brudermörders verweist auf Kain; das Opfer erinnert aber keinesfalls an Abel, sondern es ist Harry Melton, der Teufel, welcher ja eigentlich unsterblich sein müßte. Der Selbstmord Thomas Meltons wiederum ist in dem Ende Judas Ischariots präfiguriert; Kain lebte bekanntlich weiter. Trotzdem hält May an der ursprünglichen Symbolik fest, indem er seinen Schurken unverdrossen ein satanisches Moment assoziiert; auch wenn es dabei stereotyp und recht bemüht zugeht: „Dein Bruder war der Teufel; ich habe ihn stets so genannt, vom ersten Augenblicke an, da ich ihn sah. Und du bist Ischariot, der Verräter" (XXII 586f.) – so wird Thomas Melton entlarvt (ganz ähnlich XXII 320). ‚Satan und Ischariot' heißt es bereits im Titel; es sind damit die Melton-Brüder gemeint. Ein dritter Verbrecher gehört aber noch dazu, um die diabolische Dreieinigkeit dieses Romans zu bilden, nämlich Jonathan Melton. Er bekommt keinen religiösen Gleichnisnamen, und er wird auch anders präsentiert als sein Vater und sein Onkel. Bei Harry Meltons Äußerem fällt Old Shatterhand sofort Dorés Satansdarstellung ein, Thomas Melton wird von dem Scheik der Uled Ayar als Ischariot demaskiert, Jonathan Melton hingegen wirkt anders:

Er machte nämlich einen geradezu vortrefflichen Eindruck, und ich wunderte mich nun gar nicht mehr darüber, daß Emery ihn einen anständigen Mann genannt hatte. Es war weder in seinem Gesichte noch in seiner ganzen Erscheinung oder seinem Benehmen das Geringste zu entdecken, was unsern Verdacht hätte bestätigen können. Er zeigte sich frei, offen und ohne alle Spur irgend einer Unsicherheit oder gar Bangigkeit, wie man sie bei einem Menschen, welcher auf unsicherem Boden steht, zu erwarten pflegt. (XXI 281f.)

Es ist ein moderner Missetäter, kein im Westen erfahrener Bösewicht, wie die andern beiden, sondern ein Mensch der Zivilisation, des amerikanischen Ostens. Auch sein Ende ist prosaisch: nicht durch Brudermord, nicht durch Selbsttötung, mythisch aufgeladenen Todesarten, stirbt er, sondern er geht schlicht im Gefängnis zugrunde. Die Figur Jonathan Meltons steht nicht mehr im biblischen Kontext, sie gehört durchaus zu dem Bild von Amerika, das May seinen Lesern als Gegensatz zur heimeligen Alten Welt entwirft. „Jonathan ist ein Pfiffikus" (XXII 254), charakterisiert ihn seine Verlobte. ‚Pfiffiger Jonathan' war lange Zeit die stehende Bezeichnung des nordamerikanischen Yankees, des skrupellosen Geschäftemachers, der ja eine Symbolfigur des modernen Kapitalismus überhaupt ist.

Das Thema vom Gegensatz der Alten und Neuen Welt, von vertrauten, überschaubaren Verhältnissen und unübersichtlichem, bedrohlichem Kapitalismus überlagert also die christliche Motivik des Buches bzw. es nimmt sie in seinen Dienst. Harry Melton hat als Mormone nicht nur die ‚falsche' Religion, er gehört auch noch einer finanzkräftigen amerikanischen Sekte an. Und ungeachtet seiner biblischen Konnotation lockt er seine Opfer in das moderne Land der unbegrenzten kapitalistischen Möglichkeiten, um sie zu verderben. Ebenso erlebt die vom Reichtum geblendete Martha Vogel nach dem Zusammenbruch ihrer Träume die Verfolgungen der satanischen Meltons quasi als andere Seite der amerikanischen Wirklichkeit.

Das religiöse Moment ist also keineswegs im gesamten Roman durchgehend vorhanden, noch strukturiert es ihn entscheidend. Es bleibt die Frage, weswegen der Autor sich bemüht hat, mittels des Haupttitels die ganze Romanhandlung in diese Perspektive zu rükken, dem Geschehen die biblische Symbolik geradezu aufzuzwingen.

Möglicherweise liegt es daran, daß die Konzeption des herkömmlichen Abenteuerromans Mayscher Prägung zunehmend unglaubwürdiger zu werden drohte. Wie deutlich wurde, lebt *Satan und Ischariot* aus der Kritik an der als unbewältigbar empfundenen modernen Welt, aus der Ablehnung der sich rapide verändernden kapitalistischen Gesellschaft und aus der Orientierungslosigkeit angesichts des Verlusts althergebrachter Lebensformen. In der Romanwirklichkeit wird das anarchische Chaos der Realität korrigiert und in traditionell geordnete, übersehbare Verhältnisse überführt. Es sind dies keineswegs die Ordnungen der Feudalwelt, vielmehr Zustände, die von frühbürgerlicher Mentalität geprägt sind, von Vorstellungen, die da erzählen von ehrlicher Arbeit und ehrlichem Verdienst, von Tüchtigkeit und Erfolg, von Bescheidenheit und Gottesfurcht, von Familienglück, Nachbarschaftlichkeit, freundlichem Umgang miteinander, Hilfsbereitschaft. Es ist die Ideologie, mit der das Bürgertum seinerzeit gegen den Geburtsadel des Feudalabsolutismus angetreten war; verwirklicht und gegen das ständische, hierarchisch festgefügte Rollensystem durchgesetzt werden sollte sie von dem bürgerlichen Individuum. Folgerichtig ist auch das Individuum, der Einzelheld, Markenzeichen der Romane Mays, der Einzelne in der gesteigerten Form dessen, der alles kann und alles weiß, was menschenmöglich ist, kraft der bürgerlichen Maxime, daß der Tüchtigkeit und Regsamkeit schließlich alles gelingen müsse.

Diese Ideologie wurde der Realität des ausgehenden 19. Jahrhunderts schon lange nicht mehr gerecht, war diese doch von der Undurchsichtigkeit gesellschaftlicher Prozesse geprägt, von der Handlungsohnmächtigkeit einzelner Menschen und von zunehmender Nivellierung vormals vorhandener Eigenständigkeit. Um so heftiger war also wohl das Verlangen der Leserschaft, tatkräftige und erfolgreiche Individuen vorgeführt zu bekommen – und um so irrealer mußten diese erscheinen. Als Identifikationsobjekt und als ideologische Vorgabe mußte der Ausnahmeheld erhalten bleiben, die ebenfalls erforderliche Plausibilität aber drohte dies unmöglich zu machen. Dem Umweg über die Aufwertung seines Protagonisten mittels technischen Geräts ist May – den Versuch mit dem Henrystutzen einmal ausgenommen – sorglich aus dem Weg gegangen, wohl wissend, daß dann die Technik und nicht der Akteur zum eigentlichen Helden des Romans würde.[4] Ein anderes Mittel schien da geeigneter, nämlich der Rückgriff auf die Religion.

Dem könnten durchaus pragmatische Erwägungen zugrunde gelegen haben – immerhin erschien der Roman in der katholischen Familienzeitschrift ‚Deutscher Hausschatz'; auch war im Zuge des Kulturkampfs bei vielen eine Rückbesinnung auf den Katholizismus eingetreten. Davon jedoch abgesehen, war die Religion, ebenso wie das Vertrauen auf Wissenschaft und Technik, Teil der bürgerlichen Ideologie, mit der gegen den Feudalismus angekämpft wurde. Die gottesfürchtige Attitüde paßte also recht gut zu Mays alleskönnendem Helden, der nun, da der Herr selbst mit ihm war, auch glaubwürdiger wirkte. Und glaubwürdiger wirkte auch die Beurteilung der buchstäblich verteufelten Verhältnisse, gegen die der Held angeht. Harry Melton ist der Satan; seine beiden Verwandten sind ebenfalls Verkörperungen des Bösen. Aber gleichzeitig sind sie alle auch Teil der amerikanischen Wirklichkeit, der die Auswanderer wie auch Martha Vogel ausgeliefert sind. Dadurch erhält diese amerikanische Wirklichkeit, dieses Sinnbild der modernen Zeit und ihrer veränderten gesellschaftlichen Struktur, das Stigma des Satanischen.

Der Kampf des Individuums gegen die Gesellschaft ist damit religiös unterlegt und bedeutungsträchtiger geworden. Die gleiche Generalisierung macht aber auch nötig, dem Helden wahrhaft individuelle Züge zu verleihen, da er sonst – zum Typ Gottesheld geworden – dem Leitstern der ganzen Konstruktion, der Feier des Einzelnen widerspräche. Dazu paßt, daß May in diesem Roman zum ersten Mal klar das eigene Ich auftreten läßt. Die prägnant herausgearbeitete Identität des sächsischen Doktors und Ich-Erzählers mit den exotischen Helden Kara Ben Nemsi und Old Shatterhand und mehr noch seine recht privat erscheinende Liebesgeschichte mit Martha Vogel lassen deutlich werden, daß sich der Autor gedrängt fühlte, seinen Konflikten mit der ihn umgebenden Welt unverhüllter Ausdruck zu verleihen, als er es in den Abenteuerromanen herkömmlicher Machart getan hatte.[5] Wie man weiß, fiel der Großteil der in Deutschland spielenden Episode der Zensur des verantwortlichen ‚Hausschatz'-Redakteurs zum Opfer. Stehen blieb jedoch jener sonderbare Besuch Winnetous in Dresden, wo er seinen Blutsbruder Old Shatterhand im Gesangsverein antrifft. Schon allein diese Situation verrät deutlich, daß es mit dem Roman *Satan und Ischariot* und mit seinen Helden eine andere Bewandtnis hat als noch mit den früheren Erzählungen, und es scheint angebracht zu fragen, ob die Änderung zum Besten des Buches ausgefallen ist.

Was den romantischen Antikapitalismus anbetrifft, den May als Antwort auf die ihn und seine Leserschaft bedrängenden modernen Verhältnisse propagiert und popularisiert, so ist er weder neu, noch ist seine künstlerische Umsetzung so überzeugend geraten, daß es möglich wäre, darin einen Pluspunkt für das Werk zu sehen. Von größerer Bedeutung scheint mir dagegen die Sensibilität des Autors für die fragwürdig gewordene Gestalt des übermächtigen Einzelhelden zu sein, die sich in der aufgewerteten Rolle der Religion dokumentiert, und dies zu einer Zeit, da viele und angesehenere Schriftsteller – wenn auch in anderen Kontexten – dem ästhetischen Individuums- und Gewaltmenschenkult der Neorenaissance huldigten; man denke etwa an Conrad Ferdinand Meyers *Jürg Jenatsch*. Die Lösung, die May gefunden hat, kann allerdings schwerlich überzeugen. Zum einen wegen ihrer ideologischen Brüchigkeit, zum anderen, weil sie den Abenteuerroman, die genuine Form Karl Mays, die er eigentlich retten wollte, zielsicher zerstört.

Man mag die Tatsache, daß im zweiten und dritten Teil der Trilogie religiöse Sinnschichten nur punktuell und ziemlich grobschlächtig in die Romanhandlung eingefügt sind, der aus der ständigen Zeitnot Mays erwachsenden flüchtigen Konstruktion zuschreiben. Einleuchtender scheint mir jedoch die Begründung, daß der Abenteuerroman metaphysische Überfrachtung nicht verträgt. Die geschilderten Ereignisse sind für die Handelnden sinnlich erlebbar, sie bedrohen ihre Körper, erzeugen Todesgefahr. Die Plastizität solcher Darstellung wäre dahin, würde dem Leser allzu deutlich suggeriert, daß es eigentlich um blutleere Seelen geht. Das gleiche Problem taucht bei der Auflösung der einzelnen Geschichten auf. Die Entschädigung, die Old Shatterhand den Bedrängten nach ihrer Errettung zukommen läßt, besteht nur zum kleineren Teil in salbungsvollen Ermahnungen, fortan ein gutes Leben zu führen. Der entscheidende Rest ist materiell:[6] die Auswanderer bekommen das Geld Meltons, die Uled Ayar die Herden der Uled Ayun, die Nijoras die Waffen und Pferde der Mogollons, Vogels schließlich die Millionenerbschaft. Wenn letztere aber der religiösen Tendenz des Romans zu Gefallen barmherzigst wohltätig sind, Martha ihrer Liebe entsagt und sich ihr Leben als eine Art Nonne einrichtet, quasi als himmlische Braut des Gottesbelden Old Shatterhand, so verstößt dies gegen ein weiteres Prinzip des Abenteuerromans: es kommt Langeweile auf und die Geschichte degeneriert zum frömmlerischen Schmachtfetzen:

„Endlich, endlich kommen Sie einmal!" sagte sie, unter schnell ausbrechenden Freudenthränen lächelnd und mir die beiden Hände zum Gruße entgegenstreckend. „Vor allen Ihnen wollte und mußte ich einmal mein selbstgeschaffenes, kleines Reich zeigen!"
„Ich bin mit Freuden gekommen, denn ich werde den Erlöser sehen," antwortete ich gerührt.
„Den Erlöser? – „Wieso!"
„Sagt nicht Christus: ‚Wer jemand aufnimmt in meinem Namen, der nimmt mich auf!' Hier ist eine heilige Stätte, Frau Werner. Ich möchte meine Schuhe ausziehen wie Moses, als er im Feuer den Herrn erblickte. Sie haben nach langem Irren die rechte Heimat gefunden und teilen dieselbe mit den Verlassenen. Ich habe Sie darob lieb, Martha! Bitte, zeigen Sie mir Ihr Haus!" (XXII 614f.)

Man erinnere sich: In *Winnetou* ließ der Autor Nscho-tschi, die ebenfalls in Old Shatterhand verliebt war, von Santer umbringen und schuf damit die Voraussetzung für eine unendliche Kette weiterer Abenteuer. Der gewaltsame Tod des Indianermädchens markiert in kruder Verkörperlichung das Ende seiner Hoffnungen und seines Lebensplanes. Genau so funktionieren Abenteuerromane. Am Ende jener Episode entsteht Trauer, nicht aber die schwülstige Sentimentalität des vorliegenden Romanschlusses.

Eine weitere schwerwiegende Unvereinbarkeit des Abenteuerromans mit der religiösen Sinnschicht tritt zutage, wenn seine Protagonisten sich in ihrem Tun und Lassen christlichen Konstruktionsplänen unterordnen müssen. Wenn Harry Melton, der das dauernde Prinzip des Bösen zu verkörpern hat, nur mit einer dürftigen Erklärung bewaffnet, vom Marterpfahl der Yumas flieht und dem Leser in New Orleans unter die Augen tritt, so schadet das der Plausibilität der Abenteuerstory. Ebenso wird die Aura Winnetous rissig, wenn er auf einem Kamel durch die Sahara trabt oder gar in Sakko und Zylinder einen Dresdner Gesangsverein besucht. Das Image Old Shatterhands leidet darunter, daß er dem Leser als Verliebter, gar noch als erfolgloser, präsentiert wird. Daß die deutsche Heimat des Helden, die sonst allenfalls die Folie für das exotische Geschehen abgibt, hier szenisch anschaulich wird, tut ein übriges. Die Typen des Karl Mayschen Abenteuerromans sind dem religiösen Anliegen verfügbar gemacht worden. Das, was im Rahmen der neuartigen Konstruktion damit erreicht werden soll (Individualisierung der zu Streitern Christi typisierten Romanhelden, ihr globaler Einsatz im Dienste Gottes und damit eine Loslösung von ihrer bisherigen geographischen und inhaltlichen Rolle), scheint mit der Entmythisierung der Markenzeichen Winnetou und Old Shatterhand zu teuer erkauft.

May scheint diese Gefahr jedoch gespürt oder zumindest eingesehen zu haben, daß sich Abenteuer und Religion in dieser Weise kaum miteinander vertragen. Einerseits ist dadurch die christliche Motivierung der Romanhandlung wohl zurückgedrängt worden, andererseits wirkt sie da, wo sie belassen wurde, noch mehr aufgesetzt. Ein Vergleich mit anderen Werken, in denen May das Problem glücklicher gemeistert hat, wie etwa in den ersten sechs Orient-Bänden, macht es deutlich. Dort ist dem Geschehen keine metaphysische Symbolik aufgezwungen; wo Religion zur Sprache kommt, ist dies dann auch handlungsrelevant und -strukturierend. Die Spannung zwischen Kara Ben Nemsi und Hadschi Halef Omar rührt zu einem guten Teil aus ihren verschiedenen Bekenntnissen. Die Vielfalt an Sekten und Konfessionen, der die Helden auf ihrer Reise begegnen – Sunniten, Schiiten, Teufelsanbeter, libanesische Katholiken, orthodoxe Christen –, schafft Lokalkolorit; zuweilen erwachsen aus den Konflikten der Angehörigen verschiedener Glaubensbekenntnisse umfangreiche Handlungskomplexe im Roman – etwa der Kurdistan-Abschnitt. Vor allem aber beansprucht diese im einzelnen durchaus bereichernde Facette niemals hauptsächlich zu sein, der Schlüssel für die Interpretation des Ganzen. Genau das ist aber bei *Satan und Ischariot* der Fall, obwohl keineswegs solche Voraussetzungen gegeben sind. Bedenkt man dazu noch die ungleichmäßige und keinesfalls immer in sich stimmige religiöse Motivierung, so kann man die eigentliche Konstruktion des Werkes nur als verunglückt bezeichnen.

Gerade dies scheint mir indes zu seinem Besten ausgeschlagen zu sein. Die vorhin beschriebenen Schwächen sind alle vorhanden und entgehen einem aufmerksamen Leser nicht, aber sie werden von den Spannungsbögen der traditionell strukturierten Abenteuerhandlung noch genugsam verdeckt. *Satan und Ischariot* kann als Karl-May-Roman herkömmlicher Machart goutiert werden, und es ist keinesfalls der schlechteste davon – man denke nur an die köstliche Eingangsszene der *Felsenburg* oder an so gelungene Figuren wie Harry Melton oder Judith Silberstein. Bald nach Erscheinen dieser Trilogie begann sich Mays Schreibweise zu ändern – es entstanden die symbolbeladenen Spätwerke. Wer diese schätzt, mag in *Satan und Ischariot* erste Anzeichen eines solchen Stils wahrnehmen. Wer die klassische Abenteuererzählung sucht, findet hier eines der wohl letzten Exempel dafür.

Anmerkungen

1   Eine solche Markierung Old Shatterhands geht weit über die Eigenschaft des Charisma (in der gleichzeitigen Bedeutung von Gnadengabe und Ausstrahlungskraft) hinaus, durch die Volker Klotz den Abenteuerhelden im allgemeinen gekennzeichnet sieht; vgl. Volker Klotz: *Abenteuer-Romane. Sue – Dumas – Ferry – Retcliffe – May – Verne.* München, Wien 1979. Innerhalb der ‚Legendenstruktur', die Gunter G. Sehm für den etwa gleichzeitig mit der *Felsenburg* entstandenen *Winnetou* herausgearbeitet hat, wird Old Shatterhand die Rolle des Heiligen, seinen Gegenspielern Santer und Tangua die von Teufeln zugeschrieben; vgl. Gunter G. Sehm: *Der Erwählte. Die Erzählstrukturen in Karl Mays ‚Winnetou'-Trilogie.* In: JbKMG 1976, S. 9-28. Doch paßt auch dieser Deutungsversuch nicht auf den vorliegenden speziellen Fall, da May hier nicht nur die Hauptgestalten, sondern die gesamte Abenteuer-Handlung in ein christlich inspiriertes Sinngefüge zu zwängen versucht hat – sehr bewußt und mit deutlicher Absicht, was sich am Titel des Romans einfach belegen läßt.
2   Zur Biographie Mays vgl.: Hans Wollschläger: *Karl May. Grundriß eines gebrochenen Lebens.* Zürich 1976 – zur gesellschaftlichen Situation im Deutschland des ausgehenden 19. Jahrhunderts und ihrer Widerspiegelung im Abenteuerroman: Klotz [Anm. 1] – ferner: Jo-

chen Schulte-Sasse: *Karl Mays Amerika-Exotik und deutsche Wirklichkeit. Zur sozialpsychologischen Funktion von Trivialliteratur im wilhelminischen Deutschland.* In: *Karl May,* hg. v. Helmut Schmiedt. Frankfurt/M. 1983, S 101-129 (zuerst 1976).

3 Man kann im Werk Mays sehr wohl auch die Darstellung von materiellem Elend und daraus geborener Verzweiflung finden – allerdings nur in den Kolportageromanen, die der Verfasser streng von seinen anderen, ‚anspruchsvolleren' Erzählungen geschieden hat. Den Höhepunkt solcher Milieuschilderung erreicht wohl *Der verlorne Sohn oder Der Fürst des Elends,* der 1884-86, also ungefähr ein Jahrzehnt vor *Satan und Ischariot,* geschrieben wurde.

4 Vgl. dazu das Verne-Kapitel bei Klotz [Anm 1].

5 Zu möglichen biographischen Hintergründen der vorliegenden Erzählung vgl. die Nachworte Walther Ilmers in Karl May: *Die Felsenburg* (Hausschatz-Reprint). Hamburg, Regensburg 1980, und Karl May: *Krüger Bei / Die Jagd auf den Millionendieb* (Hausschatz-Reprint). Hamburg, Regensburg 1980, sowie die Aufsätze von Hans-Dieter Steinmetz: *„Der gewaltigste Dichter und Schriftsteller ist... das Leben". Zur Deutung der Nebatja- und Martha-Vogel-Episode.* In: MKMG 40 (1979), S. 12-23. und Walther Ilmer: *Der Professor, Martha Vogel, Heinrich Keiter und Mays Ich.* In: MKMG 47 (1981), S. 3-12 u. MKMG 48 (1981), S. 3-10.

6 Man könnte meinen, dieser Zug widerspreche Mays bürgerlich bescheidener Utopie. Doch erhalten die Beschenkten nie so viel, um richtige Kapitalisten werden zu können. Eine Ausnahme stellt die Familie Vogel dar, allerdings sind deren Angehörige von den durchgemachten Prüfungen bereits so geläutert und gefestigt, daß die Gefahr eines Mißbrauchs des Vermögens nicht besteht – es wird zum Guten verwendet. Zum Motiv des Schatzes oder des Geldes in den Romanen Mays vgl. Volker Klotz: *Durch die Wüste und so weiter.* In: Schmiedt [Anm. 2], S. 75-100 (zuerst 1962), ferner Schulte-Sasse [Anm. 2], und Martin Lowsky: *Problematik des Geldes in Karl Mays Reiseerzählungen.* In: JbKMG 1978, S. 111-141.

Helmut Schmiedt

Identitätsprobleme

Was ‚Satan und Ischariot' im Innersten zusammenhält

Wenn man im *Karl-May-Handbuch* nachschlägt, um sich den Plot des Romans *Satan und Ischariot* in Erinnerung zu rufen, stößt man zunächst auf folgende Sätze: „Der deutsche Ich-Erzähler Old Shatterhand trifft in Mexiko mit dem Mormonen Harry Melton zusammen. Melton wirbt Arbeitskräfte für eine ‚Hazienda del Arroyo' an, und ein Schiff bringt zu diesem Zweck deutsche Auswanderer herbei. Um dem abgelegenen Ort Guaymas zu entkommen, schließt sich der Held der Gruppe um Melton an."[1]

Die Formulierungen fassen in der gebotenen Kürze treffend zusammen, wie die Handlung einsetzt. Was sie in diesem Rahmen nicht mitteilen können, sind die merkwürdigen Voraussetzungen, unter denen die genannten Hauptfiguren miteinander umgehen. Das vordergründig unkomplizierte, freundliche und für beide Seiten nützliche Verhältnis zwischen Shatterhand und Melton stützt sich nämlich auf falsche, fingierte Namen und Identitäten. Harry Melton, der sich außerordentlich fromm und gegenüber den Auswanderern, dem Haziendero und Shatterhand uneigennützig und hilfsbereit zu benehmen scheint, ist ein Heuchler, ein arger Bösewicht, der gerade jetzt allerlei finstere Pläne verfolgt. Aber auch Old Shatterhand bekennt sich nicht zu dem, was er ist: Er kommt nach langem Aufenthalt in der Wildnis mit zerlumpter Kleidung daher, verschweigt seinen allseits bekannten Kriegsnamen und gibt sich gegenüber dem Wirt seiner Herberge wie auch vor Melton als „Litterat" (XX 13) aus, was den Mormonen dazu bewegt, ihm eine Anstellung als Buchhalter auf der Hazienda in Aussicht zu stellen.

Diese Konstellation allein würde noch keine besondere Aufmerksamkeit auf sich ziehen; daß Mays Ich-Held seine Identität verbirgt, ist – denken wir nur an die Old-Death-Episode in *Winnetou II* oder an den vermeintlichen ‚Gräbersucher' zu Beginn des ersten *Surehand*-Bandes – nichts Ungewöhnliches, und daß ein Verbrecher sich verstellt und seine wahren Absichten verschweigt, kann erst recht nicht überraschen. Aber die Dinge liegen komplizierter. Old Shatterhand ahnt von Anfang an, daß mit dem frommen Mann etwas nicht stimmt, und schließt sich ihm in der Rolle des Biedermanns an, um die Gefahr zu ergründen, die seinen Landsleuten möglicherweise droht. Umgekehrt gibt Melton zwar

41

vor, der Versicherung des ‚Litteraten' zu glauben, er sei trotz des übereinstimmenden bürgerlichen Namens nicht der berühmte Westmann Old Shatterhand, doch später (vgl. 63ff.) stellt sich heraus, daß er ihn von Anfang an durchschaut und nur mitgenommen hat, um ihn besser unter Kontrolle halten zu können. Und es geht noch weiter mit den doppelbödigen Verstellungen: Selbst als Shatterhand erfährt, daß er erkannt worden ist, agiert er einige Zeit weiter unter der Maske des Greenhorns, genauso, wie auch Melton von der Voraussetzung ausgeht, den Argwohn des Begleiters erregt zu haben. Mit anderen Worten: jeder der Protagonisten schlüpft vor dem anderen in eine Rolle, die sein eigentliches Wesen kaschiert; sie wissen zwar, daß der Gegenspieler diese Manipulation durchschaut, aber das hält sie nicht davon ab, sie vorerst weiterzutreiben.

Noch komplexer wirkt die Situation, sofern man bedenkt, daß May in diesem Roman die Identität von Autor, Erzähler und Ich-Held auf eine bisher unbekannte Weise forciert: Wir treffen das Ich ja nicht nur als Heros Old Shatterhand im Wilden Westen und als Kara Ben Nemsi im Orient an, sondern auch als einen „Herr[n] Doktor" (XXI 239), dessen Familienname einem der zwölf Monate entspricht (vgl. XXII 34f.), und als Mitglied eines Gesangvereins in Dresden, wo er von Winnetou besucht wird. Wenn wir nun zu Beginn des Textes erfahren, daß Old Shatterhand vor seinem Eintreffen in Guaymas als Journalist gearbeitet hat und sich daher mit einigem Recht als der ‚Litterat' ausgibt, der sein empirischer Schöpfer de facto ist, wenn diese Prätention aber als Verkleidung dient, die jedoch sogleich durchschaut wird, so entsteht ein virtuoses innerliterarisches Durcheinanderwirbeln der realen Person Karl May und ihres auf mehreren Ebenen fiktiven Ichs.

Wie gesagt: das Rollenspiel als solches, das Agieren unter dem Deckmantel einer falschen oder absichtsvoll mißverständlichen Identität kommt in Mays Romanen nicht selten vor. Man hat denn auch „den lustbetonten Wechsel von Verstellung und Enttarnung"[2], den „Heldentypus der verdeckten Überlegenheit"[3] wiederholt beschrieben, und die Beobachtung, daß ein „unbezähmbarer Drang zum Rollenspiel"[4] in Leben und Werk Mays waltet, veranlaßte Claus Roxin dazu, in ihm einen Pseudologen zu erkennen. Manchmal läßt sich sogar die Grundkonstellation ganzer Romane mit entsprechenden Hinweisen erfassen: „falsche Söhne, falsche Väter, ein falscher Graf, falsche Ärzte, falsche Geistliche, falsche Richter"[5] – mit dieser Liste hat Heinz Stolte treffend umrissen, welche Probleme die Lichtgestalten im *Waldröschen* plagen. Aber die Lage ist dort und in den meisten anderen Romanen Mays bei weitem nicht so kompliziert wie im *Satan*. Ziemlich rasch werden die Rollenspieler durchschaut, und dann kommt es in erster Linie darauf an, der richtigen Erkenntnis zur falschen Identität in der Praxis des Handelns Geltung zu verschaffen. In den zitierten Passagen um Shatterhand und Melton geht es dagegen nicht um derart schlichte Aufdröselungen dessen, was ist; May hat die Schraube des Spiels um Masken und Rollen noch ein beträchtliches Stück weiter gedreht, denn nicht die Erkenntnis der Wahrheit und die daraus zu ziehenden Konsequenzen stehen im Vordergrund des Interesses, sondern die Funken, die sich aus kunstvollen Verhüllungen schlagen lassen.

Die These, die den folgenden Ausführungen zugrunde liegt, lautet nun, daß der aufwendige und folgenreiche Umgang mit dem Identitätsproblem in *Satan und Ischariot* alles andere als nur eine Sache der Exposition ist; weit über den Anfangsteil hinaus steht dieses Thema zur Diskussion. Es prägt die Rhetorik des Romans ebenso wie die Entwicklung der Geschichte, die er erzählt; es ist in der Makrostruktur nachweisbar und in der Mikrostruktur. Zu beachten ist vor allem auch, daß nicht bloß der Weg zum ersten großen Verbrechenskomplex – zu dem um die Hazienda und das Bergwerk Almaden alto – über dieses Thema führt, sondern daß im Mittelpunkt des zweiten ein gigantischer Betrug steht, bei dem sich ein Mann aufgrund der Ähnlichkeit mit einem anderen ein Millionenvermögen erschleicht, tatkräftig unterstützt von seinem Vater, der eigentlich ein amerikanischer Schwerverbrecher ist, aber als ranghoher tunesischer Offizier zu größtem Ansehen gelangt.

Man könnte diesen Komplex in die verschiedensten übergreifenden Zusammenhänge einordnen. Zum Beispiel in literaturhistorische: der Umgang mit den heikleren Aspekten der Identitätsbildung und -findung zieht sich wie ein Leitmotiv durch die Geschichte der neueren Dichtung. Sätze wie Rimbauds „Je est un autre"[6] sind weithin bekannt geworden, und wer sich etwas näher mit den berühmten Romanen Max Frischs und ihrer Erforschung befassen will, lernt so ziemlich als erstes, daß es darin eben um das Problem der Identität gehe und daß einem Satz wie „Ich bin nicht Stiller!"[7], mit dem der Roman *Stiller* beginnt, eine geradezu programmatische Funktion zukommt. Denkbar wäre auch, die Beobachtungen zum Text hinsichtlich ihrer Prägung durch die Persönlichkeit seines Autors zu prüfen; da wäre dann der erwähnte Befund zur pseudologia phantastica ebenso ertragreich heranzuziehen wie manches von dem, was Walther Ilmer in seinen Überlegungen zu den latent autobiographischen Seiten des Romans gesagt hat.[8]

Hier soll aber etwas anderes im Mittelpunkt stehen. In den letzten Jahren ist wiederholt gefordert worden, die textinternen Besonderheiten des Mayschen Erzählens noch genauer als bisher unter die Lupe zu nehmen. Es liegt nahe, daß der hohe Rang, den schon und gerade die *Satan*-Exposition dem Identitätsthema einräumt, zu entsprechenden Analysen in diesem Punkt herausfordert. Von der Beleuchtung der übergreifenden Zusammenhänge, so reizvoll sie sein könnte, sehen wir also weitgehend ab und fragen statt dessen, wie May denn nun im einzelnen mit diesem Komplex verfährt, was er daraus macht, in welcher Hinsicht er damit umgeht.

Zunächst einmal ist zu zeigen, wie gründlich May schon unter quantitativem Aspekt auf das Motiv der falschen bzw. vorgespielten und dann durchschauten Identität bis in Einzelheiten zurückgreift. Als Old Shatterhand Harry Melton und die Gruppe der Auswanderer verlassen hat, stößt er auf drei Indianer vom Stamm der Mimbrenjos, und obwohl er sich ihnen von der Sache her ohne weiteres gleich zu erkennen geben könnte, betreibt der Erzähler seine Identifizierung als einen aufwendigen Akt (vgl. XX 103ff.). Etwas später warnt Old Shatterhand den Besitzer der Hazienda del Arroyo vor den Intrigen des Mormonen; er tut dies aber nicht als Old Shatterhand, sondern präsentiert sich als der, dem Melton die Stelle des Buchhalters versprochen hat und der folglich Zutritt zur Hazienda verlangen kann (vgl. 115ff.). Feindliche Indianer erkennen Old Shatterhand nicht wieder, als er sich „umgekleidet" (242) hat, ein wenig das Gesicht verhüllt und mit veränderter Stimme spricht. Winnetou bietet noch im ersten *Satan*-Band, aus dem die bisherigen Beispiele stammen, ein vergleichbares Kunststück: Im Schutz der Dunkelheit nähert er sich einem gefesselten Indianer, tut so, als sei er einer seiner Schicksalsgenossen, der sich heimlich befreit habe, und zettelt ein Gespräch an, das ihm wichtige Informationen vermittelt (vgl. 457ff.). In Band II taucht der Ölprinz Konrad Werner in einer Szene erstmals auf, in der es ihm Mühe bereitet, Shatterhand zu erkennen, denn er hat ihn nur einmal kurz vor längerer Zeit und unter ganz anderen Umständen gesehen (vgl. XXI 201ff.). Als Winnetou durch Nordafrika reist, schlüpft er in die Rolle eines Somali Ben Asra, und einmal läßt er sich – wiederum geschützt vom nächtlichen Dunkel – einige Stunden lang für Old Shatterhand alias Kara Ben Nemsi halten (vgl. 411ff.), eine Manipulation, deren Erfolg nicht erstaunlich ist, denn „wir hatten uns vollständig ineinander hineingelebt" (491). Am Ende von *Satan II* geben sich die dem Helden feindlich gesonnenen Uled Ayun als befreundete Meidscheri aus, um ihn und seine Freunde in die

Falle zu locken (vgl. 494); in Band III imitiert dies zum gleichen Zweck ein Yuma-Indianer, der sich zunächst als harmloser Zuni präsentiert hat (vgl. XXII 211); und wie Winnetou in der Rolle eines feindlichen Indianers Wichtiges erkundet, so agiert Old Shatterhand vorübergehend als sein Gegenspieler Thomas Melton, mit gleichem Erfolg (vgl. 331f.). Hin und wieder machen sich tendenziell parodistische Züge bemerkbar: Die Töne eines quakenden Frosches bieten einem feindlichen Häuptling die Gelegenheit, Old Shatterhand mit einem solchen Tier zu vergleichen; tatsächlich werden sie von einem Mimbrenjo erzeugt, der Shatterhand damit verabredungsgemäß signalisiert, daß er zur Hilfe bereitsteht (vgl. XX 223 u. 227).

Die Beispiele zeigen unter anderem, daß Karl May im Prozeß seines Erzählens geradezu Reihen bildet, in denen nicht nur das Motiv des Verstellens als solches wiederholt wird, sondern auch die näheren Umstände und Absichten wiederkehren, unter geringfügig veränderten äußeren Voraussetzungen. Aber nicht allein die Repetition im schlichtesten Sinne dominiert; manchmal verbindet May sie mit dem Kompositionsprinzip der Umkehrung. Es wurde schon erwähnt, daß Harry Melton den ihm scheinbar freundlich gesonnenen Old Shatterhand von Guaymas zur Hazienda mitnimmt, um ihn beaufsichtigen zu können; umgekehrt ist später der Westmann bereit, Melton bei seinem Weg von der Hazienda zur Grenze des dazugehörigen Landes „mitzunehmen, um ihn zu beobachten" (XX 132); jeweils gilt es, den zu erwartenden Attacken des Gegners unter dem Schein der falschen Rolle vorzubeugen.

Des weiteren belegen die Beispiele, daß die Manipulation mit der Identität sich auf ganz unterschiedliche Weise vollzieht. Man kann, ohne irgendeine mit den Händen zu greifende Tarnung, schlicht behaupten, ein anderer zu sein. Man kann aber auch dank günstiger äußerer Gegebenheiten, wie sie etwa die nächtliche Finsternis bildet, in eine Rolle schlüpfen. Und man kann sich schließlich im buchstäblichen Sinne maskieren, verkleiden und dabei auch seine Stimme verstellen. Die Identität, die man vorspielt, kann frei erfunden, aber auch die einer tatsächlich existierenden Figur sein. Vieles ist da also möglich, und eine derart facettenreiche Ausfaltung des stetig wiederkehrenden Motivs verhindert Monotonie und Langeweile.

Da so häufig und intensiv die Frage nach der wahren Identität traktiert wird, ist es nicht erstaunlich, daß dieses Phänomen auch in die Gespräche der Figuren mit beträchtlicher Vehemenz eindringt. Manch ein Satz bezeugt eindrucksvoll, wie sehr dieser oder jener der Vorspiegelung falscher Tatsachen erliegt; so ist Krüger

Bei erst einmal nicht davon abzubringen, in einem Schurken einen Tugendbold zu sehen, und verkündet auf Kara Ben Nemsis Andeutung von Skepsis: „Kalaf Ben Urik ist der größte Ehrenmann und strengste und gläubigste Moslem" (XXI 308f.). Manchmal lassen sich die verwirrten Verhältnisse nur mit höchst eigenwillig oder gar paradox klingenden Formulierungen erfassen: „Wenn Sie den Menschen einen Ehrenmann nennen, so ist der größte Schuft ein Caballero" (XX 385), sagt Old Shatterhand über Harry Melton; mit den Worten „Da er mich für Old Shatterhand hielt, der ich ja auch war" (85), beginnt eine Erläuterung zum Verhalten derselben Figur. Small Hunter ist „eigentlich der Begleiter dessen, für den er sich ausgiebt" (XXI 272), lautet ein aufklärerischer Satz nicht etwa über Small Hunter, sondern über Jonathan Melton, und in einer weiteren Wendung über ihn und die allgegenwärtige Judith Silberberg ist die Rede von „seinem Weibe, welches nicht sein Weib ist" (XXII 135).

Besonders ausführlich und gelegentlich auch einfallsreich geht die Sprache mit der religiösen Etikettierung des Brüderpaares Harry und Thomas Melton um; der ‚Satan' im Titel der Buchausgabe ist bekanntlich auf Harry gemünzt, ‚Ischariot' auf Thomas alias Kalaf Ben Urik. Beide Assoziationen werden ziemlich rasch an die beiden Schurken geheftet, und fortan zieht sich eine lange Kette von Formulierungen durch den Text, in denen etwa von einem „Teufel in Menschengestalt" (XXI 33), einem Lachen, das „teuflisch" (124) wirkt, einem „diabolisch" (XXII 191) und zugleich schön erscheinenden Gesicht und vom Judas-Charakter des Thomas Melton (XXI 408, 433, 450f., XXII 491) die Rede ist. Aber auch hier liegen die Dinge nicht durchgängig einfach. Als Ischariot gilt zwar in erster Linie Kalaf Ben Urik alias Thomas Melton, der seinen Förderer Krüger Bei und später sogar den eigenen Sohn verrät, aber auch Harry wird mit diesem Begriff belegt, weil er den Besitzer der Hazienda, der so etwas wie sein Arbeitgeber ist, bösartig hintergeht (XX 394). Darüber hinaus scheuen sich die wenig achtbaren Figuren nicht, ihrerseits die Feinde, also die guten Menschen, mit dem Reich des Satans in Verbindung zu bringen, sei es, daß sie Old Shatterhand „den Teufel" (217) grüßen lassen, im Teufel einen „Gehilfe[n]" (XXI 356) der Edlen entdecken oder gar Old Shatterhand selbst als „Satan" (XXII 479) und, wie bei Harry Melton geschehen, „Teufel in Menschengestalt" (XXII 488) bezeichnen; wieder macht sich das Prinzip der Umkehrung bemerkbar.

Die religiös-mythische Dimension, die der Text den Protagonisten zuteilt, verknüpft sich gelegentlich virtuos mit den Irritationen, die hinsichtlich ihrer irdischen Persönlichkeit bestehen. So belauscht Old Shatterhand zu jener Zeit, da er noch die Rolle des ‚Litteraten' und Harry Melton die des frommen Mormonen spielt, diesen im Gespräch mit einem Spießgesellen, und er wird dabei Zeuge der Äußerung, Old Shatterhand sei ein ganz gefährlicher Bursche und stehe mit dem „leibhaftigen Satan im Bunde" (XX 70): eine hochgradig doppelbödige Feststellung, denn tatsächlich harmonieren ja der Westmann und ‚Satan' Harry Melton an der Oberfläche ihrer Unternehmungen miteinander, und ‚leibhaftiger' als die Romanfigur Melton kann man sich Gottes Widersacher kaum vorstellen. Eine der letzten diesbezüglichen Stellen des Romans bietet einen Fluch Jonathan Meltons an Old Shatterhand: „Der Satan vernichte Euch!" (XXII 494) – womit wir wieder am Anfang angelangt wären, denn letztlich ist es ja sogleich das Bestreben Harry Meltons, den von ihm vermuteten Umtrieben Old Shatterhands möglichst wirkungsvoll in den Weg zu treten. Wir sehen, wie sehr Karl May auch im Rahmen der – ansonsten eher schwach ausgeprägten – religiösen Implikationen[9] mit Identitätsfixierungen und ihren Erschütterungen spielt.

Es ist eine Banalität, daß zur Identität des Menschen der Name gehört, und die gerade registrierten Benennungen bilden nur einen Teil des Spiels, das der Roman auch mit diesem Aspekt unseres Themas treibt: Um Namen, um das, was sie mitteilen, signalisieren und bedeuten, geht es immer wieder. Wenn Old Shatterhand und Winnetou erkannt werden, wenn ihr Name fällt, dann zeitigt dies oft – wie Harald Eggebrecht schon beobachtet hat[10] – unmittelbare und weitreichende Konsequenzen für das Geschehen: Gute Menschen freuen sich und fühlen sich durch die Nähe zu den Heroen be- und gestärkt; böse Menschen erschrecken, verfallen sogar in Tatenlosigkeit und Panik oder flüchten kurzerhand. Umgekehrt vermag Old Shatterhand aus den Namen, die ihm zu Ohren und zu Gesicht kommen, in schöner Regelmäßigkeit treffliche Schlüsse zu ziehen: Von einem Indianer, der ‚schwarzer Biber' heißt, vermutet er, daß er „sehr geschickt im Schwimmen und Tauchen sei" (XXI 170); als er den Namen Kalaf Ben Urik hört, kommt ihm der „wie ein selbstgemachter" (270) vor, und er ahnt gleich, daß mit seinem Träger etwas nicht stimmt; auf wenigen Seiten wird geschildert, wie Shatterhand allein dank der Namen die richtige Identität von Menschen und die falsche Identität einer Sache erkennt: „Pajaro heißt Vogel" (XXII 140), also sind die Musiker, die unter den Künstlernamen Marta und Francisco Pajaro auftreten, seine ehemaligen Schützlinge Martha und Franz Vogel, während der Wein, der für viel Geld gekauft wurde, nicht der ist, als der er gelten soll, denn auf dem Etikett steht als Herkunftsort ‚Riedesheim' statt ‚Rüdesheim' (147f.). Über eine äußerst zwielichtige Figur bemerkt Winnetou: „Wie sein eigentlicher Name ist, weiß ich nicht, er wird gewöhnlich der Player genannt" (XX 378); der Mann gehört zunächst zur Partei der Schurken, aber als ‚Spieler' nutzt er – in dieser Hinsicht eine von ganz wenigen Figuren in Mays Gesamtwerk – die Chance, die Seite zu wechseln, und am Ende befindet er sich in der Reihe der guten Menschen. Die Koryphäen indes sind über solche Vagheiten erhaben, und so nimmt ein Winnetou klaglos die Rolle an, die ihm auf seiner Afrikareise oktroyiert wird: „Nennt Winnetou wie ihr wollt, er bleibt doch der Häuptling der Apatschen" (XXI 278).

Man sieht, daß sich das Spiel um richtige und falsche Identitäten und alles, was damit zusammenhängt, wie ein Netz über den Roman legt; besser noch: daß kaum etwas in diesem Roman geschieht, was nicht im engeren oder wenigstens im weiteren Sinne mit der Identitätsproblematik zu tun hat bzw. mit ihr verbunden ist. Wir haben diese Dominanz bisher überwiegend anhand vieler einzelner Szenen und Motive beobachtet, doch das, was für die ersten Erlebnisse von Old Shatterhand und Harry Melton gilt, gilt auch für den gesamten Roman: Er wird in seinen großen Linien, in seiner Tektonik, in den Grundstrukturen seiner Entwicklung ebenfalls durch das Identitätsthema geprägt. So agiert Shatterhand über Hunderte von Seiten hinweg in der Begleitung von zwei vorerst namenlosen Söhnen eines befreundeten Mimbrenjohäuptlings; das Unternehmen dient ihnen dazu, sich durch große Taten an der Seite des berühmten Mannes die Namen zu erwerben, mit denen sie „in die Reihen der erwachsenen Krieger treten" (XXI 198), und daß sie schließlich ‚Yuma-Töter' und ‚Yuma-Skalp' heißen, verrät unmißverständlich, wie eng diese Ambition der Identitätsbildung und die erfolgreich absolvierten abenteuerlichen Prüfungen zusammenhängen. Noch substantieller erscheint, was die drei Hauptschurken teils allein, teils miteinander anstellen bzw. anstellen wollen: Harry Melton hat zwar von den Mormonen den Auftrag erhalten, Land zu erwerben, aber seine Aktivitäten – vom Überfall auf die Hazienda bis zur Ausbeutung der deutschen Auswanderer als elende Arbeitssklaven im Quecksilberbergwerk – lösen sich radikal vom Ausgangspunkt seiner Mission, und der Verbrecher Melton hat mit dem frommen Mann, den er zeitweise mimt, ebensowenig gemein wie mit dem gesetzestreuen Gehilfen einer Anwaltskanzlei, als der er später agiert; sein Neffe Jonathan ist dem Millionenerben Small Hunter zum Verwechseln ähnlich bis auf den ungewöhnlichen Umstand, daß der echte Hunter an jedem Fuß sechs Zehen hat, und er nutzt die Ähnlichkeit, um sich in den Besitz von dessen Reichtum zu bringen; sein Vater Thomas Melton, der sich als Kalaf Ben Urik das Vertrauen Krüger Beis ebenso erschleicht wie Harry dasjenige des Haziendero und des Rechtsanwalts, hilft ihm dabei, indem er Hunter erschießt, und er lockt überdies seinen arglosen Gönner in eine profitträchtige Falle, aus der dieser nicht lebend herauskommen soll. Der Plot des Romans dreht sich im wesentlichen darum, wie die Helden versuchen, teils die Umsetzung der finsteren Pläne zu verhindern, teils die Folgen ihrer Realisierung rückgängig zu machen. Am Ende wird der eine Judas auch noch zum Feind des eigenen Sohnes und zum Brudermörder am anderen, am ‚Satan', und Old Shatterhands Prophezeiung, der mehrfache „Verräter" (XXII 587) werde, wie sein biblisches Vorbild, im Selbstmord enden, bestätigt sich (vgl. 609; so hat auch die lange durchgehaltene biblische Konstellation noch ihre Erfüllung gefunden.

Der Text bietet zudem, wie das genauere Hinsehen zeigt, nicht nur vage Entsprechungen zwischen den verschiedenen Verbrechenskomplexen, Karl May greift vielmehr insbesondere bei Jonathan Meltons Erbschleichunternehmungen in Nordafrika manches von dem auf, was sich schon in der Exposition findet. Der falsche Small Hunter, zu dessen Plan es gehört, Personen kennenzulernen, die bei Bedarf „für [s]eine Echtheit eintreten" (XXI 298), engagiert, wie einst sein Onkel, im Ich-Helden „seinen heimlichen Gegner [...] als Verbündeten" (289); wie Harry Melton tut er das aber nur zum Schein, denn de facto verfolgt er ganz andere Absichten als die offen ausgesprochenen; wie damals tritt das Ich nicht unter seinem wirklichen, bekannten Namen auf, wie damals unternimmt es mit dem vermeintlichen Verbündeten zunächst eine Schiffsfahrt. Dann aber spitzen sich die Komplikationen im Vergleich noch zu: Der falsche Hunter und der Held reisen weiter in Begleitung von Personen, die Old Shatterhand alias Kara Ben Nemsi kennen und nicht ahnen, daß er nicht identifiziert werden möchte. Was ist da dem Betrüger gegenüber zu tun? Old Shatterhand verfällt auf den famosen Gedanken, das, was der Gauner ihm in der Realität vormacht, als Fiktion zu imitieren: Er behauptet keß, aufgrund einer äußeren Ähnlichkeit fälschlich für jenen Kara Ben Nemsi gehalten worden zu sein und diese Rolle aus bestimmten Gründen weiterspielen zu wollen (XXI 315ff.). So kehrt auch das frühe Wissen Harry Meltons um die wahre Identität des ‚Litteraten' wieder, allerdings in verzerrter, ins Scheinhaft-Phantastische umgebogener Form, doch diese Konstruktion wird beglaubigt durch den Umstand, daß sie nur eine Spiegelung der Ereignisse um Jonathan Melton und Small Hunter ist.

Wir sehen also, wie eng das Geschehen um das Verbrechen Jonathan Meltons an dasjenige im ersten Teil des ersten Bandes anknüpft. Um so mehr Aufmerksamkeit verdient die Frage, was sich denn bei so viel Übereinstimmung verändert, und auch da gibt es – wie sich gerade schon angedeutet hat – allerlei zu bemerken. Zu beobachten ist insbesondere eine wachsende Souveränität der guten Menschen im Umgang mit dem Problem. Im Identitätsgewusel der Exposition verrät sich nicht zuletzt eine gewisse Ratlosigkeit des Ich-Helden: Er ahnt zwar, daß Harry Melton Übles vorhat, aber es dauert lange, bis er es in allen Einzelheiten durchschaut, und die Maske des ‚Litteraten' dient dazu, Aufklärung zu erhalten. Die ist im zweiten Teil dann aber Kara Ben Nemsi, als er in die Rolle des Geschäftsmanns Mr. Jones an die Seite Jonathan Meltons tritt, schon vollständig zuteil geworden, so daß er nunmehr unter viel günstigeren Bedingungen die Auseinandersetzung aufnimmt. Umgekehrt verlieren die Schurken an Kompetenz: Harry Melton weiß von Anfang an, wen er vor sich hat, Jonathan dagegen fällt lange Zeit auf das abstruse Rollenspiel des Mr. Jones und auch auf Winnetous Tarnung herein. Die Gewichte haben sich eindeutig zugunsten der guten Menschen verschoben, jedoch nicht so kraß, daß die nun völlig ungefährdet zu Werke gehen könnten. Auch weiterhin müssen sie vorübergehend Niederlagen einstecken, und immer noch – etwa im Fall der Uled Ayun, die sich als Meidscheri ausgeben – spielen dabei falsche Identitäten eine maßgebliche Rolle. Immerhin lehrt der Blick auf die Makrostruktur des Romans, daß der Kampf um richtige und manipulierte Rollen trotz gegenteiliger Bemühungen der Feinde zunehmend eine Domäne der guten Menschen wird.

Zu diesen übergreifenden Perspektiven gehört es, wenn wir nun noch genauer beobachten, wie Identitäten enthüllt oder gar erst entwickelt werden, wie sich Persönlichkeiten bilden und zum Gegenstand des Gesprächs werden. Zum einen finden sich da die schon bekannten weitreichenden Entsprechungen zwischen dem Namen einer Person und dem, was sie leistet: Wer einen Yuma tötet oder einen Yuma skalpiert, heißt ‚Yuma-Töter' oder ‚Yuma-Skalp', und daß die Namen Old Shatterhand und Winnetou die Feinde zu Recht in Angst und Schrecken versetzen, bestätigt sich in den Aktionen der Heroen immer wieder; Identität ist und wirkt in diesen Fällen als etwas, für das der Träger ganz und gar verantwortlich zeichnet und das nicht mißzuverstehen ist. Aber es gibt noch eine andere Seite.

Es wurde schon kurz darauf hingewiesen, daß der Erzähler Old Shatterhands Identifizierung bei der ersten Begegnung mit Mimbrenjos als eine aufwendige Aktion betreibt (vgl. XX 103ff.): Er inszeniert sie förmlich, wie May es ja überhaupt manchmal liebt, die erfolgreichen Unternehmungen der Helden quasi als Schauspiel einzurichten.[11] Das Kennzeichen dieser Inszenierung ist es, daß die Figur sich nicht einfach vorstellt — was sie an anderen Stellen natürlich des öfteren auch tut —, sondern daß die äußeren Umstände dazu führen, daß sie erkannt wird. Eine ganze Reihe weiterer Szenen akzentuiert den gleichen Aspekt. Bei der Wiederbegegnung von Old Shatterhand und Winnetou erkennt der Weiße den Roten schon von weitem an dessen Pferd, an der Decke und am Leuchten der Nägel auf der Silberbüchse; umgekehrt identifiziert Winnetou den Blutsbruder vorerst nicht, weil der auf einem fremden Pferd sitzt und ungewöhnlich gekleidet ist (vgl. 253f.). Später erkennt ein feindlicher Häuptling Winnetou, als der ins Licht des hell strahlenden Mondes tritt (vgl. 282), und wie sehr Äußerlichkeiten zum Wesen einer Person gezählt werden, verrät sich in den Worten eines Mimbrenjojungen, der dem erstmals im imposanten Dreß auftretenden Shatterhand verrät: „so haben wir Knaben uns Old Shatterhand vorgestellt" (242). Keine dieser Szenen entbehrt von der Sache her der Plausibilität; dennoch fällt auf, welche Betonung der Erzählvorgang setzt. Es scheint, als sei hier jeweils die Bestimmung von Identität für die Betrachter etwas, das maßgeblich durch äußere Umstände geprägt wird, als wachse Identität den Personen zumindest teilweise von außen zu. Der Erzähler selbst präsentiert dazu eine passende Formulierung: „Kleider machen auch hier wie überall Leute" (XXI 250).

Dieser Gesichtspunkt der partiellen Fremdsteuerung von Identität steht an anderen Stellen noch sehr viel krasser zur Diskussion: da, wo es nicht um die Identifikation einer Person durch Dritte geht, sondern wo diese sich selbst auszubilden und zu bewähren hat. Daß die Autonomie des Menschen, an deren Verherrlichung Mays Helden mit ihrem Umherstreifen in der ‚freien' Wildnis beharrlich arbeiten, eine heikle Angelegenheit ist, daß folglich auch die Ambition, radikal ‚ich' zu sagen, stets von den Widerständen bedroht ist, deren sie doch zu ihrer Durchsetzung auch bedarf — denn die eigene Identität formt und bestätigt sich ja wesentlich durch die Auseinandersetzung mit anderen —: das alles deutet sich gelegentlich selbst im Fall Old Shatterhands an. Einmal muß er beispielsweise etwas tun, was er ganz und gar nicht mag, was aber von einem „Krieger meines Schlages" (XX 110) unbedingt verlangt wird. Sehr viel deutlicher kristallisiert sich dieses Problem jedoch im Hinblick auf die Frauenfiguren und ihre Umgebung heraus.

Bekanntlich sind es zwei weibliche Wesen, denen in *Satan und Ischariot* eine nennenswerte Funktion zukommt: Martha Vogel, die mit Hilfe Old Shatterhands zu einer großen Sängerin ausgebildet wird, und Judith Silberstein, die ebenso attraktive wie geldgierige Jüdin mit Zügen einer femme fatale. Auf den ersten Blick scheint es sich bei Judith um eine wenn auch moralisch anrüchige, so doch in hohem Maße selbstbestimmte Persönlichkeit zu handeln, um eine Frau, die weiß, was sie will, und der die Männer unterwürfig in Scharen nachlaufen; bei ihrem ersten Auftreten scharwenzeln um sie herum ihr Vater, der sie abgöttisch verehrt, und ein ehemaliger Liebhaber, der es sich nicht nehmen läßt, sie nach Amerika zu begleiten. Sieht man jedoch genauer hin, so ist Judith von einer merkwürdigen Leb- und Reglosigkeit, einer Starre, die sich zwar als Aktionismus tarnt, aber im Kern eher einer monoton ablaufenden Mechanik gleicht, die für sich selbst nicht verantwortlich ist und zwangsläufig immergleiche Ergebnisse zeitigt. Als Shatterhand sie erstmals zu Gesicht bekommt, ist sie gekleidet wie für einen „Maskenball" (XX 40), einen Typus von Veranstaltung also, in dem Identitäten unverbindlich simuliert statt de facto gelebt werden. Der zu ihrer Reisegesellschaft gehörige ehemalige Liebhaber hat schon vor einiger Zeit einem Offizier weichen müssen; schuld an Judiths Untreue war indes „nicht seine Person, sondern seine Uniform" (49), und zumindest teilweise schuld an ihrer späteren kurzen Beziehung zu Harry Melton wird der Umstand sein, daß der Verletzte ihrer als Krankenpflegerin bedarf (vgl. 181). Die solcherart auf Äußerlichkeiten einer Beziehung zurechtgestutzte Persönlichkeit Judiths wird dann von Old Shatterhand mehrfach funktionalisiert: Zu Beginn des zweiten Bandes erscheint sie ihm als ein „wertvolles Tauschobjekt" (XXI 21), zu Beginn des dritten als der „Regenwurm an meiner Angel, mit welcher ich die Meltons fangen wollte" (XXII 41); Judiths Beziehung zu immer neuen Lebensabschnittsgefährten wird also in den Dienst der Pläne ihrer Gegner gestellt. Daß Judith vom „Kaufpreis meines Herzens" (480) spricht, als sei dies ein Ding, daß sie sich nach eigenem Eingeständnis so sehr „an den Reichtum gewöhnt" hat, daß sie ohne ihn nicht nur „nicht leben [mag]", sondern auch nicht leben „kann" (260), paßt ins Bild: Bei aller demonstrativ ausgestellten Habgier und Skrupellosigkeit ist sie weit eher ein teilweise von innerer und äußerer Fremdbestimmung geprägter Apparat als ein selbstbewußt, reflektiert und souverän handelndes menschliches Ich. Man muß nicht einmal die autobiographische Dimension einer Emma-Pollmer-Spiegelung bemühen, um es zu verstehen, wenn diese Darstellung schließlich auch Judiths physische Behandlung durch die Männer einschließt: Old Shatterhand kommt ihr des öfteren recht nahe und erwägt, sie körperlich zu züchtigen, ein Thema, über das er auch gern mit ihr spricht; einmal wird sie kahlgeschoren, und als ein Gefährte Shatterhands sie auf seinem Pferd fortschaffen soll, hofft er auf rege engere Kontakte: „Je mehr sie sich wehrt, desto lieber ist es mir" (603). Den kuriosen Gipfel dieses Spiels um Äußerlichkeiten und Zwänge, um die Verfügbarkeit und Degradierung einer sich selbst ganz anders deutenden Frau bildet der Umstand, daß sie nicht einmal über einen konstanten Namen verfügt: Der Autor nennt sie mal Judith Silberstein, mal Judith Silberberg[12]; mit dem zweiten Namen wird sie zusätzlich dem Quecksilberbergwerk Almaden alto assoziiert, einem höchst schauerlichen und unheilvollen Ort.

Zweifellos sind in die Darstellung Judiths allerlei antisemitische Klischeevorstellungen eingeflossen, wie sie die Literatur seit langem durchwucherten. Aber Martha Vogel, die nach dem ersten Eindruck ganz anders charakterisiert wird, gleicht Judith in vielem. Auch ihre Vita weist zwar diverse Züge einer Erfolgsgeschichte auf: Sie stammt aus „sehr ärmlichen Verhältnissen" (XXI 227) und entkommt ihnen, indem sie sich einerseits zur Ehe mit einem Millionär entschließt und andererseits ihre Stimme ausbildet, so daß sie später als grandiose Sängerin Triumphe feiert. Bei genauerer Prüfung ergibt sich jedoch ein verändertes Bild. Die Ehe scheitert. Wenn Martha spricht, teilt sie meistens Empfindungen der Sorge und der Angst mit, als gehe es in ihrem Leben vor allem darum. Am Ende erweist es sich – was noch viel schwerer wiegt –, daß selbst ihre Rolle als Künstlerin eher durch Einwirkungen von außen als durch eigene Entschlüsse bedingt war: Der Musiker, der sie entdeckt und gefördert hat, „nahm mich unter einen Zwang, dem nur sehr schwer zu widerstehen war" (XXII 146). Daß sie im Finale als Leiterin einer karitativen Einrichtung amtiert, ist zwar löblich, aber es überführt ihre gesamte vorherige Existenz des Irrtums, und zu verdanken hat sie das neue Unternehmen Old Shatterhand und seinen Freunden, die ihr das zugrundeliegende Millionenerbe verschafft haben.

Auf einige Männer in der Umgebung dieser Frauen färben die Passivität und der Mangel an selbstbestimmter Ich-Identität ab. Marthas Bruder Franz beteiligt sich zwar zeitweise an der Suche nach den Erbschleichern; aber wenn es dabei ernst wird, muß er beiseite treten, warten, still sein, und selbst dies endet gelegentlich mit seiner Gefangennahme; seine größte außerkünstlerische Tat ist es, Winnetou nach Dresden zu geleiten. Noch schlimmer steht es um den ehemaligen Liebhaber Judiths, Herkules genannt: Er ist ihr völlig verfallen und reist ihr permanent nach, obwohl er keine Chance hat, die alte Beziehung zu erneuern. Dabei verfügt auch er nicht über einen unverwechselbaren Namen: Die Bezeichnung Herkules verdankt sich seiner früheren Tätigkeit als Zirkusartist, so daß denn auch regelmäßig von *dem* Herkules oder vom „Goliath" (XX 178) die Rede ist. Der Mann existiert nur noch als Funktion seiner Vergangenheit, kurz nach seiner Ankunft im Wilden Westen existiert er gar nicht mehr.

Mays Darstellung der Judith und der Martha partizipiert an gängigen Vorstellungen vom Wesen der Frau, an traditionsreicher ‚imaginierter Weiblichkeit'.[13] Eine feministisch orientierte Literaturkritik müßte ihre helle Freude daran haben, wie May Martha zu einer emotionsreichen, passiven, der männlichen Stütze bedürftigen und daher um so attraktiveren Frau macht und Judith zu ihrem offensiver und aggressiver sich gebärdenden, für männliche Attakken also ideal disponierten Gegenstück. May versäumt es im Hinblick auf Judith denn auch nicht, die Unterschiede im Bereich dessen, was man früher ‚Geschlechtscharaktere' genannt hat, ausdrücklich auf den Begriff zu bringen, und er formuliert sie bezeichnenderweise mit dem Hinweis auf unerfreuliche Seiten: „Wenn eine Squaw Böses thut, so sieht das Böse viel häßlicher aus, als wenn ein Mann es thut" (XXII 459), verkündet Winnetou. Dabei klingt unterschwellig sogar noch die andere Seite an: die Angst des Mannes vor der erotisch aktiven Frau; bei Klaus Theweleit[14] läßt sich nachlesen, wie es sich in diesem Zusammenhang mit dem Schmutz verhält, der Judith in Form von Haarschuppen, einem ungewaschenen Hals und Trauerrändern an den Fingernägeln anhaftet (vgl. 34). Bezeichnend ist auch, was der Autor am Ende mit den Damen anstellt: Judith verschwindet im Indianerland, und die männliche Phantasie mag sich ausmalen, was da mit ihr geschieht; Marthas umfassende Wohltätigkeit wird schon sprachlich auf ganz andere Weise fixiert als das bisherige abenteuerliche Geschehen, „die Geschichte degeneriert zum frömmlerischen Schmachtfetzen".[15] Wenn es stimmt, daß das Frauenbild der Männer sich aus Vorstellungen von der Frau als Hure und als Mutter zusammensetzt, so gebührt May das Verdienst, diese Komponenten in reinster Ausprägung und doch ohne anstoßerregende Deutlichkeit sortiert zu haben.

Mays Roman handelt also auch – und keineswegs nur nebenbei – von der Ideologie der Geschlechter-Differenzen. Es wäre aber verfehlt, die Hinweise zur unzulänglichen Souveränität, zum Mangel an eigenständig reflektierter Ich-Identität bei Martha und Judith ausschließlich in diesem Rahmen zu sehen; immerhin ist zu beobachten, daß Männer davon nicht unberührt bleiben, und die vorher genannten Beispiele deuten zumindest an, daß auch generell die männliche Selbstbestimmung der Persönlichkeit an Grenzen stößt. Der Roman stellt dar – vorrangig, aber nicht ausschließlich an Frauen –, daß die Vorstellung vom autonom für die eigene Persönlichkeit verantwortlichen Ich partiell vielleicht eine Illusion ist.

Faßt man nun alle unsere Beobachtungen zusammen, so ergibt sich ein recht zwiespältiger Befund. Das Identitätsthema in den verschiedensten Facetten prägt den Roman so sehr, daß die These, es halte ihn in seinem Innersten zusammen, gewiß nicht fehl geht. Dabei zeigt sich, daß May einerseits der Vorstellung zur Souveränität des Ich von Anfang an und in zunehmendem Maße Geltung verschaffen will: Das penetrante Jonglieren mit Identitäten verbirgt nicht, daß der Jongleur weiß, was er bewegt, daß der Erzähler ausweist, was hinter den Rollenspielen steckt, und schließlich alles ins Erfreuliche wendet. Andererseits bleibt, wie zuletzt erörtert, einiges zurück, was Sand ins Getriebe streut: daß über die Persönlichkeit von außen verfügt wird, daß zur Identität des einzelnen gehört, was andere ihm auferlegen und an ihm erkennen. So gestaltet sich, dem Zeugnis des Romans nach, Identität im Spannungsfeld von Selbständigkeit und Zwang, Autonomie und Oktroi, Unverwechselbarkeit und Kategorisierung, wobei die erstgenannten Kräfte dominieren. Derart vom Erzählkontext gelöst, klingt dieser Befund vielleicht banal, und zweifellos zielt er auf eine gedankliche Konstruktion, die heute keineswegs mehr sensationell klingt; aber daß ein Abenteuerroman vom Ende des 19. Jahrhunderts von ihr lebt und sie unter so vielen verschiedenen Aspekten ausführlich entfaltet, zerlegt und zur Anschauung bringt, verdient zweifellos Aufmerksamkeit und Respekt.

Die früher erwähnte autobiographische und die kultur- und literaturgeschichtliche Dimension ließen sich nun noch genauer ausleuchten. Es liegt auf der Hand, wie sehr das ambivalente Verständnis von Identität und Rollenspiel den Pseudologen Karl May beschäftigen muß, und es ist verständlich, wenn der verspätete Aufklärer May sich zwar engagiert und umsichtig des Problems annimmt, das manche zeitgenössische und viele künftige Autoren beschäftigt, am Ende aber den Akzent doch eher auf die klaren Konturen und die Verantwortung des einzelnen setzt. Diese Linien sollen hier ebensowenig weiter verfolgt werden wie Fragen nach der Zuordnung solcher Tendenzen in den Kontext der zeitgenössischen Psychologie; Aufmerksamkeit muß hingegen noch der Umstand auf sich ziehen, daß *Satan und Ischariot* Zweifel an der Identität auch des eigenen Textes aufwirft. Was haben wir mit diesem Opus eigentlich vor uns? Wie ist es, dem eigenen Zeugnis nach, zu etikettieren?

Auf die quantitativ begrenzte, im Grunde aber beträchtliche Rolle, die Mays Romane dem Schreiben, der Schrift, dem Umgang mit und also auch dem Charakter von Texten einräumen, ist schon gelegentlich hingewiesen worden, z. B. von Gerhard Neumann in Darlegungen zur „Faust, die den Jagdhieb *und* die Feder führt".[16] Nicht anders präsentiert sie sich hier: Auch im *Satan* bedient sich Shatterhand seiner schlagkräftigen Extremität mehrfach, um Feinde zu überwältigen, aber schon die zweite Textseite stellt ihn als Journalisten vor; bald danach firmiert er als ‚Litterat', und eine seiner ersten Bewährungsproben besteht darin, im Gästebuch des Hotels von Guaymas mit unzulänglichem Schreibgerät eine Eintragung vorzunehmen – er scheitert an dieser Aufgabe (vgl. XX 10f.)!

Die Exposition führt also gleich das Thema Schreiben mit ein, und so stellt sich auch von da aus die Frage, was denn eigentlich unter dem Titel *Satan und Ischariot* zu Papier gebracht worden ist. Der Erstdruck im ‚Deutschen Hausschatz' wird dort teils als ‚Reiseerzählung', teils als ‚Reiseroman' vorgestellt, Begriffe, von denen zumindest der zweite traditionsgemäß nur für fiktionale Texte steht. Die Buchausgabe erscheint dann zwar unter dem Reihentitel ‚Karl May's gesammelte Reiseerzählungen', aber das Werk *Satan und Ischariot* speziell wird auf dem nächsten Blatt mit der doppeldeutigen Formulierung ‚Reiseerlebnisse / von / Karl May' vorgestellt. Der Text sieht sich so von Anfang an in das Spannungsfeld von Fiktion und Realitätswiedergabe, Phantasie und wirklichkeitsgetreuem Bericht gestellt, und die Lektüre zeigt, daß er dieser Linie konsequent folgt.

Zum vermeintlichen Realcharakter tragen wesentlich die eingangs schon erwähnten Hinweise auf Mays Heimatstadt Dresden als Wohnort Old Shatterhands alias Kara Ben Nemsis, auf den Familiennamen, der einem der zwölf Monate entspricht, und einiges andere bei: Nie zuvor hat der Autor seine Romanwelt derart eng und demonstrativ an seine empirische, für interessierte Leser in Grenzen nachprüfbare Existenz gebunden. Daß der Ich-Erzähler ausweislich des vorliegenden Textes jener ‚Litterat' ist, auf dessen Rolle er sich zeitweise zurückzieht, vermittelt dieser Konstruktion eine solide Grundlage. Hinzu kommt das Spiel mit allgemeinen historischen Fakten: Im Hintergrund der Aktionen Harry Meltons werden Bemühungen „um das Einnisten der Mormonen in dieser Gegend" (XX 381) ausgemacht, und auch in Nordafrika wird der Eindruck eines Umgangs mit der Realgeschichte erweckt, wenn Steuern, die Beduinen dem Herrscher von Tunis schulden, eine längere Ereignisfolge in Bewegung setzen.

Andererseits gibt es implizite und explizite Elemente, die in die gegenteilige Richtung orientieren. Die schon zitierte substantielle Weisheit, daß Kleider Leute machen, verweist auf Gottfried Kellers berühmte Novelle. Die vielen Worte zu Teufel und Ischariot und das, was May in den Aktionen daraus macht, ordnen das Geschehen schemenhaft in eine Sphäre mythisch-religiöser Provenienz ein. Die gleich zu Beginn erfolgende Etikettierung Harry Meltons als Satan wird erst einmal damit begründet, seine Gesichtszüge glichen jenen, „welche der geniale Stift Gustave Dorés dem Teufel verliehen hat", und wenn man danach liest, daß zwar „jeder einzelne Teil dieses Kopfes, dieses Gesichtes [...] schön" war, daß ihnen aber in der „Gesamtheit [...] die Harmonie" fehlte – „Wo aber die Harmonie fehlt, da kann von Schönheit nicht die Rede sein" (XX 24) –, dann ergibt sich der Eindruck, die Figur Melton werde hier im wesentlichen als Gegenmodell zu den ästhetischen Idealen der Weimarer Klassik geschaffen, die sich durch kaum etwas anderes so sehr auszeichnen wie durch weitgespannte Vorstellungen von den Details, die sich in einem harmonischen Gesamtbild stimmig zusammenfügen. All diese Textelemente widersprechen zwar nicht ausdrücklich der erzählenden Rekapitulation wirklicher Ereignisse, haben aber doch erst einmal weniger damit zu tun als mit der Mobilisierung verschiedenster literarischer und kultureller Traditionen und verweisen insofern eher auf den Begriff ‚Roman' als auf die Bezeichnung ‚Reiseerlebnisse'; dem Germanisten fällt dazu der Begriff Intertextualität ein. Im gleichen Sinne zu verstehen sind die Bezüge zu Schnabels *Insel Felsenburg*, über die Rudi Schweikert berichtet hat[17], und die zitierte unliebenswürdige Bemerkung vom „frömmlerischen Schmachtfetzen" am Romanende zieht in ihrem sachlichen Kern gleichfalls innerliterarische Vorprägungen ans Licht.

Was haben wir also, nach der Prätention des Textes, vor uns, einen Roman oder die schriftliche Wiedergabe realer Erlebnisse? Letztlich läuft das alles wohl auf etwas hinaus, was wir in vielen epischen Werken dieses Autors finden: Das eine ist mit dem anderen aufs intensivste verknüpft; man kann sich eine eigenwillige Variante der Gattung Märchen vor Augen führen, aber man kann auch mit dem Finger auf der Landkarte entlangfahren und die Reisen des Ich nachvollziehen, als hätten sie tatsächlich stattgefunden.

Was *Satan und Ischariot* aus dem Gesamtwerk des Autors heraushebt, ist also zunächst einmal die Intensität, mit der May sein Doppelspiel betreibt: So wie die Story den tückischen Umgang mit dem Identitätsproblem unter diversen Vorzeichen weit über das sonst übliche Maß hinaus forciert, so geht dieser Text besonders entschieden sowohl in die eine als auch in die andere Richtung. Zudem hält er die Dinge da, wo er den Komplex explizit zur Sprache bringt, auf wundersame Weise in der Schwebe.

Es findet sich nämlich eine ganze Reihe von Stellen, an denen mit äußerst zwiespältigem Ergebnis auf den literarischen Charakter des Geschehens verwiesen wird. Der jüngere der beiden Schurken Weller, der eine Zeitlang als Kajütenwärter seine finsteren Pläne verfolgt, wird als „famoser Schauspieler" (XX 198) gepriesen – aber Old Shatterhand hat ihn sofort durchschaut. Der mündliche Bericht über den ersten Teil der Abenteuer wird von einer Zuhörerin mit einem „Romane" (401) verglichen – aber die Dame ist eine überkandidelte und unsympathische Person, die so wenig von den Verhältnissen des Wilden Westens weiß, daß sie ein solches Urteil eigentlich gar nicht abgeben kann. Eine andere Verwendung der Gattungsbezeichnung findet sich, als Harry Melton den Bericht über die jüngst von ihm verübten Untaten „einen Roman, der geradezu unmöglich ist" (XXI 67), nennt; und Thomas Melton weiß sich bei Old Shatterhands ironischen Vorhaltungen nicht anders zu helfen als mit der Aufforderung: „Laßt mich mit Euern Romanen in Ruh'!" (467) Im Sinne einer Abwehr dessen, was geschieht, geschehen ist bzw. geschehen sollte, ist auch mehrfach von Komödien die Rede, und zwar wieder mit gegensätzlichen Akzenten: Mit der Wendung, man wolle mit ihm wohl „Komödie spielen", faßt der hoffnungslos verliebte Herkules einmal die Ankündigung der nächsten Unternehmungen Judiths zusammen und erntet daraufhin die Bemerkung, hoffentlich habe „die Komödie mit Ihnen endlich einmal ein Ende" (XXI 127); „daß es nicht so leicht ist, mit uns Komödie zu spielen" (XXII 264), hält Old Shatterhand Judith im Blick auf fehlgeschlagene Intrigen vor. Einzeln – je im Spannungsfeld zwischen den Dispositionen der Sprecher und dem sachlichen Gehalt ihrer Äußerungen – wie in der Summe verwenden diese Stellen literarische Gattungsbezeichnungen als etwas, mit dem sowohl auf eine von den betreffenden Textpartien referierte innerliterarische ‚Realität' als auch auf pure Phantasie verwiesen wird, auf Übernommenes und auf selbständig Geschaffenes, Wiedergegebenes und autonom Fabuliertes und nicht zuletzt auf Sein und Schein. Derartige Passagen finden sich natürlich auch in anderen Werken, auch in denen anderer Autoren; *Satan und Ischariot* treibt die Dinge aber wiederum besonders weit.

Im Umgang mit der Identität der Figuren zeichnet sich der Text durch die Erwartung aus, daß am Ende wohl doch alles eindeutig und zum Besten sämtlicher guten Menschen zu klären sei, mag da auch ein Rest an unauflösbaren Zweifeln zurückbleiben. Was die eigene Identität – Roman oder Reiseerlebnis? – angeht, so verharrt er in einem produktiven Neben- und Gegeneinander, das mal die eine, mal die andere Seite in den Vordergrund rückt und am Ende die spannungsreiche Beziehung zwischen dem Schriftsteller mit dem Monatsnamen und den biblischen Mächten des Bösen virtuos ausbalanciert.

Selbst da, wo der Text pointiert über sich selbst nachdenkt, weiß man nie genau, worauf die Reflexion denn nun eigentlich zielt. Als Winnetou und Old Shatterhand die räumlichen Umstände in Augenschein nehmen, unter denen sie eine Gruppe von Feinden gefangennehmen wollen, formuliert May die folgende Passage: „,Wieder ein Thalkessel!' sagte Winnetou [...]. Der Apatsche hatte wohl Grund, diese Worte auszusprechen. Ja, wieder einmal so ein Thalkessel! Während unserer Kreuz- und Querzüge hatten solche Kessel wiederholt eine bedeutende Rolle für uns gespielt. Wie oft waren diese Oertlichkeiten für unsere Gegner verhängnisvoll geworden, während wir uns stets gehütet hatten, unsern Aufenthalt in einer derartigen Falle zu nehmen! Und wenn dies einmal nicht zu umgehen gewesen war, so hatten wir es fast immer zu bereuen gehabt." (XXII 222)

Zweifellos kann jeder routinierte May-Leser Belegstellen en masse angeben. Aber wer spricht hier eigentlich? Vordergründig betrachtet, ist das der Ich-Held in seiner Position des ‚Litteraten', der nun daheim am Schreibtisch sitzt und sich daran erinnert, was die geschilderte spezielle Situation mit seinen anderweitigen wildwestlichen Erfahrungen verbindet. Es spricht aber auch, nur oberflächlich kaschiert, der empirische Schriftsteller Karl May über sein Schreiben: darüber, daß seine Texte intensiv mit Wiederholungen arbeiten, daß seine Geschichten nach bestimmten Regeln ablaufen, daß der verläßlichen Zuordnung von Landschaft und Ereignis eine wichtige Funktion zukommt. Indem Winnetou und die Ich-Figur über die Beschaffenheit eines Abenteuers nachdenken, reflektiert der Autor über die Mittel, mit denen er seiner fiktiven Abenteuerwelt Konturen verschafft. Man kann diese beiden Aspekte zwar voneinander unterscheiden, aber sie tauchen im Text eben nicht getrennt voneinander auf.

Während also May, was die Identitätsprobleme seiner Figuren angeht, den ernsten Verwirrungen nicht ausweicht und doch, alles in allem, einer Klärung zustrebt, behandelt er die Identität des Textes derart, daß Realität und Fiktion einander unauflöslich durchdringen; wir nehmen z. B. teil an religiösen Konstruktionen, die innerweltlich gedeutet werden, und pseudo-realen Geschehnissen, in denen die aus der Bibel bekannten Mächte des Guten und Bösen miteinander kämpfen, an literarästhetischen Selbstreflexionen, die die Plausibilität des vermeintlich empirischen Geschehens stützen, und schlichten Sachdarstellungen, in denen der Schriftsteller Karl May über seine Kunst und sein Handwerk nachsinnt. Für die Wirkung ist diese Konstruktion von herausragender Bedeutung: Was kann es Reizvolleres für Leser geben, die aufs schönste träumen wollen und doch nicht möchten, daß man ihnen ein X für ein U vormacht?

Anmerkungen

1 Hartmut Kühne: Werkartikel *Satan und Ischariot I–III*. In: *Karl-May-Handbuch*, hg. v. Gert Ueding. Stuttgart 1987, S. 260.
2 Ulf Abraham: *Die Angst vor der Entdeckung und die Entdeckung der Angst. Ein Motiv bei Franz Kafka und Karl May*. In: Deutsche Vierteljahrsschrift für Literaturwissenschaft und Geistesgeschichte 59 (1985), Nr. 2, S. 330.
3 Manfred Karnick: *Rollenspiel und Welttheater. Untersuchungen an Dramen Calderóns, Schillers, Strindbergs, Becketts und Brechts*. München 1980, S. 25.
4 Claus Roxin: *Vorläufige Bemerkungen über die Straftaten Karl Mays*. In: JbKMG 1971, S. 79.
5 Heinz Stolte: *‚Waldröschen' als Weltbild. Zur Ästhetik der Kolportage*. In: JbKMG 1971, S. 31; vgl. ferner zum Umgang mit Identitäts- und Rollenspielen in verschiedenen Romanen Mays: Heinz Stolte: *Mein Name sei Wadenbach. Zum Identitätsproblem bei Karl May*. In: JbKMG 1978, S. 37-59; Joachim Biermann: *Die Spur führt in die Vergangenheit. Überlegungen zur Thematik der Identitätssuche in Karl Mays ‚Old Surehand'*. In: Karl Mays „Old Surehand", hg. v. Dieter Sudhoff u. Hartmut Vollmer. Paderborn 1995, S. 243-76; grundlegend zum Thema: Gert Ueding: *Das Spiel der Spiegelungen. Über ein Grundgesetz von Karl Mays Werk*. In: JbKMG 1990, S. 30-50, besonders S. 39-45.
6 Rimbaud: Brief an Paul Demeny vom 15. Mai 1871. In: *Œuvres*. Paris 1960, S. 345.
7 Max Frisch: *Stiller. Roman*. Frankfurt/M. 1965, S. 9.

8 Vgl. dazu die Vor- und vor allem die Nachworte Ilmers zu den Hausschatz-Reprints *Die Felsenburg* und *Krüger Bei / Die Jagd auf den Millionendieb*, Hamburg, Regensburg 1980.
9 Vgl. Helmut Mojem: *Karl May: Satan und Ischariot. Über die Besonderheit eines Abenteuerromans mit religiösen Motiven.* In: JbKMG 1989, S. 84-100.
10 Vgl. Harald Eggebrecht: *Sinnlichkeit und Abenteuer. Die Entstehung des Abenteuerromans im 19. Jahrhundert.* Berlin, Marburg 1985, S. 209ff.
11 Vgl. Hans Otto Hügel: *Das inszenierte Abenteuer.* In: Marbacher Magazin 21 (1982), S. 10-32.
12 Vgl. die Nachweise zu den Einzelheiten ihres Auftretens in: *Großes Karl-May-Figurenlexikon*, hg. v. Berhard Kosciuszko. Paderborn 1991, S. 625f.
13 Vgl. Silvia Bovenschen: *Die imaginierte Weiblichkeit. Exemplarische Untersuchungen zu kulturgeschichtlichen und literarischen Präsentationsformen des Weiblichen.* Frankfurt/M. 1979.
14 Vgl. Klaus Theweleit: *Männerphantasien.* 2 Bde. Reinbek 1980. In meinem Literaturbericht des JbKMG 1981, S. 357f., habe ich diese Arbeit kurz vorgestellt und auch auf die Figur der Judith verwiesen.
15 Mojem [Anm. 9], S. 98.
16 Gerhard Neumann: *Das erschriebene Ich. Erwägungen zum Helden im Roman Karl Mays.* In: JbKMG 1987, S. 87.
17 Vgl. Rudi Schweikert: *Artistisches Erzählen bei Karl May: ‚Felsenburg‘ einst und jetzt. Der erste Teil der ‚Satan und Ischariot‘-Trilogie vor dem Hintergrund des ersten Teils der ‚Wunderlichen Fata‘ von Johann Gottfried Schnabel – und ein Seitenblick auf Ernst Willkomms ‚Die Europamüden‘.* In: JbKMG 1992, S. 238-76.

Werner Kittstein

„Was nun thun? War ich denn noch nicht da?"
*Beobachtungen zur Erzählsituation
in Karl Mays ‚Satan und Ischariot'*

Im folgenden sollen die Beziehungen des Helden zu seinen Gefährten und die sich daraus ergebenden Konsequenzen nicht nur für die Handlung, sondern auch für die Erzählweise untersucht werden. Damit möchte ich die Bedeutung des Romans als Schwellentext im Gesamtwerk Mays unter erzähltechnischen Aspekten beleuchten.

I

Die Stellung, die Old Shatterhand innerhalb der Heldengruppe der Reise-Romane einnimmt, erfüllt die Bedingungen der charismatischen Herrschaft, die Max Weber[1] zusammengestellt hat:

– Die Gefolgsleute, dem Typus des ‚Jüngers' angehörend, erkennen einen der Ihren als Führer an und leisten ihm Gehorsam.

– Die persönliche Hingabe entspringt den außergewöhnlichen, alles Menschenmaß übersteigenden Qualitäten des Führers, sie ist wesentlich gefühlsmäßig bedingt.

– Der Gehorsam dauert jedoch nur so lange, wie sich das Charisma bewährt; die Herrschaft wird hinfällig, wenn die Gefolgsleute nicht mehr an die Führerqualität glauben. Die Grundvoraussetzung der charismatischen Herrschaft ist also die Bewährung des Führers.

– Diese Bewährung erfolgt in erster Linie durch beispielhafte Taten.

Daraus ergibt sich die Analysemethode dieses Beitrags, welche neben dem Helden auch diejenigen Personen berücksichtigt, die in ihm den charismatischen Führer wahrnehmen; ihr Verhalten steuert nämlich in hohem Maße die Selbstwahrnehmung des Helden, die wiederum dessen eigenes Verhalten lenkt.

Zahlreich sind die Äußerungen rückhaltlos bewundernder Einstellung der Gefährten zu Old Shatterhand; eine bezeichnende Stelle im ersten *Satan*-Band sei angeführt. Dort sind die Söhne des Mimbrenjo-Häuptlings im doppelten Wortsinn ‚Jünger' des Helden. Als der ältere den berühmten Westmann erkannt hat, fordert er den Bruder und die Schwester mit Worten, die an die Selbsteinschätzung Johannes des Täufers (z. B. Lk 3,16) erinnern, auf:

„tretet in Ehrfurcht zurück, denn wir stehen vor dem großen, weißen Krieger, von welchem unser Vater, der doch ein großer Held ist, gesagt hat, daß er nicht mit ihm verglichen werden könne!" (XX 106f.)

Wichtiger allerdings sind die vielen Szenen, in denen Gefährten des Helden offen oder versteckt die charismatisch begründete Vorrangstellung Old Shatterhands angreifen: der Häuptling der Mimbrenjos, Winnetou, Franz Vogel und Emery Bothwell. Es beginnt im ersten Band mit der Kritik des ‚Starken Büffels' an Shatterhands Absichten und Verhalten den gefangenen Yumas gegenüber (XX 322), die im Vorwurf des Verrats gipfelt (331); sie wird vor den Augen und Ohren Winnetous und der Angehörigen beider Indianerstämme, also in aller Öffentlichkeit, vorgenommen. Der Held reagiert zunächst gelassen, da der Häuptling als Choleriker bekannt ist und sein Jähzorn im allgemeinen schnell vergeht. Erst auf den wiederholten Verrats-Vorwurf des Häuptlings hin beschließt er, dem „Alten" eine „etwas derbere Lehre" zu erteilen (337). Im Zweikampf erschlägt er ihn beinahe (339). Damit ist das Charisma des Führers vor allen Anwesenden handgreiflich bestätigt.

Im dritten Band wird die Führerrolle des Helden immer häufiger in Frage gestellt. Franz Vogels Zweifel an Old Shatterhands Fähigkeiten (XXII 149) und seine Vorwürfe (151) fallen nicht so sehr ins Gewicht, da Franz im Wilden Westen keine vollwertige Person darstellt. Gravierender sind die Auseinandersetzungen des Helden mit Winnetou und Emery über Strategie und Taktik ihres Vorgehens. Auf Winnetous freundschaftlichen Verweis, er verharmlose leichtfertig eine Gefahr, muß der Erzähler zugeben: „er hatte die Wahrheit gesagt" (60). In zwei Debatten über Reiseweg und Lagerplatz (71f. bzw. 91) gibt Shatterhand nach. Da aber in beiden Fällen bald klar wird (75 bzw. 93ff.), daß es besser gewesen wäre, seiner Ansicht zu folgen, bestätigt sich seine Führungskompetenz innerhalb kürzester Zeit. Später stellt der Engländer kritische Fragen an Shatterhand, auf die dieser wiederholt ärgerlich reagiert: mit einer sarkastischen Gegenfrage („Müssen wir daran aufwärts gehen?") oder verletzender Knappheit (234). Beide Male gewinnt Shatterhands Antwort durch die Übernahme der Ausdrucksweise des Kritikers an Schärfe. Auf Emerys erneutes Drängen erwidert der Held spöttisch: „‚Was wir davon haben?' fragte ich erstaunt. ‚Welche Frage!'" (236)[2] und dann gereizt: „Weil es sich von selbst versteht" (ebd.). Erst als sich die drei Gefährten eingestehen müssen, daß sie gemeinsam einen schweren Fehler begangen haben, findet Old Shatterhand wieder zu einem sachlichen Diskussionsstil zurück (239-243).

Kaum zeigt sich der Engländer über das wieder erfolgreiche Handeln des Helden verwundert, antwortet dieser mit einer groben Beleidigung, die Emery gleichwohl akzeptiert (265). Kurz darauf äußert Shatterhand selbst Bedenken, ob er und Winnetou sich allein in den Felsenkessel wagen sollen. Der Apatsche versucht ihn zu beruhigen und schließt: „Mein Bruder Scharlieh stellt sich die Sache viel schwerer vor, als sie ist." (268) Der Ich-Erzähler muß seine damalige Beschämung ob dieser indirekten Kritik seines Blutsbruders zugeben.

Weitere Debatten folgen (352f., 434-436). Einen Vorschlag Emerys weist Shatterhand gereizt zurück: „Soll ich dir denn wirklich wiederholen, was ich schon gesagt habe!" (441) Auf Winnetous überzeugend begründeten Widerspruch hin läßt er seinen Ärger an dem Engländer aus, indem er dessen Frage „Was wollen wir thun?" patzig beantwortet: „Es abwarten sollt Ihr!" (443) Emery muß dazu überredet werden, einen bestimmten Posten zu übernehmen; dafür verärgert er Shatterhand mit weiteren Fragen, worauf dieser schulmeisterlich antwortet: „Und ist doch so ungeheuer einfach! Du siehst doch ein [...]" (539). Trotzdem muß dem Engländer noch alles haargenau erklärt werden. Schließlich zeigt sich dieser so kleinmütig, daß der Ich-Erzähler mit fast denselben Worten urteilt, die früher (268) Winnetou ihm gegenüber gebraucht hatte, nur daß jetzt (542) Gedankenbericht vorliegt.

Während sich der Apatsche dem Engländer gegenüber durchweg gelassen-freundlich und sachlich verhält, interpretiert der Held offenbar Emerys Fragen und Einwände als Angriffe auf seine Stellung innerhalb der Freundesgruppe und reagiert deshalb oft emotional und abweisend.

Aufschlußreich ist ein Vergleich der Lehren, die der Held Erwachsenen und Jugendlichen erteilt. Der spätere ‚Yuma-Töter' wird durchaus für sein altklug-vorlautes Verhalten getadelt. Aber die „Zurechtweisung" (XX 157) ist nur von milder Ironie geprägt und wird sogleich durch die Erläuterung der richtigen Ansicht überspielt; sie soll dazu führen, daß der Knabe in Zukunft selbständig weiterdenkt. Der Held ist in der Lage, weitere Fragen geduldig zu beantworten (z. B. 251) und ein ertragreiches Lehrgespräch zu führen (153ff.). Damit vermittelt er dem Knaben das Gefühl, ernst genommen zu werden, wozu eben auch ein Tadel für unangemessenes Verhalten gehört. Insgesamt aber überwiegt die

positive Verstärkung. Auf ähnliche Weise belehrt Shatterhand den späteren ‚Yuma-Skalp' (z. B. 349, XXI 170ff.).
Dagegen verläuft ein ‚Lehrgespräch' mit dem ‚Starken Büffel' ähnlich wie die Auseinandersetzungen mit Emery. Auf die Einwände des Häuptlings hin läßt sich Shatterhand zwar auch zu Erklärungen herbei, aber er versieht sie – vor den Ohren der Umstehenden – mit überdeutlichen Signalen der Zurechtweisung (XX 263). Den indirekten Vorwurf, er sei ein altes Weib (264), versteht der Häuptling wohl, weshalb er sich genötigt fühlt, dieses Gespräch als Belehrung seiner Krieger auszugeben. Ein solches, wenn auch absichtsvolles, ‚Über-Eck-Gespräch' hatten Old Shatterhand und Winnetou unmittelbar zuvor geführt (262), was dem Häuptling nun den willkommenen Anlaß bietet, seine Ausrede vorzubringen. In den pädagogischen Gesprächen, die der Held mit den beiden Mimbrenjo-Knaben führt, finden sich nirgends so herablassende oder gar herabsetzende Formen wie ironische Wortwiederholung, Gegenfrage, Rechthaberei signalisierende Adverbien wie ‚denn', ‚doch' oder spöttische und beleidigende Äußerungen.[3]

Die Angriffe auf die charismatisch begründete Position des Führers bleiben so lange ohne schwerwiegende Folgen für die Selbstbeurteilung des Helden, wie sie nur sporadisch erfolgen und durch handgreifliche Beweise seiner Überlegenheit pariert werden können; sie können sogar die Kultivierung des Überlegenheitsgefühls Shatterhands noch verstärken, wie einige seiner Antworten auf Emerys Einwände zeigen. Aber Kritik an seinem Planen und Handeln wird im dritten Band fast durchgehend geäußert, hauptsächlich von seiten Emerys, wozu dann noch Unstimmigkeiten mit Winnetou kommen. Solche Kritik kann nicht – wie beim ‚Starken Büffel' – durch die Demonstration von Reaktionsschnelle und Körperkraft oder durch rhetorische Kniffe zum Verstummen gebracht werden. Im Gegenteil: Jede Zurückweisung der Einwände Emerys fordert über kurz oder lang erneutes Fragen und Kritisieren heraus. Der Engländer liegt nicht nur auf der Rangskala der Helden, wenn auch mit deutlichem Abstand, an dritter Stelle, er ist auch über längere Zeit wichtiger Reisegefährte und Freund. Wenn dieser nun den Anführer permanent kritisiert, unterminiert er, wenn nicht dessen Position innerhalb der Heldengruppe, so doch sein Selbstwertgefühl, was Shatterhands oft scharfe verbale Reaktionen begründet. Bezeichnend ist die in *Im Lande des Mahdi I* ganz anders geartete Reaktion des Helden auf die Fragen und Einwände des Leutnants; Kara Ben Nemsi zwingt sich zu geduldigen Erklärungen mit der Begründung: „Der Mann war so bedenklich, weil er mich nicht kannte." (XVI 476) Emery dagegen kennt Old Shatterhands Omnipotenz und müßte sie daher auch *anerkennen.*

Zwar gibt es auch in den Amerika-Romanen[4], die nach *Satan und Ischariot* entstanden sind, Fälle von Auflehnung gegen den unbedingten Führungsanspruch des Helden; sie sind aber anders zu bewerten. Old Wabbles Aufbegehren gegen Shatterhand in *Old Surehand I* zeitigt zwar schwerwiegende Folgen für die Handlung, erschüttert aber die Position des Helden in keiner Weise. Das aufsässige Verhalten der beiden Snuffles im Amerika-Teil von *Im Reiche des silbernen Löwen I* erweist sich als wahrhaft ‚jüngerhaft': Mit ihren vielen Fragen wollen sie lernen (z. B. XXVI 38f.); der Erzähler selbst motiviert Jims Ungehorsam (z. B. 64) mit dessen Wunsch, sein Können zu beweisen.

Einen ähnlichen Effekt wie Emerys Kritik haben die in *Satan und Ischariot III* besonders häufig erfolgenden Warnungen der Begleiter vor allzu großem Wagemut. Der Advokat Murphy kann sich nicht genug tun mit solchen Äußerungen (XXII 509ff.), Winnetou beharrt auf seinen Bedenken: „Da muß ich dich aber doch warnen, obgleich du vorhin meine Worte übelgenommen hast." (500) Noch deutlicher: „Ich muß meinen Bruder ob seiner Verwegenheit tadeln!" (519) Auch Martha läßt nicht locker; sie verlangt sogar, Shatterhand möge den Überfall auf die Mogollons anderen überlassen (517). Und wenn schließlich Emery, unmittelbar bevor das Schlußabenteuer beginnt, bittet: „Wage nicht zu viel, alter, lieber Charley!" (542), so lassen sich seine Worte nicht nur als Folge seiner Zuneigung zu Shatterhand verstehen, sondern eben auch als Ausdruck der Bedenken, ob dieser den kommenden Anforderungen wirklich gewachsen ist.

Kritik oder Warnung, es läuft auf das gleiche hinaus: Die Rolle des überragenden Führers, an den man bedingungslos ‚glaubt', wird nicht mehr fraglos hingenommen[5] und muß zuletzt durch eine alles Bisherige übertreffende Aktion abgesichert werden: Das Bravourstück des Helden mit der Kutsche und die anschließende Unschädlichmachung des feindlichen Häuptlings im Alleingang übertreffen die Gefangennahme der Gegner in Almaden alto an Rasanz und Einfallsreichtum beträchtlich.

2

In dem besonderen Fall des *Satan*-Romans ist der Autor dergestalt in die Ereigniskette, *von* der erzählt wird, und in die Erzählsituation, *in* der erzählt wird, involviert, daß er die Identität seiner Person mit dem Helden und dem Erzähler behauptet. Der Autor bringt sich aber noch auf andere Weise ein, sowohl unter positiven als auch unter negativen Vorzeichen. Der im Lehrerberuf Gescheiterte nimmt sich zweier junger Indianer an und führt sie handelnd und sprechend in das Leben ein. Zugleich aber schleichen sich unübersehbare Hinweise auf die kriminelle Vergangenheit des Autors ein. Man gewinnt den Eindruck, May habe, ohne daß er es bemerkte oder gar wollte, die Gefahr mitgestaltet, in die er sich mit der behaupteten Gleichsetzung von Held, Erzähler und Autor begab, nämlich daß seine Vergangenheit mit den Straftaten aufgedeckt werden könnte. Am Anfang des ersten Bandes wird mehrfach auf Mays Haftstrafen angespielt; gleich zu Beginn, in Guaymas, durch einen unverdächtigen Neutralen, den Stadtschreiber (wodurch die Selbstcharakterisierung Mays noch auffälliger wird): „Er [...] betrachtete mich dann mit einem Blicke, welcher mir deutlich sagte, was er von mir dachte, nämlich daß ich höchst wahrscheinlich im Ortsgefängnisse besser aufgehoben sei als im Hotel." (XX 5) Im Polizeibüro von Ures krächzt sogar ein Papagei (noch eine neutrale Figur!) sein „Eres ratero!" – zu Deutsch: „Du bist ein Spitzbube!" (88f. u. ö.) Der überhebliche, aber zunächst noch keineswegs feindlich gesonnene „Major domus" des Haciendero sieht dem Helden gleich an, „welch ein Subjekt" er ist (115); und auch Harry Melton trifft wenigstens teilweise etwas Richtiges, wenn er ausruft: „Der berühmte Old Shatterhand ist also auch weiter nichts, als ein gewöhnlicher Spitzbube!" (143) – ein Schwerverbrecher war May ja nie, allerdings ein „gewöhnlicher Spitzbube" genausowenig. Der Freude, die angemaßte Identität immer ungenierter behaupten zu können, mischt sich die unterschwellig wirksame Angst bei, es könne schiefgehen. Letztere zeigt sich auch in der brutalen Behandlung des „Major domus" und Meltons, der ihn in der Fiktion tatsächlich als Karl May durchschaut haben soll (der Held hatte sich unter seinem bürgerlichen Namen ins Fremdenbuch eingetragen): Der eine wird ins Wasser geworfen, dem anderen werden die Fingergelenke gebrochen. Eine andere interessante Aussage auf der Ebene der Geschichte bestätigt die Angst[6], die der Autor empfunden haben dürfte, als er begann, diesen Roman zu schreiben; der junge Weller sagt: „Welch ein Irrtum! Dieser Mensch und Old Shatterhand! Wer den Jäger [...] gesehen hat, weiß ganz genau, daß er mit dem Schreiber nicht das mindeste zu thun haben kann!" (66) Liest man das als Teil der Geschichte, also auf der Handlungsebene, so irrt sich Weller, denn Shatterhand und der „Schreiber" *sind* ein und dieselbe Person. Liest man aber auf der Schreibebene, so erkennt man, daß Weller recht hat – und May wußte das auch: Shatterhand und der „Schreiber", d. i. „Litterat" (13), d. i. Schriftsteller May haben im Sinne einer personalen Identität nichts miteinander zu tun, sondern höchstens im Sinne einer Wunschprojektion; als solche aber wiederum vieles!

Ein weiteres Indiz für den Zwiespalt, in den sich der Autor mit der ab *Krüger Bei*, vor allem in dem nicht veröffentlichten Kapitel *In der Heimath*, offenen Gleichsetzung seiner selbst mit dem Helden und Erzähler hineinmanövrierte, ist die Art, wie das einige Male vorkommende Fehlverhalten des Helden vom zweiten Band an dargestellt und kommentiert wird. Im ersten Band handelt er fehlerlos; die Gefangennahme durch die Yumas ist nicht seine Schuld. Anders ab *Krüger Bei*: Wenn der Held einen Fehler (mit)begangen hat, dann gibt er in der Regel entweder anderen die Schuld (z. B. beim Lagern in der Nähe des verhängnisvollen Baumes, wovor ihn eine gewissermaßen göttliche Eingebung, Ausdruck seines Charismas, warnt: „Ich hatte freilich etwas in mir", XXII 91), oder er entlastet sich durch das Arrangement der Umstände, wodurch die Schuldfrage in der Schwebe gehalten wird (wie bei der Gefangennahme in der Felsspalte am Ende des zweiten Bandes, XXI 499ff.). Verräterischer ist die Kommentierung der Dummheit, die Kara Ben Nemsi vor der Gefangennahme durch die Uled Ayun begeht, durch den Erzähler: „Ich kann es mir heute noch nicht erklären, warum ich damals so außerordentlich unvorsichtig war" (XXI 389): Das schier unbegreifliche Fehlverhalten in Verbindung mit einer Beglaubigungsformel entschuldigt sich selbst. Auch diese Stelle enthüllt auf allen narrativen Ebenen die Identitätsangst[7] des Autors: Der *Held* macht einen Fehler, dessen Schwere seinem Wesen im Grunde fremd ist; der *Erzähler* formt die Selbsterkenntnis (,Fehler begangen') sofort in eine Selbsttäuschung (,eigentlich undenkbar') um; der *Autor* flicht eine Beglaubigungsformel ein, die die Wahrheit (,hat den Fehler wirklich begangen') und zugleich die Irrealität des Vorgangs (,eigentlich nicht möglich') behauptet.

3

An der Schilderung des Entscheidungskampfes mit den Mogollons (XXII 547-573), dessen erzähltechnische Gestaltung nun genauer untersucht werden soll, sind alle Instanzen, die für die Entstehung eines Romans verantwortlich sind, beteiligt: Der Held nimmt das Geschehen wahr und liefert damit (scheinbar) den Blickwinkel, aus dem es erzählt wird; er steuert also das Verhalten des fiktiven Ich-Erzählers. Dieser spricht zu einem fiktiven Leser und legt damit die erzählerische Perspektive fest, ausgehend vom Blickwinkel des Helden. Der reale Autor arrangiert – erfindend – das Geschehen (wozu Personal, Handlung, Ort und Zeitstruktur gehören), fixiert bzw. variiert das Verhalten des Helden und des Erzählers und schreibt alles auf.

Der Held beurteilt, als er auf dem Kutschbock sitzend hinter den Mogollons herfährt, was er sieht. Der Erzähler beschreibt aus diesem Blickwinkel, sozusagen mit dem Helden rundum blickend, die Topographie des Geländes („Rechts und links gab es hohe Felsen, und jenseits lag eine sehr steile [...] Höhe. Am Fuße, ganz rechts unten, [...] sah ich die Mündung des Hohlwegs", XXII 547f.). Aus der früheren Planung weiß Shatterhand, daß der Feind nun in die Falle gegangen ist (548). Die Beschaffenheit des Hohlwegs und des Plateaus hat ihm Winnetou beschrieben (430), deshalb kennt sie der Held, und der Erzähler kann sie wiederum aus dessen Blickwinkel beschreiben.

Bisher bewegt sich alles noch im Rahmen der in den Reise-Romanen herrschenden Erzählsituation. Dann aber wird die Skizze eines Dreiecks abgedruckt, dessen Seiten und Ecken mit Buchstaben gekennzeichnet sind (XXII 548). Vergleichbar ist diese mit einer Skizze im ersten Band von *Im Reiche des silbernen Löwen* (XXVI 586).[8] Dort zeichnet der Pole Dozorca im Gespräch mit Kara Ben Nemsi die Lage der Räume im Birs Nimrud mit der Spitze seines Tschibuks auf und nennt die Nummern der Räume; die Zeichnung ist also in die aktuelle Erzählsituation eingebunden, der Ich-Erzähler vermittelt sie im nachhinein dem fiktiven Leser aus dem Blickwinkel seines Helden.

Mit der Dreiecks-Skizze aber verhält es sich anders. Sie ist eigentlich überflüssig; auch ohne sie könnte sich der Leser den Schauplatz der kommenden Handlung vorstellen. An vielen anderen Stellen von Mays Werk werden ähnlich komplexe Landschaftsformen nur mit Worten beschrieben. Vor allem aber kann die Skizze auf keinen Fall vom Helden stammen, auch nicht vom Erzähler, der die Linien und Buchstaben nicht so vor sich hat, da er das Buch nicht schreibt. Sie stammt vielmehr vom realen Autor Karl May. Entweder zeichnete dieser die Linien auf ein Blatt und legte sich danach in Gedanken den Schauplatz und die Aktionen mit Hilfe der Buchstaben zurecht, oder er zeichnete alles sogleich in sein Manuskript. Der Autor beschreibt auch das mit der Skizze Bezeichnete dem potentiellen realen Leser des Buches im Präsens (XXII 549, 1. Abschnitt). Der fiktive Erzähler war in einem fiktiven Amerika, in einem fiktiven Hohlweg, aber er sitzt nicht am Schreibtisch, er zeichnet nicht diese Skizze im Romanmanuskript – das tut der reale Autor. Nun war dieser aber vor der Abfassung des Romans nie in Amerika, schon gar nicht an dem Ort der Handlung in einem Hohlweg: Die Erzählsituation ist von der Schreibsituation abgelöst geworden. Andererseits gehört zu dieser wiederum nicht die inhaltliche Umsetzung der Skizze in Handlung mit Winnetou, den Nijoras und Mogollons auf dem Plateau sowie mit dem Helden im Hohlweg. Die Beschreibung der von Winnetou angeordneten Aufstellung (549, 2. Abschnitt) gehört zur Erzählsituation und wird folgerichtig im Präteritum vorgetragen, aber die auch hier verwendeten Buchstaben stammen wieder vom Autor: Erzähl- und Schreibsituation werden für kurze Zeit miteinander vermischt.

Da im Anschluß an die Beschreibung der topographischen Verhältnisse die strategische Lage geschildert wird und die voraussichtlichen Folgen für die Mogollons erörtert werden, wird die bisher herrschende Erzählsituation, mit dem Blickwinkel des Helden, grundlegend verändert. Das Geschehen, d. h. die ganze Geschichte, scheint sich vom Ich-Erzähler lösen und autonom werden zu wollen: „Der Häuptling der Mogollons langte [...] auf der Platte an." (549) Dies und die weiteren Ereignisse bis zu dem Augenblick, da sich Winnetou den Nijoras zeigt (551), kann der Held nicht wahrnehmen, da er sich an einem anderen Ort befindet und dort nicht sehen kann, was auf der Platte geschieht; diese Geschehnisse sind aber die notwendige Voraussetzung für Old Shatterhands Husarenstück. Die Emanzipation der Geschichte ist jedoch nur eine scheinbare, denn selbstverständlich wird sie von einem Erzähler vermittelt, nur kann dieser die beschränkte Perspektive, die ihm der Blickwinkel des Helden bisher geliefert hat, nicht mehr einnehmen. Es fehlt auch jeder Hinweis, daß er früher, als erlebendes Ich, über das Geschehen im nachhinein informiert worden ist. Die bisherige Ich-Erzählsituation geht unmittelbar nach ihrer Verquickung mit der Schreibsituation für eine längere Passage (von immerhin zwei Buchseiten) zur Er-Erzählsituation über, bei der sogar der Blickwinkel verschiedener handelnder Personen eingenommen wird: der Nijoras („Man mußte sie [die Mogollons] [...] weiter reiten lassen und *sich* [Hervorhebung W. K.] ihnen dann zeigen"), dann des Apatschen („Winnetou sagte sich"). Hier spricht ein Er-Erzähler, der sich in die Personen hineinversetzt und im Gedankenbericht wiedergibt, welche Überlegungen sie anstellen („Es lag ihm dabei nicht nur daran, [...] sondern noch vielmehr wünschte er"), und der das Geschehen aus ihrer Perspektive bewertet („Leider aber hatte Winnetou seinen Befehl in den Wind gerufen", 550).

Veranlaßt wird der Wechsel der Erzählperspektive durch die Skizze, die das Schwergewicht der Schilderung auf die Vorgänge auf dem Plateau verlagert; sie entwickelt eine Eigendynamik und zwingt den Erzähler dazu, mit diesen Vorgängen fortzufahren.

Die Er-Erzählsituation erreicht in der wahrhaft frappierenden erlebten Rede Winnetous („Was nun thun? War ich denn noch nicht da?", 551) ihren Höhepunkt, der gleichzeitig den Wechsel in die Ich-Erzählsituation markiert, wobei in komplizierter Form die Gedanken Winnetous wiedergegeben werden: Der Erzähler müßte eigentlich fragen: ‚War Old Shatterhand denn noch nicht da?' Da hier aber der Ich-Erzähler wieder *spricht*, muß Winnetous fragender Gedanke in der ersten Person formuliert werden – in einer höchst seltenen und überraschenden Stilform.

Der Wechsel der Erzählsituation ist mit einem in die unmittelbare Vergangenheit gerichteten Zeitsprung verbunden. Der Blickwinkel des Helden legt für das folgende wieder die Perspektive des Erzählers fest: „Als ich mit meinen Nijoras" (552). Shatterhand hört die Schüsse, die innerhalb des Erzählzeitkontinuums schon vorher geschildert wurden; Gedanken des Helden werden zitiert („Wer wird zurückgedrängt werden [...]?"). Auch der Ich-Erzähler kann sich in die Mogollons versetzen, indem er sich während seiner damaligen Aktion als Held mit ihren Augen betrachtet („vor sich jetzt [...] einen weißen Kutscher, der sich wie toll gebärdete", 553). Dann wird souverän aus dem Blickwinkel des Helden weitererzählt: „Mit einem Blicke übersah ich die ganze Situation." (554) Und dieser eingeschränkte Blickwinkel wird bis zum Ende der Episode beibehalten.

Jede Ich-Erzählung hat mit dem Problem zu kämpfen, wie der Erzähler zwei für die Handlung wichtige Vorgänge, die gleichzeitig an verschiedenen Orten stattfinden und an deren einem sein früheres Ich als Handlungsträger beteiligt ist, vermitteln soll, ohne zu spannungs- und stimmungs(zer)störenden Mitteln (z. B. einer Floskel wie ‚später erfuhr ich') zu greifen. In *Satan und Ischariot I* gibt der Erzähler ein Gespräch, das Winnetou gerade belauscht, wörtlich wieder. Danach heißt es: „Winnetou [...] kehrte zu uns zurück, um mir das Ergebnis unserer List mitzuteilen" (XX 457f.). Damit wird die kurze Variation der Erzählsituation noch recht plump in die sonst aus der Ich-Perspektive mitgeteilte Handlung eingefügt. Am Anfang des Kapitels *In der Heimath*[9] bindet der Erzähler Vorgänge (einschließlich eines längeren Gesprächs), die er nicht direkt miterlebt hat, schon wesentlich organischer in den Erzählstrom ein. Mit der im dritten Band vorliegenden variablen Handhabung der Erzählsituationen wird das narrative Problem dagegen unkonventionell gelöst. Ein Vergleich der drei Passagen erweckt den Eindruck, May habe mit verschiedenen Lösungen experimentiert und schließlich in der Mogollon-Episode die originellste gefunden.

Eine weitere Überlegung erlaubt es, den erzähltechnischen Sachverhalt noch genauer zu fassen. Natürlich weiß der Erzähler längst, welche Aufstellung seine Verbündeten genommen hatten und was dann auf dem Plateau geschah, während er als Held in den Hohlweg hineinfuhr. Er kann aber den eingeschränkten Blickwinkel des Helden übernehmen und nur das erzählen, was Shatterhand zu einem bestimmten Zeitpunkt wahrnimmt bzw. von früher her schon weiß. Damit würde der Erzähler sein Blickfeld jedoch künstlich beschränken: In Wirklichkeit vermittelt er das Geschehen aus seinem eigenen Blickwinkel, da er auf die ihm bekannten Ereignisse in der Vergangenheit zurückblickt. Deshalb kann er jederzeit die vorgetäuschte Einschränkung der Sicht durchbrechen und Informationen geben, die über die Kenntnisse des erlebenden Ich hinausgehen. Demnach findet, genau besehen, an der Stelle, wo die Ankunft des Mogollon-Häuptlings auf der Platte geschildert wird (XXII 549f.), gar kein Wechsel des Blickwinkels statt, wie es zunächst schien, sondern der Ich-Erzähler gibt – veranlaßt durch die Skizze – nur die vorgetäuschte Beschränkung der Sicht auf zugunsten der erweiterten Sicht, die er im nachhinein hat.

Alles deutet darauf hin, daß nicht der Held, sondern der Erzähler den Blickwinkel liefert, aus dem die ganze Geschichte vermittelt wird.[10] Ein weiteres Indiz dafür ist der in die Breite *und* Tiefe führende Panoramablick mit Aufsicht (vom Kutschbock herab) *und* Untersicht (auf die höher gelegenen Landschaftsteile), mit dem die Ankunft auf der Platte geschildert wird (XXII 554): Die umfassende Perspektive kann erst durch den sich erinnernden Erzähler gestaltet werden. Dieser variiert den Blickwinkel, wenn er es für sinnvoll hält. Normalerweise werden solche Variationen dem Leser deutlich gemacht. Hier aber geht der Erzähler so weit, daß er dem fiktiven Leser, an den er sich ausschließlich wendet, mit keinem Signal die Variation verrät. Der nicht signalisierte Übergang von der beschränkten Sicht des Helden zur unbeschränkten des Erzählers ist ein Bruch mit dem narrativen Modus, der in diesem Roman vorherrscht, da doch der Held in aller Regel den Blickwinkel festlegt und der Erzähler sonst immer zu erkennen gibt, wann er zusätzliche Informationen liefert (z. B. XXI 293, 299), daß sein Blickfeld also über das des Helden hinaus erweitert ist.

Der Bruch mit der den Roman beherrschenden narrativen Form ist aus mehreren Gründen nicht allein hinnehmbar[11], sondern als für Mays Erzähltechnik innovativ zu werten; er ist ein Zeichen erzählerischer Freiheit und künstlerischer Qualität. Im Rausch des nicht-analytischen Lesens bemerkt man den faktischen Übergang in den Stil der Er-Erzählung überhaupt nicht; der Leser ist also nicht irritiert, sondern wird ohne Unterbrechung der spannenden Handlung Zeuge eines in der Fiktion gegenwärtig ablaufenden Geschehens in Abwesenheit des Helden. Der analytisch Lesende dagegen bemerkt, daß die Perspektive, die die Erzählweise in diesem Roman beherrscht, also die eingeschränkte Wahrnehmung des Helden, nur an dieser Stelle durchbrochen wird. Der Wechsel ist durch ein in dieser Form in Mays Romanen bisher unerhörtes Eingreifen des schreibenden Autors in die Domäne des fiktiven Erzählers motiviert, indem der Autor eine Skizze einschaltet, die so nur auf der Schreibebene sinnvoll und überhaupt möglich ist.

Die Schreibsituation wirkt also an dieser Stelle in die Erzählsituation hinein bis zur Erzeugung der für den Ich-Roman gleichsam hybriden Stilform der erlebten Rede in der ersten Person. Nach der Beschreibung der Skizze im Präsens erfolgt der Übergang zur Schilderung der Strategie und ihrer beabsichtigten Folgen im Präteritum; sie kann ebenfalls nur vom Autor stammen, da nur er die hierbei verwendeten Buchstaben eingefügt und beim Schreiben vor Augen hat. Dabei versetzt sich der Autor aber so intensiv in die *Handlung*, daß er eine Zeitlang die *Figur* des Ich-Erzählers vergißt und einen allwissenden Er-Erzähler fortfahren läßt. Erst die Gedanken Winnetous in Form erlebter Rede, in der das ‚Ich' wieder auftaucht, veranlassen, verbunden mit der Rückblende, die Rückkehr zur Ich-Erzählsituation mit dem vom Helden gesteuerten, scheinbar eingeschränkten Blickwinkel.

Der Kenner der Romane Mays mag nun einwenden, der Eingriff des Autors in den narrativen Akt sei so außergewöhnlich nicht; der Autor habe sich z. B. auch im Roman *Old Surehand* mehrfach zu Wort gemeldet und dem Leser seine persönlichen Ansichten mitgeteilt; da habe also Karl May ‚gesprochen'. Eine dieser Stellen aus dem dritten *Surehand*-Band, an der May das Schreiben thematisiert, kann hier zur Klärung verhelfen:

Nicht wahr, lieber Leser, ich bin doch ein ganz übermäßig frommer Mensch? So wirst du vielleicht denken [...]. Du darfst es mir wirklich nicht übelnehmen, daß ich das, was ich drüben im wilden Westen dachte und fühlte, hier in der von der „Civilisation" gebändigten Heimat niederschreibe. Was ich da drüben gethan und erlebt habe, das waren doch Ergebnisse meiner Gedanken und Gefühle [...]. Ueberdies hat jeder Leser das Recht, seinem Autor in das Herz zu blicken, und dieser ist verpflichtet, es ihm stets offen zu halten. [...] Soll ein Buch seinen Zweck erreichen, so muß es eine Seele haben, nämlich die Seele des Verfassers. (XIX 342)

Es gibt zwei Gruppen von Lesern. Die einen, zu Lebzeiten Mays sehr zahlreich, waren naiv genug, zu glauben, der das schrieb, habe tatsächlich im Wilden Westen Nordamerikas alle diese Abenteuer erlebt, wie es May in der Zeit der sogenannten ‚Old-Shatterhand-Legende' behauptete; er sitze nun am Schreibtisch und schreibe buchstäblich Selbsterlebtes auf. Diese inkompetenten Leser dürfen hier vernachlässigt werden. Heute wissen wohl alle Rezipienten, daß es sich anders verhält – und nur kompetente Leser sind für die vorliegende Untersuchung von Bedeutung. Sie wissen: Die Aussagen über die angeblichen Erlebnisse ‚da drüben' betreffen nicht den realen, sondern einen fiktiven Autor, dessen Bild May mit seinem Roman vermitteln will und den sich der Leser vorstellen soll. Dieses Bild aber ist mit dem fiktiven Erzähler identisch.

Ein Blick auf die Produktion des Romans zeigt, daß die Person, die den Leser ausdrücklich in ihr „Herz" und ihre „Seele" blicken läßt und gleichzeitig behauptet, in Amerika gewesen zu sein – was bis zur Abfassung des Romans für Karl May erwiesenermaßen nicht gilt –, an diesen Stellen *nicht* der reale Autor sein kann, sondern nur ein fiktiver. Der Leser erkennt bestenfalls hinter der Folie der Geschichte und ihrer Narration, zu der diese ‚Autor'-Äußerungen gehören, das wahre Bild eines Mannes, der pseudologisch veranlagt war, darum eine Zeitlang aller Welt einzureden versuchte, er sei Old Shatterhand resp. Kara Ben Nemsi, und der in der Tat sein Innenleben in seine Bücher einfließen ließ. Dieser greift aber nicht als Instanz in den vorliegenden narrativen Diskurs ein, sondern läßt durchweg seinen Erzähler sprechen; man kann daher den realen Autor bei der Analyse des Romans *Old Surehand* unberücksichtigt lassen. Eine genaue Untersuchung anderer Stellen mit vorgetäuschten Autor-Äußerungen, z. B. XIV 406-412, dürfte zu dem gleichen Ergebnis kommen.

Genau besehen, spricht Karl May auch da nicht, wo er Texte mit seinem Namen oder mit „Der Verfasser" kennzeichnet, so in der *Einleitung* zu *Winnetou I* und den Nachworten zu *Winnetou III*. In allen Fällen versucht May den Eindruck zu erwecken, er spräche als realer Autor zu einem realen Leser. In Wirklichkeit aber läßt er nur das Bild, das sich der Leser von ihm machen soll, zu Wort kommen.[12] Hinter diesem Bild, d. h. dem fiktiven Erzähler, versteckt sich der Verfasser permanent.

5

Die versteckten und indirekten Andeutungen einer Identität von Held bzw. Erzähler und Autor sind besonders zahlreich im Anfangsteil von *Satan und Ischariot I*. Später, vor allem wenn sich die Handlung nach Deutschland, schließlich nach Nordafrika und wieder nach Nordamerika verlagert hat, werden die Hinweise auf die Identität deutlicher; es kommt die im ersten Abschnitt meiner Untersuchung behandelte Kritik an Shatterhands Verhalten hinzu, die immer öfter und massiver geäußert wird. Je offener die Omnipotenz des Helden, der in dieser Geschichte die wichtigsten Unternehmungen praktisch ohne Hilfe ausführt, in den Vordergrund rückt, desto mehr, so scheint es, wird seine Stellung durch die kritische Haltung der Gefährten, vor allem Emerys, zur Disposition gestellt. Dies wiederum erfordert immer neue und angestrengtere Beweise der Omnipotenz des Führers – aber: um so schwindelnder wird die Fallhöhe! Beim letzten ‚Kick', den sich der Held mit dem Sprung auf das Pferd des Mogollon-Häuptlings verschaffen will, wird er von dem Gaul abgeworfen und fliegt auf die „steinharte Mutter Erde" (XXII 557). Hier wird die schmerzhafte Landung auf den Boden der Wirklichkeit vorweggenommen, die May durch die Aufdeckung seiner kriminellen Vergangenheit erleiden wird. Die Parallele ist offensichtlich: Der sensationelle Alleingang im Beisein Winnetous und der anderen Verbündeten, die dem Helden einen Teil der Arbeit abnehmen könnten – anders als in Almaden alto, wo dies unerwartet glückliche Umstände überflüssig machen

(XXI 20) –, endet mit einer Bruchlandung; die hypertrophe Identitäts-Fingierung wird in eine menschliche Katastrophe des Schriftstellers münden.

Ebenso gilt: Je offener im Roman behauptet wird, Held und Erzähler seien mit dem Autor identisch, desto mehr muß May seine schriftstellerische Potenz betonen: daß er *alles* im Griff habe – bis hin zum Eingriff in die Ich-Erzählsituation! Dieser Eingriff aber beweist gerade die Konstruiertheit der Romanhandlung und entlarvt sie als Phantasieprodukt, das am Schreibtisch entstanden ist. Er ist der Gegenpol zur Behauptung der Identität von Romanfigur und nach außen in Erscheinung tretendem Autor, von Fiktion und äußerem Leben und verweist genau damit auf die innere Wirklichkeit Mays. Die fiktive Geschichte spiegelt deren wahren Charakter mit ihren Ängsten und Wunschvorstellungen wider. Damit dementiert der Eingriff des Autors die behauptete äußere Identität von Leben und Werk, belegt aber zugleich deren innere Einheit.

Zuletzt leuchtet die symbolische Bedeutung der hoch auf dem Kutschbock unternommenen Fahrt auf: Der Pegasus, das Flügelroß der Phantasie, von dem abspringend (XXII 555) Old Shatterhand–May hart auf den Boden der Tatsachen aufschlägt, ist ein Bild für den Autor, der sich mit seiner schriftstellerischen Entwicklung einer Schwelle näherte, hinter der ihm seine bisherige Produktion bald oberflächlich und schal vorkam, weshalb er sie im nachhinein mit symbolischen Weihen versah. Über die Bedeutung des *Satan*-Romans als Schwellenwerk im Schaffen Karl Mays kann demnach kein Zweifel bestehen.

Anmerkungen

1 Vgl. Max Weber: *Die drei reinen Typen der legitimen Herrschaft.* In: *Soziologie – Weltgeschichtliche Analysen – Politik,* hg. v. Johannes Winckelmann. Stuttgart [4]1968, S. 151-166. Über Old Shatterhand als charismatischen Führer vgl. Gertrud Oel-Willenborg: *Von deutschen Helden. Eine Inhaltsanalyse der Karl-May-Romane.* Weinheim, Basel 1973, S. 42-46.
2 In der Buchfassung wird der Ausruf irrtümlich mit dem Fragezeichen abgeschlossen.
3 Da im Zusammenhang mit all diesen Überlegungen nur die Gefährten des Helden interessieren, braucht die „etwas kräftige Belehrung" (XX 415), die anderen Erwachsenen, wie z. B. dem Haziendero und dem „Jurisconsulto" von Ures, öfters zuteil wird, nicht betrachtet zu werden.

4 Die Auseinandersetzung mit Mohammed Emin und Amad el Gandhur in *Von Bagdad nach Stambul* kann hier unberücksichtigt bleiben, da die Beziehungen des Helden zu den Gefährten im Orient-Roman von eigener Art sind; in dieser Hinsicht ist *Krüger Bei* den Amerika-Romanen zuzuordnen.
5 Die apodiktische Feststellung Oel-Willenborgs [Anm. 1], S. 143, eine charismatische Gemeinde trage immer das Kennzeichen „Autoritätsgläubigkeit bei den Geführten", muß also differenziert werden.
6 Ob es sich hierbei um einen Fall von ‚Angstlust' handelt, wie sie z. B. Kurt Langer: *Die Bedeutung der Angstlust in Karl Mays Leben und Werk*. In: JbKMG 1986, S. 268-276, analysiert, braucht hier nicht untersucht zu werden.
7 Zu den Identitätsproblemen bei May und seinen Figuren in diesem Roman vgl. Helmut Schmiedt: *Identitätsprobleme. Was ‚Satan und Ischariot' im Innersten zusammenhält*. In: JbKMG 1996, S. 247-265.
8 Zur Konstruktionsarbeit Mays am Schreibtisch vgl. Martin Lowsky: *More geometrico oder Der Brotlaib auf dem Schreibtisch*. In: Die Horen 178 (1995), S. 37-43. Der Aufsatz enthält aber keinen Hinweis auf den erzähltechnischen Unterschied zwischen den beiden Zeichnungen.
9 Karl May: *Old Shatterhand in der Heimat*. Bamberg, Radebeul 1997, S. 24-27.
10 Vgl. Gérard Genette: *Die Erzählung*. München ²1998, S. 145.
11 Vgl. ebd., S. 138f. Es stellt sich allerdings die Frage, ob man die vorherrschende narrative Form, den Code, wie es Genette tut, als strikte Norm auffassen muß, gegen die jede Abweichung ein ‚Verstoß' wäre.
12 Verständlich wird vor diesem Hintergrund der Lapsus, daß Winnetou „durch die mörderische Kugel eines Weißen" getötet worden sei. Es bestätigt auch die Vermutung, „diese Version dürfte Mays letzter Intention entsprochen haben"; vgl. *Leben im Schatten des Lichts. Marie Hannes und Karl May*, hg. v. Hans-Dieter Steinmetz u. Dieter Sudhoff. Bamberg, Radebeul 1997, S. 99, Anm. 86.

Walter Olma

„So etwas war noch nie dagewesen"

Ein Apatschenhäuptling im Orient und andere unglaubliche Geschichten in Karl Mays ‚Satan und Ischariot'

Jedem Leser, der sich auf die abenteuerliche Welt, die die unterschiedlichen Erzählungen und Romane Karl Mays mehr oder weniger in sich schlüssig aufzubauen versuchen, eingelassen und sie in ausreichender Breite kennengelernt hat, wird eine Szene besonders im Gedächtnis geblieben sein, nämlich Winnetous unvermitteltes Auftauchen in einem Dresdner Männergesangverein in dem dreibändigen Roman *Satan und Ischariot*.[1] Diese und die damit in einem größeren Zusammenhang stehenden und sich daraus entwickelnden erstaunlichen Szenen und Passagen verdienen einige Betrachtungen, Überlegungen und Einordnungen.

Dabei soll die Lesart des Romans ausgespart bleiben, die in einzelnen Konstellationen, Personen, Handlungssegmenten mehr oder weniger unbewußte und mehr oder weniger offene oder verschlüsselte Gestaltungen und Verarbeitungen (im Sinne eines psychoselbsttherapeutischen Konzeptes) von Problemen und seelischen Verletzungen oder Qualen der Person Karl May aufzudecken versucht. Natürlich ist diese Lesart legitim und fruchtbar, indem sie einiges sowohl der Werke als auch der Verfassung und Persönlichkeit ihres Autors zu erklären vermag, gerade in den neunziger Jahren des vorigen Jahrhunderts, die ja bei May eine Reihe von Umbrüchen und problematischen Entwicklungen zeitigten. Die May-Forschung hat sich dieses Aspektes immer besonders gern und ausgiebig angenommen.[2] Die verschlüsselte autobiographische Ebene der Mayschen Werke, die immer auch gleichzeitig mit weiteren Ebenen vorhanden sein kann, liegt natürlich relativ weit ab von den sozusagen unmittelbar literarischen, also den Ebenen und Lesarten der Werke, die mit der erzählten Geschichte, mit Handlungslogik und Handlungsplausibilität, mit Erzählstrukturen und Erzählstrategien, mit direkten und immanenten Aussagen oder Welterkenntnisvermittlungen zu tun haben. Nur diese sind eigentlich dem normalen Leser der Romane unmittelbar und zunächst einmal zugänglich.

May schrieb *Satan und Ischariot* wohl zwischen Mai 1891 und August 1892.[3] In diesen Jahren begann der Autor, immer mehr die Fiktionalität seiner Erzählungen zu leugnen und die Identität des Ich-Erzählers Old Shatterhand bzw. Kara Ben Nemsi mit dem Schriftsteller Karl May zu behaupten; „zaghaft zunächst und versuchsweise, dann aber immer entschiedener und schließlich im Tone triumphierender Selbstverständlichkeit schlüpfte der auch in seinem bürgerlichen Stande von eigenen Gnaden zu akademischer Weihe gekommene ‚Dr.‘ Karl May in die Maske seiner Ich-Gestalten, die ihm Verehrung und Anerkennung sicherte."[4] Einen entscheidenden Grund für dieses merkwürdige, auch bei sozusagen von Berufs wegen ‚lügengewohnten‘ Fabulierern in solch extremer Ausformung wohl einmalige Phänomen, das schließlich in den bekannten Kostümfotos, Bestätigungen und Ausmalungen in Briefen an seine Leser sowie sogar regelrechten Auftritten des Schriftstellers als Old Shatterhand kulminierte, kann man sicherlich in der Sehnsucht Mays nach Liebe, nach Zuneigung der zahlreichen Leser sehen, die ihm selbst und nicht nur seinen fiktiven Romangestalten gelten sollte, ein „abnormes Verhalten als Ausdruck einer narzißtischen Neurose und diese als Folge frühkindlicher Liebesversagungen".[5] Natürlich spielte auch – was könnte naheliegender sein? – die besonders große Geltungssucht des früher so oft Gedemütigten eine Rolle, der eine Kompensation auf rein literarischem Gebiet nun nicht mehr genügte.[6]

In *Satan und Ischariot* wird diese Ineinssetzung des Ich-Erzählers der Romane und ihres Autors Karl May literarisch vorbereitet und initiiert. Gab es in früheren Werken allenfalls vage und versteckte Andeutungen, so taucht in diesem Roman erstmals innerhalb der Handlung hinreichend deutlich sogar der Name May auf. Der zweite Teil des Romans setzt ein mit einer in Deutschland spielenden Rückblende. Im „weitbekannten ‚Löhrs Hotel'" in Bremerhaven (XXI 201) wird der Ich-Erzähler bei Tisch von einem Gast als Old Shatterhand erkannt. Man tauscht schließlich Visitenkarten aus: „Da lesen Sie meinen eigentlichen Namen!" (204), sagt der drüben in den Staaten prominente Westmann. Der „eigentliche Name" wird zwar an dieser Stelle nicht genannt, aber die in Deutschland spielenden Passagen waren ursprünglich sehr viel umfangreicher; in den vorangehenden, von dem ‚Hausschatz‘-Redakteur Heinrich Keiter eigenmächtig gestrichenen Teilen spricht die Magd eines Professors von dem Ich-Erzähler als dem „May", dem „frühern Studenten, der so in der Welt herumläuft".[7] In dem ursprünglichen Zustand des Romans, so wie er den Schreibtisch Mays verlassen hat, wäre für jeden Leser schon hier klar gewesen, was auf die Visitenkarte Old Shatterhands für ein eigentlicher, bürgerlicher Name eingedruckt ist. Aber auch die Indizienkette in der Fehsenfeld-Ausgabe des Romans ist dicht und deutlich genug: Old Shatterhand kennt das kleine erzgebirgische Heimatstädtchen seines Gegenüber (206) und reist von Bremerhaven aus nach Dresden (226). In San Francisco schließlich wird er vom Vater Vogel auf der Straße angeredet: „Sapperlot! Is das nich der Dres'ner Doktor, der meine Kinder nach Dres'en mitgenommen hat?" (233) Noch mehrfach ist der Ich-Erzähler nun in den Vereinigten Staaten auch der Herr Doktor (239, 245).

Bei einem späteren Zusammentreffen mit der Jüdin Judith Silberstein, die schon im ersten Romanteil mit Old Shatterhand zu tun und sich als sehr negativer Charakter erwiesen hatte, kann diese sich nicht mehr genau an des Ich-Erzählers beide Namen erinnern, was dem durchaus lieb ist. Sie kommt schließlich auf „Old Firefoot" und fragt weiter:

„Und Ihr Familienname? Wenn ich mich nicht irre, hießen Sie wie einer von den zwölf Monaten?"
„März," sagte ich.
„Ja, März, März war es. Also, Sennor März, können Sie sich besinnen, wie wir damals auseinandergegangen sind?" (XXII 34f.)

Auch der mit dem geringsten Scharfsinn ausgestattete Leser dürfte nun ein wenig humorvoll geradezu mit der Nase auf die Erkenntnis gestoßen worden sein, auf die es dem Autor hier ankam.

In diesen Zusammenhang gehört auch, daß der Erzähler innerhalb des Romans andere, von ihm, Karl May, verfaßte Werke erwähnt (XXI 266) oder für den Kenner deutlich und explizit darauf anspielt (XXII 308f.), so daß die verschiedenen Erzählungen ausdrücklich als ein einziger Erlebniszusammenhang, als Teile einer einzigen Autobiographie behauptet werden.

Es ist klar, daß es auf der Linie dieser Strategie liegen muß, den eigenen literarischen Produkten einen recht hohen Wirklichkeitsgehalt zuzusprechen. *Satan und Ischariot* müßte sich also konsequenterweise als realistischer Text, zumindest als realistischer Roman ausgeben; alle Schreibstrategien des Autors müßten darauf ausgerichtet sein, seinen Lesern einen solchen Texttypus zu suggerieren; er müßte tunlichst alles vermeiden, was Glaubwürdigkeit, Wahrscheinlichkeit und Plausibilität seines Erzählens einschränken könnte.

Tatsächlich tragen die in Deutschland spielenden Szenen (XXI 201ff.) zum Teil dazu bei, eine Atmosphäre von Realismus zu erzeugen. Sie zeigen den Weltläufer in seiner unexotischen Alltagswelt, bieten eine Kulisse dar, die dem deutschen Leser entweder vertraut vorkommt, oder deren Wahrhaftigkeit er doch zumindest leicht nachprüfen könnte. Wie schon erwähnt, sollten diese Passagen ursprünglich sehr viel mehr Raum einnehmen. Die von Heinrich Keiter gestrichenen Teile der ‚Deutschland-Handlung' beginnen mit Überlegungen des Erzählers, die genau den Typus eines alltagsrealistischen Romans skizzieren:

> Der liebe Leser ist gewöhnt, von mir in ferne Länder, zu fremden Völkern geführt zu werden und da von Ereignissen und Begebenheiten zu erfahren, welche ihm abenteuerlich erscheinen. Da erhebt wohl manch einer den Blick vom Buch und fragt:
> „Ist denn das wirklich passiert? So etwas kann doch nur in Romanen stehen!"
> Ja, das steht allerdings auch im Roman, nämlich im Roman des wirklichen Lebens. Wer sein Auge nicht nur auf die großen Ereignisse der Politik, der Wissenschaft, des Verkehrs usw. wirft, sondern auch einen Blick für die kleinen Vorkommnisse des individuellen Lebens besitzt, wer es versteht, der Entwicklung des Einzelmenschen zu folgen, für den eine sonst ganz unbemerkte Tat, ein ganz verschwindendes Vorkommnis von der größten Wichtigkeit ist, der hat sicher und gewiß die Erfahrung gemacht, daß das Leben der fruchtbarste und phantasiereichste Romanschreiber ist, den es geben kann. Alle Schriftsteller der Welt, und das sind hunderttausende, wären nicht imstande, die Sujets sich auszusinnen, welche das Leben nur an einem einzigen Tage bearbeitet. Aber, wie gesagt, man muß ein Auge dafür haben.[8]

Natürlich beinhalten diese Überlegungen eingangs zugleich eine Abwehr des Verdachtes, der Schriftsteller präsentiere lediglich die unglaublichsten Erfindungen, nein, das wirkliche Leben könne in der Tat unglaublich romanhaft sein. „Aber, wie gesagt, man muß ein Auge dafür haben." Versicherungen ähnlicher Tendenz finden sich auch in dem veröffentlichten Romantext[9]: Innerhalb der Handlung selbst wird Old Shatterhands Schilderung von abenteuerlich-unglaublichen Geschehnissen, die sein verbrecherisches Gegenüber verblüffen und auch verblüffen sollen, ungläubig zurückgewiesen: „‚Mann, Ihr redet da einen Roman, der geradezu unmöglich ist!' ‚Es klingt allerdings wie ein Roman, wie eine phantastische Erfindung, wenn ich sage [...].'" (XXI 67) Die ‚Nicht-Romanhaftigkeit' einer Erzählung wird hier sozusagen durch einen besonders romanhaften Roman beglaubigt. Bei einem seinem Werk gegenüber distanzierten Autor könnte man hier ein kleines ironisches Spiel mit dem Leser sehen, ein augenzwinkerndes Einverständnis mit ihm, daß alles, was er hier geboten bekommt, pure Fiktion ist. Mir scheint hier genau das Gegenteil intendiert zu sein, nämlich nebenbei einen Hinweis darauf zu geben, daß die Wirklichkeit so phantastisch-abenteuerlich wie ein Roman sein kann. Wenig später wird Old Shatterhand, der ja gleich zu Beginn des Romans auf einem Hotelmeldezettel in die Spalte Beruf „Litterat" eintragen läßt (XX 13), eindeutiger, wenn er seinem Gefährten Emery über Krüger Bei mitteilt:

> „Krüger ist auch ein Deutscher von Geburt. Er hat eine Vergangenheit hinter sich, wie sie kein Romanschreiber sich phantastischer aussinnen könnte. Es ist eben das, was ich so oft behaupte: das Leben ist der fruchtbarste Romanschriftsteller, den es giebt." (XXI 275)

An dieser Stelle hätte der Leser ohne die Kürzungen des ‚Hausschatz'-Redakteurs die oben ausführlich zitierte Passage schon hinter sich gehabt. Aber auch so ist deutlich genug: Old Shatterhands/Karl Mays literarisches Programm ist letztlich die Abbildung von Wirklichkeit. So sagt er zumindest.

Neben den ‚Deutschlandpassagen' gibt es einige wenige weitere, die „zum vermeintlichen Realcharakter"[10] des Romans beitragen, indem sie beispielsweise den Eindruck erwecken, bei den abenteuerlichen Geschehnissen spielten tatsächliche politische Ereignisse im Hintergrund eine Rolle. So werden die verbrecherischen Aktivitäten Harry Meltons in Mexiko letztlich ermöglicht und motiviert durch die Bemühungen der amerikanischen Religionsgemeinschaft der Mormonen, die in dem von ihr 1848 am Großen Salzsee geschaffenen Staat Deseret (seit 1896 Utah) ansässig ist, neue Niederlassungen zu gründen. Der Erzähler kann sich eines direkt an die Leser gerichteten bösen Kommentars über die Sekte nicht enthalten, der natürlich nur seine Berechtigung hätte, wenn die Verbrecher des Romans real wären:

> Wenn die Mormonen solche Menschen wie Melton, die Wellers und den Player nicht nur unter sich aufnehmen, sondern sie sogar als Gründer neuer Niederlassungen aussenden, so gleicht ihre Sekte einer faulen Frucht, welche nicht am Stamme reifen wird, sondern unten am Boden verwesen muß. (XX 381)

Und in den in Nordafrika spielenden Teilen des Romans wird das abenteuerliche Geschehen in der Sahara vornehmlich dadurch initiiert, daß die in der Wüste lebenden Beduinen dem Herrscher in Tunis die Steuern nicht bezahlen wollen.[11]

Die kurze Schilderung eines Phänomens, das auf die beginnende Technisierung der modernen Alltagswelt hindeutet und als ganz neue technische Entwicklung eindeutig der Sphäre von Sachlichkeit, Rationalität, aufs Praktische gerichtetem Wirklichkeitssinn angehört, verbreitet nach meinem Empfinden zwar beiläufig, aber pointiert sozusagen ‚Realismusgeruch'. Ich meine den dampfgetriebenen, protzig-luxuriösen Fahrstuhl in der Villa des Ölprinzen in San Francisco (XXI 236, 247), wo Winnetou und Old Shatterhand übrigens auch die „berühmten Woodwards Gardens" und das Aquarium dort aufsuchen (232).

Schon beim Zeitschriftenerstdruck des Romans wird lediglich der Mittelteil, *Krüger-Bei*, im Untertitel als „Reiseroman" gekennzeichnet; die beiden anderen Teile, *Die Felsenburg* und *Die Jagd auf den Millionendieb*, dagegen als „Reiseerzählung". Diese Bezeichnung ist doch deutlich weniger mit Fiktionalität assoziiert, denn erzählen kann man bekanntlich auch Tatsachen. In der Fehsenfeld-Reihe heißen die Werke des Autors in diesem Sinne seit Band XVIII *Karl May's gesammelte Reiseerzählungen*.

Dennoch gibt es in *Satan und Ischariot* gleichzeitig zahlreiche Elemente – sowohl Einzelheiten als auch Großstrukturen –, die diesen Realismustendenzen zuwiderlaufen[12], ja sie überwiegen eigentlich bei weitem. Der Autor greift hier in hohem Maße auf Strukturelemente der Kolportageliteratur zurück, die ihm ja auch von der schreibpraktischen Seite her durch seine fünf umfangreichen, einige Jahre zuvor verfaßten Kolportageromane vertraut waren; er bringt typische Abenteuerliteraturelemente in dichter Folge und arbeitet derart mit Unwahrscheinlichkeiten, Übertreibungen, unglaublichen Zufällen, daß der Roman fast durchgehend den Charakter des Sensationellen erhält.

Schon die Gesamtanlage des umfangreichen Romans, eine Verbrecherjagd über mehrere Jahre hin, durch mehrere Kontinente, wobei der Ich-Erzähler und gute Held der Geschichte mehrfach zufällig von neuem auf die bösen Gegenspieler trifft – sogar dem ersten Aufeinandertreffen geht ja eine im Roman nicht genauer ausgestaltete länger zurückliegende Konfrontation mit einem der Melton-Brüder voraus –, ist durchaus einem Kolportageroman gemäß und erinnert natürlich an *Das Waldröschen oder Die Verfolgung rund um die Erde*, Mays ersten Lieferungsroman, wo es ebenfalls um eine erschlichene Erbschaft und um eine ähnlich lange und weitläufige Verbrecherjagd geht.

Die Realität menschlicher Triebfedern und moralischer Konditionen sehr vereinfachend – ein ganz zentrales Strukturelement von Trivialliteratur, die ja ihren Lesern wunschgemäß die Komplexität der Wirklichkeit verschweigt und eine unkomplizierte, leicht zu durchschauende Welt vorgaukelt –, sind auch in *Satan und Ischariot* die Bösen ausschließlich böse und die Guten durchgehend gut. Solche Schwarzweißzeichnung der Personen und ihrer Handlungsmotive ist bekanntlich für Mays Œuvre überhaupt typisch, in diesem Roman scheint sie mir aber – ähnlich wie in den Kolportageromanen des Autors – besonders akzentuiert zu sein. Schon der recht reißerische Titel deutet in Anspielung auf einen biblischen Subtext, der allerdings sehr blaß und nur punktuell ausgeführt bleibt, das sozusagen absolute Böse und absolute Verräterische an. Beim ersten Zusammentreffen mit Harry Melton fühlt sich der Erzähler sofort „abgestoßen", obwohl jeder einzelne Teil des Kopfes und Gesichtes für sich schön zu nennen ist, „aber nur schön, vollkommen für sich, denn in ihrer Gesamtheit fehlte diesen Teilen die Harmonie. Wo aber die Harmonie fehlt, da kann von Schönheit nicht die Rede sein." (XX 24) Das Gesicht erinnert ihn an „jene eigenartigen Züge", die „der geniale Stift Gustave Dorés dem Teufel verliehen hat", ja „die Aehnlichkeit war so groß, daß man hätte meinen mögen, der Mormone habe Doré zu dieser Zeichnung gesessen". Natürlich behält Old Shatterhand recht mit seinem Gefühl, und auch die beiden anderen Meltons, die später ins Spiel kommen, erweisen sich als überaus gewissenlose Schurken, so daß die Guten zu Recht räsonieren können:

„Aber sollte man so teuflische Pläne für möglich halten?"
„Denke an Harry Melton, den ich den Satan nenne und von welchem ich dir erzählt habe. Hat er nicht eben solche und noch schlimmere Pläne erdacht und auch ins Werk gesetzt? Es giebt, Gott sei es geklagt, Menschen, welche nur dem Namen nach Menschen sind, und zu diesen gehören die drei Meltons, Vater, Sohn und Oheim." (XXI 274)

Und aus Krüger Bei bricht es einmal heraus, sicherlich erwünschte Urteile der Leser auf den Punkt bringend: „Welch eine That, welche Berechnung, welche bodenlose Schlechtigkeit!" (453) Ihre teuflische Schlechtigkeit ist so abgrundtief, daß sie sich am Ende um des eigenen Vorteils willen auch gegenseitig bekämpfen, sogar bis hin zum Brudermord. Auch die hübsche jüdische Kaufmannstochter Judith Silberstein zeigt sich im Laufe der Geschichte in ihrer Gier nach materiellen Gütern immer mehr als skrupellose Böse. Übrigens kam schon in Mays Kolportageroman *Der verlorne Sohn* eine hübsche jüdische Kaufmannstochter vor.

Dem Wirklichkeitskomplexität reduzierenden Konzept der Trivialliteratur gemäß, sind die Bösen in der Regel bei guter Beobachtungsgabe – das Beispiel des „Satans" Harry Melton zeigt es ja – schon rein äußerlich zu erkennen. Ist das einmal nicht der Fall, wie beim ersten Zusammentreffen mit dem jungen Jonathan Melton, der aufgrund seiner täuschenden Ähnlichkeit mit diesem als Millionenerbe auftritt, so wird das vom Erzähler als erstaunliche Merkwürdigkeit registriert und schließlich sogar noch gegen ihn ausgelegt, als eine ganz besonders perfide Schlechtigkeit, die sich raffiniert zu tarnen versteht:

> Besäße ich einen wankelmütigeren Charakter, so hätte ich beim Anblicke dieses jungen Mannes den Verdacht, den ich gegen denselben hegte, sehr wahrscheinlich fallen lassen. Er machte nämlich einen geradezu vortrefflichen Eindruck, und ich wunderte mich nun gar nicht mehr darüber, daß Emery ihn einen anständigen Mann genannt hatte. Es war weder in seinem Gesichte noch in seiner ganzen Erscheinung oder seinem Benehmen das Geringste zu entdecken, was unsern Verdacht hätte bestätigen können. Er zeigte sich frei, offen und ohne alle Spur irgend einer Unsicherheit oder gar Bangigkeit, wie man sie bei einem Menschen, welcher auf unsicherem Boden steht, zu erwarten pflegt. Wir hatten uns entweder in ihm geirrt, oder er war trotz seiner Jugend schon ein vollständig klargeriebener Gauner. (XXI 281f.)

Doch schon recht bald auf der gemeinsamen Reise wird langsam das übliche Weltbild der Trivialliteratur wieder hergestellt, das Böse beginnt sich dem genauen Beobachter zu verraten. Old Shatterhand bemerkt einigemal, wenn er den jungen Mann plötzlich und unerwartet anblickt, daß dieser ihn scharf betrachtet und dann schnell den Blick abwendet. Der Erzähler weiß genau, daß er nichts an sich hat, was jemandem verdächtig vorkommen könnte; „das Mißtrauen, welches er zu empfinden schien, konnte also nur eine Folge seines bösen Gewissens sein." (284) Eigentlich ist es müßig zu erwähnen: Durch überlegene Gesprächsführung bringt Old Shatterhand den Verdächtigten dazu, „einen Bock" (286) nach dem anderen zu schießen, sich in Widersprüche zu verwickeln, wobei der Erzähler immer auch auf diese Fehler und das Hineintappen in die Fallen Old Shatterhands den Leser explizit aufmerksam macht, da dieser die ‚Böcke' durchaus übersehen könnte, zumal sie mehr behauptete, als zwingend einsichtige sind. Natürlich ist sich Old Shatterhand am Ende des Gespräches sicher, nicht den echten Millionenerben vor sich zu haben (291). Wenig später schafft es der Ich-Erzähler erneut, den Bösen auf eine relativ konstruierte Art und Weise hereinzulegen:

> Der sonst so schlaue Mensch war jedenfalls überzeugt, mich im Sacke zu haben. Er hatte mich förmlich gezwungen, dahin zu wirken, daß er mitreiten durfte, und ahnte keinesfalls, daß es gerade das war, was ich gewünscht und beabsichtigt hatte. Der Gerechte ist zuletzt immer klüger als der Ungerechte. (325)

In diesem letzten resümierenden Satz steckt in nuce das Weltbild des Erzählers und zugleich auch das einfache Weltbild des Trivialromans, allerdings in einer ganz spezifischen und gesteigerten Variante, die für jemanden, der die Wirklichkeit unbefangen beobachtet und realistisch einschätzt, noch schwerer zu glauben ist als das bekannte und allgemeinere ‚Alles geht letztlich gut aus! Das Gute triumphiert über das Böse.' In zahlreichen Trivialromanen erweist sich nämlich das Böse, das am Ende natürlich auf irgendeine Weise und aufgrund irgendwelcher Ereignisse unterliegen muß, als durchaus schlau und durchtrieben; es unterliegt häufig eben nicht durch die besondere Klugheit der guten Protagonisten, die sogar regelrecht arglos sein können. Zweifellos hängt diese deutlich antiintellektualistische Tendenz vieler Trivialromane mit der verbreiteten Ablehnung ihrer meist schlichten Leserschaft von kritischer Haltung gegenüber festgefügter Ordnung und gegenüber einfach zu durchschauender ‚heiler' Welt zusammen, eine Haltung, die undifferenziert als zersetzend empfunden wird. Zu Mays Weltbild gehört freilich ein Held, der nicht nur durchgehend gut und stark, sondern seinen Mitmenschen auch durch seine Verstandesschärfe überlegen ist. Das läßt sicherlich auch Rückschlüsse auf seine Leser zu, die sich mit einem derartig strukturierten Helden identifizieren möchten. Ohne hier näher diesen Aspekt der Mayschen Werke erörtern zu können, läßt sich pauschal festhalten, daß für May und seine Leser intellektuelle Fähigkeiten erstrebenswerte Persönlichkeitskonstituenten sind.

Daß ja Old Shatterhand mit seinen ungebrochen überragenden moralischen, körperlichen und eben auch intellektuellen Fähigkeiten eine Identifikationsfigur ersten Ranges ist – und damit strukturgleich unzähligen strahlenden unrealistischen Trivialromanhelden, die eben nicht ihre Leser in kritischer Distanz halten, sondern sie emotionalisierend zu sich heranziehen sollen –, braucht an dieser Stelle nur en passant erinnert zu werden. Bemerkenswert ist an dieser Romanpassage Mays zwangsläufige Verknüpfung von moralischer mit intellektueller Stärke; das hängt zweifellos eng mit Mays religiösem Weltbild zusammen, das in diesem Roman trotz seines ‚biblischen' Titels nur gelegentlich durchscheint, im Unterschied beispielsweise zum *Old Surehand*-Roman.

Nebenbei bemerkt, erinnert ein Held, der das Böse durch seine intellektuellen Fähigkeiten entlarvt und somit die Ordnung wieder herstellt, natürlich an das Unterhaltungsliteraturgenre, das traditionell vornehmlich von Intellektuellen und Gebildeten goutiert wird: den Detektivroman. In dieser Gattung kannte sich May ja auch gut aus, und er benutzte gern ihre Strukturelemente, zumal der kluge und logisch denkende Old Shatterhand per se schon Ähnlichkeiten mit einem typischen Detektiv aufweist.[13] Ja, er behauptet in diesem Roman sogar: „Ich war früher auch als Detektive [sic, wohl englisch auszusprechen] thätig gewesen und hatte meine Aufgabe zur Zufriedenheit gelöst." (XXII 22) Obwohl es jedoch in *Satan und Ischariot* durchgehend um Verbrechensverhinderung, Verbrechensaufklärung, Verbrecherverfolgung geht, treten regelrechte Detektivromanelemente sehr zurück, wozu auch Spannungsbögen gehören, die sich aus der langsamen, sukzessiven Aufklärung von rätselhaften, geheimnisvollen Verbrechen ergeben: die Bösen und ihre perfiden Pläne werden dem guten Helden und dem Leser sehr schnell bekannt. Der Roman setzt mehr auf die drastischeren und oberflächlicher-sensationelleren Reize der Bekämpfung und Jagd der Verbrecher und wäre, wollte man ihn vornehmlich unter dem Blickwinkel ‚Kriminalliteratur' betrachten, als Thriller zu klassifizieren.

Neben dem schon erwähnten raffiniert-entlarvenden Gespräch mit dem jungen Melton (XXI 284ff.) kommt in dem Roman eine Detektivromanszene par excellence vor, die geradezu modern anmutet und in ihrer exotischen Nichtalltäglichkeit für die zeitgenössischen Leser auf der Linie gelegen haben dürfte, die man als die durchgehende Tendenz des Romans zum Sensationellen und Grellen bezeichnen könnte: Durch die Exhumierung und eine Art Obduktion der Leiche des Millionenerben Small Hunter, bei der der genaue Verlauf des Schußkanals ermittelt wird, beweisen Winnetou und Old Shatterhand zwingend, daß Hunter sich den tödlichen Herzschuß nicht selbst beigebracht haben kann, wie Melton behauptet, sondern ermordet worden sein muß, der Zeuge des angeblichen Selbstmordes also der Mörder ist (457-460). Auch wird bei dieser Obduktion wie in der modernen Kriminalistik die Identität des Toten, nämlich daß es sich hier tatsächlich um den echten Millionenerben handelt und nicht um seinen verbrecherischen Doppelgänger Jonathan Melton, zweifelsfrei geklärt, was für den späteren Verlauf der Geschichte wichtig ist, insofern Old Shatterhand eine offizielle amtliche Todeserklärung mit nach Amerika nehmen kann. Allerdings brauchen sich die ‚Detektive' bzw. ‚Gerichtspathologen' bei dieser Klärung nicht komplizierter naturwissenschaftlicher Methoden zu bedienen, sondern der Autor hat hier neben dem unglaublichen Zufall einer derartig großen Ähnlichkeit, „wie [...] sie niemals für möglich gehalten" werden könnte, die Emery den erstaunten Ausruf entlockt „Heavens! [...] Welch eine Aehnlichkeit!" und dem stets selbstbeherrschten Apatschen immerhin ein „Uff!" (457), und die – hier treibt es May wirklich auf die Spitze – sogar einen intimen Freund Hunters täuschen kann (XXII 12f.), auch noch ein unwahrscheinliches Unterscheidungsmerkmal der beiden Doppelgänger konstruiert: Der echte Small Hunter besitzt an beiden Füßen sechs Zehen (XXI 459)!

Natürlich sind die zum Verwechseln ähnlichen Doppelgänger (nicht Zwillinge), die sich dann auch noch für den Eingeweihten an einem bestimmten Merkmal sicher unterscheiden lassen, ein Phänomen, das sich in Märchen und in Trivialromanen häufig finden läßt, im realen Leben freilich nicht. Deshalb stellt die Einführung von Doppelgängern in eine Geschichte, die übrigens in der Kunst der Romantik (besonders beispielsweise bei E. T. A. Hoffmann) eine andere Funktion, Ausgestaltung und einen anderen Hintergrund haben als in Mays Roman und in der Trivialliteratur, in der auf Realistik bedachten Kriminalliteratur eine Todsünde wider die Gattungskonventionen dar. Sehr künstlich konstruiert erscheint mir die Motivation für Small Hunters Verhalten zu sein, seinem Doppelgänger gegenüber nicht mit Irritation und Unbehagen zu reagieren, was ja psychologisch leicht nachzuvollziehen wäre und so auch meist in der Literatur gestaltet wird, sondern diesem aufgrund der Ähnlichkeit „sofort seine Freundschaft zu schenken", ja sogar: „Es macht ihm großen Spaß, [...] verwechselt zu werden." (XXI 80) Dieses Konstrukt ermöglicht bzw. erleichtert eines der zentralen Verbrechen des Romans, nämlich die Erschleichung der Millionenerbschaft. Die Erschleichung einer großen Erbschaft ist natürlich auch ein häufiges Trivialliteraturmotiv und fand, wie schon kurz erwähnt, auch in Mays früherem Kolportageromanschreiben Verwendung (*Das Waldröschen oder Die Verfolgung rund um die Erde*).

In *Satan und Ischariot* kommt noch eine weitere, kleine Doppelgängergeschichte vor, diesmal aber als eine auf der Handlungsebene erzählte: Um Jonathan Melton über seine wahre Identität zu täuschen und sein vertrautes Verhältnis zu Krüger Bei zu erklären, erzählt Old Shatterhand/Kara Ben Nemsi, er sähe offensichtlich Kara Ben Nemsi so ähnlich, daß er von Krüger Bei für diesen, seinen Freund, gehalten werde, und daß er diese Rolle zu seinem Vorteil weiterhin spielen wolle. Melton, der ja selbst momentan mitten in seiner inszenierten Täuschungsgeschichte als Doppelgänger steckt, glaubt die unglaubliche Geschichte auf der Handlungsebene, wie ja auch die Romanleser die Doppelgängergeschichten glauben sollen. Ja, er gibt Old Shatterhand sogar Ratschläge, was dabei besonders zu beachten sei (316-320). Wäre May ein Ironiker, so könnte man hier an ein raffiniertes Spiel mit dem Leser auf zwei unterschiedlichen Ebenen denken, an eine augenzwinkernde Einverständnisnahme über die Konstruiertheit dieser erzählten Geschichte. Im Rahmen des Gesamtromans und des sonstigen Schreibens Mays trägt eine solche Deutung natürlich nicht. Vielmehr zeigt sich hier Old Shatterhand seinem bösen Gegenüber wieder einmal so überlegen, daß er ihn sozusagen mit seinen eigenen Waffen schlagen kann, ohne daß dieser es auch nur merkt.

Interessant an der Obduktionsszene ist übrigens noch, daß hier Winnetou als „ein erfahrener und außerordentlich geschickter Chirurg" mit seinem Bowiemesser die Operation durchführt und der sonst meist bestimmend-aktive Ich-Erzähler lediglich zuschaut (459). Er mochte die trotz aller rationalen Notwendigkeit dennoch nicht gerade appetitliche Vorstellung des Herumschneidens in einem Leichnam – es dauert eine geschlagene halbe Stunde, bis der Schußkanal erkannt und die Kugel herausoperiert worden ist – lieber dem Naturmenschen Winnetou anlasten als dem zivilisierten und christlichen Deutschen, vielleicht weil das sonst einige Leser zu sehr befremdet hätte.

Auf jeden Fall geht einem Trivialroman und seinem heilen Weltbild gemäß bei aller kriminellen Energie der Bösen auch in *Satan und Ischariot* die Geschichte gut aus, wird den Schurken das Handwerk gelegt, und sie werden entsprechend streng bestraft, wobei ihr Jäger Old Shatterhand allerdings nur indirekt mitwirkt und er gemäß seiner hier am Romanende deutlich plakativer betonten Humanität und nächstenliebenden Christlichkeit nicht auch als Scharfrichter fungieren muß: „Jonathan Melton, der falsche Small Hunter, wurde zu vieljähriger Einzelhaft verurteilt, ist aber bald in seiner engen Zelle zu Grunde gegangen", berichtet der Erzähler lakonisch von einem, wie man sich leicht ausmalen kann, grausigen Ende und fügt unmittelbar christlich-versöhnlich an: „hoffentlich nicht auch in Beziehung auf seine Seele." (XXII 612f.) Harry Melton ist, wie schon erwähnt, von seinem eigenen Bruder erstochen worden, und der Gefangene Thomas Melton, der immer mehr in eine Art Wahnsinnszustand verfällt, wird von Old Shatterhand bei der Suche nach einem Rastplatz zufällig genau an den Ort des Brudermordes geführt, ohne daß er sagen kann, warum eigentlich. Genau auf dem Grab seines von ihm erstochenen Bruders ersticht sich der Mörder selbst. Den Lesern, die nun noch immer nicht gemerkt haben sollten, welche Mächte diesen unglaublichen und sensationellen Zufall steuern, erklärt der Erzähler explizit die melodramatische Szene, sich insofern eigentlich selbst widersprechend:

Was soll ich weiter sagen! Solche Augenblicke muß man erleben, aber darüber sprechen, darüber schreiben kann man nicht. Das ist das Gericht Gottes, welches schon hier auf Erden beginnt und sich bis jenseits des jüngsten Tages in alle Ewigkeit erstreckt! Auf derselben Stelle auch ganz derselbe Tod! Erstochen! Ich hatte ihm gesagt, er werde sterben wie

Ischariot – von seiner eigenen Hand. Wie schnell war das in Erfüllung gegangen! (609)

Nach diesem Selbstmord sind alle „so ergriffen", daß sie „zunächst nur stumm beten" können.[14]

Überhaupt unglaubliche, unwahrscheinliche Zufälle, die die Leser mit großem Mitgefühl das Zusammentreffen von Menschen miterleben lassen, die ‚zusammengehören', die wider ihren Willen oder sogar durch schlimme Ereignisse lange getrennt waren, deren Schicksale durch undurchschaubare Bande irgendwie miteinander verknüpft zu sein scheinen u. ä. – sie sind ein zentrales Strukturelement von Trivialliteratur. Eine verbreitete Sparte firmiert ja sogar unter dem Namen ‚Schicksalsroman'. Ihrer Verknüpfung mit großer emotionaler Anteilnahme der Leser – und Trivialliteratur will ja emotionalisieren, sozusagen große, in der Regel positive Gefühlserlebnisse in der Literatur liefern, die die Alltagswirklichkeit nicht so häufig bereitstellt – liegt wohl vornehmlich der Wunsch zugrunde, hinter den als ungeordnet und unglücklich empfundenen Lebensabläufen möge doch ein wohlgeordneter, ins Positive weisender Plan stehen. Somit könnten glückliche Zufälle und der Glaube daran z. B. ein Trost für den Schmerz von Trennungen sein. In großangelegten, sich über Zeiten und Räume erstreckenden Geschichten von miteinander verschlungenen Lebensschicksalen – und daraus bestehen ja häufig die Kolportageromane – sind sie ein wichtiges handlungskonstituierendes und -weitertreibendes Element, das neben der erwünschten Leseremotionalisierung natürlich auch den Autor der Mühe enthebt, für diese genau passenden Zufälle plausible und komplizierte Begründungen zu erfinden und auszuformulieren.

In der Realität sind bekanntlich glückliche, genau passende Zufälle selten. Bei Reisen in einem riesigen Land oder sogar über Kontinente hinweg verpaßt man sich natürlich viel leichter und häufiger, als daß man irgendwo zufällig mit Bekannten zusammentrifft. Bei May ist das freilich nicht der Fall. In seinem Erzählen gibt es genau passende Zufälle zuhauf, immer wieder treffen die Protagonisten in den riesigen Weiten Amerikas oder des Orients so aufeinander, als bewegten sie sich in einem kleinen überschaubaren Raum, in eigentlich hoffnungslosen Notsituationen kommt ein glücklicher Zufall zu Hilfe usw.

In der großangelegten Geschichte *Satan und Ischariot* treibt auch immer wieder ein passender Zufall die Handlung weiter, fügt Einzelgeschichten, Handlungsstränge und Personen zusammen. So dient der im ersten Romanteil nur in einer kurz berichteten Vorgeschichte von Old Shatterhand „vor neun Jahren" gejagte und vertriebene Thomas Melton seit acht Jahren in Tunis beim Militär (XXI 273), ausgerechnet unter des Helden altem Freund Krüger Bei, so daß er sich leicht mit Jonathan Melton zusammenschließen kann, der ja mit seinem Doppelgänger Small Hunter genau dort auf Reisen ist, aber sich auch aus dieser spezifischen Konstellation weitere Abenteuer ergeben können. In New Orleans stoßen die Verfolger nicht nur auf die Spur der im Orient entkommenen Verbrecher, sondern auch auf die Jüdin Judith aus dem ersten Romanteil, die sich inzwischen mit Jonathan Melton zusammengetan hat, den sie im ersten Teil noch nicht gekannt hatte. Old Shatterhand kommentiert diesen eigenartigen Umstand selbst deutlich: „Das ist ein höchst interessanter Zufall, welcher mir wahrscheinlich von großem Nutzen sein wird." (XXII 32) So ist es dann natürlich auch. Ein Indianerhäuptling, der Old Shatterhand gefangennimmt, ist der Sohn des Häuptlings, den der Held im ersten Romanteil getötet hat (95). Weiter auf der Verfolgungsjagd besucht man in dem „traurigen Nest" Albuquerque (139) auf Empfehlung das Konzert einer spanischen Sängerin, die von ihrem Bruder musikalisch begleitet wird; sie ist überhaupt nur wegen des großen Erfolges noch dort und gibt ein zusätzliches Konzert. Als Old Shatterhand hört, daß sie auch deutsche Lieder singt, besucht er das Konzert, das breit beschrieben wird. Der mit Mays Inszenierung unglaublicher Zufälle vertraute Leser ahnt es sicherlich schon vor der Enthüllung: Es sind Martha und Franz Vogel, die mit dieser überraschenden – deutsche, gemütvolle Lieder unter tosendem Applaus im traurigen, in Neu-Mexiko gelegenen Nest Albuquerque – und ergreifenden Wiedersehensszene wieder dem Haupthandlungsstrang zugeführt werden.

May liebte derartige passende Zufälle so, daß er sie auch als eigenständige, Überraschung verbreitende Handlungselemente einsetzte, wenn sie für den Handlungsverlauf erzählstrategisch völlig überflüssig sind. So trifft Old Shatterhand in Kairo unvermittelt auf den alten Freund Emery Bothwell, der ebenfalls nach Tunis will. Als man ihn fragt, es müsse doch eine „nähere Ursache" geben, die ihn nach Tunis ziehe, antwortet er zur großen Überraschung aller: „Richtig! Die Ursache heißt Small Hunter." (XXI 268) Er hatte diesen schon eine Zeitlang vorher kennengelernt. Dieser merkwürdige, sozusagen doppelte Zufall des Zusammentreffens ist nun für den weiteren Verlauf der Handlung nicht wichtig. Man hätte den abenteuerlustigen Engländer ja auch einfach so treffen können, und er hätte sich der Reisegruppe angeschlossen, wie er später dann, „es braucht wohl kaum erwähnt zu werden", die Reise nach Amerika „auch mitmachte" (XXII 7).

Das auffällige Auftreten vieler passender Zufälle – es gibt natürlich mehr als die hier erwähnten – wird an einer Stelle sogar innerhalb der Romanhandlung, in einem Gespräch zwischen Emery und Old Shatterhand, angesprochen:

> „Nun, mir traut er [der falsche Small Hunter] keine Feindschaft zu; wie aber, wenn er zufällig errät, wer ihr seid? Man weiß ja, welche Rolle die Zufälle spielen."
> „Es wäre ein wirklich unbegreiflicher Zufall, der ihm verriete, daß wir Winnetou und Old Shatterhand sind!" (XXI 278)

Und da es in dieser Geschichte genug ‚unbegreifliche Zufälle' gibt, versuchen die beiden, ihre Identität zu verschleiern.

Ein weiteres, in der Trivialliteratur sehr weit verbreitetes Element sind Geschichten von Menschen aus einfachsten und ärmsten Verhältnissen, die es durch Talent, entsprechende Tugenden und glückliche Zufälle zu Ruhm, Reichtum und Glück bringen. Für Konsumenten solcher Romane, die häufig aus ähnlichen Schichten und gesellschaftlichen Verhältnissen stammen, stellen derartige Erfolgsgeschichten natürlich emotionalisierende Identifikationsangebote ersten Ranges dar, die dazu noch die Zuversicht verbreiten, gesellschaftlicher Aufstieg und das große Glück sei potentiell für jeden erreichbar.

Schon in seinem Kolportageroman *Der Weg zum Glück* hatte May den Aufstieg eines einfachen Dorfmädchens zu einer gefeierten Sängerin beschrieben. In *Satan und Ischariot* verwendet er diese Handlungsstruktur erneut. Die aus ärmsten Verhältnissen der Mayschen Heimat stammende Martha Vogel wird, mit des Erzählers Hilfe übrigens, zu einer hervorragenden Sängerin, und auch sehr reich: zunächst durch eine unglückliche Ehe mit dem falschen Mann, der in Amerika zufällig und glücklich als Ölprinz zu Reichtum gekommen war; aufgrund seiner Charakterlosigkeit verarmt sie jedoch wieder und gelangt schließlich endgültig zum Reichtum durch den Zufall, daß sie eng verwandt ist mit dem ermordeten Millionenerben Small Hunter, um dessen Besitz es bei der ganzen Verbrecherjagd ja geht. Aber wie schon gesagt, es gibt natürlich ein glückliches Ende, und Old Shatterhand kann den Geschwistern Vogel den ererbten Millionenbesitz übergeben. Die glückliche Erbin genießt nun aber nicht für sich allein diesen plötzlichen Reichtum, sondern der Roman endet mit einer überaus rührenden Szene: Die tugendhafte Martha Vogel hat im Erzgebirge eine Stiftung, ein Haus als „Heimat für Verlassene" gegründet und lebt dort als „Engel der Witwen und Waisen und aller Art von Verlassenen" (XXII 614). Die letzten Sätze des Romans wären dem Ende einer salbungsvollen Predigt durchaus würdig.

Ein Motivkomplex, der als geheimnisvoll-exotisch-schaurig in der Trivialliteratur traditionell gern verwendet wird, kommt – zwar auf die fremde Umgebung hin abgewandelt, aber immer noch deutlich erkennbar – gleich zweimal in *Satan und Ischariot* vor, nämlich düstere Schlösser oder Burgen mit Verliesen und Geheimgängen. Das in einem Felsen in Mexiko gelegene Quecksilberbergwerk hat geradezu die Form einer Burg, es wird als ein „riesige[s] Felsenbollwerk" in der Mitte eines ausgetrockneten Sees beschrieben (XXI 4) und wird ja auch im Titel des Zeitschriftenabdruckes als „Felsenburg" bezeichnet. Die Beschreibung der Topographie wirkt eher wie die einer künstlichen Kulisse als die einer natürlichen Landschaftsformation, die in jedem Falle sensationell-ungewöhnlich wäre. In dieser schwer zugänglichen Burg mit verschiedenen in den Fels gehauenen Räumen und Gängen werden nun in tiefliegenden Verliesen die deutschen Zwangsarbeiter gefangengehalten und durch einen von den Helden aufgespürten, aus der ‚Burg' herausführenden Geheimgang befreit. Auch das Indianerpueblo im zweiten Romanteil erinnert deutlich an eine schwer einzunehmende Burg; Judith, die dort nach der Hochzeit mit dem Indianerhäuptling lebte, nennt es „ihr ‚Schloß'", nicht zu „unrecht", wie der Erzähler zugeben muß (XXII 223). Diese Festung wird von den Helden ebenfalls bezwungen, die sogar selbst ausdrücklich auf die Parallele zur Felsenburg in Mexiko hinweisen (245); und auch hier gibt es einen Geheimgang nach außen, den die Helden zu nutzen wissen. Auch an diesem Ort ist die Topographie übrigens ausgesprochen ungewöhnlich und als natürliche Landschaftsformation kaum glaubwürdig.

Die in der Verwendung zahlreicher Trivialliteraturelemente sich zeigende Tendenz des Romans *Satan und Ischariot* zum Sensationellen und auf schlicht-vordergründige Art Unterhaltsamen äußert sich auch in der besonders dichten Reihung von den Abenteuerliteraturelementen, die für May typisch sind, wie z. B. Anschleichen, Belauschen, Gefangennahme, Befreiung und Selbstbefreiung, Kämpfe usw., aus deren Repertoire der Autor sozusagen alle Register zieht. Sogar die bekannte künstliche kleine schwimmende Insel aus Schilf, unter der versteckt man sich im Wasser anschleichen kann, kommt vor (392f.). Modern gesprochen, besitzt der Roman neben den Trivialliteraturstrukturen eine dominierende ‚Action'-Struktur.

Ausgesprochen gesucht und schlecht begründet wirkt beispielsweise der Ausgangspunkt für einen Kampf auf Leben und Tod Old Shatterhands mit einem eigentlich befreundeten Indianerhäuptling, dem Vater zweier von ihm sehr geschätzter Jünglinge. Der Kampf wird dann natürlich breit bis umständlich geschildert (XX 332-341). Damit nach dem Sieg Old Shatterhands, der seinen Gegner selbstverständlich nicht getötet hat, der Frieden wiederhergestellt ist und Groll und Schande nicht weiterwirken, bedarf es einer logischen Begründung, die wirklich nicht nachvollziehbar ist (346f.). Das zeigt deutlich, daß dieses drastische Action-Element an dieser Stelle unbedingt gebracht werden sollte, obwohl es gar nicht in die Logik des Handlungsablaufes paßt. Sogar eine innerhalb der Handlung von Old Shatterhand erzählte Geschichte über einen verbrannten Baum, an dem man zufällig vorbeikommt, und die vergangenen Erlebnisse, die damit zusammenhängen – sie werden (wieder so ein zufälliges Zusammentreffen) natürlich auf den Fortgang des gegenwärtigen Geschehens Einfluß haben –, bilden eine drastische Action-Geschichte (XXII 82-91), in der Winnetou und Old Shatterhand für Verbrechen sogar hemmungslos Rache üben und mehr als zehn Komantschen töten. Überhaupt kommen entgegen der schon zu dieser Zeit in den Mayschen Erzählungen beginnenden Propagierung von christlicher Humanität und Milde gegenüber den Feinden in diesem Roman deutliche Rückfälle in frühere Brutalitäten vor: Beispielsweise erhalten die beiden tüchtigen und Old Shatterhand sehr sympathischen Häuptlingssöhne ihre Männernamen von diesem verliehen, worauf sie natürlich sehr stolz sind. Der ältere wird von Old Shatterhand „Yumatöter" ‚getauft' (XX 272), und der jüngere, nachdem man Zeuge seines geschickten Skalpierens geworden ist (XXI 185), bekommt von ihm den hübschen Namen „Yuma-Tsil", was in einer Fußnote mit „Yuma-Skalp" übersetzt wird, verliehen (198).

Die dominante Action- und Abenteuerstruktur des Romans bedingt natürlich auf der anderen Seite ein starkes Zurücktreten der Passagen, die jugendlichen Lesern so häufig langatmig und langweilig vorkommen und dementsprechend gern überschlagen werden, die sogar manchem jugendlichen May-Leser eine so unüberwindliche Hürde in den Weg stellen, daß er von weiterer May-Lektüre gleich endgültig abgeschreckt wird: nämlich der Passagen, die charakteristisch für Reiseromane und Reiseerzählungen sind, also Landschafts- und Städtebeschreibungen, Beschreibungen von menschlichen Lebensformen und Sitten, Eigenarten der Flora und Fauna u. ä.

Als eigenständige Werkteile, die für sich selbst einen Lektürereiz, interessante Informationen etc. bieten, kommen solche, die Rasanz der abenteuerlichen Handlung natürlich immer wieder bremsende, im wahrsten Sinne des Wortes Entspannungspausen bietende Passagen in *Satan und Ischariot* so gut wie gar nicht vor, lediglich, wenn sie in direktem Bezug zu einem handlungsintensiven Abenteuer stehen. Der Erzähler scheint dabei selbst ein schlechtes Gewissen zu haben, denn immer wieder spricht er den Leser direkt an und weist entschuldigend darauf hin, daß er an der betreffenden Stelle bewußt eine Lücke im Erzählen des Geschehens- oder Reiseverlaufes gelassen habe, und er versucht gelegentlich, diese Auslassungen zu begründen. Ohne einen statistischen Beweis führen zu wollen, kann ich mich nicht entsinnen, daß mir in anderen May-Romanen so viele derartige Leseransprachen aufgefallen sind. Einige Beispiele mögen für sich sprechen:

Ueber den Weg, den ich heut zurücklegte, ist nichts zu sagen. Ich war allein und kam durch eine völlig uninteressante Gegend. (XX 96)

Die Beschreibung der Gegend, durch welche wir kamen, würde zu Weitläufigkeiten führen. (429)

Kleine Erlebnisse, oft interessanter und oft lustiger Art, welche uns auf der Reise [von Dresden nach Kairo] begegneten, gehören nicht hierher; ich sage nur, daß Winnetou trotz seiner gewohnten indianischen Zurückhaltung nicht aus dem Staunen herauskam. (XXI 263)

Ueber unsere Fahrt nach Alexandrien ist nichts zu sagen. (281)

Wir verlebten bei dem braven Herrn der Heerscharen einen hoch interessanten Abend, dessen Beschreibung hier leider zu weit führen würde [...]. (326)

Es würde zu viel Raum einnehmen, den Marsch zu beschreiben; es genügt, zu sagen, daß wir bis zu den Ruinen von Tastur dem Medscherdah-Flusse folgten und dann über Tunkah, Tebursuk und Zauharim ritten. (328)

Die Beschreibung des Mahles kann ich füglich übergehen. Der Beduine ist äußerst mäßig, kann aber bei solchen Veranlassungen eine ganz erstaunliche Menge von Lebensmitteln zu sich nehmen. (475f.)

Es ist nicht nötig, die Einzelheiten des Rittes zu beschreiben; erwähnt sei nur, daß Vogel als Reiter sich recht leidlich hielt, wenn wir auch seinetwegen langsamer reiten mußten [...]. (XXII 168)

Es wäre überflüssig, die Fahrt, welche sehr beschwerlich war, zu beschreiben. (604)

Selbstverständlich würde der mit dem üblichen Erzählen Mays vertraute und es schätzende Leser dem Erzähler an manchen dieser

Stellen widersprechen. Die Beschreibung einer Beduinenmahlzeit wäre sicherlich nicht langweilig, und den Abend mit Krüger Bei, der zu den originellsten Figuren des Autors gehört, nennt der Erzähler selbst „hoch interessant", dessen Beschreibung er sich hier aber „leider" nicht gestatten könne; ebenso würde man meinen, daß die Erlebnisse auf der Reise von Deutschland nach Kairo, die Winnetou in Staunen versetzen, auf jeden Fall „hierher" „gehören". Der entscheidende Begriff, den der Erzähler selbst einführt, ist hier „Weitläufigkeiten"; diese Weitläufigkeiten, denen sich May sonst so gern hingibt, will er in diesem Roman ganz offenbar zugunsten von Spannung, Action, schriller Abenteuerlichkeit, Unterhaltsamkeit auf schlichte Art, Sensation etc. vermeiden.

Sogar auf dem Feld der Komik läßt sich diese Tendenz zum Übertreiben, zum Extremen feststellen, und zwar gleich in den Eingangspassagen des Romans, die auch die einzigen nennenswerten komischen Romanteile bleiben. An dieser exponierten Stelle des Werks, an der der Leser in die Geschichte hineinfindet bzw. hineingezogen wird, eine derartig übertriebene, gewissermaßen mit dem ‚Holzhammer' dargereichte Komik vorzufinden, stellt den Leser in seiner Rezeptionshaltung möglicherweise gleich auf die dann durchgehende Linie des Sensationellen, Übertriebenen, drastisch Abenteuerlichen, Trivialen ein.[15] Gute Komik muß immer engen Kontakt zur Wirklichkeit beibehalten, um einen komischen Kontrast, eine Spannung zur Realität aufzubauen; sie beruht teilweise zwar auf einer Übersteigerung der Wirklichkeit, die jedoch im Rahmen bleiben muß. Wird dieser Abstand zwischen der geschilderten Szenerie oder Person und einer denkbaren, mit den realen oder potentiellen Lebenserfahrungen des Rezipienten kongruenten komischen Situation zu groß, so reißt die Spannung ab, und es bleibt lediglich Albernheit oder eine grobe ‚Holzhammerkomik' übrig, die nur Kinder oder schlichte Gemüter zum Lachen bringen kann.

Das von May eingangs seines Romans geschilderte ‚Hotel' und sein Personal ist so übertrieben grotesk, daß man schon sehr schnell nicht mehr an eine realistische Schilderung einer freilich sehr ungewöhnlichen und komischen, jedoch durchaus noch denkbaren Szenerie in einer Reiseerzählung glauben kann, sondern sich in die künstlich konstruierte Szenerie einer Groteske oder eines sehr grobgestrickten Schwanks versetzt fühlt.

Das angeblich „nobelste Hotel" des mexikanischen Nestes, das sich großspurig „Meson de Madrid" nennt, besteht aus einem einzigen Raum ohne Fenster und Rauchabzug, lediglich mit zwei Türen, in dem gekocht, gegessen und völlig ungeordnet in Hängematten geschlafen wird (XX 5). Die Familie des Wirtes schläft natürlich ebenfalls in diesem Raum, und sie schläft in den zwei Wochen, die Old Shatterhand dort logiert, sehr viel, die riesige Wirtin – der Wirt ist dementsprechend natürlich ein kleines Männlein – nahezu ununterbrochen; sogar der Hofhund ist aufgrund seiner Schlafsucht als Wächter völlig ungeeignet (8). Die drei Jungens schlafen in einer einzigen Hängematte, und zwar die „Arme und Beine so ineinander verwickelt [...], daß es eines sehr tiefen Studiums bedürft hätte, um sagen zu können, welche Extremitäten zu jedem Körper gehörten" (6). Dieses in einer einzigen Hängematte sich bildlich oder einigermaßen real vor Augen zu führen, ist ebenso schwer wie ein vierzehntägiges – und dies ist ja lediglich der kurze Lebensausschnitt, der hier gezeigt wird –, nahezu ununterbrochenes Durchschlafen aus lauter Faulheit. Aus biologischen Gründen eigentlich unvorstellbar ist ein sechzehnjähriges Mädchen, das schnarcht „wie ein Unisono von sechzehn Winterstürmen" (6). Der Wirt interessiert sich in erster Linie für das Dominospiel, das er allerdings überhaupt nicht beherrscht, und möchte am liebsten ununterbrochen spielen: „Die Menschen schliefen, wenn sie nicht Domino spielten, und spielten Domino, wenn sie nicht schliefen." (10) So charakterisiert der Erzähler treffend das Leben der Hoteliersfamilie. Natürlich muß Old Shatterhand andauernd mit dem Hotelier spielen, und natürlich gewinnt er immer, ohne sich Mühe geben zu müssen.

Eine „Mixtur von Wasser, Sirup und verbranntem Mehle", völlig ohne Kakaobestandteile, wird als „Schokolade" getrunken (18), von der der Wirt Old Shatterhand gegenüber völlig ohne Ironie behauptet:

„Ja meine Schokolade ist weithin berühmt. Wer weiß, was Sie an anderen Orten für Zeug getrunken haben. Die meinige aber ist so echt, ist so einzig, daß ein jeder, der zum erstenmale zu mir kommt, sich darüber verwundert und gar nicht glauben will, daß es Schokolade ist." (19)

May läßt es jetzt aber nicht dabei, daß diese originelle Schokoladenabart als Getränk gereicht wird, nein, er setzt noch einen drauf, indem dieses Gebräu zum Frühstück, zum Mittagessen und zum Abendessen als ausschließliche Nahrung tagtäglich serviert wird. Es wird, wie Old Shatterhand erst am Ende seines Aufenthaltes, nach der dreißigsten Tasse, entdeckt, mit dem Wasser zubereitet, mit dem sich die Köchin, die schnarchende Tochter, zuvor gewaschen hat (36). Gegen den Durst gibt es einen teuren Wein, der sich für Old Shatterhand als völlig ungenießbar, als „das reinste Gift, die wahre Schwefelsäure" erweist, von den Wirtsleuten freilich mit Genuß getrunken wird (20). Da sonst keine Lebensmittel im Hause sind, können sich die Gäste, das ist verständlicherweise wohl oft üblich, selbst beim Fleischer und Bäcker damit versorgen; doch sogleich macht sich die ganze Wirtsfamilie darüber her, und für den Käufer der Lebensmittel, den Gast, bleibt nur der kleinste Teil übrig. Und so weiter!

Man könnte noch eine ganze Reihe weiterer Einzelheiten der ersten drei Dutzend Romanseiten bis zum Abschied aus diesem ‚Hotel' als ziemlich dick auftragende Groteske lesen, die gesucht und teilweise aufdringlich komisch – übrigens auch auf der Sprachebene – daherkommt und sich somit im sprachlichen Duktus deutlich vom übrigen Romantext unterscheidet. Meines Erachtens sind diese Romanpassagen in ihren Übertreibungen ohne Differenzierung nicht einmal als extreme Groteske oder als derber Schwank besonders überzeugend; als Schilderung komischer, skurriler Personen und Zustände in einem sich als einigermaßen realistisch gebenden Roman, genauer: Reiseroman, bilden sie eindeutig einen Fremdkörper. In Mays Erzählwerken gibt es ja immer wieder komische Passagen und skurrile Figuren, die oft sogar zu seinen stärksten erzählerischen Leistungen gehören. In *Satan und Ischariot* hat er den Bogen allerdings überspannt, wie er es – der bisherige Verlauf meiner Darlegungen sollte das aufzeigen – auch in bezug auf zahlreiche andere Erzählelemente übertrieben hat.

Eine besonders auffällige und in Mays gesamtem Erzählwerk auch einmalige Übertreibung stellen die Romanpassagen dar, die die neben dem Ich-Helden Old Shatterhand bzw. Kara Ben Nemsi wohl bekannteste und beliebteste seiner Romanfiguren, Winnetou, in eine ihr fremde, ja exotische Umwelt versetzen. Besonders von den regelmäßigen Karl-May-Lesern, die natürlich die Erlebnisse und das Schicksal dieser exponierten, zentralen Figur mit größter Anteilnahme verfolgen, dürfte das unvermittelte Auftauchen Winnetous in Deutschland, ja auch Heimat und vertraute Alltagsumgebung der May-Leser, als große Sensation empfunden werden und zugleich höchste Spannung erzeugen, wie diese interessante Konstellation sich denn wohl weiterentwickeln werde. Dieser erzählerische Schachzug Mays liegt somit ganz auf der Linie des Romans, die in den vorliegenden Betrachtungen bisher verfolgt und herausgestellt worden ist.

Vom Handlungsverlauf her ist die erzählerische Motivation für Winnetous Auftritt in der Heimat und Alltagsumgebung des Erzählers eher dünn und kaum ausgearbeitet. Winnetous Bekanntwerden mit Marthas Verarmung, ihrer Trennung vom Ehemann und der möglichen Erbschaft des Hunterschen Vermögens, falls der verschollene erste Erbe, Small Hunter, sich nicht mehr meldet, ist der Tatsache zu verdanken, daß er seine geliebte Heimat in der Wildnis verlassen hatte und nach San Francisco gekommen war, an die Vogels gedacht und sie aufgesucht hatte, wie Marthas Bruder berichtet. Was den Apatschen ausgerechnet in die große Stadt ganz im Westen getrieben hatte, wird an dieser Stelle nicht einmal angedeutet (XXI 253). Auf jeden Fall fühlt er sich Martha Vogel gegenüber verpflichtet, ihr in ihrem Unglück zu helfen, da sie ja Old Shatterhand „einst ihr Vertrauen geschenkt" habe. Die äußerst knappe Begründung für sein Auftauchen zusammen mit dem Bruder Marthas in Deutschland lautet dann:

„Du allein warst der Mann, durch den ich helfen konnte; darum mußte ich zu dir. Den jungen Mann habe ich mitgenommen, weil er die Angelegenheit kennt und die Sprache deines Vaterlandes versteht, deren ich nicht mächtig bin." (XXI 260)

Der durch die vorhergehenden überraschenden Szenen noch nicht völlig abgelenkte Leser könnte sich hier natürlich kritisch fragen, warum Winnetou nicht gleich durch Vogel allein, der ja nach nur viermonatigem Amerikaaufenthalt in seine deutsche Heimat zurückgekehrt ist, eine Botschaft an Old Shatterhand übermittelt hat; zumal es ja Marthas Bruder ist, der kurz zuvor schon alles erzählt hat, was geschehen und für Old Shatterhands weiteres Vorgehen von Interesse ist. Im übrigen hätten diese Informationen auch gut in einem Brief mitgeteilt werden können, und Old Shatterhand hätte dann als nach Marthas Überzeugung sowieso „wohl der richtige oder gar der einzige, den Verschollenen lebendig oder tot nachzuweisen" (258), allein in den Orient reisen und die Verbrecher jagen können, um schließlich die Erbschaftsangelegenheit ohne jahrelange Verzögerung im Sinne Marthas und ihres Bruders zu regeln (254).

Ironischerweise basiert die tatsächliche Erbschaft des Vermögens durch die Vogels, auf deren Seite der Erzähler ja steht, darauf, daß das eine geplante Verbrechen, nämlich der Mord an Small Hunter, tatsächlich zustandekommt, Old Shatterhand also in diesem Falle zu spät kommen muß. Winnetou spricht sozusagen das für die Dramaturgie des Romans notwendige Todesurteil schon vorausschauend aus: „Small Hunter wird sterben, wenn nicht rechtzeitig ein Retter erscheint." (260)

Bisher ist Old Shatterhand immer ohne Winnetou im Orient zurechtgekommen und hat dort Verbrechern das Handwerk gelegt. Das offensichtliche finanzielle Hindernis für diese Orientreise, das der mit Nuggets immer reichlich ausgestattete Apatsche als nicht existent zu betrachten bittet, „indem er mit einer" Old Shatterhand „sehr verständlichen Bewegung die Hand auf seinen Gürtel legte" (261), hätte man ebenfalls postalisch oder dadurch, daß Vogel das Geld mitgebracht hätte, lösen können.

Aber Winnetou will offensichtlich nicht nur Old Shatterhands Hilfe vermitteln, sondern direkt und persönlich helfen und begibt sich dafür in eine ihm völlig fremde Welt. Schon beim ersten Zusammentreffen mit Martha in ihrem Haus in San Francisco hatte er, seine übliche Zurückhaltung aufgebend, beeindruckt geurteilt und nachgefragt: „Diese Squaw ist so schön, wie ich fast noch keine gesehen habe. Mein Bruder mag mir sagen, ob sie einen Mann hat!" (238) Als dieser Ehemann dann betrunken nach Hause kommt und eifersüchtig auf Old Shatterhand herumpöbelt, eifert sich Winnetou gleich sehr auffällig heftig und benimmt sich gar nicht so, wie ein Indianer einer Squaw gegenüber, sondern eher wie ein engagierter europäischer Kavalier:

> „Wir sind deiner Frau begegnet. Sie lud uns hierher ein, und wir folgten ihr, um dir die Ehre unserer Gegenwart zu erweisen. Wir haben hier gegessen, und sie hat ein Lied gesungen. Das ist alles, was geschehen ist. Wenn du sie das entgelten lässest, wird Winnetou sie rächen. Meine Macht reicht bis in die Mitte dieser großen Stadt und bis in den hintersten Winkel des tiefsten Kellers des entlegensten Hauses. Ich werde dich beobachten lassen. Sage nur ein zorniges Wort zu ihr, so wird einer meiner Apatschen dir mit seinem Messer antworten. Jetzt weißt du, was ich will. Handelst du nicht darnach, so ist es um dich geschehen!" (246)

Auf einer realistischen Ebene muß man diese Behauptungen des Apatschenhäuptlings über seine so weitreichende „Macht" als maßlose Übertreibung, vielleicht aus rational-taktischen Gründen, vielleicht aus einem starken emotionalen Engagement heraus, ansehen. Als Trivialliteraturelement dagegen ist der im Verborgenen ganz überraschend weit reichende, beschützende Einfluß eines guten, gerechten Mächtigen üblich und als Wunschvorstellung bei den Lesern beliebt.

In Old Shatterhands Wohnung in Dresden, als nach Vogels Bericht auf Deutsch Winnetou endlich auch ins Gespräch einbezogen wird, verrät er eigentlich recht eindeutig, was der Grund seiner Reise nach San Francisco war:

> „Nun kam ich nach Francisco, um die schöne, junge Frau zu sehen, deren Mann uns damals so schwer beleidigte, daß ich die Drohung aussprach, an ihm Rache zu nehmen, wenn ich später seine Squaw im Unglücke finden sollte. Ich erfuhr von dem Unheile, welches sie betroffen hat, und ging zu ihr, um sie zu trösten." (260)

Der große Apatschenhäuptling ist also extra wegen der „schöne[n], junge[n] Frau" in San Francisco gewesen, und bei seiner ersten Mitteilung über die Gründe seines Kommens nach Deutschland verwendet er wiederum diese bei dem sonst so zurückhaltend-beherrschten Indianer in ihrer Häufung nun geradezu schwärmerisch wirkende Formulierung: „Wir kommen wegen der schönen weißen Squaw" (251). Sogar „trösten" will er die schöne Martha. Unter Berücksichtigung dessen, was der Leser sonst von Winnetou und dem üblichen Verhalten der Indianer gegenüber ihren Frauen kennt, wirkt das geradezu wie ein Gefühlsausbruch. Könnte es sein, daß Winnetous Gefühle Martha gegenüber über bloße Freundlichkeit oder Freundschaft aufgrund ihrer Bekanntschaft mit Old Shatterhand hinausgehen, könnte man ihm zumindest – wenn schon nicht ein Verliebtsein im emphatischen Sinne – ein deutliches ‚zwischengeschlechtliches' Interesse an der Frau unterstellen? Das wäre auf der Handlungsebene, innerhalb der erzählten Geschichte, auf jeden Fall eine Erklärung dafür, daß Winnetou persönlich helfen will und deshalb persönlich nach Deutschland reist und sich nicht mit der Übermittlung einer Botschaft an Old Shatterhand begnügen will. Ja, könnte es sogar sein, daß er aufgrund dieser spezifischen Gefühls- und Interessenlage bewußt nebenbei nähere Erfahrungen mit der europäischen ‚zivilisierten' Lebenswelt und Mentalität machen möchte?

Doch das sind freilich – wenn auch spannende – Spekulationen, denn das hier meines Erachtens sich ausreichend deutlich anbahnende Motiv wird von May dann nicht weiter verfolgt. Es hätte natürlich ganz auf der Linie des Romans gelegen, indem es eine Sensation ersten Ranges dargestellt hätte. Aber auch Old Shatterhand merkt man immer wieder die sehr große Sympathie an, mit der er Martha betrachtet, so daß sich dem Leser hier ebenfalls gelegentlich der Eindruck einstellt, da könnte mehr hinterstecken. Das hätte ja eine Art Rivalität zwischen den beiden Blutsbrüdern ergeben können. Möglicherweise hat der Autor gemerkt oder gefühlt, daß er mit diesem Motiv in Schwierigkeiten geraten könnte, indem Martha sozusagen für ihn selbst reserviert war, sei es innerhalb der erzählten Geschichte, sei es auf einer anderen Ebene als Mittel einer irgendwie gelagerten psychischen Verarbeitung eigenen, realen Erlebens oder Wünschens. Der Autor hätte dann rechtzeitig – bewußt oder unbewußt – die Bremse gezogen.

Auch für sich allein, ohne diese spezifische plausible Begründung auf der Handlungsebene, stellen Winnetous Deutschlandbesuch und Mitfahrt in den Orient zweifellos einen sensationellen Höhepunkt dar. Die Begründung für diese Romanpassagen liegt damit dann fast ausschließlich auf der Ebene der Gesamtanlage des Romans, nämlich in dessen Tendenz zum Sensationellen, Übertriebenen. Der Erzähler selbst macht seine Leser auf das Unglaubliche, Sensationelle dessen, was er gerade erzählt, ausdrücklich aufmerksam: „Ein Apatschenhäuptling in Kairo! Welch ein Gedanke! So etwas war noch nie dagewesen." (262)

Trivialliteratur kommt ihren Lesern entgegen, erfüllt ihre Wünsche, spricht ihnen sozusagen nach dem Mund. Eine so beliebte, mit ausschließlich positiven und überragenden Eigenschaften und Fähigkeiten ausgestattete Figur wie Winnetou, mit der eingefleischte Karl-May-Leser gleichsam über Romane hin und lange Zeit eng vertraut sind, geradezu auf Du und Du stehen, einmal aus ihrer angestammten, für die Leser exotischen Umgebung herausgelöst und in die vertraute deutsche Alltagswelt versetzt zu sehen, ist sicherlich für das Gros dieser Leser äußerst wünschenswert. Eine Figur, die man nicht als literarisches Produkt betrachtet, sondern als realen Menschen von Fleisch und Blut, mit dem man emotional in Beziehung getreten ist, mit dem man gewissermaßen einen Teil seines Lebens verbringt, die möchte man in seiner Nähe erleben, auch wenn man sie dann nicht real antrifft; die möchte man in allen möglichen, denkbaren Konstellationen betrachten können; deren Erlebnis- und Lebensraum möchte man immer wieder ausgeweitet sehen. Vor allem eine heldenhafte Identifikationsfigur möchte man in neuen und unbekannten Abenteuerszenerien sich bewähren sehen. Auf derartig gelagerten Rezipientenwunschpotentialen basieren ja letztlich alle trivialen Serienkonzeptionen: Das Personal, mit dem der Leser oder Filmzuschauer vertraut ist, mit dem er sich durch wachsende Sympathiebande verbunden fühlt, wird in immer neue Situationen und Umgebungen versetzt. Nebenbei bemerkt sind ja auch die großen mittelalterlichen Abenteuererzählungen und -romane ähnlich strukturiert. Dazu entspricht es ganz dem schlichten, Komplexität vereinfachenden Weltbild der Trivialliteratur, daß für die Menschen ein Hinüberspringen in völlig fremde Welten, Lebensformen oder Gesellschaftsschichten recht problemlos möglich ist. Das wird immer wieder in dieser Literatur gestaltet und von den ‚mitgehenden' Lesern lustvoll goutiert.

Für eine so zentrale Figur im Mayschen Kosmos wie Winnetou lag es natürlich sehr nahe, irgendwann einmal in den zweiten großen Teil dieses Kosmos, in dem sich der eingefleischte May-Leser ebenfalls zu Hause fühlt, nämlich den Orient, versetzt zu werden, um hier durch seine überragenden Fähigkeiten bei den Orientalen ganz besonderes Erstaunen hervorrufen zu können. Die Leser des gesamten Mayschen Œuvres können durchweg den Eindruck bekommen, daß im Vergleich zu den Indianern Nordamerikas die Orientalen durchaus als in vielerlei Hinsicht eher minderbemittelt anzusehen sind. Mit dem Auftauchen des herausragenden Vertreters dieser einen Volksgruppe, Winnetou, im Orient kann dieser spannende Vergleich direkt und plastisch vorgeführt werden. Nicht nur immer wieder Kara Ben Nemsi, sondern auch die zweite große Maysche Identifikationsfigur kann hier einmal in ihr neuer, ungewohnter, exotischer Umgebung ihre Überlegenheit ausspielen, als unterhaltsame, spannende Variation bei ausreichend Gleichbleibendem für den Leser. Voraussetzung dafür ist allerdings, daß die Figur hier keinerlei Anpassungs- und Orientierungsschwierigkeiten hat und sich problemlos zurechtfindet. Als trivialliterarisches Konstrukt funktioniert diese erzählerische Konstellation, in einem sich realistisch gebenden Erzählwerk tun sich dabei jedoch sehr viele Fragen auf.

Ich bin also davon überzeugt, und die Erinnerungen an mein eigenes jugendliches, naives Rezeptionsverhalten bestätigen diesen Befund, daß May mit dieser erzählerischen Konstruktion, Winnetou in Deutschland auftreten und dann zusammen mit Old Shatterhand in den Orient reisen zu lassen, den wenn auch nicht unbedingt direkt ausformulierten Wünschen zahlreicher Stammleser entsprochen hat. Aber auch für May-Einsteiger, die in Mays Kosmos noch nicht so zu Hause sind, denen Winnetou noch nicht die vertraute, mit großer Anteilnahme begleitete positive Figur geworden ist, stellt natürlich – wie May zu Recht betont – ein Apatschenhäuptling in Deutschland und in Kairo Sensationelles genug dar und bilden diese Passagen innerhalb der vielen auf Action, emotionalisierende Hochspannung, Übertreibung zielenden Elemente von *Satan und Ischariot* sicherlich ebenfalls einen Höhepunkt.

In einem Aspekt entspricht der Auftritt Winnetous in Dresden freilich auch dem eingangs erwähnten Bemühen Mays zu dieser Zeit, seine Erzählungen als Ergebnisse wahren Erlebens zu behaupten. Winnetou in Dresden, in Mays Gesangverein auftauchen zu lassen, behauptet ja ausdrücklich den realen Charakter dieser Figur: Winnetou existiere tatsächlich; jeder Leser, wenn er nur zufällig an jenem Abend in Dresden in der Nähe gewesen wäre, hätte Winnetou auf der Straße treffen können; oder wenn er zufällig in dem Zug gesessen hätte, mit dem Winnetou angereist ist, hätte er ihm gegenüber sitzen können usw. Er hätte allerdings vielleicht Schwierigkeiten gehabt, den Apatschenhäuptling auch als solchen zu erkennen, lediglich „ein ganz eigentümlicher dunkelfarbiger

Mensch", der „einen mit seinen Augen an[sieht], daß man sich ganz unheimlich fühlt", wäre ihm aufgefallen (XXI 248). May läßt seine Figur nämlich getarnt auftreten, wohl damit gar nicht erst Fragen in der Öffentlichkeit auftauchen können, warum denn tatsächlich niemand den berühmten Häuptling gesehen hat. Lediglich die Gesangvereinsmitglieder sind begeistert, aber sie sind natürlich ebenfalls Romanfiguren. Überdies bricht man schon am nächsten Morgen Richtung Kairo auf, um keine Zeit bei der Verbrecherjagd zu verlieren. Einen großen Teil des möglichen, hochinteressanten Erzählstoffes, der in dieser Konstellation angelegt ist, nämlich Winnetou in Begegnung mit den Dresdner Sehenswürdigkeiten und Kulturgütern, der Bevölkerung, dem deutschen bürgerlichen Alltagsleben usw. vorzuführen, den Apatschen als Staunenden, Lernenden zu zeigen, läßt May hier sicherlich zur allgemeinen Enttäuschung seiner Leser ungenutzt. Denn daß ein ausgedehnterer Aufenthalt Winnetous in Dresden keinerlei Spuren in der Öffentlichkeit hinterlassen hätte, wäre doch zu unwahrscheinlich gewesen und hätte Mays Bemühen um Realitätsbehauptung seiner Erzählungen keinen guten Dienst erwiesen.

Bei der Tarnung Winnetous nimmt May es in Kauf, seine Figur ein wenig unglaubwürdig und komisch zu machen und seinem an anderen Stellen aufgebauten Bild durchaus zu widersprechen. Der Erzähler formuliert dabei regelrecht ironisch:

Und da stand er unter der Thür! Winnetou, der berühmte Häuptling der Apatschen in Dresden! Und wie sah der gewaltige Krieger aus! Eine dunkle Hose, eine ebensolche Weste, um welche ein Gürtel geschnallt war, einen kurzen Saccorock; in der Hand einen starken Stock und auf dem Kopfe einen hohen Cylinderhut, den er nicht abgenommen hatte! (248)

Ist diese doch ein wenig übertriebene, dick aufgetragene Europäisierung mit Winnetous bekanntem Stolz und seiner sonst immer wieder herausgestellten Würde eigentlich zu vereinbaren? Ein hoher Zylinderhut ist zu der Zeit schon keine alltägliche Kopfbedeckung. Hätte es nicht ein amerikanischer Hut getan, um die Haare verstecken zu können? Beim ersten Auftreten Winnetous hatte der Erzähler noch betont, daß der Apatsche sein Haar „nie mit einem Hute bedeckte" (XX 254). War das überhaupt nötig? Hätte Winnetou nicht amerikanisch gekleidet, aber doch als Indianer auftreten können? Und der starke Stock ist vollends überflüssig; man könnte sich ausmalen, daß Winnetou damit wie mit einem Silberbüchsenersatz hantiert. In der Tat brechen Winnetou und Old Shatterhand, sich gegenseitig so ungewohnt aussehend vor Augen, in ein herzliches Gelächter aus, was bei dem Apatschen noch nie vorgekommen war. Die Gestalt, in welcher er seinen Shatterhand vor sich sah, war gar so zahm, und die Figur, welche der tapferste Krieger der Apatschen bildete, war so friedlich und so drollig, daß ein Hexenmeister dazu gehört hätte, sich des Lachens zu enthalten. (XXI 248)

Auffällig ist hier natürlich wieder die Betonung des Außergewöhnlichen: Noch nie vorher ist der Apatsche in ein herzliches Gelächter ausgebrochen. Und bemerkenswert ist auch, daß Old Shatterhand in seiner europäischen Zivilkleidung friedlich, also für Europäer unauffällig aussieht, Winnetou dagegen friedlich und drollig, also auch für Europäer auffällig und komisch. Kurze Zeit später, auf der Reise, wiederholt der Erzähler, wie ausgesprochen negativ die Kleidung Winnetous wirkt: „Ich scheue mich nicht, zu sagen, daß er für kurze und oberflächliche Blicke wie ein neugekleideter Stromer aussah." (263) Und die „Aufmerksamkeit", die Winnetou so erregt, macht dem Erzähler sogar noch „großen Spaß". Natürlich mildert der Erzähler diesen doch sehr merkwürdigen Eindruck Winnetous ab, indem er dann gleich betont, daß für einen genaueren Betrachter das Edle und Besondere dieses Menschen doch durchscheint.

May begnügt sich also nicht damit, die Sensation eines Deutschlandbesuches Winnetous zu schildern, sondern der Auftritt selbst wird – zumindest für den Winnetou-Kenner und -Anhänger – zu einer übertriebenen Szene gesteigert, die zu der üblichen Winnetou-Figur nicht stimmig ist. Im Dienste eines starken Reizes für die Leser treibt May hier regelrecht ein Spiel mit seiner Figur. Das Ergebnis gibt ihm Recht: diese Szenen bleiben wirklich im Gedächtnis haften. Natürlich zeigen diese Passagen auch, daß Winnetou eben gar nicht nach Deutschland paßt und seine Stärken hier nicht zum Tragen kommen, daß er wie ein merkwürdiger bis komischer Fremdkörper erscheint, womit den Lesern möglicherweise die Lust genommen wird, Ähnliches in Zukunft noch einmal zu erwarten. Alles in allem hinterlassen diese Passagen einen sehr zwiespältigen Eindruck, und man kann gewiß nicht sagen, daß May den Anforderungen, die eine solche erzählerische Konstellation stellt, gerecht geworden wäre. Es bleibt somit lediglich der Eindruck einer sensationellen, unglaublichen und einmaligen Begebenheit, aus der der Erzähler sehr rasch wieder aussteigt. In der anderen exotischen Region des Mayschen Erzählkosmos, im Orient, der den May-Lesern aus persönlicher Anschauung ja genauso unbekannt ist wie der Wilde Westen und der auch zum großen Teil als eine Art Wildnis gesehen wird, macht Winnetou dann gleich wieder eine bessere Figur: „In Alexandrien kaufte er sich einen arabischen Anzug, der ihm ganz vorzüglich stand" (263).

Neben der Tendenz zum Sensationellen ist noch ein weiterer, zusätzlicher Grund für Winnetous Auftreten in Deutschland und im Orient denkbar, der freilich selbst wiederum etwas stark und übertrieben Emotionales und auch ein wenig Sensationelles an sich hat, nämlich die überaus enge Verbundenheit und Freundschaft zwischen dem deutschen hochzivilisierten Schriftsteller und dem naturhaften Apatschenhäuptling, dessen Instinkthaftigkeit einmal in Nordafrika beeindruckend zum Vorschein kommt (496f.), wobei Old Shatterhand es bereuen muß, nicht auf Winnetous Warnung, obwohl es „keinen Grund zum Mißtrauen" gab, gehört zu haben (503). Freilich erscheint Winnetou bekanntlich nicht zu sehr wildindianisch: Er hat ein „edles Gesicht mit [...] fast römischen Zügen" und ist bekleidet mit einer „halbindianischen Tracht" (XX 255).

Diese enge Freundschaft wird besonders in *Satan und Ischariot* immer wieder in sehr emotionalen, ja pathetischen Passagen herausgestellt, wobei Winnetou häufig als nahezu gleichberechtigter, mit fast ebenso überragenden Fähigkeiten wie Old Shatterhand ausgestatteter Partner dargestellt wird. Gleich bei der ersten Begegnung nach längerer Trennung vergleicht der Erzähler Winnetou enthusiastisch mit einem „Halbgotte", der auf Old Shatterhand zustürzt, um ihn „an sich zu drücken und wieder und wieder zu küssen" (254f.). Bemerkenswert ist an dieser Szene, daß bei aller großen Wiedersehensfreude der beiden Freunde es doch Winnetou ist, der den aktiveren Part übernimmt und ganz offen vor aller Welt seine Begeisterung („Scharlieh, Scharlieh!") „mit jubelnder Stimme" herausschreit, während Old Shatterhands Replik neutral mit „antwortete" charakterisiert wird (254). Auch ist ein seinen Freund in aller Öffentlichkeit abküssender, eigentlich sonst so beherrschter und würdevoller Indianerhäuptling realistisch gar nicht denkbar. Gezeigt werden soll hier natürlich die übergroße Liebe des Indianers zu Old Shatterhand. Eine dermaßen enthusiastische Freundschaft paßt eigentlich viel eher in die Zeit der Empfindsamkeit und Romantik als ins späte 19. Jahrhundert. Der Erzähler selbst charakterisiert dieses Verhältnis zu Winnetou mit ausreichender Deutlichkeit: „Ja, wir waren Freunde, Freunde in des Wortes vollkommenster und bester Bedeutung [...]! Sein Leben gehörte mir und das meinige ihm; damit ist alles gesagt." (255)

Ist schon in der Männerwelt des Wilden Westens ein begeistertes Abküssen zwischen Männern realistisch betrachtet überaus befremdlich, ja eigentlich unvorstellbar, so erst recht im Deutschland des 19. Jahrhunderts: Als Winnetou in Dresden in der Gaststätte des Gesangvereins erscheint, gibt es erneut eine Wiedersehensszene, in der sich die beiden Freunde „wieder und immer wieder" küssen; und der Wirt steht dabei (XXI 248). Mit seinem Freund teilt der Indianer die Begeisterung für deutsches Liedgut, und auch das deutsche Bier schmeckt ihm. Also gibt es ein kleines „Konzert" des Gesangvereins für den Gast, das die beiden Freunde zusammen mit Vogel an einem „abgelegenen kleinen Tisch" sozusagen ‚Händchen haltend' genießen:

Er hielt meine Rechte in der seinigen und ich seine Linke in der meinigen. Ich war ganz glücklich, ihn einmal bei mir in der Heimat zu haben, und er war ebenso glücklich darüber, mir dieses Glück bereiten zu können. Ich glaube, wir haben in den Augen der Zuschauer ein ganz rührendes Paar gebildet. (250)

Ich dagegen glaube, in einem realistischen Roman hätten die beiden zu dieser Zeit, wo die Ideologie gefühlsbeladener und zärtlicher Freundschaften längst Vergangenheit war, in der Öffentlichkeit kein „rührendes Paar" gebildet, sondern ein skandalöses oder bestenfalls lächerliches. Bemerkenswerterweise verrät auch diese kurze Passage wieder, daß Winnetou in dem Bund der eher Gebende ist: Er ist glücklich, Old Shatterhand durch sein Handeln glücklich machen zu können.

Und in dieser Passage wird ganz kurz neben dem allgemein Sensationellen – wobei wie eben gezeigt die Freundschafts- und Wiedersehensszenen auch wiederum etwas Sensationelles an sich haben – der zusätzliche Grund für Winnetous Deutschland- und Orientreise ausgesprochen: Die überaus enge, mit starken Gefühlen aufgeladene freundschaftliche Verbindung zwischen Winnetou und Old Shatterhand legt es schließlich sehr nahe, ja verlangt fast zwingend, daß der Freund irgendwann einmal in des Erzählers Heimat auftauchen und ihn in sein zweites Hauptreisegebiet begleiten muß. Ob dieses Experiment erzählerisch gelingen und eine derartige Konstellation Zukunft haben kann, ist allerdings fraglich.

Die enge freundschaftliche Verbindung zwischen den beiden basiert natürlich nicht lediglich auf Gefühlen, Sympathie, Liebe, sondern auch – wie das der Begriff Freundschaft ja impliziert – auf geistig-intellektuellem Gleichklang. Bei der Verbrecherverfolgung in Afrika denken beide in einer Szene unabhängig voneinander das gleiche und kommen zu gleichen Schlüssen. Der Erzähler erklärt anschließend explizit das Phänomen:

> Er kannte eben auch meine Art, zu denken und zu schließen, gerade so genau, wie ich mit der seinigen vertraut war. Wir hatten uns vollständig ineinander hineingelebt. (XXI 491)

Auch Winnetou ist diese phänomenale Einheit und Eintracht bewußt, und er belehrt dementsprechend jemanden, der die beiden als zwei unterschiedliche Instanzen sehen will: „Was mein Bruder Shatterhand sagt oder thut, das ist ganz so, als ob ich es gesagt oder gethan hätte." (XXII 467)

Voraussetzung für einen derartigen Gleichklang ist natürlich ein einigermaßen gleiches intellektuelles Niveau. Wie schon erwähnt, wird an zahlreichen Stellen des Romans Winnetou als ein mit überragenden Fähigkeiten für das Leben im Wilden Westen ausgestatteter Mann vorgeführt. Seine Fertigkeiten im Spurenlesen etwa werden auch von Old Shatterhand bewundert (XXII 464). Besonders aber seine Klugheit, sein Scharfsinn, sein Kombinationsvermögen werden immer wieder gezeigt, aber auch explizit vom Erzähler herausgestellt:

> Er hatte recht. Der unvergleichliche Mann dachte an alles und verstand es wie kein zweiter, sich jeden Gegenstand, jede Lage und jedes Verhältnis nutzbar zu machen. (458)

Ein einziges Mal ist er anderer Meinung als Old Shatterhand und beharrt auf seiner Ansicht, und prompt hat er nicht recht. Die beiden Freunde sind zwar auf intellektuellem Gebiet fast gleichwertig, aber eine kleine Überlegenheit Old Shatterhands soll doch offensichtlich erhalten bleiben. Der Autor erspart es Winnetou nicht, geradezu demütig „den Kopf" senken und „kleinlaut" zugeben zu müssen: „Mein Bruder hat recht. Wir hätten seiner Stimme und nicht der meinigen folgen sollen. Winnetou ist ein Thor gewesen." Old Shatterhand empfindet freilich keinerlei Genugtuung darüber, recht behalten zu haben, sondern es tut ihm „innerlich förmlich wehe, daß dieser Mann sich einen Thor nannte" (75).

Doch zurück zu der unglaublichen Sensation, einen berühmten Apatschenhäuptling im Orient anzutreffen. Eigentlich spricht lediglich Emery Bothwell, auf den man ganz zufällig trifft und der Winnetou aus dem Westen kennt, sein großes Erstaunen darüber aus:

> „Wer hätte es für möglich gehalten, Winnetou hier in der fernen Kahira zu sehen. Ich bin so erstaunt darüber, daß ich es, wenn ich nicht so gute und treue Augen hätte, gar nicht glauben würde." (XXI 265f.)

Aufgrund seiner einheimischen Kleidung wird er ansonsten gar nicht als Exot wahrgenommen. Schließlich wird sogar ausdrücklich die Identität des stolzen Apatschenhäuptlings, durchaus zu seinem eigenen Unbehagen, geleugnet und Winnetou als mohammedanischer Somali namens Ben Afra ausgegeben und von ihm verlangt, sich „als ein solcher zu benehmen" (278f.). Eine größere Entfremdung von sich selbst ist dem Apatschenhäuptling nie geschehen, und es fragt sich vielleicht noch nachhaltiger als bei der lediglich äußerlichen Verkleidung in Dresden, ob May hier den Bogen aus Lust an Sensationen und Übertreibungen nicht zu sehr überspannt hat und die Stimmigkeit der Winnetou-Figur nicht vollends auf der Strecke geblieben ist. Er hätte ihn ja relativ anonym und nur äußerlich einheimisch gekleidet mitreisen lassen können, ohne daß jemand ernsthaft nach seiner Identität gefragt hätte. Zumal dann im weiteren auch diese falsche Identität eigentlich keine wichtige, erzählerisch ausgemalte Rolle spielt. Feindlichen Beduinen wird Winnetou mit Imponiergehabe sogar so ähnlich vorgestellt, wie das gegenüber feindlichen Indianern im Wilden Westen üblich ist, obwohl die Wüstenbewohner das realistisch betrachtet doch wohl kaum beeindrucken kann: „und der Held zu meiner Linken ist Winnetou el Harbi w' Nasir [Krieger und Sieger], der oberste Häuptling aller Stämme der Apatschen im großen Belad Amierika" (349).

Überhaupt werden die zahlreichen möglichen Geschichten, die sich aus der Konfrontation so unterschiedlicher Kulturen wie der indianischen und orientalischen ergeben könnten, nicht einmal angerissen. Winnetou tritt in den nicht in der Wildnis und Wüste spielenden Romanpassagen entgegen der Lesererwartung, die sich möglicherweise an diese spezifische Konstellation richtet, ziemlich in den Hintergrund. Und wer erwartet oder erhofft hat, es käme zu einer Begegnung der beiden zentralen Figuren des westlichen und des östlichen Kosmos Mays, nämlich Winnetous und Hadschi Halef Omars, wird ebenfalls enttäuscht. Allerdings hätten die doch so sehr unterschiedlich gelagerte Freundschaft des Erzählers mit den beiden und ihr völlig gegensätzlicher Charakter zwar zu psychologisch überaus spannenden Szenen führen können, aber es wären Konflikte vorprogrammiert und Fallstricke darin verborgen gewesen, aus denen sich der Erzähler ohne Verluste an literarischer Plausibilität und Glaubwürdigkeit kaum hätte befreien können.

Winnetous Rolle im Orient beschränkt sich letztlich in erster Linie darauf, zusammen mit Old Shatterhand bei der Verbrecherjagd in der Wildnis und Wüste (einer Geländeformation, die Winnetou ja aus dem Wilden Westen sehr vertraut ist) ein sehr erfolgreiches

Team zu bilden. Hier in der Wildnis kann er wieder mehr in den Vordergrund treten und seine üblichen Stärken ausspielen, so daß viele Abenteuer ganz ähnlich ablaufen wie in seiner Heimat. Beispielsweise sieht seine Befreiung Old Shatterhands aus der Hand feindlicher Beduinen ganz ähnlich aus wie eine typische aus der Hand feindlicher Indianer (410). Erstaunlicherweise, und an dieser Stelle erstmals erwähnt, hat er sogar Silberbüchse, Bowiemesser und Tomahawk auf der langen Reise über Deutschland mitgeführt (345). Das für ihn doch eigentlich exotische Reiten auf einem Kamel funktioniert ganz selbstverständlich und wird vom Erzähler keiner näheren Erwähnung oder gar Beschreibung für wert befunden (vgl. 483, 491f.). Lediglich die edlen arabischen Pferde versetzen Winnetou in helle Begeisterung, und er muß zugeben, daß sie besser sind als das eigene überragende Pferd im Westen (526). Ansonsten aber sind die Westleute den Beduinen auch in deren ureigener Geländeformation überlegen (vgl. z. B. 483), und Winnetous überragende Fähigkeiten in der Wildnis stechen gegenüber den Orientalen noch mehr hervor, als das schon im Westen Amerikas der Fall ist.

Dies ist natürlich genau die Funktion, die Winnetou im Orient auf der spezifischen Linie des Romans, die das Werk mit seiner rasanten Aneinanderreihung von sensationellen Höhepunkten und Abenteuern verfolgt, innehat: Ist es sonst Old Shatterhand bzw. Kara Ben Nemsi allein, der im Orient die Gegner durch seine Fähigkeiten und seine Überlegenheit in Erstaunen versetzen und in ihre Schranken weisen kann, kann er es nun einmal in ‚verdoppelter Stärke'– so wie oft im Wilden Westen – gemeinsam mit Winnetou tun. Eine derartige typische, in Mays Werken immer wieder präsentierte Szene, in der die beiden die Gegner mit ihren unglaublichen waffentechnischen Fertigkeiten in völlige Verblüffung versetzen (351-356), wobei natürlich auch die sensationelle technische Überlegenheit des 25schüssigen Henrystutzens und des weittragenden Bärentöters eine zentrale Rolle spielt, wirkt hier auf die Beduinen noch sensationeller, indem ihnen ein Tomahawk völlig unbekannt ist, mit dem Winnetou ein nicht nur unglaubliches, sondern auch physikalisch unmögliches – physikalisch ebenso unmöglich wie die Schußleistungen der Gewehre übrigens – Kunststück vollführt: Er wirft sein Beil aus „bedeutende[r] Entfernung" so in Richtung auf einen in der Erde steckenden Speer, daß es schnell um sich selbst kreisend zunächst den Boden berührt, dann plötzlich emporsteigt, um sich schließlich niederzusenken und „den Schaft des Speeres gerade in der Mitte zu treffen und wie ein Rasiermesser zu durchschneiden" (353). Das längliche Objekt Beil verhält sich hier wie ein Ball oder eine runde Scheibe, fliegt im wahrsten Sinne des Wortes auf einer „unerklärliche[n] Bahn" (353), und insofern trifft der Scheik unbewußt fast ins Schwarze, als er nach endlosem „Erstaunen" und großer „Bewunderung" meint: „Der Teufel ist euer Gehilfe." (356) Zauberei aber ist in jedem Fall im Spiel.

Am Ende dieses Ausfluges in die Welt, in die er eigentlich nicht hineingehört, auf der Rückreise über Europa, wird Winnetou todkrank, wird „ein schweres Gallen- und Leberleiden" diagnostiziert. Winnetous sonst so widerstandsfähige Konstitution habe „doch unter dem Aufenthalte in Afrika, so kurz derselbe war, gelitten" (XXII 1). Man muß also in England eine mehrmonatige Unterbrechung der Verbrecherverfolgung einlegen. Warum May eine so drastische Begründung erfindet, um einen Vorsprung der Verbrecher in Amerika zu ermöglichen und damit eine um so heftigere Verfolgung mit weiteren spannenden Abenteuern, ist wohl nicht eindeutig zu erklären. Eine unerwartete und sensationelle Wendung ist sie allemal und, diese positive Identifikationsfigur treffend, zugleich auch ein höchst emotionalisierendes Ereignis. Damit liegen diese Eingangspassagen des dritten Bandes ganz auf der in den vorliegenden Betrachtungen verfolgten durchgehenden Linie des Romans.

Martin Lowsky meint, daß die innerhalb der Handlung liegende Erklärung, daß Winnetous Reise nach Afrika also letztlich ein Fehler war, sich auch auf die Ebene der Romankonzeption übertragen lasse und der Autor damit zu Recht eingestehe, daß sie, „auf den Schriftsteller bezogen, ein literarischer Fehler war".[16] Das treffe erst recht auch auf die Dresden-Szenen zu. Dies ist auf jeden Fall eine diskutable Erklärung, die man sogar noch ein wenig weiterspinnen könnte: Innerhalb der Serienkonzeption des Mayschen Schreibens ist diese schwere Krankheit Winnetous darüber hinaus eine zugleich auch auf der fiktionalen Ebene plausible Begründung dafür, daß der Apatsche in Zukunft nie mehr seine angestammte Umgebung verlassen wird.

Auf der Handlungsebene muß Winnetou schwer dafür büßen, seine Heimat verlassen zu haben, und er weiß es auch selbst: „Gebt ihm seine Prairie, seinen Urwald wieder, dann wird er seine Kräfte schnell zurückbekommen!" (XXII 2) Offenbar kann nur der Europäer Old Shatterhand problemlos zwischen den Kulturen und Weltgegenden hin- und herspringen und ist insofern dem Naturmenschen vital überlegen.

Meines Erachtens sind nicht allein diese Passagen, die Winnetou in der Fremde zeigen, mißlungen. Sie sind lediglich besonders deutlicher und auf die Spitze getriebener Ausdruck der charakteristischen Linie des gesamten Romans, nämlich seiner Tendenz zum Sensationellen, Unwahrscheinlichen, Übertriebenen, Unrealistischen, zur dichten Folge von grellen, rasanten Abenteuer- und Action-Szenen, zum Kolportagehaften. Da May zur Entstehungszeit des Romans auch gleichzeitig versuchte, die Fiktionalität seines Erzählens zu leugnen und dieser Versuch durchaus in *Satan und Ischariot* Niederschläge gefunden hat, ergibt sich letztlich ein immer wieder sehr zwiespältiger Eindruck, wozu natürlich auch das zunächst begonnene, im weiteren Verlauf des Romans aber vernachlässigte biblische Anspielungsgeflecht beiträgt.[17]

Über die Gründe, die May zu dieser Zeit veranlaßt haben könnten, wieder in eigentlich schon überwundene grob trivialliteraturhafte Schreibstrukturen und Formen des Sensationsromans zurückzufallen, kann man nur spekulieren. Vielleicht war es ein letztes, verspätetes Aufflackern, vielleicht großer Zeitdruck beim Schreiben in einer Phase sich anbahnender zahlreicher und gravierender Umbrüche in seinem Leben und seiner Persönlichkeit. Vielleicht verhindern solche Umbruchszeiten, daß man sich noch relativ neuerworbener literarischer Fertigkeiten souverän bedienen kann. Als Faktum bleibt jedoch meiner Meinung nach festzuhalten, daß May mit *Satan und Ischariot* einen zwar durchaus interessanten, zwiespältigen, letztlich insgesamt jedoch gescheiterten Roman vorgelegt hat.

Anmerkungen

1 Eigentlich besteht das Werk aus zwei unterschiedlichen Teilen, deren Handlung auch zeitlich auseinander liegt. Sie sind verbunden durch die verbrecherischen Hauptpersonen. Die Einteilung in drei Bände ergab sich rein äußerlich-technisch durch die Formatvorgabe der *Gesammelten Reiseerzählungen* im Fehsenfeld Verlag (und später dann Karl-May-Verlag). Im Abdruck in der Zeitschrift ‚Deutscher Hausschatz' in den Jahren 1893-1896 sind die in Nordafrika spielenden Passagen des zweiten Romanteils zu einem eigenen kürzeren Roman gemacht worden.

2 Innerhalb der Forschungsliteratur zum vorliegenden Roman gehen die bisher dezidiertesten Überlegungen zu den in meiner Studie im Mittelpunkt stehenden Passagen auch in eine solche Richtung: Walther Ilmer sieht in *Satan und Ischariot* u. a. Eheprobleme Mays gestaltet

und ausgesprochen und meint, Winnetou übernehme dort „ganz unauffällig die Rolle Emma Pollmers unter bestimmten Aspekten" (Walther Ilmer: *Winnetou im Gesangverein. Ein Traum des Gefangenen.* SoKMG 35 [1982], S. 6). Unter diesem Blickwinkel sieht er dann konsequenterweise auch besonders die sensationelle Szene mit dem Apatschen im Dresdner Gesangverein als einen Traum des Romanciers: „Der ideale Gefährte soll den Erzähler in dessen Alltagsdasein in heimischer Umgebung erleben und akzeptieren – und soll wertvolle neue Eindrücke dabei gewinnen. Das heißt aber: Emma soll teilnehmen an den Gedanken und Empfindungen Karls, an seinem Streben nach geistiger und seelischer Weiterentwicklung; [...] vergeblich [...]. Und dann eines Tages überrascht ihn der Mensch, in dem er den idealen Gefährten erblickt, erblicken möchte, inmitten der Sangesbrüder – platzt also hinein in Karls ureigenste Interessenwelt. [...] Der Gesangverein ist hier nur sinnbildliche Kulisse für die Zufluchtswelt, den Innenhort des Karl May. Und zu dieser Welt verschafft Emma sich jählings Zutritt." (S. 17)
3 Vgl. Hartmut Kühne: *Satan und Ischariot I-III.* In: *Karl-May-Handbuch,* hg. v. Gert Ueding. Stuttgart 1987, S. 259-266, hier S. 259.
4 Claus Roxin: *„Dr. Karl May, genannt Old Shatterhand". Zum Bild Karl Mays in der Epoche seiner späten Reiseerzählungen.* In: JbKMG 1974, S. 15-73, hier S. 17; vgl. bes. S. 17-22.
5 Ebd., S. 38. Roxin schließt sich hier einem Deutungsansatz an, den Hans Wollschläger kurz zuvor entwickelt hatte: *„Die sogenannte Spaltung des menschlichen Innern, ein Bild der Menschheitsspaltung überhaupt". Materialien zu einer Charakteranalyse Karl Mays.* In: JbKMG 1972/73, S. 11-92.
6 Vgl. auch Roxin [Anm. 4], S. 40f.
7 Karl May: *Old Shatterhand in der Heimat.* In: *Old Shatterhand in der Heimat und andere Erzählungen aus der Werkstatt von Karl May* (Karl May's Gesammelte Werke, Bd. 79). Bamberg, Radebeul 1997, S. 21-253, hier S. 25.
8 Ebd., S. 21.
9 Übrigens unterscheidet sich der im Fehsenfeld-Verlag in Buchform erschienene Text nur unwesentlich von der Zeitschriften-Fassung.
10 Helmut Schmiedt: *Identitätsprobleme. Was ‚Satan und Ischariot' im Innersten zusammenhält.* In: JbKMG 1996, S. 247-265, hier S. 261.
11 Vgl. auch ebd.
12 Helmut Schmiedt konstatiert das ebenfalls, zielt mit seinen Betrachtungen aber auf andere Aspekte und zieht letztlich auch andere Schlüsse aus dieser Tatsache.
13 Vgl. dazu beispielsweise Walter Olma: *Elemente der Kriminal- und Detektivliteratur in Karl Mays Orientzyklus.* In: *Karl Mays Orientzyklus,* hg. v. Dieter Sudhoff u. Hartmut Vollmer. Paderborn 1991, S. 143-162.
14 Mays spezifisches religiöses Weltbild, das hier sehr knapp formuliert ist, zeigt sich dann deutlicher im *Old Surehand*-Roman. Vgl. dazu Walter Olma: *Schuld, Sühne, Vergebung in Karl Mays ‚Old Sure-*

hand'. In: *Karl Mays „Old Surehand"*, hg. v. Dieter Sudhoff u. Hartmut Vollmer. Paderborn 1995, S. 277-314.
15 Hartmut Kühne [Anm. 3] will die „gelungene Exposition" des Romans hervorheben und hält die Schilderung des ‚Hotels' gar für „ironisch" (S. 265); wie meine Passagen über diesen Romanteil zeigen, kann ich dem überhaupt nicht zustimmen.
16 Martin Lowsky: *Der kranke Effendi. Über das Motiv der Krankheit in Karl Mays Werk*. In: JbKMG 1980, S. 78-96, hier S. 81.
17 Vgl. dazu Helmut Mojem: *Karl May: Satan und Ischariot. Über die Besonderheit eines Abenteuerromans mit religiösen Motiven*. In: JbKMG 1989, S. 84-100.

Joachim Biermann

Von der Felsenburg zur wahren Heimat

Örtlichkeiten zwischen Heimat und Fremde in ‚Satan und Ischariot'

Schon mehrfach ist darauf hingewiesen worden, daß Karl Mays Reiseerzählung *Satan und Ischariot* im Rahmen seines Œuvres eine „Sonderstellung"[1] einnimmt. Sieht Walther Ilmer diese Sonderstellung darin, daß May in diesem Werk die Identifikation des Ich-Erzählers mit dem Autor erstmals offen vornimmt und so die spätere ‚Old-Shatterhand-Legende' initiiert, so weist Rudi Schweikert auf die ungewöhnliche Titelwahl des ersten Teils der Erzählung in der Zeitschriftenfassung hin, die „Mays sonstiger Gepflogenheit" nicht entspreche.[2] Mit *Die Felsenburg* wählt May einmalig in seinem Gesamtwerk einen konkreten Handlungsort zum Titel eines seiner Werke. Zu Recht heißt es daher bei Schweikert weiter: „Denn er hob mit dem Namen ‚Felsenburg' das ‚geheime Zentrum' auf den Titelthron, das au fond alle erzählten Umtriebe [...] ‚regiert'."[3]

Diese Titelwahl Mays macht auch einen Tatbestand deutlich, der in der bisherigen Forschung wenig Beachtung fand. In *Satan und Ischariot* beherrschen nämlich Bauwerke und menschliche Behausungen in erheblichem und – für die sonstigen Amerikaerzählungen zumindest – ungewöhnlich reichhaltigem Maße das Geschehen. Nicht nur Almaden alto, die Felsenburg, dominiert die Handlung. Ähnliches ließe sich von anderen Örtlichkeiten sagen: Die Hazienda del Arroyo ist das Zentrum, um das im Anfangsteil die Handlung kreist, bevor sie sich dem neuen Mittelpunkt Almaden alto zuwendet. Überraschend und auffällig ist es auch, wenn wir im Afrika-Teil mitten in der handlungsbestimmenden Wüste auf ein – sich als sehr trügerisch erweisendes – ‚Haus des Besuches' stoßen. Große Teile des dritten Bandes von *Satan und Ischariot* schließlich spielen in dem nicht nur dem Namen nach an die Felsenburg gemahnenden Felsenschloß oder Pueblo, in dem Judith Silberstein und Jonathan Melton hausen und das der Jüdin einst von ihrem indianischen Ehemann ‚Listige Schlange' geschenkt wurde. Diese so auffällig im Roman präsenten Bauwerke und Behausungen stehen im Zentrum der folgenden Untersuchung.

In Mays Gesamtwerk spielen Bauwerke verschiedenster Art durchaus eine bedeutsame Rolle. Doch gilt dies gerade nicht für die klassischen Reiseerzählungen, insbesondere nicht für die Amerikaerzählungen. Vielmehr stoßen wir auf zwei andere Werkgruppen, wenn wir nach bemerkenswerten Bauwerken als Handlungsorten suchen. Da sind zunächst einmal Mays Kolportageromane. Wir erinnern uns der zahlreichen geheimnisvollen Schlösser und Burgen mit ihren Geheimgängen und unterirdischen Verliesen, die in diesen Werken viel zum Reiz der Handlung beitragen. Und zu den vielfach beobachteten Parallelen *Satan und Ischariots* zu den Kolportageromanen – unter anderem auf die parallele Personenkonstellation und die weltumspannende Reiseroute wurde des öfteren hingewiesen – gehört nicht zuletzt auch eine Reihe auffälliger Bauwerke, insbesondere das Quecksilberbergwerk aus *Deutsche Herzen, deutsche Helden*, das ganz offensichtlich für Almaden alto Pate gestanden hat.[4]

In den klassischen Reiseerzählungen treten Bauwerke als zentrale Handlungsorte dann weithin zurück. Die Bewegung im Raum wird vor allem durch den Reiseweg des Erzählers bestimmt. Von einem Ort am Rande der Zivilisation geht es hinein in die Weite der Wildnis oder der Wüste, und die topographische Aufwärtsbewegung aus der ungesunden Tiefe des Tales oder einer Küstenstadt zur klaren und klärenden Höhe der Berge ist geradezu ein Charakteristikum des Mayschen Erzählwerks. Dies ist übrigens in *Satan und Ischariot* nicht grundlegend anders: Von Guaymas, der Stadt am Meer, geht es im ersten Romanteil aufwärts nach Almaden alto (Hoch-Almaden), und auch im zweiten Romanteil gilt ähnliches[5]; von Kairo geht es hinein in die tunesische Wüste, und von New Orleans schließlich führt der Weg hinauf auf ein Hochplateau, eine der vielen lichten Höhen, auf denen May das Finale seiner Reiseerzählungen gern ansiedelt. In *Satan und Ischariot* jedoch treten Bauwerke und Behausungen als zentrale Handlungsorte hinzu und bilden einen Kontrapunkt zu den Weiten von Prärie und Wüste.

Erst im Mayschen Spätwerk wieder begegnen uns imposante Bauwerke und Örtlichkeiten, und auch hier läßt sich feststellen, daß sie – ähnlich wie in dem hier zu besprechenden Werk – das Bild weithin beherrschen. Es sei nur exemplarisch an *Ardistan und Dschinnistan* erinnert, in dem eine Vielzahl beeindruckender Gebäude ins Auge fällt: Marah Durimehs Palast von Ikbal, die Kathedrale von Ard, die Stadt der Toten und die Brunnenengel, und darüber hinaus auch an die für Mays späte Gedankenwelt so entscheidende Geisterschmiede.

Natürlich ist auch die Abenteuerwelt der Mayschen Reiseerzählungen nicht frei von diversen Bauwerken und Wohnungen. Regina Hartmann hat darauf hingewiesen: „In die Abenteuerhandlung als planvolles Umherstreifen sind immer wieder ‚Glücksorte' einer seßhaften Lebensweise eingebaut."[6] Sie verweist etwa auf das Helldorf-Settlement, die Oase des Bloody Fox inmitten des Llano estacado, die Hazienda in *Winnetou II* oder das Hide-spot Old Firehands. All diese Plätze sind versteckte Schutzräume, haben den Charakter einer „Idylle"[7] und sind dadurch definiert, daß sie sich der Natur einpassen: „Versteckt, verschwiegen vor der gefahrvollen Welt ‚draußen' bietet die Natur eine Örtlichkeit, die zum ‚Hüttenbauen' geradezu herausfordert."[8] Hartmann schlußfolgert: „Bewegte Abenteuer und sichere Häuslichkeit sind bei May Gegenpole, die sich wechselseitig bedingen; das eine ist die Voraussetzung für das andere. [...] Angesichts von Industrialisierung und Technisierung des Lebensraumes wird die Vorstellung eines archaischen Lebens in intakter Natur besonders virulent."[9]

Mays Abenteuerwelt erweist sich somit auch als ein Fluchtraum. Von den neuen und fremdartigen Kräften, die die Industrialisierung gerade in der zweiten Hälfte des 19. Jahrhunderts freisetzte, zeigte sich die bürgerliche Gesellschaft zutiefst verunsichert. Materialistisches Denken hielt seinen Einzug und stellte überkommene moralische Vorstellungen in Frage. In mannigfaltiger Weise suchten die Menschen dieser Zeit Zuflucht in Vorstellungen von der heilen Welt, die sich praktisch immer auch als eine vorindustrielle bzw. nicht industrialisierte Welt darstellte. Die ‚gute alte Zeit' wurde heraufbeschworen, Romantik und Mittelalter idealisiert. Ein anderer Fluchtweg bot sich an in die wirklich oder vermeintlich (noch) nicht industrialisierten Zonen der Welt. Diesen Weg ging auch Karl May, und ein nicht unbeträchtlicher Teil seines zeitgenössischen Erfolgs ist darauf zurückzuführen, daß sein Wilder Westen, seine orientalischen Schauplätze der Sehnsucht nach vorindustriellen, vom Kapitalismus unberührten, heilen Zuständen ein imaginäres Zuhause boten. Und so erklärt es sich auch, daß die in diesen Gegenwelten vorzufindenden Wohnungen idyllische Zufluchtsorte sind.[10]

Ganz anders jedoch präsentieren sich die Örtlichkeiten, die das Bild in *Satan und Ischariot* bestimmen. Schon zu Beginn des Romans stimmt May den Leser ein: „Sollte jemand mich fragen, welches wohl der traurigste, der langweiligste Ort der Erde sei, so würde ich, ohne mich lange zu besinnen, antworten: Guaymas in

Sonora, dem nordwestlichsten Staate der Republik von Mexiko." (XX 1) So gar nicht wie in Mays sonstigen Werken, wo sich der Ausgangsort der Abenteuerhandlung meist als mit prallem Leben gefüllter, geschäftiger und farbenprächtiger Schauplatz darstellt[11], führt der Erzähler uns das Hafenstädtchen Guaymas vor Augen. Niemand ist bei seinem Einzug in den Ort zu sehen; die Häuser scheinen „ausgestorben" (3) zu sein, lange trifft er auf keinen Menschen, obwohl er „langsam die Straße entlang ging und bald nach rechts, bald nach links sah, um ein menschliches Wesen zu entdecken" (4). Die Umgebung verstärkt noch diesen trostlosen Eindruck: Guaymas liegt in einem „Trachytkessel", ist „von hohen, kahlen Felsen umgeben" und liegt „wie eine ausgedorrte Leiche in erdrückender Sonnenglut" (3).

Auch der Erzähler ist in einem mit diesem Eindruck korrespondierenden trostlosen Zustand, seine Kleidung ist nach langer Reise „in eine solche Zerfahrenheit geraten, daß verschiedene Gegenden meiner Person viel sichtbarer waren als der Stoff, dem ich ihre Bedeckung anvertraut hatte" (3). Zu allem Überfluß ist er auch noch zu Fuß unterwegs, da sein Pferd sich unterwegs ein Bein brach und er es erschießen mußte. Kein Wunder, daß der Stadtschreiber, dem er als erstem Menschen begegnet, ihn mit kritischem Blick betrachtet. Es paßt zu dieser durch und durch trostlosen Lage von Erzähler und Handlungsort, daß ersterem bei diesem Blick das Wort ‚Gefängnis' in den Sinn kommt. Er unterstellt dem Stadtschreiber nämlich den Gedanken, „daß ich höchst wahrscheinlich im Ortsgefängnisse besser aufgehoben sei als im Hotel" (5). Dieser Begriff ist angesichts der Mayschen Biographie von hoher Brisanz und bringt das Gefühl, das den Erzähler in Guaymas überkommt, auf den Punkt. Ein solch trauriger Ort ist in der Tat nur noch mit einem Gefängnis zu vergleichen, und der Erzähler ist ja auch nur hierher gekommen, um „eine Schiffsgelegenheit nach einem nördlicheren Orte des kalifornischen Golfes zu finden" (2), um also diesem Platz möglichst rasch wieder zu entfliehen. Doch erweist sich dies als nicht so einfach wie gedacht. Der erste „Rettungsgürtel" (6), den der Erzähler zu erblicken glaubt, entpuppt sich bei näherem Hinsehen als der in einer Hängematte zusammengerollte Wirt des Etablissements, dem sich der Erzähler zunächst anvertrauen muß. Im Gespräch mit ihm stellt sich dann heraus, daß Schiffe in die gewünschte Richtung Guaymas nur selten verlassen, Reittiere nicht zu haben sind und die Eisenbahn noch nicht fertig ist (15ff.). Vergeblich wandert der Erzähler dann „volle zwei Stunden lang" (21) durch die Stadt, ohne ein besseres Quartier zu finden. Er ist in dem heruntergekommenen Hotel des bereits erwähnten vermeintlichen „Rettungsgürtels" wahrhaftig gefangen. Seine vorübergehende Hauptbeschäftigung, nämlich mit dem Wirt Domino zu spielen, wird ob solcher Umstände dem Erzähler dann verständlicherweise zur „Danaidenarbeit" (23).

Die Rettung aus diesem Gefängnis muß um jeden Preis gelingen. So ergreift der Erzähler das „Rettungsseil" (29), welches ihm der teuflische Harry Melton zuwirft, und nimmt die von diesem ihm gebotene Anstellung als Buchhalter an. Beide betreiben dabei ein doppeltes Spiel: Melton erkennt im Erzähler Old Shatterhand, während dieser sein Inkognito wahren will, um seinerseits dem höchst verdächtigen Melton auf den Zahn zu fühlen. Und immerhin bietet der Schurke ihm ein Schiff an, um aus „diesem toten Guaymas" (29) zu entkommen. Doch dieses „Rettungsseil" ist trügerisch. Das vom Erzähler angegebene Ziel fährt Meltons Schiff nämlich nicht an: „La Libertad", die Freiheit. Nach Meltons Angaben ist diese Hafenstadt allerdings „ein noch viel traurigerer Ort als Guaymas. [...] Sie wären dort noch viel schlimmer dran als hier. Es ist ein wahres Glück für Sie, daß die Vorsehung Sie auf meinen Weg geführt hat." (29f.) Solchen Worten eines Mannes, der kurz zuvor als Teufel charakterisiert wurde, ist natürlich nicht zu trauen. Old Shatterhand begleitet ihn schließlich auch nur, um eine vermutete Straftat Meltons zu verhindern, zumal sie, wie er im Gespräch mit diesem bald feststellt, einer deutschen Auswanderergruppe, also seinen Landsleuten, droht. Der Ort, zu dem Melton diese Gruppe führen will, ist dann auch alles andere als ein Ort der Freiheit – Almaden alto, das Quecksilberbergwerk, wird sich als schlimmes Gefängnis, ja geradezu als die Hölle entpuppen. „La Libertad" kann in der Tat nur für den Teufel ein „traurigerer Ort" als das trostlose Guaymas sein.

Auch die nächsten Örtlichkeiten, die Old Shatterhand aufsucht, erweisen sich als ähnlich abweisend wie Guaymas. Schnell hat er herausgefunden, daß den deutschen Auswanderern, die Melton angeblich im Auftrag des Haziendero Timoteo Pruchillo angeworben hat, Gefahr droht, auch wenn er diese noch nicht genau bestimmen kann. Diese Orte zeigen sich zwar zunächst von einer durchaus positiven, ja idyllischen Seite – und scheinen damit im Kontrast zu Guaymas zu stehen –, doch dieser Eindruck wird schnell verwischt. Die Stadt Ures „breitet sich am linken Ufer des Flusses in einer sehr fruchtbaren Ebene aus und ist von herrlichen Gärten umgeben" (76). Doch die Vorfreude des Auswanderertrecks wird enttäuscht – man reitet an der Stadt vorbei. Der mißtrauische Old Shatterhand entfernt sich mit Hilfe einer List von der Gruppe, um in Ures polizeilichen Beistand für die Auswanderer zu erbitten. Aber der Empfang ist äußerst abweisend; der unfähige Alcalde verweigert jeden Schutz, und Old Shatterhand muß sich, wenn auch nur vom Papagei der Frau des Alcalden, als „Spitzbube" beschimpfen lassen (90).

Das unfreundliche Ures hinter sich lassend, erlebt Old Shatterhand zunächst eines jener nunmehr in doppeltem Sinne ‚befreienden' Abenteuer, die für seine Amerikaromane so typisch sind. Er rettet zwei Mimbrenjo-Knaben und ihre Schwester vor dem hinterhältigen Angriff feindlicher Yumas. Hier in der freien Natur erweist er sich ganz als Herr der Lage. Aus Ures kommend, reitet er durch eine Landschaft, die ihn unvermittelt an frühere Abenteuer denken läßt; ganz in Gedanken daran versunken, wird er plötzlich von einem Schuß aufgeschreckt. Blitzschnell erkennt er die Situation, tut das Richtige zur Rettung der Mimbrenjos und erfährt auch – ganz anders als vorher in Ures – die gebührende Anerkennung und wird als Old Shatterhand identifiziert: „Mein jüngerer Bruder und meine ältere Schwester, tretet in Ehrfurcht zurück, denn wir stehen vor dem großen, weißen Krieger, von welchem unser Vater, der doch ein großer Held ist, gesagt hat, daß er nicht mit ihm verglichen werden könne!" (106f.)

Nach einem späteren Aufenthalt Winnetous und Old Shatterhands in Ures macht der Erzähler den Kontrast zwischen Stadt und Natur noch deutlicher: „dann holten wir unsere Pferde und führten sie vor die Stadt hinaus ins Freie, wo wir uns wohler befanden als im Innern derselben." (413) Das europäische ‚Stadtluft macht frei' gilt im Mayschen Erzählwerk nicht. Wahre Freiheit bietet bei ihm nur die Wildnis; die scheinbar zivilisierte Welt der Stadt erweist sich als abweisend und trügerisch, als schlaff, in ihren Werten oft als geradezu lächerlich und ungerecht. Nicht nur Winnetou, dem der „Adel" (406) der Wildnis zu eigen ist, fühlt sich dort unwohl; auch Old Shatterhand treibt es von dort fort. Der Gedanke an die Stadt als Gefängnis, dem wir in Guaymas expressis verbis begegneten, liegt auch hier nicht fern.

Die Hazienda del Arroyo, der nächste bewohnte Ort, dem sich der Erzähler zuwendet, macht – ähnlich wie zuvor Ures – einen zunächst höchst einladenden Eindruck. Der Fluß Arroyo mündet in einen kleinen See, der „am untern Ende eines dichtbewaldeten Thales" lag, das „eine saftig grüne Wiese, deren Gras- und Blumenteppich oft durch blühendes Buschwerk unterbrochen wurde", bildete, auf der die Rinder und Pferde der Hazienda weiden (111). Diese Idylle erweist sich jedoch schnell als ebenso trügerisch wie diejenige, die Ures umgibt, und auch der Empfang dort ähnelt demjenigen in Ures: Der grobe und überhebliche Majordomo der Hazienda weist Old Shatterhand und seine indianischen Gefährten als „Gesindel" ab (115), und auch der Haziendero selbst begegnet ihm ablehnend. Selbst als Old Shatterhand ihm von seinem Verdacht gegen Melton berichtet, bleibt er skeptisch und erklärt schließlich: „Nun, für verrückt halte ich Sie nicht, aber irgend ein Rädchen geht in Ihrem Kopfe schneller, als es eigentlich laufen sollte. Ich gebe Ihnen den Rat, sich in einer Heilanstalt untersuchen zu lassen, denn vielleicht ist es jetzt noch Zeit, das übrige Räderwerk zu retten." (124)

In Guaymas, in Ures und auch auf der Hazienda del Arroyo wird der Erzähler verkannt; die Menschen dort zeigen sich unwissend und unfähig. Don Timoteo Pruchillo weist ihn von seinem Grund und Boden. Es kommt sogar zu einer tätlichen Auseinandersetzung mit dem Majordomo, so daß Old Shatterhand schließlich freiwillig den ungastlichen Ort verläßt, selbst als der inzwischen dort angekommene Melton versucht, ihn davon abzuhalten. Erst außerhalb der menschlichen Siedlung ist der Erzähler wieder in seinem Element, kann einen Mordanschlag Meltons auf sich vereiteln und findet nur bei seinen Mimbrenjos die ihm zukommende Anerkennung. Am Rande des „Waldes der großen Lebenseiche" – dort, wo das Leben seine eigentliche Wohnstatt hat – legen sie sich schließlich zum Schlafe nieder; „hier waren wir voraussichtlich so sicher vor jeder Ueberraschung, daß keiner von uns zu wachen brauchte" (151).

Die Hazienda del Arroyo wird jedoch bald zu einem Ort des Todes. Meltons verbrecherischer Plan ist es, sie mit Hilfe der Yumas zu zerstören und so den Haziendero zu einem billigen Verkauf zu veranlassen. Zwar ist das Gebäude „festungs- oder fortähnlich angelegt" (112), doch verhindert dies nicht den Überfall der Yumas. Und so bietet sich Old Shatterhand und Winnetou, der mittlerweile zu ihm gestoßen ist, ein trauriges, erschreckendes Bild, als sie an den Ort des Überfalls zurückkehren: „Wir [...] sahen dann die Mauern vor uns liegen, welche die Brandstätten der eingeäscherten Gebäude umgaben. Niemand verwehrte uns den Eingang." (373) Der Hof „bildete ein Chaos von rauchgeschwärzten Mauertrümmern, die ich durchsuchte, ohne eine Menschenseele zu finden" (374). Auch die Umgebung haben die Indianer zerstört, man sieht nur noch „den mit Asche bedeckten Waldboden, aus welchem die Stumpfe der verbrannten Bäume und Sträucher ragten" (375). Auch die Anhöhe hinter der Hazienda war „ganz kahl abgebrannt" (376). Die einstige fruchtbare Idylle ist zu einem Ort der Vernichtung geworden; Leben ist dort nicht mehr möglich.

Satan und Ischariot widerspricht, nehmen wir ein vorläufiges Resümee vor, bereits in seinem Anfangsteil den zuvor zitierten Feststellungen Regina Hartmanns. Die hier vorgestellten Örtlichkeiten sind wahrhaft keine Idyllen, und erscheinen sie zunächst als solche, so ist dieser Eindruck doch nur trügerisch und vorübergehend. Zu ‚Glücksorten' werden in diesem Roman vielmehr die Schauplätze außerhalb bewohnter Orte; diese selbst jedoch erscheinen in einem äußerst negativen Licht.

Das ist zunächst allerdings insoweit erklärlich, als gerade in *Satan und Ischariot* das Motiv des verderbenbringenden Geldes eine hervorragende Rolle spielt. Dieses ist nun aber ein charakteristisches Element der zivilisierten Welt der Weißen, deren Siedlungsform nun einmal der bewohnte Ort ist. Die so düstere Präsentation des Geldes läßt sich denn durchaus auch als Zivilisations- und Kapitalismuskritik verstehen. Geld bildet darüber hinaus geradezu das Movens der gesamten Handlung des Romans. Sei es die Auswanderergruppe, die schließlich des Geldes wegen nach Amerika gekommen ist – „die Pesos und Dollars liegen geradezu auf der Straße für den, welcher Augen hat" (44), mutmaßt blauäugig der jüdische Kaufmann Jakob Silberstein, der das Geldmotiv zudem noch identitätsstiftend im Namen trägt –, sei es Harry Melton, der die Auswanderergruppe zu seinem eigenen materiellen Vorteil auszubeuten beabsichtigt, seien es sein Neffe Jonathan und dessen Vater Thomas, die eine Millionenerbschaft an sich bringen wollen, oder sei es schließlich die dominierende Gestalt der Judith Silberstein, die ihre Liebhaber nach deren Vermögen wählt und sie, wenn noch größerer Reichtum winkt, auch schnell wieder vergessen kann – sie alle jagen dem Geld nach, und für sie alle erweist sich ihre Geldgier schließlich als großes Unglück, das Geld wird, ein Zentralmotiv des Mayschen Werks[12], zu *deadly dust*. Thomas Melton, der Ischariot des Romans, ist es denn auch, der dies auf den Punkt bringt, wenn er das alte, einer noch handwerklich geprägten Welt entstammende Sprichwort ‚Jeder ist seines Glückes Schmied' in charakteristischer Weise abwandelt und der neuen Zeit anpaßt: „Jeder ist seines Schicksales Fabrikant." (XXII 585)

Auch *Satan und Ischariot* kann somit die These von Schulte-Sasse zur Genüge belegen, daß in dem bei May vorherrschenden Schatzmotiv „im Kontext des wilhelminischen Deutschland" „tatsächlich die ideologische und ökonomische Irritation kleinbürgerlicher Schichten literarischen Ausdruck findet".[13] In seiner speziellen Analyse des vorliegenden Romans kommt Mojem zu ähnlichen Ergebnissen und stellt fest, daß das „Thema vom Gegensatz der Alten und Neuen Welt, von vertrauten, überschaubaren Verhältnissen und unübersichtlichem, bedrohlichem Kapitalismus"[14] das Bild bestimme und der Roman einen „romantischen Antikapitalismus" widerspiegle.[15] Amerika bilde „das Panorama eines höchst anarchischen Kapitalismus, mit den unzulänglichen Mitteln des Abenteuerromans gezeichnet",[16] das mit der vor allem am Schluß des Romans vorgestellten heilen Welt in Deutschland – historisch unzutreffend – kontrastiert werde.

In unserem Roman zeigt sich die Welt des Weißen nun in der Tat als eine von materialistischem Denken korrumpierte. Nicht nur die Menschen, die dem Mammon nachjagen, sind negativ gezeichnet, sondern auch die Orte, die sie bewohnen. Schmiedt hat darauf hingewiesen, daß der Roman „die partielle Fremdsteuerung von Identität" thematisiert.[17] Im hier genannten Zusammenhang könnte man auch davon sprechen, daß die Menschen, die ganz im kapitalistisch-materiellen Denken befangen sind, sich selbst entfremdet werden. In gleicher Weise führt uns Karl May auch ihre Wohnungen vor. Orte, an denen eigentlich menschliches Leben herrschen sollte, bieten ein Bild von Tod und Zerstörung: Guaymas ebenso wie die niedergebrannte Hazienda del Arroyo. Und gleich zu Beginn des Romans gibt uns May im Falle Guaymas' auch eine Erklärung, die unsere bisherigen Feststellungen bestätigt. Er thematisiert bereits auf den ersten Seiten das Goldmotiv und teilt dem Leser mit, daß Guaymas auch deswegen so ausgestorben und langweilig sei, weil die Prospektoren und Gambusinos, die es möglicherweise wegen der Edelmetallvorkommen nach Sonora ziehen könnte, vom „Goldfieber" nach Arizona getrieben worden seien, „wo das Gold in hellen Haufen liegen sollte. Darum waren die Reviere von Sonora verödet" (XX 2).

Dennoch verdient *Satan und Ischariot* eine etwas differenziertere Betrachtung als es gewöhnlich geschieht. Selbstverständlich ist in dem Roman ein Gegensatz zwischen kapitalistischer Neuer Welt und romantisch verklärter Alter Welt zu erkennen.[18] Doch wird dieses Bild durchaus relativiert. Die Auswanderer verlassen schließlich Deutschland nicht nur, um in Amerika das große Geld zu machen, sondern ebenso, weil sie in ihrer deutschen bzw. preußischen Heimat unter einer Verarmung zu leiden hatten, die gleichfalls auf die heraufkommende Industrialisierung zurückzuführen ist. Und der Ort ihrer Hoffnungen auf Reichtum liegt, und dies ist hier durchaus zu beachten, gerade nicht in den USA, sondern in Mexiko – zweifellos kein Land, das damals, im 19. Jahrhundert, so eindeutig mit „anarchischem Kapitalismus" (Mojem) in Verbindung zu bringen war. Auch die weiteren bisher vorgestellten Örtlichkeiten liegen allesamt in Mexiko. Mays in *Satan und Ischariot* zutage tretende Ablehnung materiellen Strebens kann also durchaus nicht einseitig ausschließlich in den Kontext antikapitalistischen Denkens eingeordnet werden. Sie hat ebenfalls eine religiösmoralische Komponente. Denn – so zeigen ja gerade auch das von Mojem und anderen zu Recht kritisierte Ende des Romans (wir kommen weiter unten darauf zurück) und die Geschichte der Geschwister Vogel im allgemeinen – Geld und Reichtum finden bei May nur dann eine negative Darstellung, wenn sie Denken und Tun der Menschen einseitig bestimmen und moralische Überlegungen in den Hintergrund drängen. Keinesfalls werden sie abgelehnt, wenn sie rechtmäßig erworben und mit rechter christlicher Motivation verwendet werden. So haben auch die bereits vorgestellten Örtlichkeiten ihren Todesgeruch vor allem durch Menschen erworben, deren Handeln von materiellem Denken dominiert wird. Auch darin steckt selbstverständlich Kapitalismuskritik, doch keine so einseitige Ablehnung der Erscheinungsformen der neuen Zeit, wie es gelegentlich den Anschein haben mag. Vielmehr ist diese Sichtweise Mays immer auch von seinen religiösen Vorstellungen geprägt; die Menschen, insbesondere die Namenschristen, für die der Mormone Harry Melton stellvertretend steht[19], sind schlecht, nicht das Geld an sich. Mays Zivilisationskritik ist somit immer gepaart mit einer Kritik am Scheinchristentum bzw. mit der Forderung nach gelebtem, ‚wahrem' Christentum.[20]

Stehen die bisher vorgestellten Orte auch für die Welt der Weißen, so liegen sie doch nicht, wie dies sonst in Mays Werken die Regel ist, am Rande der wilden Fluchtwelt des Westens, sondern sie flankieren den Weg des Erzählers in die Natur hinein, liegen letztlich, wie die Hazienda del Arroyo, inmitten der Wildnis. Charakteristisch für die Struktur von *Satan und Ischariot* ist es geradezu, daß die Handlung abwechselnd an Orten der materialistisch geprägten Zivilisation und in freier Natur angesiedelt ist. Es entspricht nun Mays dualistischem Denken, wie es auch in anderen

Zusammenhängen erkennbar wird, daß damit eine Kontrastierung einhergeht. Den trostlos-toten, bedrohlichen Siedlungen der Menschen steht die lebendige, lebenspendende und Sicherheit bietende freie Natur gegenüber. Flucht- und Schutzraum offeriert sie allen, die der Dominanz des materiellen Denkens entkommen wollen. Werden die Siedlungen als Gefängnisse empfunden, so können der Held und seine Begleiter in der Natur die Freiheit genießen und sich selbst verwirklichen, ihre eigentliche Identität finden. Doch ist „die Autonomie des Menschen, an deren Verherrlichung Mays Helden mit ihrem Umherstreifen in der ‚freien' Wildnis beharrlich arbeiten, eine heikle Angelegenheit".[21] Mit den vom Menschen bewohnten Orten dringt auch das materielle Denken in die nurmehr vermeintlich heile Welt der freien Natur ein und wird zur unter Umständen tödlichen Bedrohung. Ein Entkommen ist immer weniger möglich. *Satan und Ischariot*, in der ersten Hälfte der neunziger Jahre verfaßt, spiegelt auch das Vordringen der industrialisierten Welt in den bisherigen Schutz- und Fluchtraum des Wilden Westens wider. Vielleicht ist so der gewisse Kontrast zu den Ergebnissen Hartmanns erklärbar: Die von ihr aufgezeigten ‚Glücksorte' des Mayschen Westens entstammen Erzählungen, die in den siebziger (*Old Firehand*) und achtziger (*Im ‚wilden Westen' Nordamerika's*, *Der Geist des Llano estakata*) Jahren entstanden. Nunmehr kann sich auch Karl May den Nachrichten vom zunehmenden Vordringen der Zivilisation in den Westen nicht mehr entziehen.[22]

Der verderbenbringende Charakter der dem materialistischen Streben dienenden Örtlichkeiten zeigt sich in besonderer Deutlichkeit und Intensität im Falle des den ersten Romanteil dominierenden Ortes, dem Quecksilberbergwerk Almaden alto. Der Grundcharakter dieses imposanten Bauwerks ist bereits beschrieben worden. Rudi Schweikert hat es als „Exil und Ort lebensbedrohender Unfreiheit" bezeichnet, als „Mays Ort der Verderbnis, vom Bösen beherrscht, an dem man nicht bleiben darf und der vom guten Prinzip erobert werden muß".[23]

Wieder trügt der Schein des Namens. „Felsenburg" wird das Bauwerk im Romantitel genannt und assoziiert so eigentlich Schutz (starker Fels) und Zuflucht (Burg).[24] Auch der spanische Name Almaden alto ist trügerisch; „Almaden alto heißt Hoch-Almaden – weil es hoch in den Bergen liegt." (420) Solch hochgelegene Orte signalisieren bei May, wir wiesen bereits darauf hin, Höhenluft und freies Atmen, Freiheit und Reinheit. Auch der von May benutzte Terminus „Felseninsel" (541) erweckt unzutreffende

Assoziationen, denkt man an die asylgebende oder idyllisch-paradiesische Insel. All dies ist Almaden alto nicht. Schauen wir uns zunächst einmal Mays Beschreibung der Umgebung des Quecksilberbergwerks näher an.

Führt auch der Weg dorthin über die „Felsenquelle" (427), so kommt man in der Nähe des Bergwerks in „ein wüstes, wellenförmiges Land, welches eine Tagreise breit ist" (541). Almaden alto und die es umgebende Landschaft zeigen sich also im Gegensatz zu den bisher vorgestellten Örtlichkeiten als von Anfang an trost- und wasserlose Gegend. Zwar ist die „weite, fast kreisrunde Vertiefung", in der Almaden alto liegt, wohl „früher ein See gewesen", doch ist dieser nunmehr ausgetrocknet, und die ehemals darin befindliche „Felseninsel" ist zu einem „riesige[n] Felsenquader" (541) geworden; jegliche Vegetation fehlt. Der einst von oben herabfließende Wasserlauf ist versiegt und hat nur noch sein ausgetrocknetes Wasserbett hinterlassen (542).[25]

Eine solche Örtlichkeit ist dem May-Leser durchaus vertraut. Nicht zu Unrecht fühlt er sich erinnert an Orte, die im Spätwerk eine Rolle spielen: die Teufelskanzeln in *Winnetou IV* und den ausgetrockneten Fluß Ssul in *Ardistan und Dschinnistan*. Nicht nur in diesem großen Friedensroman bedeutet Wasser Leben, weist sein Fehlen auf Tod und Verderben hin. Schon in *Satan und Ischariot* sind diese Gedanken vorgeprägt. Landschaft und Örtlichkeiten weisen immer wieder über sich hinaus und spiegeln Befindlichkeiten der Menschen und Atmosphäre der Handlung wider. Christoph F. Lorenz hat im Hinblick auf *Ardistan und Dschinnistan* auf das Gegensatzpaar Leben/Tod und Wasser/Wüste aufmerksam gemacht.[26] Und wir können feststellen, daß May auch in *Satan und Ischariot* bereits den Topos Wüste aufgreift, wenn er über Almaden alto berichtet:

Es war ein Ritt, wie durch eine Wüste. [...] alles war Fels, war Stein, Geröll oder Sand. Kein Strauch, kein Grashalm war zu sehen. Dieses nackte Gestein saugte die Strahlen der glühenden Sonne auf, bis es von denselben gesättigt war; die nachfolgende Hitze konnte nicht mehr eindringen und lagerte nun wie eine vier oder fünf Fuß hohe, flimmernde oder zitternde Glutsee auf der Erde. (XXI 3)

Schon die Beschreibung der verdorrten und verkohlten Landschaft um die niedergebrannte Hazienda del Arroyo führte dem Leser eine ähnlich eindrucksvolle, bedrückende Landschaft vor Augen; hier scheint sich der Eindruck noch einmal zu intensivieren. Eine feuerglühende Hölle, ein Ort des Todes ist es, dem sich die Reisegesellschaft nähert. Und erneut schauen wir voraus auf Mays großes Spätwerk: Ganz ähnlich klingt es, wenn er den Ritt zur Stadt der Toten in *Ardistan und Dschinnistan* beschreibt.[27] Das Bild dieses Todesortes ist in *Satan und Ischariot* vorgeprägt.

Zu einem Ort des Todes soll Almaden alto nach dem Willen Harry Meltons in der Tat werden: Er will die deutschen Auswanderer als Arbeiter im Quecksilberbergwerk versklaven; die unterirdischen Verliese werden ihnen zu einem geradezu infernalischen Gefängnis:

> Hier herrschte eine schlimme Luft. Es roch nach Schwefel; man atmete schwer. Zwei von den Gängen waren unverschlossen. Vor dem dritten befand sich eine Thür mit zwei Riegeln. In derselben war eine Klappe angebracht, wie man sie an Gefängnisthüren findet. [...] Noch fast schlimmer wurde es, als ich die beiden Riegel entfernte und dann die ganze Thür öffnete. Eine dicke Luft drang heraus und das, was man roch, war geradezu unbeschreiblich. Die Luft, welche früher im Zwischendecke berüchtigter Auswandererschiffe zu herrschen pflegte, war das reine Ozon und Parfüm dagegen. (46f.)

Fühlten wir uns soeben, bei der Beschreibung der Äußerlichkeiten von Almaden alto, an Mays Spätwerk erinnert, so gemahnen die Örtlichkeiten im Inneren des Bergwerks an seine Kolportageromane: unterirdische Gänge, dunkle Verliese, verriegelte Türen und geheimnisvolle Schächte.[28] Doch findet sich ganz ähnliches auch in der Stadt der Toten. Mittels eines beweglichen Bodens im „Gefängnis Nummer fünf" werden Kara Ben Nemsi und seine Gefährten in die dortige Unterwelt befördert, deren Gang- und Kanalsystem nicht weniger verwickelt ist als dasjenige im hier besprochenen Roman. Sogar der Sturz in die Unterwelt ist in gewisser Weise auch in *Satan und Ischariot* zu finden. Als Old Shatterhand Harry Melton im Schachthaus des alten Quecksilberbergwerks überrascht, können die in seinen Diensten stehenden Indianerinnen den Riemen des alten Förderkastens, die einzige Verbindung von dort zu den unterirdischen Gefängnissen, zerschneiden:

> die Kette fiel mit schwerem Klirren in den Schacht hinab – niemand war im stande, sie wieder heraufzuholen. [...] hinab konnte man nur mit dem Förderkasten kommen; lag dieser mitsamt der Kette unten, so war es, wenigstens für lange Zeit, unmöglich, in die Tiefe zu gelangen; die Gefangenen mußten dort verschmachten und konnten später nicht erzählen, wer sie hinuntergebracht hatte. Solch eine teuflische Bosheit hatte ich Melton trotz all seiner Schlechtigkeit doch nicht zugetraut. (54f.)

Selbst der Schwefelgeruch der Hölle fehlt in Almaden alto nicht. Die Auswanderer wären dort elend zugrunde gegangen, hätte nicht Old Shatterhand zuvor den Melton unbekannten, verschütteten

Stollen als weiteren Zugang dorthin freigelegt und die Gefangenen befreit. So treffen sich viele Motivstränge an diesem Ort des Grauens. Auch aus der Mayschen Biographie tauchen Bilder auf, die aus seinen diversen Gefängnisaufenthalten stammen. Die dort empfundene Bedrückung des Gefangenseins und der Hilflosigkeit findet sich auch in der Gefängniswelt von Almaden alto wieder. Die Verzweiflung der Auswanderer, ihre Sehnsucht nach Freiheit sind Spiegelungen der Sehnsucht des hinter den Mauern gefangenen Karl May nach dem Licht der Außenwelt. Nicht viel weniger trostlos mag ihm auch die Stollenwelt der erzgebirgischen Bergwerke erschienen sein, die ebenfalls für Almaden alto Pate gestanden haben dürften.[29]

Mit dem teuflischen Beherrscher dieser Hölle, Harry Melton, scheint nicht nur eine Projektion all derer, denen May vielleicht vorhielt, ihn unschuldig ins Gefängnis gebracht zu haben, un- oder halbbewußt entworfen worden zu sein. Er erweist sich zugleich als brutaler kapitalistischer Ausbeuter und Geldjäger. Mit der unfreiwilligen Hilfe der Auswanderer will er „durch dies Bergwerk bald eine Million verdient haben" (14), und noch im Bergwerk fällt Old Shatterhand Meltons Brieftasche in die Hand, deren Inhalt nicht nur aus vermutlich unredlich erworbenen Wertpapieren besteht, sondern auch aus Briefen, die den geplanten Raub der Millionenerbschaft des Small Hunter enthüllen. Autobiographische Gefängnisreminiszenzen verbinden sich mit dem Motiv des bösen Besitzstrebens, das die ihm Hörigen in ähnlicher Weise gefangennimmt, ihnen jegliche Skrupel raubt und sie zu Monstern macht, die rücksichtslos andere Menschen benutzen und versklaven.

So wird denn Almaden alto, der trügerische Hort des verderbenbringenden (Queck)Silbers, zur Metapher all dessen, was dem Menschen die Freiheit raubt, ihm zum Gefängnis werden kann und ihm die Luft zum Atmen raubt: ein Ort des Grauens und des Todes, dem zu entfliehen der einzige Weg zum Überleben ist. Der Besuch in der Unterwelt wird zum Tiefpunkt – *Unter der Erde* heißt hier, wie so oft bei May, das entsprechende Kapitel –, die glückliche Flucht zum Licht und zur Freiheit hat für die Handelnden wie für den mitfiebernden Leser eine kathartische Funktion. Der Bedrückung eines realen Gefängnisses sind die Auswanderer ebenso glücklich entkommen wie den Klauen eines kapitalistischen Ausbeuters. Old Shatterhand aber, der gute Mensch, weiß mit dem Kapital des Bösen Besseres anzufangen. „Nach dem Gesetze, welches ich in meinem Innern fühle", sieht er sich berechtigt, zum „Dieb und Räuber" an Melton zu werden (105) und dessen Geld an die betrogenen Auswanderer zu verteilen. „Sind Sie etwa ein heimlicher Rothschild?" (103) fragt ihn erstaunt einer der Auswanderer. – Nein, das ist er nicht, aber ein edelmütiger Fürst des Elends, der der irdischen Gerechtigkeit ein wenig nachhilft. Die Terminologie der kapitalistischen Welt wird noch einmal bemüht und gegen ihre eigentliche Bedeutung gekehrt, als Old Shatterhand dem ‚Player', dem ehemaligen Komplizen Meltons und nunmehrigen reuigen Sünder, ebenfalls etwas von dem Geld zukommen läßt: „Ich bin Prairieläufer und an keine Zeit, an keinen Ort gebunden. Ich reise auch in andern Ländern und könnte keinen Kündigungstermin einhalten. [...] Ihr gebt es mir wieder, wenn es Euch paßt und ich zufällig bei Euch bin. [...] So soll es sein, von Zinsen aber keine Rede." (135)

Nur Jakob Silberstein und seine Tochter fallen aus dem Rahmen und machen ihrem kapitalistischen Namen alle Ehre. Nach dem Scheitern Meltons sieht sich Judith rasch nach einem neuen vermögenden Partner um und findet ihn im Yuma-Häuptling ‚Listige Schlange', der sie zu seiner Frau machen will und ihr sogar ein Schloß verspricht – dieses Felsenschloß wird später zu einem der Hauptschauplätze des dritten Bandes und gemahnt so nicht nur in einer Hinsicht an die Felsenburg Almaden alto. Der Hinweis auf den Reichtum des Häuptlings überzeugt auch den Vater; auf Old Shatterhands Vorhaltungen, seine Tochter folge einem ungebildeten Wilden in eine ungewisse Zukunft, antwortet er:

„Bildung, Bildung! Was ist Bildung! [...] Warum soll er nicht haben Bildung, wenn er besitzt Geheimnisse über Gold und Edelsteine? Ist ein neues, seidenes Kleid keine Bildung? Hat derjenige, welcher einen Palast oder gar ein Schloß besitzt, nicht einen großartigen Verstand? Was steckt in einem Seminare, in einem Gymnasium, in einer Universität? Hölzerne Bänke zum Sitzen mit Tintenfässern zum Schreiben." (99)

Autobiographische Erinnerungen an den ehemaligen Seminaristen May mischen sich mit den doch recht grobgeschnitzten Vorurteilen, die das Bild des „Proletariers" (XXII 57)[30] Karl May vom Kapitalisten prägen.

Noch übertroffen wird dies alles jedoch vom Auftritt des echten „Kapitalisten" im Roman, von Konrad Werner, dem Deutschen, der aus ärmlichsten Verhältnissen zum amerikanischen Ölprinzen aufgestiegen ist und, nahezu parallel dazu, eine charakterliche Abwärtsentwicklung mitgemacht hat. Das Zusammentreffen mit ihm und der Familie Vogel schildert May zunächst in einem Rückblick, der in Deutschland angesiedelt ist. *In der Heimath* hieß das entsprechende Kapitel charakteristischerweise in der Zeitschriften-Urfassung des Romans; vom Redakteur Heinrich Keiter wurde dieses Kapitel allerdings ganz erheblich gekürzt und später bei der Veröffentlichung in Buchform von May auch nicht wiederhergestellt.[31] Der Handlungsort Heimat evoziert Nähe und Geborgenheit, und besondere Gewichtung wird ihm auch dadurch gegeben, daß er ziemlich genau an der Zäsur zwischen den beiden Romanteilen steht. Doch erweist sich bei der – ersten – Rückkehr in die Heimat dieser Schauplatz als ebenso trügerisch wie die vorhergehenden. Werner verläßt, wie zuvor im ersten Romanteil die Auswanderer, die Heimat, um im scheinbar gelobten Land Amerika den Amerikanischen Traum so vieler seiner deutschen Landsleute zu träumen. Reich wird er zwar, sogar zum Ölprinzen bringt er es, doch läßt er sich von seinem Reichtum auch den Charakter verderben und wird zur paradigmatischen Figur für den vom *deadly dust* korrumpierten Kapitalisten.[32] Und auch Winnetous Besuch in Dresden dient nur dazu, seinen Freund Old Shatterhand abzuholen und in die andere Himmelsrichtung, gen Südosten nämlich, einem weiteren korrumpierten Kapitalisten, Jonathan Melton, nachzujagen. Die „Heimat" wird zur Zwischenstation, zum Ausgangspunkt neuer Jagden nach dem Geld.

Nach dem bisher Gesagten nimmt es nicht wunder, daß auch Konrad Werners Charakter in einem markanten Bauwerk reflektiert wird. In San Francisco wohnt er in „einem Gebäude, welches mit vollem Rechte den Namen Palast verdiente. Wieviel mußte nur allein das herrliche Marmorportal gekostet haben! Ueber demselben waren große, echt vergoldete Buchstaben angebracht" (XXI 236). Die „Herrlichkeit" dieses Palastes erhält schon durch die wenigen beschreibenden Worte eine Brüchigkeit, die den Leser stutzig macht. Die Pracht scheint übertrieben, sie stellt den Reichtum des Besitzers eher protzig zur Schau, als daß sie ihm eine positive Aura verleiht.[33]

Die modernste Technik hat Werner seinem Stadtschloß zugute kommen lassen. Ein mittels Dampf betriebener Fahrstuhl in Form eines „reizend möblierten" (236) Boudoirs – samt Diwan – befördert die Gäste in die oberen Stockwerke. Aber all dies ist nur äußerer Schein. Hinter der prächtigen Fassade ist alles aus dem Lot geraten. Die Ehe Martha Vogels mit Werner ist zerbrochen, dieser selbst steht vor dem Bankrott und ist der Trunkenheit verfallen, und die von Martha und ihren Eltern so freundlich eingeladenen Gäste Old Shatterhand und Winnetou werden von Werner angefeindet und aus dem Haus getrieben. Die versprochene Gastfreundschaft wird dem Erzähler, wie bereits auf der Hazienda del Arroyo, erneut verweigert. Auch dieses ‚Palast-Gebäude' erweist sich als abweisend und ungastlich.

Wurde in den bisher vorgestellten Zusammenhängen recht eindeutig auch Kritik an den humanitätszerstörenden Folgen der Jagd nach dem Geld und einer vollständig kommerzialisierten Welt geübt, so gilt dies bei der nächsten trügerischen Örtlichkeit, die May uns präsentiert, nur bedingt. Auf der *Jagd nach dem Millionendieb* Jonathan Melton kommen der Erzähler und Winnetou, begleitet von Sir Emery Bothwell, auf den afrikanischen Kontinent. Auch wenn der Titel des dritten Teils in der Zeitschriftenfassung vermutlich nicht von May selbst stammt,[34] so ist er durchaus treffend für den nunmehr einsetzenden zweiten Romanteil. Noch deutlicher als im ersten Romanteil dominiert den zweiten die nahezu rastlose Hetze der guten Helden bei der Verfolgung des Bösen, von Ort zu Ort, sogar von Kontinent zu Kontinent. Winnetou kommt nach Deutschland, von dort bricht man nach Ägypten auf, nimmt mit Hilfe Sir Emery Bothwells die Spur Jonathan Meltons auf und begibt sich nach Tunis, um dann in der tunesischen Wüste endlich auf den Gejagten und seinen Vater Thomas Melton zu treffen. Diese haben das Verbrechen, die Ermordung Small Hunters, an dessen Stelle sich Jonathan aufgrund seiner verblüffenden Ähnlichkeit mittlerweile gesetzt hat, allerdings bereits vollendet. Während Old Shatterhand respektive Kara Ben Nemsi die deutschen Auswanderer im ersten Romanteil also noch vor den verbrecherischen Plänen Harry Meltons retten konnte, ist das unmittelbare Ziel der Hetzjagd im zweiten Teil nicht mehr zu erreichen. Nun gilt es nur noch zu verhindern, daß die Millionenerbschaft in falsche Hände gerät.

Rastlosigkeit kennzeichnet den Reiseweg der Protagonisten; an keinem Ort kommen sie wirklich zur Ruhe. Und dann, in der tunesischen Wüste, wo wir es vielleicht am wenigsten erwarten, gelangen sie anscheinend erstmals an einen Ort zumindest kurzzeitiger Rast. Doch die Gastfreundschaft ist nur vorgetäuscht, wiederum geht es um nur trügerische Geborgenheit. Die drei Freunde werden von Welad en Nari, dem Scheik der Uled Ayun, der sich als „Scheik der tapferen und gastfreundlichen Meidscheri" ausgibt (auch diese Identität ist nur vorgetäuscht), in das ‚Haus des Besuches' gebeten (496). Es tritt dabei einer der seltenen Fälle ein, daß Winnetou und Old Shatterhand nicht einer Meinung sind. Winnetou wird ob der falschen Freundlichkeit des Scheiks sofort mißtrauisch, aber Old Shatterhand teilt dieses Mißtrauen nicht. Auch wenn der schmale

Felsspalt, der in das ‚Haus des Besuches' führt, alles andere als einladend wirkt, lassen sich die Freunde hineinlocken. Ein Stein wird vor den Eingang gerollt – man ist gefangen. Der Leser fühlt sich ein wenig – und nicht ganz zu Unrecht – an den großen Stein erinnert, der gemäß der biblischen Berichte das Grab Jesu verschließt. Und zu einem Grab wird den Gefangenen dieses ‚Haus des Besuches' auch beinahe. Da dieser Stein nur „auf Sand und nicht auf Felsen" (507) liegt –‚gebaut ist', möchte man in biblischer Sprache fast sagen –, beschließen die Eingeschlossenen, sich unter ihm durchzugraben. Dabei benutzt May einen verräterischen Begriff: „Je tiefer wir kamen, desto wahrscheinlicher wurde es, daß die Wände unserer Mine einstürzen würden" (508). Einer „Mine" gleich ist dieser unterirdische Gang, den man graben will, und es wird somit klar, daß man sich in einer ähnlichen Lage wie einst die Auswanderer im Quecksilberbergwerk befindet. Jede der Örtlichkeiten, die in *Satan und Ischariot* eine mehr als nur beiläufige Rolle spielen, scheint zum Gefängnis zu werden, zum unterirdischen Ort des Schreckens, an dem die Luft zum freien Atmen knapp wird und der Erstickungstod droht. Ganz wörtlich kommt es dann beinahe auch dazu: Der unter dem Stein den Gang vorwärtsgrabende Winnetou wird von nachrutschendem Sand verschüttet: In „höchster Angst" arbeiten sich Sir Emery und Old Shatterhand vor, um Winnetou vor dem Erstickungstod zu bewahren, und „zu meinem höchsten Entzücken" hört Old Shatterhand schließlich die Stimme des geretteten Winnetou (519).

Doch dies war nur eine Art Vorspiel. May gibt dem Erstickungsmotiv durch Dopplung besondere Prägnanz. Das gleiche Schicksal wie Winnetou steht nämlich noch einmal Old Shatterhand bevor, der den Apatschen beim Graben ablöst. Als direkt Betroffener erlebt er die Angst vor dem Erstickungstod nunmehr hautnah:

Da erhielt ich plötzlich einen schweren Schlag auf den Hinterkopf und einen ebensolchen auf die rechte Schulter. Eine schwere Last drückte mich von hinten nach vorn, mit der Brust in den festen Sand, sodaß ich fast nicht atmen konnte. Atmen? War denn überhaupt Luft da? Ich hatte das Gefühl, als ob ich mich in einem luftleeren Raume befände. [...] Von den beiden Gefährten war keine Hilfe zu erwarten. Ehe sie das Hindernis zu beseitigen vermochten, mußte ich erstickt sein. Nur nach oben konnte ich Rettung finden. Luft, Luft, Luft! Ich grub und kratzte; ich scharrte und bohrte mit beiden Händen. Ich achtete nicht darauf, daß der Sand, den ich loslöste, mir Mund, Augen, Nase und Ohren verstopfte. Weiter, immer weiter, gerade hinauf in entsetzlicher, fieberhafter, fast wahnwitziger Hast, und da, da – – ah, frische, freie Luft in die leere Lunge! Ich sog und sog sie ein; ich atmete mit Wonne (520f.).

Die Maysche Erzählkunst läuft zur Hochform auf; ganz unmittelbar, in erlebter Rede, läßt er uns an den existentiellen Ängsten des Erstickenden teilhaben, an der Grenzerfahrung, ganz nah am Schritt ins Jenseits. Den Tod vor Augen, erblickt der Ich-Erzähler um so dankbarer das erlösende „Licht des Tages", das soeben zu dämmern beginnt (522).

Existentielle Erfahrungen an der Grenze zum Tod treffen wir bei May ungewöhnlich häufig an.[35] Der unterirdische Gang, das unerwartete Hindernis auf dem Weg in die Freiheit, das die Luft zum Atmen knapp werden läßt – wir haben es hier nicht zum erstenmal gelesen. Bei der Befreiung Leïlets aus der Hand ihres Peinigers Abrahim-Arha in einer der frühesten Erzählungen Mays geschieht Ähnliches; dort ist es ein Wasserkanal, in dem der Erzähler, als er auf ein unerwartetes Hindernis trifft, fast erstickt.[36] Später arbeitete May die Novelle *Leïlet* in seinen großen Orientroman ein, und die dortige Fassung steht dem soeben geschilderten Erlebnis in der erzählerischen Verarbeitung sehr nahe.[37] Und nicht nur der Leser, auch der Erzähler erinnert sich an dieses frühere Erlebnis, denn nicht viel später im Roman, beim Verlassen des Yuma-Pueblos durch einen unterirdischen Wasserlauf, kommt er unvermittelt darauf zu sprechen („Ich mußte dabei lebhaft an einige frühere Ereignisse denken, welche dem jetzigen zwar ähnlich, aber viel gefährlicher gewesen waren. Um ein geraubtes Mädchen aus dem Harem zu retten, war ich einst in Aegypten in einen Kanal gedrungen", XXII 308) und ergänzt sogar: „Ein ganz ähnliches Ereignis hatte ich im Norden der Vereinigten Staaten erlebt" (309), ohne daß dieses Erlebnis sich im Werk konkretisieren ließe. Der zusätzliche Hinweis macht aber deutlich, wie grundlegend diese Erfahrung für den Autor Karl May ist. Der Gefangenschaft, dem Erstickungstod an solch bedrohlichem Ort entkommen zu sein, wird hier zum großen Befreiungserlebnis schlechthin, nahezu jede geschlossene Räumlichkeit wird zum Gefängnis, dem man entkommen muß. Nur die offene Landschaft, die freie Natur mit dem Himmel über dem Haupt verheißt wirkliche Freiheit, wahres Leben.

Die zutiefst bedrohlichen Erlebnisse sind offenbar noch nicht vollkommen verarbeitet; sie müssen im Roman erneut aufgegriffen und einer wahrhaft befreienden Lösung zugeführt werden. Und so geschieht Seltsames. Die zuvor vorgestellte Örtlichkeit, das ‚Haus das Besuches' in der afrikanischen Wüste, erhält ein amerikanisches Pendant. Immer noch auf der Jagd nach dem Millionendieb Jonathan Melton, sind Old Shatterhand, Winnetou und Sir Emery

Bothwell im Süden der USA unterwegs. Sie geraten in die Hände feindlicher Komantschen; diese wollen die Helden im Grab des einst von Old Shatterhand getöteten Häuptlings Atescha-Mu lebendig begraben:

> Am nördlichen Rande [des Tals], da, wo die Felsen am steilsten aufstiegen, befand sich die Spalte, in welcher wir damals den Häuptling begraben hatten. Sie war nicht groß, unten vielleicht nicht ganz sechs Fuß breit, und verjüngte sich so schnell, daß sie in Manneshöhe eine Breite von nur noch zwei Spannen betrug; von da aus ging sie in gleicher Breite in eine beträchtliche Höhe hinauf. Da sie in solcher Höhe unmöglich verschlossen werden konnte, so hatte die Luft Zutritt, und wenn wir wirklich hier eingesperrt werden sollten, so konnten wir [...] wenigstens nicht ersticken. Die Steinplatte, welche man vorgelegt hatte, war schwer und unten breiter als der Spalt; ihre Höhe betrug drei Ellen. (116)

Die Parallelen zum ‚Haus des Besuches' sind hier unverkennbar. Diesmal ist der ungastliche Felsspalt tatsächlich ein Grab; aber es zeigt sich bald, daß er hier keine Falle ist, in die man gelockt wird und in der man in Lebensgefahr gerät. Die Helden gehen, nachdem sie sich aus der Gefangenschaft der Komantschen befreit haben, freiwillig hinein; das Grab wird ihnen zur „Zufluchtsstätte" (126), an der man sie am wenigsten vermutet. Kein Erstickungstod droht den Helden hier; ja, der Ort des Todes – das Grab des Häuptlings, das auch ihnen zum Grab werden sollte – wird zum Ort der „Auferstehung", der endgültigen Befreiung und damit des Triumphes über den Gegner.

Der Kontrast von Tod und Leben wird noch verstärkt durch den das Grabmal des Häuptlings umgebenden Schauplatz. Man befindet sich nämlich im „Thal des Todes"[38]:

> Das Todesthal hatte seinen Namen [...], weil es in einer wie ausgestorbenen Gegend lag. [...] Das Thal hatte die Form und Gestalt eines eingesunkenen Kraters. Die Wände stiegen steil an und bestanden aus festem Gestein. Es gab nur einen Weg, um zu Pferde in den Kessel hinabzukommen [...]. Am nördlichen Rande drang ein kleines Wasser aus dem Boden; es schmeckte aber leicht nach Schwefel und verschwand bald wieder in der Erde, doch reichte es aus, einigen Kräutern und Gräsern das Leben zu fristen. (113)

Die Orte der Gefangenschaft und Todesdrohung gleichen sich: Talkessel ähnlicher Art umgaben bereits das trostlose Guaymas und die Felseninsel Almaden alto. Selbst der Schwefelgestank der Hölle, dem wir bereits in der Felsenburg begegneten, ist wieder vorhanden.

Doch etwas hat sich verändert und scheint bereits die positive Wendung der Geschehnisse um das Häuptlingsgrab anzukündigen:

Es gibt Wasser, Symbol des Lebens. Noch ist es aufgrund des Schwefels kaum genießbar, und es fließt auch so spärlich, daß es das Todestal nicht verläßt, sondern dort versickert. Aber immerhin hat es bereits so viel lebenspendende Kraft, daß sich die Vegetation begrünt.

Und diese Wendung der Dinge, die sich hier anbahnt, setzt sich fort. „Wieder ein Thalkessel!" ruft Winnetou aus (222), als man durch eine Felsenenge das Tal betritt, in dem Judiths Pueblo, ihr Felsenschloß, liegt. Mit seinen verworrenen Räumlichkeiten und dem unterirdischen Wasserlauf, der ins Freie führt, erinnert es in vielerlei Hinsicht an das Quecksilberbergwerk des ersten Romanteils. Und diese wohl eher im Unterbewußtsein residierende Verknüpfung scheint sich durch einen Lapsus Mays zu bestätigen: „Silverhill" – „Silberberg", dazu verändert sich ihm Judiths Name bei ihrem Wiedererscheinen im letzten Teil des Werkes und unterstreicht so die im Hintergrund immer noch bedrohlich präsente Felsenburg des Quecks*ilberberg*werks.

Die Ähnlichkeiten der beiden zentralen Örtlichkeiten im ersten und zweiten Romanteil sind in der Tat verblüffend. Über die Umgebung des Pueblos lesen wir: „Der Kessel hatte eine beinahe kreisrunde Form, und seine Felsenwände stiegen gerade wie Mauern völlig lotrecht in die Höhe. [...] Man sah, daß sich in früheren Zeiten eine große Steinmasse vom Felsen losgelöst hatte und in die Tiefe gestürzt war; die Brocken derselben hatte man zum Baue des Pueblo verwendet." (222f.) Auch von der die Felsenburg umgebenden Landschaft hieß es: „Die westliche Seite bildete eine lotrechte Fläche, deren Regelmäßigkeit nur an ihrem untern Teile, in der Mitte, unterbrochen wurde, denn dort lag der Block, welcher sich aus der Wand gelöst hatte und herabgestürzt war." (XXI 5) Die Erinnerung an Urgewalten ferner Vergangenheit, vielleicht gar Teufelswerk, wird evoziert, die „lotrechten" Wände verstärken „den Eindruck einer uneinnehmbaren Zwingburg" (XXII 223). Das Pueblo kann ob seiner Lage aber auch, wie der Erzähler sogleich bemerkt, den Bewohnern „zu einem wahren Gefängnisse werden, da es, wie wir deutlich sahen, nur einen einzigen Weg gab, auf dem sie ihn verlassen konnten, nämlich die schmale Felsenenge" (222).

Wie in Almaden alto gibt es auch innerhalb der Pueblos diverse Kammern und Räume, und hier wie dort gibt es einen Schacht, der in einen unterirdischen Gang hinabführt. Dieser eignet sich zur Unterbringung von Gefangenen: Waren es anfangs die deutschen

Aussiedler, so ist es hier der unglückliche deutsche Geiger Franz Vogel, den Old Shatterhand und Winnetou dort befreien müssen. Wiederum versucht man auch, den Helden den Wiederaufstieg aus der Unterwelt zu verwehren: In der Felsenburg zerschnitten die Indianerinnen die Seile des Förderkorbes, hier zieht Judith die nach unten führende Leiter empor. Der Ausweg gleicht sich ebenfalls: Ein unterirdischer Gang führt ins Freie und ermöglicht ein Entkommen.

Doch eines ist ganz anders. Schon beim Betreten des Felsenkessels erfahren wir, daß die Talsohle „gärtnerisch verwertet" werden kann (223f.), denn es gibt Wasser, eine „unterirdische Quelle" (224). Und auch in der Unterwelt findet sich Wasser zur Genüge (304). Ein mehrere hundert Jahre alter Kanal führt nach draußen und mündet in den Fluß außerhalb des Talkessels. Er dient nicht nur Jonathan Melton zur Flucht, sondern auch Old Shatterhand, Winnetou und Vogel benutzen ihn, um – nachdem ihnen Judith den Aufstieg im Pueblo, wie berichtet, unmöglich gemacht hat – wieder nach draußen zu gelangen. Beim Waten durch das Wasser, „welches mir nicht einmal bis an die Brust reichte" (308), erinnert sich der Erzähler an das Senitza-Abenteuer, wir erwähnten es bereits. Angesichts der so harmlosen Situation ist – wie er auch selbst feststellt – der Vergleich mit dem unterirdischen Kampf um Leben und Tod im zu Abraham Mamurs Haus führenden Kanal eigentlich kaum möglich. Wenn die Erinnerung hier dennoch aufkommt, so deutet sie eher auf die Verknüpfung all dieser unterirdischen Gänge mit dem Gedanken des Entkommens aus Gefangenschaft, aus Todesgefahr und Bedrängnis hin. In diesem letzten derartigen Abenteuer in *Satan und Ischariot* ist die Gefahr jedoch schon gebannt. Die Überwindung der Bedrohung fällt den Helden nunmehr leicht. Das reichlich vorhandene Wasser verspricht bereits Leben und Freiheit; endlich, nach vielfachen Anläufen, können ihnen diese Orte des Schreckens nichts mehr anhaben. Auch die in der Unterwelt herrschende Luft verschlägt ihnen nicht mehr den Atem: „Die Luft war schlecht, doch nicht so sehr, daß wir belästigt worden wären." (309)

Der ganze Roman erweist sich mit seinen Hetzjagden, mit seinem Wechselspiel von Gefangenschaft und Befreiung als eine ganze Serie von Anläufen, aus Orten der Bedrohung und des Todes zu entkommen. Hier am letzten großen Schauplatz des Werkes gelingt es schließlich. Was folgt, scheint für den Erzähler nur noch ein Kinderspiel zu sein; es läuft ab fast wie im Traum.

Wie anders präsentiert sich schon das nächste „Bauwerk", auf das Old Shatterhand stößt. Der „Weiße Felsen" erscheint zwar wie

„ein rundes Schloß mit weißen Mauern, Fenstern, Portalen, Säulen, Pfeilern, Treppen, Erkern und Türmen. Ihr denkt, ein berühmter Architekt müsse es gebaut haben, und doch ist es nur ein natürlicher Felsen, ein weißer Kalkstein, aus welchem der Regen das alles nach und nach herausgearbeitet hat. Längs des natürlichen Schlosses läuft das Flüßchen hin, welches auf der einen Seite den Felsen berührt" (383f.).

Wer fühlt sich nicht an das Märchenschloß Neuschwanstein des Bayernkönigs Ludwig II. erinnert? Dieses Schloß ist in geradezu idealtypischer Weise ein positives Gegenbild zur von dunklen Kräften der Urzeit geformten, wasserlosen Felsenburg; deren Schrecken sind Vergangenheit, sind hellem Weiß und lebensspendendem Wasser gewichen.

Nun gelingt Old Shatterhand alles. Er rettet das Millionenvermögen der Vogels in kluger Vorausschau vor der Vernichtung durch Jonathan Melton; diesen nimmt er nun ohne Schwierigkeiten gefangen, und auch die feindlichen Yumas werden auf der „Platte des Cañons" dank einer taktischen Meisterleistung besiegt. Selbst ein gefährlicher Sturz kann Old Shatterhands Tatendrang nicht bremsen. Als er endlich einmal zur Ruhe kommt, ist es dann an der Zeit für ihn, Rückschau zu halten und zum Anfang, zum Aufenthalt in Guaymas zurückzublicken. In freier Wildnis ruht er allein in der Nacht:

Die Hände unter dem Kopfe und die Augen gen Himmel gerichtet, an welchem die Sterne jetzt wieder erschienen, da das Gewölk im Westen verschwunden war, dachte ich an all die Ereignisse von jenem Tage an, an welchem ich Harry Melton, den Ermordeten, in Guaymas zum erstenmal gesehen hatte. Welche Ereignisse, welche Sorgen, Mühen, Enttäuschungen und Gefahren lagen zwischen jenem Tage und dem heutigen Abend! Die Lehre aus allem, allem, was ich in dieser Zeit erfahren und erlebt hatte, bestand in den wenigen und doch so schwerwiegenden Worten: Bewahre dir allezeit ein gutes Gewissen! (524)

So ist denn alles zum Besten gewendet, und die Erzählung kann sich noch einmal, nunmehr endgültig, der Heimat zuwenden. Jetzt aber ist es „die rechte Heimat" (615), die der Erzähler uns am Romanende präsentiert. Wie es bereits mehrfach in *Satan und Ischariot* zu beobachten gewesen ist, geschieht auch dies in einer Art Dopplung. Die Geschwister Vogel, durch die Hunter-Erbschaft reich geworden, sind nach Deutschland zurückgekehrt. Franz Vogel bietet für „[b]egabte Kinder armer, braver Eltern" (613) unentgeltlich Pension und Ausbildung an. In Erinnerung an das eigene

Schicksal – und auch dasjenige des Autors – hat er diese Einrichtung geschaffen. Seine Schwester Martha aber hat, wie es sich für das Ende eines May-Romans gehört, hoch oben – „droben in einem Gebirgsdörfchen" (613) – eine „Heimat für Verlassene" eingerichtet und ist zum „Engel der Witwen und Waisen und aller Art von Verlassenen" geworden (614).[39]

Ein „schönes und beruhigendes Wort" (615) nennt der Erzähler den Namen dieser „Heimat für Verlassene" und läßt uns wie zuvor Old Shatterhand an Guaymas, „den traurigsten Ort der Erde", zurückdenken. May weiß dem karitativen Engagement der Vogels auf den letzten Seiten des Romans durchaus eine überzeugende christliche Begründung zu geben, die, wie Oliver Gross nachgewiesen hat, sich aus der pietistischen Tradition speist.[40] Wenn also die im Romanschluß zum Ausdruck kommende Religiosität echt empfunden ist, so ist ansonsten doch Mojems Kritik, zumindest für den heutigen Geschmack, zuzustimmen[41]; der Romanschluß ist in der Tat sentimental und auch wohl schwülstig zu nennen. Dieses Romanende ist gut gemeint, aber wohl letztlich mißlungen. Nichtsdestotrotz steht es aber auch, wie Rudi Schweikert dargelegt hat, in einer bekannten literarischen Tradition epilogischer Erzählschlüsse.[42] Gerade in der erzählenden Literatur gingen Autoren zudem recht häufig auf die Lesererwartungen nach einem mehr oder weniger sentimentalen glücklichen Ende ein; auch in dieser Tradition steht May hier sicherlich.[43]

Der Abschluß von *Satan und Ischariot* drückt somit – angesichts einer vom Autor wie wohl auch von seinem Publikum als in mehrfacher Hinsicht bedrohlich empfundenen Umwelt – die Sehnsucht nach einer heilen und glücklichen Welt aus, die sich May nur an einem Ort vorstellen konnte, der wahre Heimat ist. Alle Reisen in die ferne Welt Amerikas und Afrikas vermögen sie ihm nicht zu ersetzen; überall fehlt das Gefühl, wahrhaft zu Hause zu sein. Heimatlosigkeit in der zunehmend vom Kapitalismus geprägten Welt ist eines der Gefühle, welche letztlich zur Heimat zurückführen. Genauso aber wird die Welt als lieb- und mitleidlos empfunden, macht das Scheinchristentum vieler Menschen den Mitmenschen das Leben zur Hölle. Beides mag, verstärkt durch persönliche Erfahrungen Mays, dazu beigetragen haben, daß dort, wo ‚Satan' und ‚Ischariot' herrschen, Gefangenschaft und Tod angesiedelt sind. Symbolisch spiegeln sich diese Empfindungen in Trockenheit, Wüstencharakter und Wasserlosigkeit der Schauplätze, in der Verworrenheit unterirdischer Gänge und der Trostlosigkeit lichtloser Gefängnisse. All diese Eindrücke kulminieren in dem dominanten und eindrucksvoll-schaurigen, symbolbeladenen Bild der Felsenburg. Erste Anzeichen des Spätwerkstils Karl Mays deuten sich hier an, wie bereits Mojem konstatierte.[44] *Satan und Ischariot* ist ein Roman des Übergangs, in dem verschiedene Welten aufeinandertreffen, ohne miteinander versöhnt werden zu können. Das Ende erweist sich als allzu künstlich. Aber immerhin kann May im symbolischen Spiel mit den Gebäuden des Romans eine Entwicklung andeuten, die von todesverheißender Trostlosigkeit über kathartische Unterwelterfahrung hin zum lebenshellen, wassergeformten Traumschloß führt und die es ihm ermöglicht, bereits hier die Kraft symbolischer Schreibweise zaghaft zu erproben.

Anmerkungen

1 Walther Ilmer: *Einführung* zu Karl May: *Krüger Bei / Die Jagd auf den Millionendieb* (Hausschatz-Reprint). Hamburg, Regensburg 1980, S. 2-10 (2).
2 Rudi Schweikert: *Artistisches Erzählen bei Karl May: „Felsenburg" einst und jetzt. Der erste Teil der ‚Satan und Ischariot'-Trilogie vor dem Hintergrund des ersten Teils der ‚Wunderlichen Fata' von Johann Gottfried Schnabel – und ein Seitenblick auf Ernst Willkomms ‚Die Europamüden'.* In: JbKMG 1992, S. 238-276 (242).
3 Ebd., S. 243.
4 Vgl. z. B. Hartmut Kühne: Werkartikel zu *Satan und Ischariot I-III*. In: *Karl-May-Handbuch*, hg. v. Gert Ueding. Stuttgart 1987, S. 259-266: „Der allgemeine Kontext zur Kolportage-Struktur tritt entscheidend hervor" (S. 264), sowie auch Christoph F. Lorenz: *Von der Messingstadt zur Stadt der Toten. Bildlichkeit und literarische Tradition von „Ardistan und Dschinnistan"*. In: *Karl May*, hg. v. Heinz Ludwig Arnold. Sonderband text + kritik. München 1987, S. 222-243 (227), und Joachim Biermann: *Die wahre Judith. Motivverwandtschaften zwischen dem „Verlorenen Sohn" und „Satan und Ischariot"*. In: MKMG 48 (1981), S. 23-25.
5 Trotz der Verteilung des Werkes auf drei Bände ist die Handlungskonzeption von *Satan und Ischariot* eindeutig zweiteilig angelegt; vgl. dazu Kühne [Anm. 4], S. 259.
6 Regina Hartmann: *Blockhaus und Sennhütte. Behaustheitsphantasien bei Karl May und Ludwig Ganghofer im Kontext zeitgenössischer Befindlichkeit*. In: JbKMG 1994, S. 143-159 (149).
7 Ebd., S. 151.
8 Ebd., S. 152.
9 Ebd., S. 156.
10 Zu dem hier in knappen Zügen aufgezeigten historisch-gesellschaftlichen Hintergrund von Mays Abenteuererzählungen vgl. nochmals

Hartmann [Anm. 6], passim, sowie auch Jochen Schulte-Sasse: *Karl Mays Amerika-Exotik und deutsche Wirklichkeit. Zur sozialpsychologischen Funktion von Trivialliteratur im wilhelminischen Deutschland.* In: Karl May, hg. v. Helmut Schmiedt. Frankfurt/M. 1983, S. 101-129, der Mays Werke in diesem Zusammenhang etwa als „rückwärtsgewandte Utopien" einordnet (S. 124) und darin die „Sehnsüchte nach einer stimmigen und konfliktlosen vorindustriellen Welt" ihr Ziel finden sieht (S. 125).

11 Als Beispiel sei hier der Handlungsbeginn in Mays Erzählung *Der Scout* auszugsweise zitiert; es handelt sich um des Erzählers Ankunft in New Orleans: „Ich befand mich zum ersten Male im Süden des Landes, und also fiel mir der Unterschied zwischen dem Treiben von New-York und New-Orleans doppelt auf. [...] Da sind alle möglichen Gesichtsfarben vom krankhaft gelblichen Weiß bis zum tiefsten Negerschwarz vertreten. Leierkastenmänner, ambulante Sänger und Guitarrespieler produziren ihre ohrenzerreißenden Leistungen. Männer schreien, und Frauen kreischen; hier zerrt ein zorniger Matrose einen scheltenden Chinesen am Zopfe hinter sich her; dort balgen sich zwei Neger, von einem Kreise lachender Zuschauer umgeben. [...] Am Hafen geht es natürlich am regsten zu. Da wimmelt es förmlich von Schiffen und Fahrzeugen aller Arten und Größen. Da liegen riesige Wollballen und Fäßer aufgestapelt, zwischen denen sich Hunderte von Arbeitern bewegen." (Karl May: *Der Scout. Reiseerlebniß in Mexico.* In: Deutscher Hausschatz in Wort und Bild, Jg. 15 [1888/89], S. 171; Hausschatz-Reprint *Der Scout – Deadly Dust – Ave Maria*, Hamburg, Regensburg [2]1997, S. 20).

12 Vgl. dazu Schulte-Sasse [Anm. 10], besonders S. 104.

13 Ebd., S. 110.

14 Helmut Mojem: *Karl May: Satan und Ischariot. Über die Besonderheit eines Abenteuerromans mit religiösen Motiven.* In: JbKMG 1989, S. 84-100 (95).

15 Ebd., S. 97.

16 Ebd., S. 88.

17 Helmut Schmiedt: *Identitätsprobleme. Was ‚Satan und Ischariot' im Innersten zusammenhält.* In: JbKMG 1996, S. 247-265 (256).

18 Vgl. Mojem [Anm. 14], S. 88.

19 Noch deutlicher als in der Gestalt Harry Meltons wird ein solches Scheinchristentum in der Figur des ‚frommen' August Seidelmann in Karl Mays Roman *Der verlorne Sohn* gegeißelt, die mit Fug und Recht als Vorbild für den Mormonen gelten kann, besonders wenn man sich die Parallelität der Personenkonstellation August Seidelmann nebst Bruder und Sohn Fritz einerseits und Harry Melton nebst Bruder Thomas und Sohn Jonathan andererseits vor Augen hält.

20 Vgl. dazu auch Oliver Gross: *Old Shatterhands Glaube. Christentumsverständnis und Frömmigkeit Karl Mays in ausgewählten Reiseerzählungen.* Husum 1999, S. 91-101.

21 Schmiedt [Anm. 17], S. 256.

22 *Winnetou I*, 1893, unmittelbar nach der *Felsenburg* verfaßt, greift dieses Thema in markanter Weise auf: Der Bau der Eisenbahnlinie quer durch den Kontinent zur Pazifikküste hin zeigt das Ausgreifen der USA gen Westen exemplarisch auf. Die ganze Erzählung ist als ‚Schwanengesang‘ auf die mit dem Wilden Westen untergehende indianische Rasse konzipiert. Die biberfangende Trappergesellschaft früher Erzählungen dagegen, etwa im 1875 erstveröffentlichten *Old Firehand*, war ja eigentlich in deren Entstehungszeit bereits ein Anachronismus und ist eher vor dem Hintergrund der Verhältnisse in der ersten Hälfte des 19. Jahrhunderts zu sehen.
23 Schweikert [Anm. 2], S. 265.
24 Vgl. ebd., S. 243.
25 Zu dem Motivkomplex Insel/Gefangenschaft vgl. auch Joachim Biermann/Ingmar Winter: *Die Insel als Topos im Werk Karl Mays*. SoKMG 79 (1988), zur „Felseninsel" besonders S. 12.
26 Lorenz [Anm. 4], S. 235.
27 „Wir erblickten Häuserleichen [...]. Da, wo sie in größerer Menge zu sehen waren, zeigte es sich immer, daß es früher hier einen Bach, ein Flüßchen oder sonst ein fließendes oder auch nur stehendes Wasser gegeben hatte. Diese Leichen waren entweder nur teilweise oder auch ganz erhalten. [...] Die lange Dauer ihres Verlassenseins wurde dem Beschauer erst dann klar, wenn er stunden- und immer wieder stundenlang sich vergeblich bemühte, einen Baum, einen Strauch, ein Kraut oder auch nur einen einzigen Grashalm zu entdecken. Freilich, Bäume gab es gar wohl, [...] aber sie waren eben auch nur Leichen." (XXXII 280f.) – Dieses kurze Zitat aus *Ardistan und Dschinnistan* gibt nur einen ersten Eindruck der „gespenstischen" Szene in der Stadt der Toten, vermag aber doch zu verdeutlichen, wie sich die Beschreibungen der zerstörten Hazienda del Arroyo und von Almaden alto und seiner Umgebung hier zu einem Bild des Schreckens verdichten.
28 Man vergleiche damit etwa die unterirdische Gefängniswelt, die May im letzten Teil von *Der Weg zum Glück* beschreibt: In einer Hütte auf einer Insel bei Triest „fehlte der vierte Theil des Bodens derselben. Er hing wie eine Thür nach unten, und man sah eine Leiter, welche in ein tiefes Loch führte. Triest liegt am Karst, einem Gebirge, welches durch seine außerordentlich vielen Höhlungen berühmt ist. Die Insel war der Ausgang einer solchen, und das war von früheren Besitzern derselben geschickt genutzt worden. [...] Die Beiden stiegen weit hinab. Dann kamen sie in einen engen, niedrigen Gang. [...] Nach einiger Zeit wurde es hell vor ihnen. Der Gang erweiterte sich zu einem hohen Felsenspalt, welcher durch eine Lampe erleuchtet war. Hier gab es mehrere Thüren, welche durch starke, eiserne Riegel verschlossen waren." Später lesen wir noch über das Gemach, in dem Mädchenhändler ihre Opfer gefangenhalten: „Er schob die Riegel zurück und öffnete. Er sah ein kellerartiges Gemach, ganz in Felsen eingehauen. Von der Decke hing eine brennende Lampe. [...] Es war ein erdrückender Dunst in dem Gewölbe". Zitiert nach: Karl May: *Der Weg zum Glück. Roman aus dem Leben Ludwig des Zweiten*. Band VI (Reprografischer

Nachdruck der Ausgabe Dresden 1886-1887). Hildesheim, New York 1971, S. 2446 u. S. 2459. Interessant ist zudem, daß der Erzähler in *Satan und Ischariot* sich an den Gestank auf einem Auswandererschiff erinnert fühlt: Die Mädchen auf der Gefängnisinsel bei Triest wurden nämlich mit dem Versprechen dorthin gelockt, ihnen die Auswanderung nach Amerika zu ermöglichen.

29 Bereits Wolf-Dieter Bach wies darauf hin: *Fluchtlandschaften*. In: JbKMG 1971, S. 39-73 (53).

30 Vgl. auch Kurt H. Schenk: *„Ich der Proletarier" sagte Karl May*. In: MKMG 19 (1974), S. 14-16.

31 Vgl. dazu Ilmer [Anm. 1], S. 3.

32 Dieses Motiv griff May praktisch gleichzeitig auf, um es zum Zentralthema einer kompletten Erzählung zu machen: *Der Oelprinz* entstand ebenfalls im Jahr 1893.

33 Ob May sich der Parallele zu dem fiktiven Palast Konrad Werners bewußt war, als er nur wenig mehr als ein Jahr nach Abfassung von *Krüger Bei* seinem neuen Domizil, der *Villa Shatterhand*, den Namen in Goldlettern an die Außenwand schreiben ließ? Der durch die Fehsenfeld-Veröffentlichungen seiner Werke zu Reichtum gelangte Renommist Karl May trug durchaus Züge auch dieser negativen Gestalt seines geträumten Kosmos.

34 Vgl. das *Nachwort* Roland Schmids zu Karl May: *Satan und Ischariot III*. Reprint Bamberg 1983, S. N7.

35 Der Roman *Am Jenseits* (1899) steht schließlich sogar ganz im Zeichen der Todesnähe. Vgl. dazu Eckard Etzold: *Karl May: Am Ort der Sichtung. Ein literarisches Todesnähe-Erlebnis*. SoKMG 81 (1989).

36 Vgl. M. Gisela (d. i. Karl May): *Leïlet*. In: Feierstunden am häuslichen Heerde, Jg. 1 (1876/77), H. 1-5 (Reprint der Karl-May-Gesellschaft Hamburg, Regensburg 1994), S. 26.

37 „Zurück konnte ich nicht mehr, denn ehe ich die Stelle zu erreichen vermochte, wo die höhere Wölbung des Kanals mir gestattet hätte, emporzutauchen und Atem zu schöpfen, war ich jedenfalls schon erstickt [...]. Hier gab es freilich nur zwei Fälle: entweder es gelang mir, hindurchzukommen, oder ich mußte elend ertrinken. Es war kein Augenblick zu verlieren. Ich stemmte mich gegen das Blech – vergebens; ich drückte und preßte mit aller Gewalt dagegen, doch ohne Erfolg. [...] Ich hatte nur noch Luft und Kraft für eine Sekunde; es war mir, als wolle eine fürchterliche Gewalt mir die Lunge zerbersten und den Körper zersprengen – noch eine letzte, die allerletzte Anstrengung; Herr Gott im Himmel, hilf, daß es mir gelingt! Ich fühle den Tod mit nasser, eisiger Hand nach meinem Herzen greifen; er packt es mit grausamer, unerbittlicher Faust und drückt es vernichtend zusammen; die Pulse stocken, die Besinnung schwindet, die Seele sträubt sich mit aller Gewalt gegen das Entsetzliche, eine krampfhafte, tödliche Expansion dehnt die erstarrenden Sehnen und Muskeln aus – ich höre einen Krach, kein Geräusch, aber der Kampf des Todes hat vermocht, was dem Leben nicht gelingen wollte – das Sieb weicht, es geht aus

den Fugen, ich fuhr empor. Ein langer, langer, tiefer Atemzug, der mir augenblicklich das Leben wiederbrachte" (I 140f.).
38 Wir erinnern uns an ein ähnliches Todestal, in dem in *Deutsche Herzen, deutsche Helden* das Quecksilberbergwerk gelegen ist. Die Örtlichkeiten beider Romane, ebenso der globale Charakter der Reisewege der Helden, bestätigen die vielfältigen thematischen Verknüpfungen mit *Satan und Ischariot*.
39 Wie so manches Motiv in *Satan und Ischariot*, so erscheint auch dieser Gedanke in einem der Kolportageromane Mays vorgeprägt: In *Die Liebe des Ulanen* ist es Agnes Lemartel, die „Tochter des Lumpenkönigs", der es – wie wir auf einer der letzten Seiten des Romans erfahren – mit von der Familie Königsau zur Verfügung gestellten finanziellen Mittel möglich gewesen ist, „ein Asyl für Obdachlose zu gründen, dessen Verwaltung sie ihr Leben weiht" (Karl May: *Die Liebe des Ulanen. Fünfter Band.* Bargfeld 1994 [*Karl Mays Werke*, hg. v. Hermann Wiedenroth u. Hans Wollschläger. Abt. II, Bd. 23], S. 2523).
40 Gross [Anm. 20], S. 148f.
41 Mojem [Anm. 14], S. 98.
42 Rudi Schweikert: *Karl Mays Verwendung von Erzähltopoi (I): Was machen die Gestalten jetzt. Der präsentische Epilog und seine Variante als Erzählschluß.* In: MKMG 117 (1998), S. 41-44.
43 Schweikert verweist in seinem Beitrag [Anm. 42] unter anderem auch auf Charles Dickens. Dessen Praxis mag auch hier als Beispiel dienen. Dickens veränderte den ursprünglich düsteren Schluß seines Romans *Great Expectations* zu einem etwas sentimentalen glücklichen Abschluß, um dem Publikumsgeschmack entgegenzukommen: „I have put in as pretty a little piece of writing as I could, and I have no doubt the story will be more acceptable through this alteration." Zitiert nach dem Anhang zu Charles Dickens: *Great Expectations*, hg. von Angus Calder. Harmondsworth 1965, S. 494.
44 Mojem [Anm. 14], S. 100.

Gudrun Keindorf

Schöne Männer und schmutzige Frauen

Physiognomische Phänomene als Elemente der Charakterbildung in Karl Mays ‚Satan und Ischariot'

Physiognomik ist ein „die Beziehung zwischen der Gestaltung des menschlichen Körpers und des Charakters behandelndes Teilgebiet der Ausdruckspsychologie und die darauf gründende Lehre von der Fähigkeit, aus der Physiognomie auf innere Eigenschaften zu schließen".[1] Die Prämisse der Physiognomik besteht in der Vorstellung, daß die Seele bzw. der Charakter das Äußere des Menschen prägt; dem Grundsatz folgend, daß gleiche Ursachen gleiche Wirkungen produzieren, rufen also gleiche charakterliche Eigenschaften bei unterschiedlichen Personen identische körperliche Reaktionen hervor. So einfach diese Überlegung klingt, so schwierig ist eine wissenschaftlich haltbare Auswertung der beobachteten Phänomene.

Es kann nicht Ziel dieses Beitrages sein, einen neuerlichen Abriß der Geschichte der Physiognomik[2] von den Aristoteles zugeschriebenen Schriften über spätmittelalterlich/frühneuzeitliche Adaptionen[3] zu Lavater[4], Engel[5], Lichtenberg[6], Fülleborn[7], Humboldt[8] u.a., über Bühlers Ausdruckstheorie[9], rassistische Auswüchse während der NS-Zeit[10] bis in die Gegenwart zu liefern.[11] Es reicht in diesem Zusammenhang aus, darauf hinzuweisen, daß die Physiognomik im aufklärerischen Kontext des 18. Jahrhunderts in den Rang einer Wissenschaft gehoben werden sollte (Lavater, Engel). Auch die Gegner dieser Versuche, wie z. B. Lichtenberg, stritten nicht die Grundprämissen der Physiognomik ab, sie bezweifelten jedoch die wissenschaftliche Bearbeitbarkeit. Käuser urteilt:

Der Vorgang, in dem einerseits das physiognomische Phänomen in neuer Weise für wissenschaftsfähig erklärt wird und andererseits die Versuche, etwa Lavaters, dieser Wissenschaftlichkeit zu genügen, in nahezu einhelliger Ablehnung der Zeitgenossen für unbefriedigend erklärt werden, hat eigentümliche Umgangsweisen mit dem Phänomen zur Folge. [...] Die theoriefähigen Aussagen, welche physignomische Theorie im 18. Jahrhundert über ihren Gegenstand machen kann, erstarren zu einem Repertoire redundanter Formeln.[12]

Das größte Problem der Physiognomik im 18. und auch noch im 19. Jahrhundert bestand, neben der Sammlung genügend großer

Samples, deren Untersuchungen auch statistisch haltbar wären, vor allem in der Übersetzung nonverbaler Ausdrucksformen in wissenschaftliche Nomenklatur. Während die wissenschaftstheoretischen Ansätze der Physiognomik in dieser Zeit großflächig stagnierten, erfolgte eine Übertragung der physiognomischen Kanons in die Literatur.[13]

Der physiognomische Diskurs hat im 19. Jahrhundert zeitliche Schwerpunkte um 1800 und um 1865 und ist durch das jeweilige Wiederentdecken älterer Schriften gekennzeichnet. Aus diesem Grund erscheint es durchaus legitim, sich im Zusammenhang mit Karl Mays *Satan und Ischariot* darauf zu konzentrieren, in welcher Form physiognomische Phänomene Anteil an der Charakterisierung der handelnden Personen haben. Auf den Versuch, herauszuarbeiten, woher May seine physiognomischen Kenntnisse hat, wird dabei verzichtet. Konsequenterweise geht es auch nicht um die Frage der Richtigkeit Payscher Aussagen, sondern um die Konstruktionsvorgänge an sich. Hierbei wird zu fragen sein, ob der Hierarchie der handelnden Personen (im Sinne von Wichtigkeit für die Handlungsführung) eine korrespondierende Hierarchie der physiognomischen Ausführungen zur Seite gestellt werden kann. Ob die Frage: ‚Wer wird wann, warum, wie ausführlich dargestellt?' vollständig beantwortbar ist, wird sich im Laufe der Untersuchung zeigen. Die Ansätze von Winter und Henkel in bezug auf Old Wabble[14] in *Old Surehand* belegen durch ihr Ergebnis, daß der Versuch durchaus lohnend ist.

In Anlehnung an Käuser werden unter ‚physiognomischen Phänomenen' zunächst „alle Formen von körperlichem Ausdruck und körperlicher Sprache verstanden, sowohl Gestik als auch Mimik, sowohl Gesichtsphysiognomie als auch Gebärdensprache".[15] Dabei sind die Besonderheiten der literarischen Umsetzung von physiognomischen Daten zu beachten: Ein Schriftsteller ist kein Wissenschaftler, der Befunde erhebt, sondern jemand, der bestimmte Elemente deshalb beschreibt, weil sie ihm für die Handlungsführung und/oder die Charakterisierung einer fiktiven Person dienlich sind.

Aus diesem Grund kann auch nicht von einer ‚physiognomischen Theorie' ausgegangen werden, die voraussetzen würde, daß dem Autor ein entsprechendes umfangreiches Fachwissen nachgewiesen werden könnte. Da May, wie Henkel und Winter herausgestellt haben, der Physiognomik mit durchaus zwiespältigen Gefühlen gegenüberstand[16], da er ferner kein ausgesprochen physiognomisches Werk in seiner Bibliothek besaß, ist anzunehmen, daß sein Wissen eher unsystematisch zusammengetragen, sprich: dem zeitgenössischen Diskurs entnommen ist, als daß es einem systematischem Studium der Sekundärliteratur entstammt.

Ein Bereich dieses Diskurses läßt sich allerdings festmachen, nämlich Mays Erfahrungen mit dem Polizeiapparat. Seit Heinroth 1833 seine *Grundzüge der Criminal-Psychologie* veröffentlichte[17], bekam die traditionelle Entsprechung von innerem Wesen des Verbrechers und seiner äußeren Erscheinung eine theoretische Dimension. Martin Stingelin skizziert diese Entwicklung wie folgt:

> Heinroths Beweislehre erschöpft sich im Grunde in einer Anleitung zur korrekten Lektüre dieser Zeichen, einer *„Physiognomik der Schuld"*. Der sogenannte psychologisch-tatsächliche Schuldbeweis ist erbracht, wenn sich die Entsprechungen zwischen der äußeren Erscheinung des Verdächtigen und seinem inneren Wesen so weit verdichtet haben, daß sie „den Charakter der *anschaulichen Evidenz* und folglich der Gewißheit" annehmen. [...] Nichts belebt die Erscheinung des Verbrechers in der zweiten Hälfte des 19. Jahrhunderts mehr als der Wettkampf zwischen der Leucht- und der Beweiskraft seines Bildes. Legionen von illustrativen Darstellungen des Verbrechers halten Einzug in die wissenschaftliche Literatur vom Verbrecher, die mit der Kriminialberichterstattung und der Kriminalliteratur in einem symbiotischen Wechselverhältnis steht.[18]

Ohne auf die ‚criminal-psychologische' Bewertung Mays durch die Polizei einzugehen, die sicher aus den Gerichtsunterlagen sowohl der Straftäterzeit als auch der späteren Prozesse abzuleiten wäre, soll nur kurz darauf hingewiesen werden, daß die Erfahrungen mit polizeilichen Vernehmungstechniken und Bewertungskriterien wohl kaum ohne Reflex auf Mays physiognomischen Wissensstand geblieben sind, wie auch die ‚Haussuchung' in Harry Meltons Wohnung in Almaden alto belegt:

> Jeder Kriminalbeamte weiß, daß bei einer Haussuchung der Gesichtsausdruck und die Augen des Betreffenden als beinahe sichere Wegweiser dienen. [...] Ich that so, als ob ich meine ganze Aufmerksamkeit ausschließlich auf seine [d. i. der Mimbrenjo-Knabe] Bewegungen richtete, behielt aber Melton fest im Auge. [...] Er beobachtete den Mimbrenjo mit sehr zuversichtlichen Blicken; aber diese Zuversicht schien desto geringer zu werden, je näher der Rote dem Lager kam. [...] Er wendete sich ab, und sogleich nahmen die Züge Meltons den Ausdruck der Befriedigung an. (XXI 59)

Seit Lavater wird zwischen Physiognomik und Pathognomik unterschieden; gemeint ist eine Trennung zwischen dem bewegten und dem unbewegten Körper. Dieser Versuch einer wissenschaftlichen Klassifizierung erscheint für die Untersuchung einer literarischen Quelle unbrauchbar, da die Personen, speziell im Falle Mays, wesentlich durch ihre Handlungen gekennzeichnet sind. Zwar betrachtet der Ich-Erzähler das Gesicht seines Gegenübers auch im Ruhezustand, doch ist die Charakterisierung der Personen außer durch die physiognomischen, ‚natürlichen' Phänomene auch durch die ‚persönlichen' Phänomene gekennzeichnet. Damit sind diejenigen äußeren Elemente der Selbstdarstellung gemeint, die durch die Person selbst beeinflußbar sind. Dieser Aspekt ist insbesondere in *Satan und Ischariot* von großer Bedeutung, denn dieser Roman lebt vom Maskenspiel seiner Helden, von List und Aberlist.[19] Zu diesem Bereich zählen Kleidung und Hygiene, aber auch die Angewohnheit stehender Redewendungen oder Verhaltensweisen sowie die Körpersprache. Hier ist der Berührungspunkt zwischen ‚natürlichen' und ‚persönlichen' physiognomischen Phänomenen zu finden, der zugleich die Grenze wissenschaftlicher Beweisbarkeit darstellt.[20] Doch wie oben erwähnt, geht es hier nicht um die Richtigkeit Mayscher Aussagen im Sinne wissenschaftlicher Haltbarkeit, sondern um die Konstruktionsprinzipien der Charaktere.

*

Freilich war der Eindruck, welchen ich auf oder in Guaymas machen mußte, kein besserer als derjenige, welchen die Stadt auf mich machte, denn ich hatte keineswegs das Aussehen eines Gentleman oder, wie man dort sagt, eines Caballero. Mein Anzug, für welchen ich vor meiner Abreise in San Franzisko achtzig Dollars bezahlt hatte, war nach und nach in eine solche Zerfahrenheit geraten, daß verschiedene Gegenden meiner Person viel sichtbarer waren als der Stoff, dem ich ihre Bedeckung anvertraut hatte. Auch die Fußbekleidung war bei der vollständigen Erschöpfung ihrer Kräfte angelangt. Rechts hatte ich den ganzen Absatz verloren; links war mir der halbe geblieben, und wenn ich vorn die offenherzigen Spitzen betrachtete, so mußte ich, ich mochte wollen oder nicht, an aufgesperrte Entenschnäbel denken. Und nun gar der Hut! In glücklicheren Zeiten Sombrero, das heißt Schattenspender, genannt, hatte er jetzt verräterischerweise auf diese Ehrentitulatur vollständig Verzicht geleistet. Die erst so breite Krämpe war, ich kann selbst heute noch nicht sagen, auf welche Weise und aus welcher Veranlassung, nach und nach immer abwesender geworden, und das, was mir als treues Ueberbleibsel nun auf dem Kopfe saß, hatte die Form eines türkischen Fez und hätte sich, aufrichtig gestanden, ganz vortrefflich zum Tintenseiher geeignet. Nur der lederne Gürtel, mein langjähriger Begleiter, hatte auch diesmal seine unerschütterliche Charakterfestigkeit bewiesen. Von Teint, Frisur und andern Intimitäten zu sprechen, würde diejenige Achtung verletzen, welche man seiner eigenen Person unter allen Umständen zu widmen hat. (XX 3f.)

Mit diesen Worten beschreibt der Ich-Erzähler seine Person bei der Ankunft in Guaymas, genauer gesagt, er beschreibt das, was oben als ‚persönliche Phänomene' bezeichnet wurde. Daß die ‚natürlichen Phänomene' nicht beschrieben werden, hat zum einen den Grund darin, daß der Ich-Erzähler schlecht selbst seine Charaktereigenschaften beschreiben kann; derartige Erläuterungen kann der Autor nur Dritten in den Mund legen, also anderen handelnden Personen, die den Ich-Erzähler beobachten, so z. B. die gerettete Elateh in der tunesischen Wüste:

„Sieh mich an! Habe ich das Gesicht eines Menschen, vor welchem du dich fürchten mußt?"
„Nein," antwortete sie lächelnd. „Dein Auge blickt freundlich, und dein Gesicht ist mild und gut. Vor dir fürchte ich mich nicht, desto mehr aber vor den Soldaten." (XXI 342)

Ähnlich reagiert eine Pueblo-Indianerin auf Old Shatterhand:

„Du siehst nicht aus wie ein so böser Mann und bist freundlich mit uns gewesen. Darum habe ich mich fortgeschlichen, um dich zu retten." (XXII 177)

Durch die ironische Brechung der Passage („aufgesperrte Entenschnäbel", „Tintenseiher" etc.) kokettiert der Ich-Erzähler nicht nur mit seiner eigenen Person, denn der schlechte äußere Zustand ist auf höhere Gewalt (Verlust des Pferdes und daraus resultierender langer Fußmarsch), nicht auf ein hygienisches Desinteresse zurückzuführen, sondern auch mit dem Leser, der seinen Erzähler im Idealfall schon 19 Bände lang in einem anderen Habitus kennt. Ähnlich ist die Beschreibung Will Dunkers zu sehen, der sein derangiertes Äußeres einem Indianerüberfall verdankt:

Der Wildkirschenstrauch bewegte sich, und es trat ein sehr langer und dürrer Mensch heraus, dessen Anzug ihm in Fetzen um die Glieder hing. Sein Kopf war unbedeckt, und in der Hand hielt er einen starken Knüttel. Hätte sich der Mann auf einer deutschen Landstraße sehen lassen, er wäre auf der Stelle als Stromer und Vagabund arretiert worden. (XXII 375)

Der erste Kontakt des Ich-Erzählers mit einer anderen Person ist die mit einem Stichwortgeber, einer Person, die nur einmal auftaucht, weil der Ich-Erzähler eine Information benötigt, und die entsprechend nicht näher beschrieben wird. Wir erfahren, daß es sich um einen „Mann" (XX 4) handelt, den ‚Escribano' (Stadtschreiber) des Ortes:

Er warf sich bei der Nennung seines wichtigen Amtes in die Brust und betrachtete mich dann mit einem Blicke, welcher mir deutlich sagte, was er von mir dachte, nämlich daß ich höchst wahrscheinlich im Ortsgefängnisse besser aufgehoben sei als im Hotel. Dann schritt er in würdevoller Haltung weiter (5).

Dieses In-die-Brust-werfen und die würdevolle Haltung stehen genau an der Schnittstelle zwischen natürlichem und persönlichem Phänomen, die oben angesprochen wurde. Sie könnten sowohl als natürlicher Reflex einer sozialen Stellung interpretiert werden als auch als antrainierte Haltung desjenigen, der diese soziale Stellung betonen will. Der Fremdeinschätzung des Ich-Erzählers durch diese Person wird nicht direkt widersprochen; angesichts der vorherigen ironischen Brechung der Beschreibung seines Äußeren stellt sich zwischen Leser und Ich-Erzähler das Einvernehmen her, daß diese Fremdeinschätzung eine Falscheinschätzung ist.

Diese Falscheinschätzung des Ich-Erzählers zieht sich fort in die Szene seiner Aufnahme in das Hotel ‚Meson de Madrid'. Hier herrscht eine verkehrte Welt, denn nicht der Gast entscheidet, ob er bleiben will, sondern der Wirt bzw. seine Frau bestimmt, ob der Gast bleiben darf. So ist es nur zwangsläufig, daß der Gast sich schließlich in den Gastgeber verwandelt, der nicht nur Logierkosten zahlt, sondern auch die gesamte Wirtsfamilie verköstigt.

Die Schilderung der Mitglieder dieser Wirtsfamilie vom ersten Eindruck hin bis zum Abschied ist durch eine sich steigernde Abwertung der Figuren gekennzeichnet, die schon in der ersten Szene angelegt ist.

Die „drei Jungens" (6) treten nur im Plural auf. Wenn sie nicht gerade ineinanderverwickelt in einer Hängematte liegen, beschäftigen sie sich damit, die Vorräte des Ich-Erzählers zu vertilgen (21), sich „rund um die Bänke" zu balgen (23), sich und ihresgleichen mit faulen Apfelsinen zu bewerfen (9), oder die neue Hose des Ich-Erzählers mit ihren Nasen zu wischen (39). Sennorita Felisa, die Tochter, „zählte [...] sechzehn Sommer, schnarchte aber wie ein Unisono von sechzehn Winterstürmen" (6), trinkt den übelsten Fusel ohne „eine Miene zu verziehen" (20) und zeichnet sich durch eine sehr unhygienische Wirtschaftsführung aus: Sie bereitet die ‚Schokolade' aus ihrem benutzten Waschwasser (36) und verwendet statt eines Taschentuches den „schwarzen Herdlappen" (39), um sich die Tränen aus dem Gesicht zu wischen. Damit ist sie die erste aus einer Reihe von Frauen in *Satan und Ischariot*, die sich durch Unsauberkeit auszeichnen.

Zur Wirtsfamilie gehört außerdem die Wirtin:

Donna Elvira genannt, hatte sie eine Länge von sechs Schuh und fünf Zoll. Ihr Gatte teilte mir später im Vertrauen mit, daß sie eine außerordentlich resolute Dame sei; da sie aber, so oft ich sie sah, entweder schlummerte oder wirklich schlief, so hatte ich leider nicht das Glück, einem vulkanischen Ausbruche ihres energischen Temperaments beizuwohnen. (6)

Ihre einzige Handlung besteht aus der Inspektion des Ich-Erzählers während dieser schläft (9), und selbst am Ende seines zweiwöchigen Aufenthaltes richtet sie sich in ihrer Hängematte nur so weit auf, daß der Ich-Erzähler „beinahe ihr Gesicht deutlich gesehen hätte" (39). Der Wirt selbst erscheint dem Ich-Erzähler beim ersten Hinsehen wie ein

ringartige[r], grauleinene[r] Gegenstand, den ich beinahe für einen Rettungsgürtel, wie man sie auf Seeschiffen sieht, gehalten hätte. Bei näherer Betrachtung aber gelangte ich zu der Einsicht, daß sich aus diesem Gürtel erforderlichen Falles etwas Edleres entwickeln könne, weshalb ich ihm einen leichten Schlag versetzte. [...] der Rettungsgürtel öffnete sich vollständig, sprang aus der Hängematte und verwandelte sich in ein kleines, hageres, sehr eng in graues Leinen gekleidetes Männchen (6),

das die Nützlichkeit eines Menschen danach beurteilt, ob er Domino spielt (9).

Kein Angehöriger der Wirtsfamilie wird wirklich auf der Grundlage von physiognomischen Phänomenen beschrieben. Weder Gesichtszüge noch Kleidung werden so detailliert ausgeführt, daß sie unverwechselbare Kennzeichen der Personen wären. Die Charakteristik wird durch Handlung vorgenommen. Es stellt sich die Frage, warum der Ich-Erzähler diese Persiflage eines Hotelaufenthaltes mitmacht. Zwar sieht er sich nach einem anderen Hotel um, doch wehrt er sich weder gegen die Vereinnahmung durch die Wirtsfamilie (Domino-Spiel, Verköstigung), noch ändert er etwas an seinem Habit. – Der Grund liegt in dem Maskenspiel, das zwischen ihm und Harry Melton inszeniert wird.

Nun scheint es zwar, als ob Old Shatterhand erst auf dem Schiff nach Lobos bemerkt, daß seine Person erkannt worden ist, realiter aber ist die Szene von langer Hand vorbereitet, wobei die physiognomischen Phänomene eine wesentliche Rolle spielen. Der Ich-Erzähler läßt nicht nur Old Shatterhand und Harry Melton Katz und Maus spielen, er spielt auch mit dem Leser, der eigentlich erwarten dürfte, daß sein Held sich nach der Ankunft in Guaymas erst einmal gründlich reinigt und neu einkleidet, um dann auf dem offenen Feld zu kampieren und von sauberem, sprich: selbst erlegtem Wild zu leben. Statt dessen läßt sich Old Shatterhand auf die verkehrte Welt des Hotel-Lebens ein und kümmert sich fünfzehn Tage lang nicht um Harry Melton, obwohl dieser ihm bereits vor der ersten Begegnung verdächtig vorkommt:

Ich griff also nach dem Buche und las: „Harry Melton, Heiliger der letzten Tage." Diese Worte waren allerdings in englischer Sprache geschrieben. Also ein Mormone! [...]
„Ich weiß eben nur seinen Namen und daß er auf ein Schiff nach Lobos wartet. Der Sennor spricht sehr wenig. Seine Frömmigkeit ist rühmenswert. Schade nur, daß er nicht Domino spielen kann!"
„Woher wissen Sie, daß er fromm ist?"
„Weil er den Rosenkranz beständig durch die Finger gleiten läßt und niemals kommt oder geht, ohne sich vor dem Heiligenbilde, welches dort in der Ecke hängt, zu verbeugen und Weihwasser aus dem Becken dort an der Thüre zu nehmen."
[...] Ein Mormone mit dem Rosenkranze! Vielweiberei und Weihwasser! Das Buch Mormon und die Verbeugung vor einem Heiligenbilde! Dieser Mann war jedenfalls ein Heuchler, und seine Heuchelei mußte einen Grund haben. (17f.)

Wenig später wird dem Ich-Erzähler dieses heuchlerische Verhalten durch eigenen Augenschein bestätigt, doch macht es ihm der Wirt unmöglich, den anderen Gast zu betrachten. Dieser zieht sich „in das Dreivierteldunkel, wo die Hängematten für die Gäste angebracht waren, zurück" (22) und hüllt damit seine Physiognomie in genau das Dunkel, das auch um seine Absichten herrscht. Erst das helle Morgenlicht gibt den beiden (zukünftigen) Kontrahenten die Möglichkeit, sich gegenseitig zu taxieren:

Der Mormone hatte sich noch nicht entfernt. Er saß an einem Tische und schien mein Erscheinen abgewartet zu haben, denn ich sah, daß er mich scharf beobachtete. Ich ließ ihn nicht sehen, daß ich dasselbe auch mit ihm that, doch wurde es mir geradezu schwer, das Auge von ihm zu wenden; er war eine interessante, ja eine hochinteressante Persönlichkeit.
Seine wohlgebaute Gestalt war gut und sorgfältig gekleidet und sein Gesicht vollständig glatt rasirt. Aber was für ein Gesicht war das! Sobald ich es erblickte, fielen mir jene eigenartigen Züge ein, welche der geniale Stift Gustave Dorés dem Teufel verliehen hat. Die Aehnlichkeit war so groß, daß man hätte meinen mögen, der Mormone habe Doré zu dieser Zeichnung gesessen. Er konnte nicht viel über vierzig Jahre alt sein. Um seine hohe, breite Stirne rollten sich tiefschwarze Locken, welche hinten fast bis auf die Schultern niederwallten; es war wirklich ein prächtiges Haar. Die großen, nachtdunklen Augen besaßen jenen mandelförmigen Schnitt, den die Natur ausschließlich für die Schönheiten des Orientes bestimmt zu haben scheint. Die Nase war leicht gebogen und nicht zu scharf; die zitternde Bewegung ihrer hellrosagefärbten Flügel ließ auf ein kräftiges Temperament schließen. Der Mund glich fast einem Frauenmunde, war aber doch nicht weibisch oder weichlich geformt; die etwas abwärtsgebogenen Spitzen desselben ließen vielmehr auf einen energischen Willen schließen. Das Kinn war zart und doch zugleich kräftig gebaut, wie man es nur bei Personen findet, deren Geist den tierischen Trieben überlegen ist und sie so vollständig zu beherrschen vermag, daß andere das Vorhandensein derselben gar nicht ahnen. Jeder einzelne Teil dieses

> Kopfes, dieses Gesichtes war schön zu nennen, aber nur schön, vollkommen für sich, denn in ihrer Gesamtheit fehlte diesen Teilen die Harmonie. Wo aber die Harmonie fehlt, da kann von Schönheit nicht die Rede sein. Ich kann nicht sagen, ob es anderen ebenso wie mir ergangen wäre, ich fühlte mich abgestoßen. Die Vereinigung einzelner schöner Formen zu einem Ganzen, dem der Ein- oder Gleichklang fehlte, machte auf mich den Eindruck des Widerwärtigen, der Häßlichkeit. Dazu kam noch eins. Die Aehnlichkeit mit dem Doréschen Bilde war mir sofort aufgefallen; je öfter ich den Mann ansah, desto deutlicher fühlte ich, daß sein Gesicht einem andern glich, welches ich schon einmal irgendwo und irgendwann und zwar unter Umständen gesehen hatte, welche keineswegs als Empfehlung für dasselbe genommen werden konnten. (23-25)

Harry Melton tritt dem Betrachter als gepflegte Erscheinung entgegen. Seine Schönheit hat jedoch einen entscheidenden Makel, die Disharmonie der einzelnen Gesichtszüge. In seiner Physiognomie spiegelt sich, was der Ich-Erzähler bereits vorher aus dem Bericht des Wirtes über Melton erfahren hat: Mormonenlehre und Rosenkranz passen so wenig zusammen wie die Einzelteile seines Gesichtes. Dadurch, daß der Ich-Erzähler betont, er wisse nicht, wie es anderen Betrachtern gegangen wäre, zeigt er bereits seine Überlegenheit, denn die weiteren Vorgänge beweisen, daß seine erste Einschätzung des Gegners richtig war.

Interessanterweise beruht seine Abneigung nicht auf der logischen Schlußfolgerung aus Einzelbeobachtungen, wie z. B. beim Spurenlesen, sondern sie ist wesentlich durch die Gefühlswelt des Ich-Erzählers geprägt. Er betont, daß die Disharmonie einzelner schöner Elemente auf ihn den „Eindruck des Widerwärtigen" macht. Die Persönlichkeit dieses Eindrucks wird durch den Vergleich mit dem „Doréschen Bilde" noch unterstützt, die Abneigung ist eine intuitive, Old Shatterhand „fühlt" sie, ohne sie rational zu begründen.

Das umfangreiche graphische Werk Gustave Dorés ist meist in ausgewählten Beispielen publiziert[21] oder regestenartig erfaßt.[22] Eine Durchsicht der Katalogwerke ergab kein Bild, das auf Anhieb als die Vorlage bezeichnet werden könnte, die May meint. Es ist schwer, das Gesamtwerk Dorés in allen Einzelheiten zu überblicken; es ist also durchaus möglich, daß noch eine Zeichnung auftaucht, deren Teufelsdarstellung sich mit Mays Beschreibung von Harry Melton in allen Details deckt. Doch es besteht auch eine andere Möglichkeit, die, wenn man das von May erfundene Buch vom ‚Hakawati' bedenkt, so unwahrscheinlich nicht ist: die gedankliche Zusammenblendung eines Doréschen Bildes mit physiognomischen Komponenten, die ihm für die Beschreibung Meltons unabdingbar erschienen.

In den Jahren 1861 und 1868 erschien in Paris eine zweibändige, in deutschen Bibliotheken heute seltene Ausgabe von Dantes *Göttlicher Komödie* mit Holzstichen nach Doré.[23] Während *Fegefeuer und Paradies* (*Le Purgatoire et Le Paradis*) keine Abbildungen enthalten, die als Vorlage für die Melton-Beschreibung in Frage kommen, enthält das *Inferno* (*L'Enfer*) eine Reihe von Teufelsdarstellungen, unter denen die Illustration des 34. Gesanges – mit Ausnahme des glattrasierten Kinnes – überraschende Parallelen zur Melton-Beschreibung aufweist: die mandelförmigen Augen, das wallende Haar, die hohe Stirn, die zitternden Nasenflügel. Mund und Kinn sind von den Fäusten bedeckt, doch ist zumindest ein Oberlippenbart erkennbar. Diese Abweichung in bezug auf Melton relativiert sich, denn die Illustrationen des 21. und des 28. Gesanges zeigen bartlose Teufelsdarstellungen. Trotzdem erscheint es aus verschiedenen Gründen plausibler, die Illustration des 34. Gesanges als Inspirationsquelle für die Melton-Beschreibung anzunehmen. Zum einen ist hier die „Disharmonie der schönen Einzelteile" am stärksten ausgeprägt. Da die Teufelsfiguren alle mit Flügeln ausgestattet sind, stellen sie untereinander kein Auswahlkriterium dar; sie korrespondieren jedoch insgesamt mit der häufig von May vorgetragenen Vorstellung von Luzifer als gefallenem Engel. Ein anderer Grund liegt in dem Inhalt des 34. Gesanges selbst:

Der 34. Höllengesang gliedert sich in zwei Teile, die Beschreibung Luzifers und Dantes Rückkehr zur Oberwelt. Luzifer wird zunächst aus der Ferne sichtbar. Der Luftzug, den sein Flügelschlag verursacht, hat die untere Hölle mit einer Eisschicht überzogen. Darin liegen die Sünder eingefroren, während Luzifer die eisige Ebene überragt.[24]

Diese Szene ist es, die in der Illustration dargestellt ist. Im Verlauf des Gesanges vernichtet Luzifer, ausgestattet mit drei Mündern, die Sünder:

In jedem seiner Münder steckt ein Sünder, den er zerbeißt und zerkrallt, in der Mitte Judas Ischariot, außen Brutus und Crassus, die Mörder Caesars.[25]

Gustave Doré: Illustration zum 34. Gesang von Dantes *Inferno*: *Luzifer überragt die eisige Ebene* (aus: Dante Alighieri: *L'Enfer*. Paris 1861; Exemplar des Gutenberg-Museums Mainz, Sign. GM 1861 fl).

Satan tötet Ischariot. Dieses Motiv wird im letzten Band der Romantrilogie Mays – allerdings unter umgekehrten Vorzeichen – wieder aufgenommen. Ischariot tötet Satan, Thomas Melton tötet seinen Bruder Harry (XXII 189). In diesem Zusammenhang sei darauf hingewiesen, daß Dorés Darstellung auch als Inspirationsquelle für die Beschreibung des unterirdischen Wasserbassins mit den Skeletten der zu erlösenden Seelen im *Silberlöwen IV* in Frage kommt. Diese Überlegung gewinnt noch dadurch an Gewicht, daß im 34. Gesang die Höllenwanderer an Luzifer vorbei den Ausgang der Hölle erreichen und zur Oberwelt zurückkehren – eine Handlung, die mit dem Erlösungsmotiv des *Silberlöwen IV* unverkennbar korrespondiert.

Old Shatterhand scheut im folgenden den Teufelspakt: „Binden konnte ich mich unmöglich, am allerwenigsten durch einen schriftlichen Kontrakt." (XX 34) Trotzdem schafft er es, an Bord des Schiffes zu gelangen, auf dem sich die deutschen Auswanderer befinden, von denen er überzeugt ist, daß sie seines Schutzes bedürfen:

> Als ich das Deck betrat, war die erste Person, welche ich erblickte, ein vielleicht achtzehnjähriges, äußerst schmuck gekleidetes Mädchen mit orientalischen Zügen von ungewöhnlicher Schönheit. Der Anzug, welchen es trug, bestand aus Schnürstiefeln, weißen Strümpfen, rotem, mit dunklem Sammet umsäumtem Rocke und einem blauen Mieder, welches mit silbernen Hefteln und einer ebensolchen Kette geschmückt war. Ein kleines, mit einer Feder verziertes Hütchen saß auf dem vollen, in zwei Zöpfen hinten weit herabhängenden Haare. (40)

Die orientalische Schönheit des Mädchens, Judith Silberstein, scheint vollkommen zu sein. Hier ist keine „Disharmonie schöner Einzelteile" zu verzeichnen. Trotz der „orientalischen Züge" ließe sich keine Verbindung zu Harry Melton und seinen „großen, nachtdunklen Augen" mit dem „mandelförmigen Schnitt" orientalischer Schönheiten herstellen, wäre da nicht ein Nachsatz: „Diese Kleidung paßte wohl mehr auf einen Maskenball als hierher auf das Deck eines amerikanischen Transportschiffes für Auswanderer." (40)

Also auch hier wieder eine Disharmonie in der Gesamterscheinung, die eine gewisse Verbindung zu Melton herstellt, wenn auch das tatsächliche Bündnis noch auf sich warten lassen wird. Die Entlarvung von Judiths ‚Unmoral' erfolgt durch ihren Vater: „ein hagerer, ältlicher Mann, dessen Gesicht den ausgesprochensten jüdischen Typus zeigte. Sein Anzug ließ keinen Zweifel darüber aufkommen, daß er ein polnischer Hebräer sei." (40f.) Seine Erzählung über Judiths amouröse Abenteuer disqualifiziert ihn selbst gleich mit. Hier ist es also nicht Physiognomie, sondern Handlung, durch die beide Personen negativ beurteilt werden:

> Der Mann war ein kompletter Narr, ein Dummkopf vom reinsten Schrot und Korn, ein Schwächling gegen seine Tochter, deren Gefallsucht und Eitelkeit nur mit ihrer Gewissenlosigkeit verglichen werden konnte. (47)

Weitere Personen auf dem Schiff, die für die Handlung eine Rolle spielen, sind der Kajütenwächter Weller, dessen Äußeres unbeschrieben bleibt, wohl weil Old Shatterhand seine Bedeutung nicht gleich erkennt und ihn und Melton dann im Dunkeln belauscht, so daß er Wellers Physiognomie nicht sehen kann, sowie der Artist Herkules, ein verlassener Liebhaber Judiths. Herkules wird als „langer, starker Deutscher" beschrieben; doch auch bei ihm ist eine Disharmonie von Anfang an angelegt. Diese ist allerdings nicht direkt in der Physiognomie zu beobachten. Seine Seelenstärke ist nicht äquivalent zu seiner Körpergröße entwickelt, die unglückliche Liebe zu Judith ist sein schwacher Punkt, an dem er später auch zugrunde gehen wird:

> Es war ein Unsinn von dem Kraftmenschen, diesem Mädchen nachzulaufen, aber er schien von ehrenhaftem Charakter zu sein. Ueberdies war er besser und reinlicher gekleidet als die andern, hatte trotz seines zur Leichtlebigkeit verführenden Gewerbes Ersparnisse gemacht, was ihm zur Empfehlung gereichte (48).

Die restlichen Reisenden werden nur summarisch aufgezählt, sie spielen lediglich als ‚Masse' von später zu rettenden Personen eine Rolle.[26]

Nach dem Verlassen des Schiffes, auf dem Landweg zur Hazienda, setzt sich Old Shatterhand von der Reisegruppe ab, um die Hilfe der Polizei von Ures in Anspruch zu nehmen – für den Handlungsablauf ein retardierendes Element, da der Held seinen Zweck nicht erreicht. In der Amtsstube in Ures trifft er zunächst eine „Dame", die nicht den besten Eindruck auf ihn macht:

> In der vordern Hängematte lag eine sehr junge Dame, Cigaretten rauchend und nicht allzu wählerisch in ein nicht allzu weißes Morgengewand gekleidet. Ihr noch nicht geordnetes Haar hatte sich wahrscheinlich schon gestern und auch vorgestern in demselben Zustande befunden. (88)

Diese Gleichgültigkeit in hygienischen Fragen, insbesondere bei einer Person, der es ein leichtes wäre, sich sauber zu halten, korrespondiert mit ihrem impertinenten Verhalten. Ihr Gatte ist nichts weniger als ein Adonis, „eine lange, ewig lange und erschrecklich hagere Gestalt, welche mit langsamen, unhörbaren, geisterhaften Schritten auf mich zukam, vor mir stehen blieb und mich in einem hohlen Bauchrednertone fragte" (91).

Die Struktur dieser Binnenerzählung variiert das Thema des Hotel-Aufenthaltes. Da der Ich-Erzähler Geld hat, ist man bereit, ihm zu helfen. Im weiteren Verlauf werden die Personen abgewertet. Zu diesen gehört ebenfalls ein Haustier, das in seinem Verhalten mit dem der Menschen korrespondiert – im Hotel ein schlafmütziger Hund, in Ures ein kreischender Papagei.

Da Old Shatterhand sich mittlerweile von Melton durchschaut sieht, beschließt er, sich auch äußerlich zu verwandeln. Die Veränderung der ‚persönlichen physiognomischen Phänomene' entspricht einer geänderten Sinneshaltung. Erschien er bisher eher passiv und zuschauend, so tritt Old Shatterhand jetzt in eine aktive Phase:

> Die Hoffnung, welche ich auf die Meldung bei der hiesigen Behörde gesetzt hatte, war eine vergebliche gewesen. Bei solchen Zuständen [...] ist es am besten, stets nach dem Grundsatze „Selbst ist der Mann" zu handeln. Fort also mit der Rechnung auf fremde Leute und auf fremde Hilfe! – (94f.)

Zunächst trägt er den „guten, mexikanischen Anzug, der wie für mich gefertigt war, aber eine fast vollständige Ebbe in meinem Beutel zur Folge hatte" (95), noch nicht. Trotzdem wird er von den ersten Gegnern, mit denen er sich im Kampf mißt, erkannt, und zwar nicht an seinem Habit, sondern an der Gewohnheit, dem Gegner die Hand zu zerschießen. Diese Gegner sind ein weiß-rotes Duo, wie Old Shatterhand später richtig kombiniert, der Vater des Kajütenwächters Weller und der von Melton angeworbene Yuma-Häuptling ‚Großer Mund'. Die Beschreibung der beiden läßt der Phantasie des Lesers reichlich Raum:

Der Weiße war mittellang und mittelstark, trug einen leichten Anzug nach dem hier zu Lande gebräuchlichen Schnitte, und hatte sehr scharfe, ausgeprägte Gesichtszüge, die man, einmal gesehen, wohl nicht wieder vergessen konnte. [...] Der Rote war ähnlich gekleidet, doch trug er sein Haupt unbedeckt und die Häuptlingsfeder in dem langen, schlaffen Haare. (98f.)

Ähnlich vage sind die Angaben zu den geretteten Mimbrenjo-Geschwistern:

Die Frau war eine noch junge und nach indianischen Begriffen sehr schöne Squaw. Die Knaben schätzte ich den einen auf fünfzehn und den andern auf siebzehn Jahre. Ihre Anzüge zeigten, daß sie längere Zeit unterwegs gewesen waren. (103)

Bei der Squaw liegt diese Zurückhaltung der Beschreibung in ihrer relativen Unwichtigkeit begründet. Die ‚Knaben' haben noch keine Namen; da der Namenserwerb einen wesentlichen Bestandteil ihrer Entwicklung darstellt, ist es konsequent, daß sie noch keine aussagefähige Physiognomie besitzen, die sie erst im Laufe der Zeit erwerben werden. Die Geschwister schließen sich Old Shatterhand an, um die Hazienda del Arroyo zu erreichen. Dort erlebt Old Shatterhand eine Brückenszene, die deutliche Parallelen zur Robin-Hood-Legende aufweist. Robin Hood trifft auf einer Brücke auf Little John, der ihn nicht passieren lassen will, besiegt ihn und gewinnt ihn zum Freund. Old Shatterhand siegt auf dieselbe Weise, doch wird der Besiegte, der auch keinerlei physiognomische Ähnlichkeiten zu Little John aufweist (eher im Gegenteil), kein Freund (127f.):

Eben als ich die Brücke überschritt, wurde die Hausthüre geöffnet und in derselben erschien ein Mann, dessen aufgedunsenes, blatternarbiges Gesicht keinen angenehmen Eindruck auf mich machte. Ich besitze gar kein Vorurteil gegen Blatternarben; sie gereichen dem Gesicht nicht zur Zierde, das ist wahr, aber der beste Mensch kann an den Blattern erkrankt gewesen sein. Hier jedoch bildeten die Narben den letzten Ton im vielstimmigen Mißakkorde. Das Gesicht wäre auch ohne sie abstoßend gewesen. (113f.)

Beim Haziendero stehen Habit und Umgebung in krassem Gegensatz, das System der „Mißakkorde" setzt sich also fort:

> Viel weniger anspruchslos [als das Zimmer] war das Aeußere des Mannes, welcher sich bei meinem Eintritte von einem der Stühle erhob, um mich aus seinen dunkeln Augen halb erstaunt und halb neugierig zu betrachten. Er war so elegant gekleidet, daß er nur zu Pferde zu steigen brauchte, um sich auf einem der berühmten Spaziergänge der Hauptstadt Mexiko bewundern lassen zu können.
>
> Sein Anzug bestand aus dunklem Sammet und war an allen Nähten mit goldenen Borten und Schnüren verbrämt. Sein Gürtel war durchweg aus breiten, silbernen Ringen zusammengesetzt und trug ein Messer und zwei mexikanische Pistolen, deren Griffe eine teure, eingelegte Arbeit zeigten. Der breitkrämpige Hut, welcher auf dem Tische lag, war aus den feinsten Carludovica palmata-Blättern gefertigt und von so künstlichem Geflechte, daß er sicherlich nicht unter fünfhundert Mark gekostet hatte, und die beiden Sporen an den Füßen des Haziendero trugen Räder, welche aus nordamerikanischen goldenen Zwanzigdollarstücken gezahnt worden waren. (118)

Old Shatterhand informiert den Haziendero über Meltons Pläne und warnt ihn, stößt aber auf Unglauben. Dazu gesellen sich Unhöflichkeit und Überheblichkeit. Ein weiteres Mal divergieren äußere Erscheinung und inneres Wesen erheblich. Old Shatterhand urteilt: „Er war ein körperlich schöner, geistig aber sehr gewöhnlicher Mann, dem meine ganz logischen Schlüsse als Phantastereien erschienen." (123)

Unverrichteterdinge muß der in dieser Szene anonym auftretende Old Shatterhand die Hazienda verlassen. Er läßt Melton merken, daß er ihn durchschaut hat, bricht ihm die Handgelenke, schickt den jüngeren Mimbrenjo-Knaben und dessen Schwester als Boten in die Heimat, um eine Kriegsschar zu bestellen und Winnetou informieren zu lassen, und wagt sich dann mit dem älteren Mimbrenjo-Knaben an den Versuch, Meltons Pläne zu durchkreuzen. Durch die Leichtsinnigkeit des Knaben verliert der Ich-Held die Freiheit. Da er, „um bequem zu liegen", während einer Ruhepause „den Inhalt aller meiner Taschen und auch des Gürtels fortgethan" (186) hat, fehlen ihm während seiner mehrtägigen Gefangenschaft bei den Yumas alle äußeren Zeichen seiner Identität. Dieser unverschuldete Verlust seiner ‚persönlichen Phänomene' gemahnt an die Eingangsszene des Romans. Ebenso wie in Guaymas wird der Ich-Held von seinem Gegenüber unterschätzt, obwohl der Yuma-Häuptling im Gegensatz zu den Bewohnern der Hafenstadt sehr wohl weiß, wer Old Shatterhand ist. Aufgrund dieser Unterschätzung gelingt dem Helden die Flucht. Der Mimbrenjo-Knabe hat Old Shatterhands Eigentum mitgebracht, so daß dieser sich nun auch äußerlich ‚in sich selbst' verwandeln kann:

> Ich schnallte das Paket mit dem neuen Anzuge los, um denselben mit dem alten zu vertauschen. Letzterer war von Anfang an nicht viel wert gewesen und hatte während meiner Gefangenschaft so sehr gelitten, daß ich nun erst recht wie ein Stromer und ganz und gar bettelhaft aussah. Wie ganz anders war es, als ich in dem neuen steckte! Es war nicht die geringste Spur von Eitelkeit bei mir vorhanden, aber diese südlichen Indianer sind ebenso mehr für Aeußerlichkeiten eingenommen als ihre nördlichen Brüder, wie der Mexikaner sich auffallender und glänzender kleidet als der unpoetische und nüchterne Yankee. [...] Und doch kommt oft sehr viel darauf an, welchen Eindruck man gleich im ersten Augenblicke macht. [...] Man sieht, daß selbst in jenen abgelegenen Gegenden Kleider Leute machen. (241f.)

Diese theoretischen Überlegungen werden sofort nach der Umwandlung praktisch bestätigt. Old Shatterhand sieht jetzt „ungefähr wie ein reicher mexikanischer Großgrundbesitzer, wie ein Caballero aus, der gerade auf dem Wege ist, die Dame seines Herzens zu besuchen", und wirkt in den Augen des Mimbrenjo so, wie „wir Knaben uns Old Shatterhand vorgestellt [haben], wenn uns von ihm und von Winnetou erzählt wurde" (242). Diese äußerliche Verwandlung reicht aus, um die verfolgenden Yuma-Krieger in die Flucht zu schlagen (247f.).

Wenig später erfolgt das Wiedersehen mit Winnetou, der Old Shatterhand sein Pferd Hatatitla mitbringt, so daß die äußere Verwandlung vollständig abgeschlossen ist (258f.). Äußeres und Inneres entsprechen sich jetzt. Anders ist es mit Winnetou. Er erscheint genau so, wie ihn Old Shatterhand in Erinnerung hatte:

> Das Pferd war ein Rappe; seine Beine arbeiteten, daß sie nicht zu sehen waren. Um den Leib des Reiters schimmerte es hell und rot; ein dunkler Schleier wehte hinter ihm her, und dann sah ich an dem Laufe seines Gewehres helle Funken blitzen. Das Herz jubelte mir. Der rote Schimmer kam von der Santillodecke, welche Winnetou stets als Schärpe trug; der dunkle Schleier war sein langes, schwarzes Haar, welches er nie kürzen ließ und nie mit einem Hute bedeckte, und die Funken flogen von den blanken Nägeln, mit denen seine berühmte und gefürchtete Silberbüchse beschlagen war. [...]
> Er kam gleich einem Halbgotte dahergesaust. Stolz und aufrecht, wie angewachsen, saß er auf dem fliegenden Rappen, den beschlagenen Kolben der Silberbüchse auf das Knie gestemmt. Sein edles Gesicht mit den gebräunten, fast römischen Zügen strahlte vor Freude; seine Augen glänzten. (254f.)

Winnetous ganzes Auftreten strahlt natürliche Autorität aus:

> Auch hier zeigte sich wieder die Gewalt, welche Winnetou, ohne daß er es beabsichtigte, auf alle, mit denen er in Berührung kam, auszuüben pflegte. Der „starke Büffel" und viele seiner Leute ragten in Beziehung auf die äußere Gestalt weit über Winnetou hinaus; es waren weitbekannte, gefürchtete Krieger unter ihnen, und doch blickten alle, als wir anhielten, auf Winnetou, um zu warten, welche Bestimmungen er treffen werde. (261)

Seine Körpersprache drückt nicht nur sein Selbstbewußtsein aus, sie ist auch stummes Mittel der Kommunikation mit Old Shatterhand, dem oft die Rolle des Vermittlungsmediums zufällt. Dieser kommuniziert auf beiden Ebenen: nonverbal und kongenial mit Winnetou und verbal und belehrend mit den übrigen Akteuren, wobei dieses Verfahren zur Verhaltensroutine der beiden Helden Dritten gegenüber gehört. Dies wird in der Szene deutlich, in der der ‚Starke Büffel' Winnetous Lageranordnungen nicht versteht:

> „Warum will mein Bruder die Pferde ganz frei geben? Wir müssen doch, wenn die Yumas kommen, schnell aufsitzen!"
> Um den Mund Winnetous zuckte der mir so wohlbekannte Zug von Ueberlegenheit, als er im freundlichsten Tone antwortete [...].
> „Ist auch Old Shatterhand dieser Meinung?" fragte mich der „starke Büffel".
> „Ja," antwortete ich. „Mein Bruder Winnetou hat meine Gedanken erraten." (263)

Mit diesen Worten übernimmt Old Shatterhand die Gesprächsführung. Er ist stärker als Winnetou durch seine Bereitschaft zur verbalen Kommunikation gekennzeichnet. Doch es gibt auch Situationen, in denen Worte nicht weiterhelfen; hier ist dann allerdings nicht Winnetous Körpersprache, sondern sein Handlungswille gefragt, so z. B. auf der Polizeistation in Ures, wo er den Juriskonsulto, als dieser sich in Pose werfen will, packt und in seine Hängematte zurückträgt (389f.), oder während des Weges nach Almaden alto, als er den undankbaren Haziendero und den Juriskonsulto mit dem Gewehrkolben niederschlägt (445). Wenn Winnetou das Wort freiwillig ergreift, hat dies dann um so größere Wirkung, z. B. als Old Shatterhand mit dem älteren Mimbrenjo-Knaben das Kalumet raucht und ihm den Namen ‚Yuma-Töter' gibt:

> „Was wagt Old Shatterhand! [...] Einem Knaben, der keinen Namen hat, das Kalumet geben, darauf steht der Tod. [...]"
> [...] Eben wollte ich antworten, da stand Winnetou auf, winkte mit der Hand, ließ sein Auge mit einem langen, festen Blicke von Gesicht zu Gesicht schweifen und sagte mit seiner sonoren Stimme, welche man weithin hörte, selbst wenn er sie nicht anstrengte (270).

Geradezu liebevoll wird Winnetous Körpersprache in den unterschiedlichsten Lebenslagen beschrieben. Der ‚Starke Büffel' sieht in Old Shatterhand nach der Gefangennahme der Yumas einen Verräter und fordert ihn deswegen zum Zweikampf. Winnetou hält den Häuptling der Mimbrenjos von vornherein für unterlegen und bemüht sich vergeblich, ihn von der Forderung abzubringen:

Es war wirklich eine Art Genuß, den Blick zu sehen, mit welchem Winnetou den Alten von oben bis unten maß, und dann den Ton zu hören, in welchem er ihn fragte:
„Will mein roter Bruder zum Gelächter der Seinigen werden?" [...]
Jetzt zogen sich die Brauen Winnetous zusammen, und seine Züge nahmen jenen, ich möchte sagen, aus Erz gegossenen Ausdruck an, den ich sehr wohl kannte und der mir sagte, daß der Apatsche seine Seele nun verschlossen habe. Er zog die eine Schulter ein wenig höher, auch eine Bewegung, welche ich gar wohl kannte, und entschied:
„Der starke Büffel ist entschlossen, sich zu blamieren; Old Shatterhand wird mit ihm kämpfen." (334f.)

Als der erste Yuma-Posten auf dem Weg nach Almaden alto gefangengenommen wird, benötigt Winnetou keine Waffen. Die Macht seiner Persönlichkeit ist ausreichend, um die Yumas einzuschüchtern:

Das war wieder einmal ein Augenblick, an welchem der Apatsche sich in seiner so einfachen und doch so überwältigenden Größe zeigte. Er hatte keine Waffe in der Hand. Seine Silberbüchse hing ihm auf dem Rücken, und sein Messer steckte unberührt im Gürtel; aber er stand so stolz vor dem Yuma, leuchtete ihm mit solchen Augen ins Gesicht und drückte ihm die Hand mit solcher Gewalt auf die Schulter, daß dem Manne die Sprache versagte. (442f.)

Als die Nachricht eintrifft, daß der ‚Große Mund' entkommen ist, nimmt Winnetous Gesicht „den allerstrengsten Ausdruck an, den ich jemals bei ihm beobachtet hatte" (466). Als der halbtote Herkules aufgefunden wird, bemüht sich der Apatsche, durch eigenes Nachdenken herauszufinden, um wen es sich handelt:

Er blickte sinnend vor sich nieder. Ich kannte das Gesicht, welches er dabei machte. Er bemühte sich, ohne meine Hilfe auf die richtige Fährte zu kommen. Nach einer Weile hob er den Kopf; der halbbefriedigte Blick, den er dabei zu mir herübergleiten ließ, sagte mir, daß er mit sich im reinen sei. (526)

Als die Blutsbrüder zusammen mit Emery Bothwell und Franz Vogel im Gebiet von Judiths Pueblo ankommen, werden sie von einem Zuni-Indianer scheinbar freundlich aufgenommen. Old Shatterhand ist jedoch mißtrauisch und drückt dies durch das Zurechtrücken der Gewehre aus:

> Als Winnetou dies sah, zog er seine Brauen ein ganz klein wenig empor. Das war nach seiner Weise gerade soviel, als ob er zu mir gesagt hätte: „Warum das? Hegst du etwa Verdacht? Nun, da wollen wir uns freilich vorsehen." (XXII 204)

Manchmal ist sich Old Shatterhand über Winnetous Prognosen nicht so sicher wie dieser selbst, doch auch dann reicht die Körpersprache als Kommunikationsmittel aus:

> Er schien zu ahnen, was ich dachte, denn er sagte zwar auch nichts, aber sein Auge ruhte mit jenem, ich möchte sagen, überlegen lächelnden Ausdrucke auf mir, den ich immer an ihm beobachtet hatte, wenn er seiner Sache sicher, ich aber anderer Meinung gewesen war und sich seine Behauptung dann doch bewahrheitet hatte. (XXII 249)

Als Old Shatterhand Judith überlistet und aus ihr Geheimnisse herauslockt, ist Winnetou offensichtlich amüsiert:

> Ich erzählte es ihm. Da meinte er, leise vor sich hinlachend:
> „Mein Bruder ist nicht nur klug wie ein Fuchs, sondern sogar klüger wie eine Squaw, was Winnetou nicht von sich sagen kann." (333)

In *Satan und Ischariot* tritt, höchst selten in Mays Werk, ein ‚Seitenwechsler' auf. Der ‚Player', dessen eigentlicher Name ungenannt bleibt, ist ein Verbündeter Meltons, den die Blutsbrüder und die beiden Mimbrenjo-Knaben auf der zerstörten Hazienda antreffen, als sie sich aufmachen, die deutschen Auswanderer aufzuspüren:

> Kaum war ich um die südwestliche Ecke gebogen, so sah ich einen Mann, einen Weißen, mir langsamen Schrittes entgegenkommen. Er trug einen langen, dunkeln Rock, der ihm fast das Aussehen eines Geistlichen verlieh, und blieb, als er mich erblickte, überrascht stehen. (XX 374)

Der geistliche Habit weist auf die Zusammengehörigkeit mit Melton hin, die sich im anschließenden Gespräch bestätigt. Bevor Old Shatterhand aber genaueres über den Verbleib der Auswanderer erfahren kann, erkennt der ‚Player' Winnetou und flüchtet. Seine Gesichtszüge bleiben unbeschrieben, das ändert sich auch nicht, als er drei Tage später gefangengenommen wird. Er ‚schreit, was er schreien kann', ‚zetert' und ‚brüllt entsetzt auf' (XX 423f.), doch wird anders als im Falle Winnetous der Körpersprache keine Bedeutung beigemessen. Zwar kaut er „eine Weile an der Unterlippe" (483), während er darüber nachdenkt, ob er die Seiten wechseln soll, doch bleiben seine Gesichtszüge undeutlich. Weder Alter noch Körpergröße oder Haarfarbe werden beschrieben. Sein seelischer Wandel, der mit der Bereitschaft, seine Genossen zu verraten, einsetzt, findet keine Parallelisierung mit physiognomischen Veränderungen. Der ‚Player' ist durch seine Taten gekennzeichnet. Er „erwies sich, was ich vorher sehr bezweifelt hatte, als ehrlich" (532).

Anders sieht es mit relativ unbedeutenden Nebenfiguren aus. Diese sind häufig durch ihre Physiognomie knapp aber deutlich charakterisiert. In diese Kategorie gehört der Vater Judiths ebenso wie Sennor Endimio, der die Frachtwagen nach Almaden alto begleitet:

Er war ein noch ziemlich junger, hagerer Mensch, dem man den Geschäftsmann von der Nasenspitze lesen konnte. Bis an die Zähne in Waffen steckend, streckte er mir doch beide Hände flehend entgegen (505).

Das gleiche gilt für die Fuhrknechte, „echte Peons, kräftige, halbwilde Männer, denen aber die Gutmütigkeit aus den Augen sah" (507).

In Almaden alto trifft Old Shatterhand seinen Widersacher Melton sowie die Jüdin Judith wieder. Judith hat sich zunächst auf die Seite Meltons geschlagen, wechselt dann jedoch zur ‚Listigen Schlange', einem Yuma-Häuptling. Dieses Verhalten entspricht ganz dem Bericht, den ihr Vater auf dem Schiff von ihr gegeben hatte. Ihr Äußeres wird nicht mehr beschrieben, sie wird nur allgemein beurteilt: „sie hat zwar ein reizendes Aeußere, ist aber ein unnatürliches Geschöpf" (543); angesichts von Meltons Verrat befindet sie sich „in einer Aufregung, welche allerdings nicht weiblich" ist, sie wird zur „Furie" (71).

Meltons Äußeres hingegen wandelt sich, es wird zunehmend ‚teuflischer', wobei May keine Körpersprache beschreibt, sondern versucht, den diabolischen Charakter des Verbrechers durch Attribute zu kennzeichnen. So bemerkt Old Shatterhand über Meltons Gesicht, als dieser Judith und ‚Listige Schlange' im Bergwerk gefangensetzt: „Der Ausdruck desselben war ein teuflischer." (XXI 40) Und wenig später bei der ersten Befragung Meltons: „Sein Gesicht zeigte den schon mehrfach beobachteten teuflisch höhnischen Ausdruck." (57) Dieser Ausdruck steigert sich ein weiteres Mal, als Melton entdeckt, daß die Auswanderer befreit sind:

„Ja, das habt Ihr wohl genugsam an Euch selbst erfahren, und gerade jetzt fühlt Ihr Euch ganz und gar von ihm [dem Teufel] verlassen," antwortete ich, indem ich mich von ihm abwendete, denn ich möchte behaupten, daß der Anblick seines Gesichtes mir geradezu körperliche Schmerzen verursachte. Die Regelmäßigkeit und männliche Schönheit seiner Züge war mit einem Male verschwunden; er sah häßlich, diabolisch häßlich aus. (68)

Meltons ‚wahres Ich' tritt von Szene zu Szene deutlicher in seiner Physiognomie zutage.

Auch die Charakteristik der Auswanderergruppe ist konsequent weitergeführt. Bereits auf dem Schiff waren sie indirekt als ‚unsauber' beschrieben worden, denn der Herkules war „besser und reinlicher gekleidet als die andern" (XX 48). Bei ihrer Befreiung aus dem Bergwerk muß Old Shatterhand sich sehr zusammennehmen, denn eine „dicke Luft drang heraus und das, was man roch, war geradezu unbeschreiblich. Die Luft, welche früher im Zwischendecke berüchtigter Auswandererschiffe zu herrschen pflegte, war das reine Ozon und Parfüm dagegen." (XXI 46f.) Die gemeinsame Dunstglocke, die die Gruppe umgibt, unterstreicht gewissermaßen, daß ihre Mitglieder nicht als Individuen auftreten. Die einzige Ausnahme ist, wie schon auf dem Schiff, Herkules, der es geschafft hat, zu fliehen. Doch dieser „trotz seines starken Körpers innerlich so schwache Mann" (XX 544) endet unglücklich. Nach dem mißglückten Mordversuch an Judith und ihrem Verlobten tötet der „Riese an Körper und Zwerg an Charakter" (XXI 119) sich selbst (130f.).

Die in Almaden alto neu auftretende Figur ‚Listige Schlange' beweist durch ihr Verhalten, daß Namen und Wesen zweierlei sind, wobei ihr Wesen durch die Physiognomie gestützt wird:

Der Indianer war mir schon gestern, als ich ihn mit der Jüdin reden hörte, als ein ehrlicher Mann erschienen [...]. Er hatte ein ungemein treues und redliches Auge. (XXI 45)
„Der Name meines roten Bruders könnte Mißtrauen erwecken; dennoch glaube ich, daß ‚listige Schlange' die Wahrheit liebt und viel zu stolz und tapfer ist, sich eine Treulosigkeit zu schulden kommen zu lassen." (73)

In Almaden alto entdeckt Old Shatterhand die Brieftasche Meltons, in der sich die Beweise für dessen verbrecherisches Handeln befinden. „Ein einziger Brief war andern Inhalts." (79) Durch diesen Brief erfährt Old Shatterhand von der Existenz eines Neffen Meltons mit Namen Jonathan. Dieser hat einen jungen Mann, Small Hunter, getroffen, dem er nach eigener Angabe „zur Verwechslung ähnlich [sieht], und zwar in Beziehung auf die Gestalt, die Gesichtszüge und die Stimme" (80). Aus dem Brief wird deutlich, daß Jonathan diese Ähnlichkeit zu betrügerischen Manipulationen benutzen will. Würden die Prämissen der Physiognomik in Mays Augen uneingeschränkt gelten, so könnte er eine derartige Konstellation gar nicht schaffen, denn die äußerlich identischen Figuren müßten sich auch innerlich ähnlich sein. Wie die bisherigen Ausführungen gezeigt haben, sind die Personen in *Satan und Ischariot* bis auf wenige Ausnahmen durch Diskrepanzen zwischen Physiognomie und Charakter gekennzeichnet.

Diese Brechung erhält durch die Gestaltung von Small Hunter und Jonathan Melton eine neue Dimension, da die unterschiedlichen Verhaltensweisen auf die jeweilige Sozialisation zurückgehen – ein Aspekt, den die zeitgenössische Physiognomik unberücksichtigt läßt. Jonathan holt sich bei seinem verbrecherischen Onkel Rat, wie er „die Verhältnisse, besonders die wahrhaft verblüffende Aehnlichkeit, mir am besten einträglich machen kann" (82). Jonathan ist der Sohn von Meltons Bruder, den Old Shatterhand aus einem mehrfach zitierten früheren Erlebnis als Falschspieler und Mörder kennt. Jonathan ist, so kann man folgern, kein ‚geborener', sondern ein ‚gemachter' Verbrecher. Sein zukünftiges Opfer beschreibt er als reichen Dummkopf:

> Er ist ein hübscher, junger Mensch, verzogen, ohne Charakter und Energie, sonst aber gar kein übler Kerl, besitzt nicht eine Spur von Menschenkenntnis und ist so vertrauensselig gegen jedermann, daß er alle die Blutegel, welche sich hier an ihn oder vielmehr an seinen Geldbeutel gehängt haben, für wahre Freunde hält. (80)

Schuld an diesem Charakter ist der Vater, dessen „Affenliebe für den Jungen" (80) eine positive Charakterbildung verhindert hat. Die Frage, ob Small Hunter in anderer Umgebung ebenfalls verbrecherisches Potential entwickelt hätte, oder ob beide, wären sie unter anderen Umständen aufgewachsen, sich positiv entwickelt hätten, kann natürlich nicht beantwortet werden und wird von May auch nicht explizit gestellt.[27] Einen körperlichen Unterschied gibt es allerdings zwischen den beiden Männern, Small Hunter hat nämlich zwölf Zehen. Diese Anormalität läßt sich jedoch nicht durch charakterliche Unterschiede erklären, sie dient lediglich dazu, den toten Small Hunter eindeutig zu identifizieren (XXI 452, 459).

Mit der Auffindung des Briefes ist der Faden zur zweiten Hälfte der Trilogie gesponnen, in der es um den Versuch geht, Small Hunter zu retten und der Familie Vogel ihr rechtmäßiges Erbe zukommen zu lassen. Zwar vergeht noch einige Zeit, bis der Brief seine Auswirkungen zeigt, doch sind die nach dem Verlassen von Almaden alto stattfindenden Ereignisse als Epilog zum ersten Teil zu verstehen. Der jüngere Mimbrenjo-Knabe erkämpft sich seinen

Namen ‚Yuma-Skalp', und mit dem ‚Großen Mund' wird Frieden geschlossen. Summarisch wird noch erwähnt, daß die Auswanderer und der ‚Player' nach Texas gebracht werden.

Der Übergang zum zweiten Teil erfolgt durch eine Rückblende, in der die Leser mit älteren Ereignissen bekannt gemacht werden, die für den Verlauf der Handlung wichtig sind. Der Ölprinz Konrad Werner wird lediglich als „junger, vielleicht sechsundzwanzigjähriger Herr" (XXI 201) bezeichnet. Seine Charakterisierung erfolgt durch ihn selbst, d. h. er berichtet von seinem Leben, und Old Shatterhand macht eigene Beobachtungen, die nicht für Werner sprechen:

ich erfuhr da von ihm, daß sein Besuch in der Heimat vergeblich gewesen war; er hatte seine Mutter nicht mehr am Leben gefunden; sie war schon vor längerer Zeit am Säuferwahnsinn gestorben. Er erzählte mir das in einem so gleichgültigen Tone, als ob von einer ihm vollständig fremden Person gesprochen werde. Es war bei ihr zwar von keiner Mutterliebe die Rede gewesen, aber es hätte doch besser geklungen, wenn dabei etwas mehr Gemüt von ihm verraten worden wäre. [...] Diese Kälte ließ auf keine Tiefe des Gemütes schließen (226).

Konrad Werner heiratet einen Schützling von Old Shatterhand, die Sängerin Martha Vogel, von der nicht mehr zu erfahren ist, als daß sie „sich auch äußerlich zu einer Schönheit entwickelt hatte" (228). Werner zieht mit Frau und Schwiegereltern nach Amerika, wo Old Shatterhand und Winnetou sie einige Zeit später zufällig in San Francisco treffen:

Die eine der Damen war verschleiert; ich konnte ihre Züge nicht erkennen. Die andere Dame steckte in einem sehr noblen Kleide, welches ihr aber nicht recht stehen wollte; es sah aus, als gehöre sie nicht hinein. [...] Der Herr trug sich genau wie ein echter Yankee, sah aber dabei so lächerlich aus (233).

Martha lädt die Blutsbrüder zu einem Besuch in ihrem Haus ein, wo es zu einem Eklat kommt, als der betrunkene Werner aus Eifersucht eine Szene macht. Er ist in Begleitung seines Kompagnons Potter. Dieser ist wiederum ein Beispiel dafür, daß einzelne Gesichtszüge May ausreichen, um eine Person zu charakterisieren: „Der letztere war ein junger Mann von gar nicht übler Figur; sein Gesicht hatte jetzt den Ausdruck lauernder Spannung" (244); er wird Werner in den Bankrott treiben, was durch diese Physiognomie bereits angedeutet ist.

Die Handlungen innerhalb des ‚zivilisierten Raumes' bedingen in bezug auf Old Shatterhand und Winnetou Änderungen gegenüber dem bisherigen Geschehen in der ‚Wildnis'. San Francisco bildet hier gewissermaßen die Schnittstelle. Die Blutsbrüder erscheinen noch genau wie in der Wildnis, „dies zog aber den Blick keines einzigen Menschen auf uns, denn solche Erscheinungen, wie wir waren, gehörten dort zu den gewöhnlichen" (232). Beim Treffen mit Martha und ihren Eltern rückverwandelt sich Old Shatterhand in den „Dres'ner Doktor" (233), und zwar nicht habituell, sondern in seinem Benehmen. Winnetou beweist Gewandtheit, indem er durch intelligente Nachahmung und indianischen Gleichmut auf ungewöhnliche Situationen reagiert:

> Winnetou hatte natürlich von unserm Gespräch, welches deutsch geführt wurde, nur wenig verstanden; dennoch war weder ein Wort, noch ein Wink nötig. Als ich Martha meinen Arm bot, nahm er sofort an ihrer rechten Seite Platz und schritt so stolz und selbstbewußt neben ihr her, daß sie sich seiner ganz sicher nicht zu schämen brauchte. (235)
>
> Da hielt der Wagen vor einem Gebäude [...]. Dann schritten sie [die Diener] vor uns her die Innenstufen empor nach einem prächtigen Vorsaale und öffneten eine Thür zu einem kleinen Gemache, welches fast wie ein Boudoir ausgestattet war. Kaum hatte die Hausherrin sich da auf dem Diwan niedergelassen, so begann dieses Boudoir sich nach oben zu bewegen; es war ein mechanischer Aufzug, ein durch Dampf getriebener Fahrstuhl in Gestalt eines reizend möblierten Zimmers. Ein anderer hätte einen Ausruf der Verwunderung oder gar des Schreckens ausgestoßen; Winnetou aber stand still und gleichmütig, als ob ihm diese Art, die Treppen zu vermeiden, etwas Alltägliches sei. (236)

Monate später – nachdem der von Potter geplante Bankrott stattgefunden hat – reist Winnetou in Begleitung von Franz Vogel, dem Bruder Marthas, nach Deutschland, um Old Shatterhand zu einer Reise in den Orient abzuholen. Dazu legt er die gewohnte Kleidung ab, statt dessen trägt er eine „dunkle Hose, eine ebensolche Weste, um welche ein Gürtel geschnallt war, einen kurzen Saccorock; in der Hand einen starken Stock und auf dem Kopfe einen hohen Cylinderhut, den er nicht abgenommen hatte!" (248) Die Folge dieses ungewöhnlichen Aufzuges ist ein beiderseitiger Heiterkeitsausbruch,

> was bei dem Apatschen noch nie vorgekommen war. Die Gestalt, in welcher er seinen Shatterhand vor sich sah, war gar so zahm, und die Figur, welche der tapferste Krieger der Apatschen bildete, war so friedlich und so drollig, daß ein Hexenmeister dazu gehört hätte, sich des Lachens zu enthalten. (248)
>
> Winnetou kam mir wie ein schwarzer Panther im Schafspelze vor, und ihm mochte es mit mir nicht viel anders gehen. Kleider machen auch hier wie überall Leute. (250)

In der Besprechung über die Vorgehensweise bei der Suche nach Small Hunter beweist Winnetou durch seine Kombinationsgabe, daß die fremden Kleider ihn nicht verändert haben. Zwar erregt er während der Reise überall Aufmerksamkeit, doch ist seine achtunggebietende Persönlichkeit unübersehbar:

> Ich scheue mich nicht, zu sagen, daß er für kurze und oberflächliche Blicke wie ein neugekleideter Stromer aussah. Aber wer auf seine Haltung und auf die edlen, stolzen und meist unbeweglichen Züge seines hellbronzenen Gesichtes achtete, der war gezwungen, auf den Gedanken zu kommen, daß er keinen gewöhnlichen Menschen vor sich habe. (263)

Winnetou paßt sich nur äußerlich seiner Umgebung an, in Alexandrien kauft er sich einen arabischen Anzug, „der ihm ganz vorzüglich stand, aber um so unbequemer vorkam" (263).

Auch in der ungewohnten Umgebung, gehandikapt durch fehlende Sprachkenntnisse, bewährt sich Winnetous Scharf- und Spürsinn. Als Thomas und Jonathan Melton flüchten, läßt er sich durch Tricks nicht irreleiten:

> „Sie sind es," meinte der Apatsche. „Wollten Winnetou und Old Shatterhand irre führen. Pshaw!"
> Es war köstlich, dabei sein Gesicht zu sehen; ungefähr so, wie dasjenige eines Professors der Astronomie, dem ein Kohlengrubenarbeiter die Entfernung des Sirius berechnen, oder die Entstehung der Kometen erklären will. (491f.)

Als sie auf den verräterischen Scheik der Uled Ayun stoßen, ist Winnetou der erste, der, obwohl er das Gespräch nicht versteht, Mißtrauen hegt:

> „Ein dichter Bart bedeckt sein ganzes Gesicht, aber für Winnetou ist der Bart doch ein Schleier, durch welchen man blicken kann."
> [...] „Winnetou hat kein Vertrauen zu dem Manne!" (496f.)

In Kairo sind die beiden Helden auf Emery Bothwell getroffen, der sich den Blutsbrüdern anschließt, nachdem er eine kleine Maskerade im Garten des ‚Hotel d'Orient' aufgeführt hat. Gekleidet wie ein ‚Muselman', spricht er die beiden „im schönsten Tehua-Indianisch" (265) an. Bothwell kennt die näheren Reisepläne von Jonathan Melton, den er für Small Hunter hält, und entwickelt ein Inkognito für seine Mitreisenden. Das Motiv der Maskerade, das sich zu Beginn zwischen Old Shatterhand und Harry Melton abgespielt hat, wird nun zwischen Jonathan, Old Shatterhand und Winnetou variiert. Old Shatterhand wird als Verwandter von Bothwell ausgegeben und nennt sich Mr. Jones:

„Und Winnetou? Für wen geben wir ihn aus?"
„Er wird es sich gefallen lassen müssen, einmal ein Afrikaner zu sein. Geben wir ihn für einen mohammedanischen Somali aus, Ben Asra."
„Schön! Nur fragt es sich, ob er nichts dagegen einzuwenden hat."
Als der Apatsche diese Worte hörte, sagte er:
„Nennt Winnetou wie ihr wollt; er bleibt doch der Häuptling der Apatschen." (278)

Deutlicher kann man es nicht formulieren, daß jede Veränderung eine rein äußerliche bleibt. Doch besitzt Winnetou die Persönlichkeit, trotz dieser äußerlichen Veränderungen überzeugend zu wirken, im Gegensatz zu den Eltern von Martha, die in ihrer teuren Kleidung verkleidet aussehen.

Die Gewieftheit eines Gauners erkennt man daran, wie perfekt er sich verstellen kann. Das gilt für die Rolle des Mormonen im Falle Harry Melton ebenso wie für den alten Weller, „des äußerlich so ergeben erscheinenden und innerlich doch von unbeschreiblicher Wut durchtobten Verbrechers" (124). In verstärktem Maße läßt sich dieses Phänomen an Jonathan Melton beobachten. Old Shatterhand muß beim ersten Zusammentreffen zugeben, daß er Jonathan ohne sein Vorwissen wohl nicht mit Mißtrauen begegnen würde:

Besäße ich einen wankelmütigeren Charakter, so hätte ich beim Anblicke dieses jungen Mannes den Verdacht, den ich gegen denselben hegte, sehr wahrscheinlich fallen lassen. Er machte nämlich einen geradezu vortrefflichen Eindruck, und ich wunderte mich nun gar nicht mehr darüber, daß Emery ihn einen anständigen Mann genannt hatte. Es war weder in seinem Gesichte noch in seiner ganzen Erscheinung oder seinem Benehmen das Geringste zu entdecken, was unsern Verdacht hätte bestätigen können. Er zeigte sich frei, offen und ohne alle Spur irgend einer Unsicherheit oder gar Bangigkeit, wie man sie bei einem Menschen, welcher auf unsicherem Boden steht, zu erwarten pflegt. Wir hatten uns entweder in ihm geirrt, oder er war trotz seiner Jugend schon ein vollständig klargeriebener Gauner. (281f.)

Jonathan wird also nach der oben erwähnten Heinrothschen Methode bewertet, die an der Verstellungskunst des Mannes jedoch scheitert. Es gelingt ‚Mr. Jones' jedoch, Jonathan im Gespräch zu überlisten, so daß sicher ist, daß es sich wirklich um den falschen Small Hunter handelt. Was die Verstellungskunst angeht, so ist Jonathan seinem Onkel überlegen, da er keinerlei physiognomische Merkmale aufweist, die den Betrachter warnen könnten. Allerdings bleibt Jonathans äußere Erscheinung dabei auf der Strecke, eine Familienähnlichkeit mit seinem Onkel kann man nur vermuten.

Noch schwächer ist die Beschreibung von Thomas Melton alias Kalaf Ben Urik ausgefallen. Dieser ist ein „langer, hagerer Beduine" (397), der dank seiner Weigerung, Krüger-Bei zu helfen, sofort als „Verräter" (398) entlarvt wird. Von ihm ist zwar eine „Aehnlichkeit mit seinem Bruder" (XX 67) bekannt, doch ist das kein ausreichendes Kriterium für eine physiognomische Beurteilung, besonders da Thomas Melton als ‚Ischariot' charakterlich anders angelegt sein muß als Harry, der ‚Satan'. Ein Grund für die fehlende Beschreibung dürfte darin liegen, daß es zwecklos wäre, wollte Thomas sich verstellen, denn er und Old Shatterhand/Kara Ben Nemsi kennen einander aus Fort Uintah und Ford Edward genau, auch kennt Thomas die Ereignisse um seinen Bruder Harry. Also spielt er mit offenen Karten, indem er Old Shatterhand seine nächsten Pläne verrät, weil er davon ausgeht, daß der Gefangene ihm nicht schaden kann (XXI 403).

Nicht nur der Ich-Held, sondern auch der Scheik der Uled Ayar weiß, daß Thomas ein Verräter ist, und verhindert aus diesem Grunde nicht, daß die gefangenen Old Shatterhand und Bothwell ihn züchtigen (407). Dieser Scheik ist ein ehrenwerter Mann, was auch an seiner Physiognomie erkennbar ist: „Sein Auge blickte scharf aber offen, und sein Gesicht war dasjenige eines Mannes, dem man Vertrauen schenken, ja den man vielleicht auch lieben kann." (396) Damit gehört er wie ‚Listige Schlange' in die Kategorie der ehrenwerten, aber verführten Krieger, die sehr schnell zu Freunden der Helden werden. Er ist es, der Thomas Melton den Beinamen ‚Ischariot' gibt (408).

Die Physiognomie von Thomas Melton verändert sich, sie wird jedoch nicht diabolischer, wie die seines Bruders, es sind die Folgen der Gewalteinwirkung, die diese Veränderung hervorrufen. Das Ergebnis ist jedoch das gleiche, nämlich wachsende Häßlichkeit: „es war der Kolarasi Thomas Melton. Sein rot und blau und grün angeschwollenes Gesicht bot einen widerlichen Anblick. Die Geschwulst war eine Folge der Fußtritte, welche Emery ihm gestern versetzt hatte." (442) Nachdem er erneut mit Old Shatterhand in Streit gerät, wird er weiter entstellt: „„Er habe Blut gespuckt, und zwei Zähne, welche in demselben lagen, bewiesen, daß mein Kolbenstoß nicht gerade die Wirkung einer Liebkosung gehabt hatte." (447)

Thomas und Jonathan Melton gelingt die Flucht zurück in die Vereinigten Staaten, wo sie es schaffen, sich das Erbe Small Hunters auszahlen zu lassen. Hier stößt auch Harry Melton zu ihnen, der unter falschem Namen (Hudson) in der Kanzlei des Juristen

Fred Murphy tätig war, um dem gemeinsamen Vorhaben durch Urkundenfälschungen dienlich zu sein. Fred Murphy ist „ein noch junger Mann von nicht viel über dreißig Jahren mit einem feinen, geistreichen Gesichte und scharfen Augen" (XXII 8), der es dennoch nicht schafft, die Betrüger zu durchschauen. Zwar fällt auch ihm die Disharmonie in Harry Meltons Gesichtszügen auf, doch fehlen ihm die Fähigkeiten, diese Beobachtungen auch zu werten:

„Hudson war ein sehr schöner Mann; ich habe noch nie das Gesicht eines Mannes gesehen, welches so schön war wie das seinige. Aber wenn man dasselbe länger betrachtete, so bekam man das Gefühl, als ob die Schönheit auch ihre Mängel habe. Ich bin kein Maler, kein Kunstverständiger und verstehe nicht, mich richtig auszudrücken. Sein Gesicht war schön; es gefiel mir, aber dann nicht mehr, wenn ich es länger als nur vorübergehend betrachtete." (XXII 19)

Jonathan Melton alias Small Hunter trifft auf die schöne Judith, die Witwe des inzwischen getöteten Yuma-Häuptlings ‚Listige Schlange‘, und verlobt sich mit ihr. Sie nennt sich ‚Mrs. Silverhill‘ und hat sich in den Augen Old Shatterhands, der sie in ihrer Wohnung aufsucht, äußerlich verändert, während ihre „Anlagen", also ihr schlechter Charakter, noch stärker hervortreten:

Sie hatte sich seit damals noch mehr entwickelt und war schöner, höher und auch stärker geworden. Freilich zeigte der erste Blick gleich, daß sie ihre damaligen Anlagen fleißig ausgebildet hatte und eine vollständige Kokette geworden war. Sogar jetzt, daheim, wo kein Besuch zu erwarten war, hatte sie echte Diamanten am Halse und an den entblößten Armen schimmern. (33f.)

Wie schon bei den ersten Zusammentreffen zeichnet sich Judith durch Gefühlskälte und Gleichgültigkeit aus; anders als damals aber ist ihr Charakter jetzt an ihrem Äußeren indirekt ablesbar; ähnlich wie Harry Melton, mit dem sie ja die „orientalischen Gesichtszüge" verbinden, ist ihre Erscheinung durch Disharmonie gekennzeichnet:

Ja, sie war ein schönes Weib; aber der Scheitel lag voller Haarschuppen; der Hals schien heute noch nicht gewaschen zu sein; die schön geformten Fingernägel hatten Trauerränder. (34)

Zu diesem Zeitpunkt des Geschehens ist Judith davon überzeugt, mit Small Hunter verlobt zu sein; als sie erfährt, daß sie es mit einem Betrüger zu tun hat, schlägt sie sich auf seine Seite und vollzieht damit den Übergang vom Leichtsinn zum Verbrechen. Franz Vogel beschreibt Old Shatterhand diese Tatsache, nachdem er aus dem Untergeschoß des Pueblos befreit worden ist:

„Sie haben das Weib bisher nur für leichtsinnig gehalten: sie ist aber schlecht, ebenso schlecht wie die Meltons, denn sie weiß, daß der Reichtum, den Jonathan besitzt, die Frucht des Betruges, des Verbrechens ist." (306)

Die innerliche Veränderung Judiths zieht eine äußerliche nach sich. Auf der Flucht sind Judith und Jonathan von Komantschen gefangengenommen worden. Jonathan erkauft ihre Freiheit durch den Hinweis, wie die Komantschen Winnetou und Old Shatterhand fangen können. Der Häuptling der Komantschen, Avat-Uh (‚Großer Pfeil'),

konnte nicht viel über dreißig Jahre zählen; nicht nur sein Gesicht, sondern sein ganzes Auftreten, seine Stimme sagte, daß er ein stolzer und unerbittlicher Charakter sei. Bei ihm hatten wir auf keinen Fall eine Spur von Menschlichkeit, von Milde zu erwarten. (102)

Obwohl Winnetou und Old Shatterhand seiner Meinung nach Feinde sind, ehrt er sie als tapfere Krieger. Ähnlich wie schon der Scheik der Uled Ayar Thomas Meltons Verrat zwar nutzte, den Verräter aber doch verachtete, bringt auch der Komantschen-Häuptling Jonathan und Judith keine Achtung entgegen. Um sie als Verbrecher zu kennzeichnen, läßt er sie kahl scheren:

Er [Jonathan] wurde niedergerissen und von zehn, zwölf nervigen, roten Fäusten festgehalten, worauf ein alter Komantsche ihm das Haar mit dem Bowiemesser herunterschabte. [...]
„Du [Judith] gleichest innerlich dem, mit dem du fahren willst, und sollst ihm auch äußerlich gleichen. Du hast einen großen Krieger beleidigt, der zu stolz war, sich mit einem Worte gegen ein Weib zu verteidigen. Nehmt auch ihr das Haar vom Kopfe! Dann mögen die beiden Kröten dahinfahren, wohin sie wollen!" (105f.)

Judith büßt mit dem Verlust der Haare ein weiteres Stück Attraktivität ein. In einem Zeitalter, in dem lange Haare bei Frauen die Regel waren und alle körperlichen Attribute inklusive der Fußknöchel verhüllt wurden, ist der Haarverlust gleichbedeutend mit dem Verlust der Weiblichkeit.

Das genaue Gegenbild hierzu stellt Martha Vogel dar, die Old Shatterhand in Albuquerque wiedertrifft, wo sie mit ihrem Bruder ein Konzert gibt:

Martha saß so, daß ich sie im Profile sah. Sie hatte sich jetzt vollständig entwickelt und war noch schöner geworden. Der Kummer, die Leiden der letzten Jahre hatten ihr Gesicht durchgeistigt und ihren Zügen einen wehmütigen Ernst aufgeprägt, der mich mit Wehmut erfüllte. [...]

Sie hatte keinerlei Toilettenkünste angewendet und trug ein langes, schwarzes Kleid, welches hoch und eng am Halse anschloß. Ihr ganzer Schmuck bestand aus einer einzigen Rose im Haare. (141f.)

Ab Albuquerque verdichtet sich die Handlung, da hier alle Beteiligten der Erbschaftsangelegenheit durchreisen. Der erste Haupttäter, der den Tod erleidet, ist auch derjenige, der im Roman zuerst erschienen ist. Harry Melton wird von seinem Bruder Thomas erstochen, als den beiden auf der Flucht nur ein Pferd bleibt. Auch in der Sterbeszene bleibt die Disharmonie seiner Physiognomie bestehen: „Er schloß die Augen, um den ungeheuerlichen Gedanken auszudenken; dann öffnete er sie wieder und ein wilder Grimm ging über sein noch immer diabolisch schönes Gesicht" (191).

Diese Kontinuität ist nur konsequent, denn es „hatte für seine Seele nichts geschehen können" (195). Wo aber das Innere sich nicht ändert, bleibt auch das Äußere unverändert.

Judith hingegen versucht, den schleichenden Verfall ihrer Schönheit und ihrer Moral zu kaschieren. Als sie an ihrem Pueblo in Unterhandlung tritt, putzt sie sich extra heraus: „Die Judith hatte Toilette gemacht, hier in der Wildnis an der Grenze zwischen Neu-Mexiko und Arizona!" (252) Sie wirkt dadurch ähnlich maskiert und deplaziert wie zu Beginn der Handlung auf dem Schiff. Der fortschreitende Verlust an weiblicher Ausstrahlung geht einher mit ‚unweiblichem' Verhalten, das nicht überraschen kann, da sie sich schon in Almaden alto entsprechend benommen hat: „Sie stand einige Sekunden wie in tiefster Verlegenheit; dann fuhr sie plötzlich auf mich los, krallte mir mit den zehn gekrümmten Fingern vor dem Gesichte herum und schrie in giftgem Tone" (327).

Ihre nicht enden wollenden Versuche, Jonathan zu helfen, um an die Erbschaft zu gelangen, bringen ihr am Ende einige Wochen Gefangenschaft bei den Nijora-Apatschen ein (606), danach bleibt sie verschollen. – Jonathan selbst entpuppt sich nach und nach als Schwächling:

„Tausendmal die Verdammnis über Euch?"
Das schrie er mit einer überschnappenden Stimme, wie so wütend ich noch keine gehört hatte. Dann machte er zwei Schritte nach dem Wasser zu, als ob er sich hineinstürzen wolle, um sich zu ersäufen, fuhr aber wieder zurück, wohl weil er keinen Mut dazu hatte, riß die Tasche, welche er am Riemen um die Schulter trug, herab, machte sie auf, ehe es Emery verhindern konnte, that den Stein hinein, schloß sie zu und schleuderte sie, ein Gelächter verzweiflungsvollen Hohnes ausstoßend, weit hinaus in das Wasser, wo sie sofort unterging. (479)

Jonathan wird in den Osten gebracht, vor Gericht gestellt und zu einer langjährigen Gefängnisstrafe verurteilt, was epilogartig in aller Kürze berichtet wird. Sein Vater, Thomas Melton, findet während der Rückreise den Tod, genau so, wie Old Shatterhand es ihm vorausgesagt hat:

„Dein Bruder war der Teufel; ich habe ihn stets so genannt, vom ersten Augenblicke an, da ich ihn sah. Und du bist Ischariot, der Verräter. Du hast allen, die dir Gutes thaten, mit Bösem vergolten. Du nahmst deinem eigenen Bruder das Leben und das Geld, und soeben hast du deinen Sohn, deinen einzigen Sohn, dein Kind an mich verraten. Ja, du bist Ischariot und wirst sterben wie jener Verräter, welcher hinging und sich selbst aufhing. Du wirst nicht durch die Hand des Henkers sterben, sondern dich selbst ermorden." (586f.)

Auch Thomas verliert Teile seines ‚äußeren Ich', doch sind es hier nicht die Haare, sondern die Fähigkeit zur koordinierten Kommunikation:

Dieser [Thomas] befand sich in einem eigenartigen Zustande. Er murmelte immer unverständliches Zeug vor sich hin, fuhr des Nachts angstheulend aus dem Schlafe auf und trieb allerhand Allotria, die uns um seinen Verstand bange machten. (608)

Er entwendet Dunker ein Messer und ersticht sich am Grab seines Bruders.

*

Karl Mays *Satan und Ischariot* ist durch eine Fülle von physiognomischen Phänomenen geprägt. Es ist auffällig, daß viele der auftretenden Personen in irgendeiner Form gebrochene Charaktere darstellen. Dabei lassen sich verschiedene Konstruktionsmerkmale feststellen. Ein Typus ist dadurch gekennzeichnet, daß Gestalt und Charakter sich widersprechen (Herkules, Haziendero, Sennor Emindio, Fred Murphy, Will Dunker). Eine Variation dieses Typus findet sich bei einer Harmonie zwischen Gestalt und Charakter, die mit dem Namen nicht in Einklang steht (‚Listige Schlange').

Mit dieser Form der Personenbeschreibung stellt sich May – ob bewußt oder unbewußt, sei dahingestellt – in krassen Gegensatz zu allen zu seiner Zeit bekannten physiognomischen Theorien. Diese sind – ähnlich wie die sich im Verlauf des 19. Jahrhunderts entwickelnden psychiatrischen Theorien – bei allen Unterschieden in Methodik, Diognoseverfahren und Therapieansatz durchgängig von dem Bedürfnis nach Systematisierung und Schematisierung gekennzeichnet.[28]

Ähnliches gilt für die Beschreibung der Verbrecher, die dadurch gekennzeichnet sind, daß sich in ihrem Äußeren eine Disharmonie findet, die auf ihren schlechten Charakter schließen läßt. Am ausgeprägtesten ist diese bei Harry Melton anzutreffen, dessen Beschreibung, besonders wenn man die Dorésche Zeichnung vor Augen hat, wirklich bildhaft ist. Physiognomische Verbindungen zu ihm weisen dann auch auf verbrecherische Beziehungen hin. Dies gilt für das geistliche Habit des ‚Players' ebenso wie für die orientalische Schönheit Judiths und die Familienähnlichkeit mit dem Bruder und Neffen Meltons. Die vier Hauptverbrecher sind durch einen Verfall ihres Äußeren gezeichnet, der entweder die natürlichen oder die persönlichen physiognomischen Phänomene betrifft. Während Harrys Gesicht zunehmend ‚teuflischer' erscheint, wird bei seinem Bruder und Neffen durch Fremdeinwirkung nachgeholfen (Verprügeln und Kolbenstöße bei Thomas, Kahlscheren bei Jonathan). Judith ist, gemäß dem Motto: ‚wenn eine Frau Böses tut, ist es schlimmer als bei einem Mann', doppelt betroffen. Sie präsentiert sich selbst als ‚Kokette', ist dabei aber unsauber; später wird sie ebenfalls kahlgeschoren.

Moralischer und körperlicher Verfall gehen also einher; allerdings sind es nicht unbedingt die geistigen bzw. seelischen Veränderungen, die diesen Verfall hervorrufen, sondern auch äußerliche Einflüsse durch Dritte. Da die Physiognomik nun von dem Äußeren des Menschen auf das Innere schließt, führt Mays Konstruktion der genannten Personen die Theorie der Physiognomie letztendlich ad absurdum. Diejenigen, die für den körperlichen Verfall verantwortlich sind, stellen gewissermaßen genau den status quo her, der sich nach den physiognomischen Theorien hätte von selbst einstellen müssen.

Bei einigen Nebenfiguren dient die Beschreibung der Äußerlichkeit der Typisierung (Judiths Vater, die Peone des Wagenzuges, der Scheik der Uled Ayar, der Häuptling der Komantschen), so daß sich Äußeres und Inneres entsprechen.

Eine Übereinstimmung im vollen Wortsinn findet sich nur bei Winnetou und Old Shatterhand, die zwar teilweise ihre ‚persönlichen Phänomene' (Kleidung) ablegen, doch dadurch in keiner Weise verändert werden. Old Shatterhand erfährt in bezug auf die Kleidung eine starke Wandlung vom ‚abgerissenen Stromer' zum ‚Caballero', die zwar keine Persönlichkeits-, aber doch eine Verhaltensänderung vom passiven zum aktiven Helden dokumentiert. Winnetou entpuppt sich im Verlaufe der Handlung ganz und gar nicht als stoischer Held. Zwar ist er durch seine indianische Zurückhaltung oft im Vorteil, doch ist er durch eine intensive Körpersprache gekennzeichnet, die in weiten Teilen eine verbale Kommunikation ersetzt. Unterschieden werden muß dabei zwischen einem Code der Körpersprache, der allen verständlich ist (‚natürliche Autorität'), und dem internen Code der Blutsbrüder, den der Ich-Erzähler dem Leser mitteilt. Die Darstellung Winnetous ist schon deshalb wesentlich nuancierter als die Selbstdarstellung des Ich-Erzählers, weil dieser sich nur bedingt selbst beschreiben kann.

Physiognomische Entwicklungen sind bei allen vier Haupttätern vorhanden, bei denen der Verlust der äußerlichen Schönheitsattribute mit dem Verlust an Moral einhergeht. In diesem Punkt entspricht die Darstellung durchaus dem Charakterbild von Old Wabble in *Old Surehand*, wobei dieser allerdings dank seiner inneren Läuterung im Tode friedlich aussieht, was Harry und Thomas Melton nicht vergönnt ist. – Judith wird außerdem mit Martha Vogel kontrastiert. Der Ausgangspunkt beider ist ‚jugendliche Schönheit', das Ergebnis jedoch diametral entgegengesetzt.

Insgesamt bestätigt sich die eingangs getroffene Prämisse, daß May keine Befunde erhebt, sondern nur bestimmte Elemente deshalb beschreibt, weil sie ihm für die Handlungsführung und/oder die Charakterisierung einer fiktiven Person dienlich sind. Mit Ausnahme von Harry Melton und Winnetou ist keine Figur vollständig beschrieben. May charakterisiert die Personen in der Regel durch physiognomische Details in Kombination mit Handlung. Die gewählten Attribute sind dabei meist so allgemein gehalten, daß den Lesern und Leserinnen eine ganze Bandbreite an Assoziationsmöglichkeiten bleibt. May vermeidet dabei stereotype Werturteile bzw. Gleichsetzungen zwischen äußerem Merkmal und Charakterzug (z. B. gerade Nase = Grazie[29]) und setzt im Gegenteil auf den versteckten ‚Mißakkord'.

Damit verläßt Karl May in *Satan und Ischariot* weitgehend die genretypischen Stereotypen vom ‚schönen Helden' und ‚häßlichen Bösewicht'. Während die Heldenfiguren nur ihre ‚persönlichen' Phänomene verändern (andere Kleidung anlegen), sind bei ihren Gegenspielern sowohl ‚natürliche' als auch ‚persönliche' Phänomene ständigen Veränderungen unterworfen. Wenn dabei im Sinne Heinroths von einer ‚Physiognomie der Schuld' gesprochen werden kann, dann nur insofern, als die LeserInnen die Chance haben, den moralischen Verfall der Figuren an ihrer körperlichen Entwicklung abzulesen. Hierfür ist es nicht zwangsläufig notwendig, daß den Lesenden der physiognomische Diskurs geläufig ist. Die Bildhaftigkeit der Personenbeschreibungen reicht aus, um körperliche und moralische Entwicklung nachzuvollziehen. Die Begriffe ‚Bildhaftigkeit' und ‚Entwicklung' zusammengenommen konterkarieren dabei die zeitgenössische Fixierung auf das Fahndungsbild als einer statischen Momentaufnahme mit Anspruch auf ultimative Beweisgrundlage. Konsequenterweise wird der Körper- und Gebärdensprache gegenüber den pathognomischen Phänomenen eine deutliche Prioriät eingeräumt.

Anmerkungen

1 *Duden Fremdwörterbuch.* 3., völlig neu bearb. u. erw. Aufl., bearb. v. Wolfgang Müller u. a. Mannheim, Wien, Zürich 1974, S. 561.
2 Vgl. Andreas Käuser: *Physiognomik und Roman im 18. Jahrhundert.* Frankfurt/M., Bern, New York, Paris 1989, S. 1-21; Ingmar Winter/Günter Henkel: *Gesicht und Maske. Beiträge zu Physiognomie und Rollenspiel bei Karl May.* SoKMG 59 (1985), S. 4-6.
3 Giovanni Battista Porta: *De humana physiognomia.* 1593.
4 Johann Caspar Lavater: *Physiognomische Fragmente, zur Beförderung der Menschenkenntnis und Menschenliebe, Erster Versuch.* Leipzig, Winterthur 1775 (Reprint Zürich 1968).
5 Johann Jakob Engel: *Ideen zu einer Mimik, 1. Theil.* In: ders.: *Schriften,* Bd. 7. Berlin 1804.
6 Georg Christoph Lichtenberg: *Über Physiognomik; wider die Physiognomen.* In: ders.: *Schriften und Briefe,* Bd. 3, hg. v. Wolfgang Promies. München 1972, S. 256ff.
7 Georg Gustav Fülleborn: *Abriss einer Geschichte und Litteratur der Physiognomik.* In: *Beiträge zur Geschichte der Philosophie.* Züllichau, Freystadt 1797 (Reprint Basel 1968).
8 Wilhelm von Humboldt: *Das achtzehnte Jahrhundert.* In: ders.: *Studienausgabe,* Bd. 1, hg. v. Andreas Flitner u. Klaus Giel. Stuttgart, Darmstadt 1960.
9 Karl Bühler: *Ausdruckstheorie.* Jena 1933.
10 Vgl. z. B. Willy Hellpach: *Deutsche Physiognomik. Grundlegung einer Naturgeschichte der Nationalgesichter.* Berlin 1942. Hellpach maßt sich an, nicht nur anthropologisch zwischen ‚slawischen' Kurzschädeln und ‚arischen' Langschädeln zu unterscheiden; er unterscheidet ‚Völker', ‚Stämme' und ‚Schläge' voneinander; so unterstellt er z. B. dem „Erzgebirgssachsen" ein „deutlich vorgeschobenes Gesamtkinn" (Taf. XIV, Abb. 40), konstatiert bei Erasmus v. Rotterdam eine „lange gerade nordische Nase" in Verbindung mit einem „schmalen nordischen Mund" (Taf. XXI, Abb. 58), bei dem Schauspieler Heinrich George eine „breitwüchsige, dalonordische Erscheinung" (Taf. XXII, Abb. 61), bei dem Düsseldorfer Historiker Heinrich v. Sybel ein „fränkisches Herzgesicht mit vorgestülptem Lächelmund"

(Taf. XXXI, Abb. 93), und verbindet all diese Gesichtsformen mit angeblich spezifischen Volkscharakteren.

11 Dieter Kamper (Hg.): *Zur Geschichte des Körpers*. München, Wien 1976; Gert Mattenklott: *Der übersinnliche Leib. Beiträge zur Metaphysik des Körpers*. Reinbek b. Hamburg 1982.

12 Käuser [Anm. 2], S. 6.

13 Vgl. hierzu Verena Ehrich-Haefeli: *Individualität als narrative Leistung? Zum Wandel der Personendarstellung in Romanen um 1770 – Sophie La Roche, Goethe, Lenz*. In: *Physiognomie und Pathognomie. Zur literarischen Darstellung von Individualität. Festschrift für Karl Pestalozzi zum 65. Geburtstag*, hg. v. Wolfram Groddeck u. Ulrich Stadler. Berlin, New York 1994, S. 49-75.

14 Winter/Henkel [Anm. 2], S. 26-41.

15 Käuser [Anm. 2], S. 2.

16 Winter/Henkel [Anm. 2], S. 20.

17 Johann Christian August Heinroth: *Grundzüge der Criminal-Psychologie; oder: Die Theorie des Bösen in ihrer Anwendung auf die Criminal-Rechtspflege*. Berlin 1833.

18 Martin Stingelin: *Der Verbrecher ohnegleichen. Die Konstruktion ‚anschaulicher Evidenz' in der Criminal-Psychologie, der forensischen Physiognomik, der Kriminalanthropometrie und der Kriminalanthropologie*. In: *Physiognomie und Pathognomie* [Anm. 13], S. 113-133 (115); Hervorhebungen durch den Verfasser; die mit Anführungszeichen gekennzeichneten Partien sind Heinroth-Zitate, S. 246 bzw. 311.

19 Vgl. hierzu Helmut Schmiedt: *Identitätsprobleme. Was ‚Satan und Ischariot' im Innersten zusammenhält*. In: JbKMG 1996, S. 247-265.

20 Berühmt geworden ist in diesem Zusammenhang Lavaters Mißdeutung eines dreifachen Mörders, dessen Porträt ihm ohne weitere Informationen vorgelegt worden war; vgl. dazu Stingelin [Anm. 18], S. 120ff.

21 Gustave Doré: *Das graphische Werk*, ausgew. v. Gabriele Forberg, Nachwort v. Günter Metken, 2. Bde. München 1975; *Gustave Doré (1832–1883). Illustrator, Maler, Bildhauer*. Katalog der Ausstellungen im Wilhelm-Busch-Museum Hannover (17. 10. 1982 – 9. 1. 1983) und in der Kunstsammlung der Universität Göttingen (23. 1. – 6. 3. 1983), hg. v. Herwig Guratzsch u. Gerd Unverfehrt. Dortmund 1982.

22 J. Valmy-Baysse et L. Dézé: *Gustave Doré. Biographie et catalogue complet de l'oeuvre par Louis Dézé*. Paris o. J. [ca. 1930]; H. Leblanc: *Catalogue de l'oeuvre complet de Gustave Dorè. Illustrations, peintures, dessins, sculptures, laux-fortes, littographies*. Paris 1931.

23 Dante Alighieri: *L'Enfer*. Paris 1861 (mit 75 Holzstichen nach Doré); Dante Alighieri: *Le Purgatoire et Le Paradis*. Paris 1868 (mit 60 Holzstichen nach Doré). Vgl. auch die deutsche Übersetzung von Konrad Falke: *Die göttliche Kommödie*. München 1995 (mit 136 Illustrationen).

24 Guratzsch/Unverfehrt [Anm. 21], S. 142.
25 Ebd.
26 Zur Darstellung von Auswanderergruppen vgl. Gudrun Keindorf: *Formen und Funktion des Reisens bei Karl May. Ein Problemaufriß*. In: JbKMG 1996, S. 291-314 (294).
27 Biographische Reflexionen seien hier ausdrücklich ausgeklammert.
28 „Die Neigung zur Systematisierung, zu Spekulation und Deduktion war charakteristisch für den romantischen Denkprozeß, der alle naturwissenschaftlichen Forschungen und Ergebnisse mit der allgemeinen Weltanschauung in Zusammenhang brachte, um zu einer abschließenden Anschauung, zu einer ‚Gesamtschau' der Naturwissenschaften zu kommen." Monika Lidl: *Johann Christian August Heinroth (1773–1843) und sein therapeutisches Konzept*. Diss. Würzburg 1981, S. 11f. Vgl. z. B. Julius Petersen: *Hauptmomente in der geschichtlichen Entwicklung der medicinischen Therapie*. Kopenhagen 1877, S. 39-50; Joachim Bodamer: *Zur Entstehung der Psychiatrie als Wissenschaft im 19. Jahrhundert*. In: Fortschritte der Neurologischen Psychiatrie Bd. 21 (1953), S. 511-535 (517); Martin Schrenk: *Über den Umgang mit Geisteskranken*. Berlin, Heidelberg, New York 1973, IV. Teil.
29 Otto Reinbold: *Die Nase in ihrer physiognomischen Bedeutung*. Carlsruhe 1867, S. 42.

Walther Ilmer

Wirrwarr ‚in der Heimat'

Dokument einer Wende mit Folgen

> Ist dies schon Tollheit,
> hat es doch Methode.
> (Polonius in Shakespeare:
> *Hamlet*, II.2)

Jede der vielerlei Besonderheiten in Karl Mays *Satan und Ischariot* verdient es, ausführlich behandelt zu werden – z. B. die tempogeladene, spannungsreiche Handlung auf überraschend wechselnden Schauplätzen, die (erstmals in der Werkchronologie) auffällig betonte Personalunion Autor–Ich-Erzähler–Old Shatterhand–Kara Ben Nemsi (wobei der bürgerliche Name „wie einer von den zwölf Monaten" lautet, XXII 35), das ebenso auffällig uneinheitliche Winnetou-Bild nebst Auftritt des Apatschen in Dresden, das knisternde und meist feindselige Geplänkel zwischen Old Shatterhand und einer attraktiven, sündhaften jungen Frau (ein absolutes Novum innerhalb der Reiseerzählungen), die im Schurken Harry Melton dargebotene Inkarnation und Faszination des Bösen (diesem ‚Satan' mangelt es wahrlich nicht an ‚Größe'), die unentschuldbare Leichtfertigkeit des Rechtsanwalts Murphy bei der Anerkennung des Betrügers Jonathan Melton als rechtmäßigen Erben, auch Karl Mays sorgloser Umgang mit Angaben über Zeitabstände zwischen einzelnen Ereignissen innerhalb der Gesamterzählung – doch bedürfte der vorliegende Studienband dann freilich des etwa doppelten Umfangs. Wir greifen hier das vorerwähnte Novum – das unverhohlene Interesse einer Verführerin am Ich-Erzähler – heraus, da es für diese Besonderheit ein breit dargestelltes Pendant im ursprünglichen Gesamttext der Erzählung gibt und dies uns hinführt zu weiteren erwähnenswerten Besonderheiten.

Sie finden sich auf rund 440 (von insgesamt mehr als 500) Manuskriptseiten, deren Text weder im Erstabdruck der Erzählung in der Wochenzeitschrift ‚Deutscher Hausschatz' noch in der dreibändigen Buchausgabe zu lesen ist; er liegt im ungekürzten originalen Wortlaut erst seit 1997 vor.[1] Karl May hatte ihn – nebst weiteren Partien – vorgesehen als *Erstes Capitel: In der Heimath* des auf den ersten Teil der Erzählung, *Die Felsenburg*, folgenden zweiten Teils *Krüger Bei*; doch der beim ‚Deutschen Hausschatz' zuständige Redakteur befand jene 440 Manuskriptseiten als nicht zur Veröffentlichung geeignet – und Karl May, wiewohl bei der Vorbereitung der Buchausgabe im Besitz der ihm zurückgegebenen ungedruckt gebliebenen Manuskriptseiten, verzichtete auf ihre Eingliederung in den Gesamttext.

Innerhalb der Handlungs-Chronologie hat diese sogenannte *Heimat*-Episode ihren Platz noch vor den in der *Felsenburg* berichteten Ereignissen. Verbindendes Element ist die mehr zufällige Bekanntschaft des Ich-Erzählers mit der Familie Vogel im Erzgebirge, wodurch das spätere Geschehen in Afrika und nachfolgend in den Vereinigten Staaten ausgelöst wird; May deutet es in seiner Funktion als Old Shatterhand schemenhaft an in dem von ihm gefundenen Brief des Betrügers Jonathan Melton an dessen Onkel Harry (XXI 79-82). In diesem Brief wird erwähnt, daß ein deutscher Schustergeselle namens Jäger in Amerika seinen Namen in Hunter änderte, zu großem Reichtum gelangte und seinem einzigen Sohn ein Millionenvermögen hinterlassen wird und daß Jonathan Melton seine verblüffende Ähnlichkeit mit jenem arglosen Erben nutzen will, um reichlich im trüben zu fischen. (Da nun der Ich-Erzähler May bereits in der *Heimat*-Episode das Wesentliche über den nach Amerika ausgewanderten Schuster von dessen Mutter, „der alten Jägern", H 47 u. 106, erfahren hat, wäre für Mays–Shatterhands Scharfsinn schon beim ersten Lesen des Briefes Anlaß gewesen, gedankliche Verbindungen herzustellen, um dann einige Monate später, bei seinem und Winnetous Zusammentreffen mit Martha Werner geborene Vogel in San Francisco, zu erkunden, ob diese und ihre Eltern inzwischen Näheres über den Ausgewanderten erfahren hatten. Dadurch wäre der aus dem Gesamttext der drei Bände ablesbare – keineswegs erforderliche – mehrjährige Abstand zwischen dem Auffinden des Briefes und dem Aufbruch Shatterhands und Winnetous nach Afrika entscheidend verkürzt worden – zum Nutzen des Realitätsgehaltes der Handlung. Im übrigen bleibt unnötig dunkel, warum Hunter senior seinen Wohnsitz von New York nach New Orleans verlegte und woher Franz Vogel plötzlich sein vor dem Erzähler bekundetes Detail-Wissen, XXI 255, über den Werdegang seines Onkels bezogen hatte.)

*

Der Inhalt der *Heimat*-Episode gehört zum Seltsamsten, das Karl May je zu Papier brachte. Warum er derart viel Arbeitszeit und Energie darauf verwendete, zählt zu den zahlreichen Rätseln, die er uns hinterließ. Die von der Familie Vogel über May zur Abenteuer-Handlung bestehende Verbindung ließ sich mühelos auf wenigen Seiten erläutern; Karl May hat es nachträglich bewiesen[2]; alles sonstige auf den 440 Manuskriptseiten Erzählte ist überflüssig. (Geradeso überflüssig ist die auf weiteren Partien der insgesamt rund 500 Manuskriptseiten enthaltene und in die Druckfassung vollständig übernommene, breit ausgewalzte Geschichte des Ölprinzen Konrad Werner, XXI 201-224; alle wesentlichen ihn betreffenden Angaben passen auf zwei Druckseiten.[3]) Und aus diesem Überflüssigen ragt die Besonderheit hervor, daß Karl May die Personalunion Autor–Ich-Erzähler–Old Shatterhand–Kara Ben Nemsi betont vermehrt durch die Personalunion Autor–Doktor Karl May–(Ex-)Redakteur in Dresden und sein Image schonungslos ramponiert.

Daß er bereit war, den Leser unvermutet auf krause Abwege zu führen, kündigt sich schon in den einführenden Sätzen des *Heimat*-Kapitels an:

Der liebe Leser ist gewöhnt, von mir in ferne Länder, zu fremden Völkern geführt zu werden und da von Ereignissen und Begebenheiten zu erfahren, welche ihm abenteuerlich erscheinen. Da erhebt wohl manch einer den Blick vom Buch und fragt:

„Ist denn das wirklich passiert? So etwas kann doch nur in Romanen stehen!"

Ja, das steht allerdings auch im Roman, nämlich im Roman des wirklichen Lebens. Wer sein Auge nicht nur auf die großen Ereignisse der Politik, der Wissenschaft, des Verkehrs usw. wirft, sondern auch einen Blick für die kleinen Vorkommnisse des individuellen Lebens besitzt, wer es versteht, der Entwicklung des Einzelmenschen zu folgen, für den eine sonst ganz unbemerkte Tat, ein ganz verschwindendes Vorkommnis von der größten Wichtigkeit ist, der hat sicher und gewiß die Erfahrung gemacht, daß das Leben der fruchtbarste und phantasiereichste Romanschreiber ist, den es geben kann. [...]

Um die Wahrheit dieser meiner Behauptung zu beweisen, will ich heut einmal daheim bleiben und meine Feder, notabene the original St. George, Sommerville & Co., in eine Erinnerung tauchen, welche mir immerdar lieb und freundlich bleiben wird.

Ich hatte auf der Universität einen Professor, einen gewaltigen Philologen, der sich meiner auf das freundlichste annahm [...]. Unbeweibt und ohne Verwandte, lebte er nur für seine linguistischen Bücher, kramte Tag und Nacht in fremdländischen Werken herum und wußte dafür zuweilen nicht, welchen Namen seine Magd hatte [...].

Der freundliche Leser befürchte ja nicht, daß dieser mein Lehrer die Hauptperson einer Erzählung werden soll. O nein! [...] Ich darf aber erwähnen, daß er kränklich wurde [...] und [...] in einem hochliegenden erzgebirgischen Dörfchen [wohnte]. [...]

Ich blieb in immerwährender Verbindung mit ihm [...].

Darum schrieb ich, so oft ich in die Heimat zurückkehrte, ihm schon am ersten oder zweiten Tag meiner Ankunft einige Zeilen darüber, und dann hatte er das kleine Geld und die Magd auch Zeit zu einer raschen Antwort, welche mich aufforderte, zu ihm zu kommen – – – und ich kam. (H 21-24)

Da sind schon alle die Charakteristika beisammen, die Karl May auf rund 230 Druckseiten (im Satzspiegel der hier zitierten Ausgabe) in einen befremdlichen Mischmasch zwängt: Behagliche Erzählweise – biedere Nachdenklichkeit, die dem Leser aber keine geistigen Strapazen auferlegt – Herausstreichen des eigenen Bildungsstandes und der Vielzahl durchlebter Reisen – Hinneigung zum Abdriften in Unnötiges – Zurückweichen vor dem heraufbeschworenen Eindruck – alsbaldiges Weiterverfolgen des soeben noch Abgestrittenen – ein Schwenk zu Drängen und Rasanz – – und dazwischen der Wunsch, ein dem Autor Karl May am Herzen liegendes Anliegen vorzubringen, das da aufblitzt in der „Erinnerung, welche mir immerdar lieb und freundlich bleiben wird".

Nehmen wir es vorweg: Im ganzen *Heimat*-Text gibt es kein Ereignis, auf welches das Merkmal der ‚immerdar lieben Erinnerung' sich anwenden ließe – entgegen all den vielen Möglichkeiten, die May sich selbst im Text hätte bieten können. Er hat die Entwicklung so gestaltet, daß nur Bitterkeit bleibt und auch von kleinen Glanzpunkten nichts ‚freundlich bleiben wird'. Auch der vermutlich absichtsvoll ins Spiel gebrachte Hinweis auf „ein ganz verschwindendes Vorkommnis von der größten Wichtigkeit" läuft ins Leere – es sei denn, man wertet das Zusammentreffen des Herrn „Lingennist" (Linguist, H 48) Doktor Karl May mit der alten Frau Jäger im Walde im obigen Sinne, weil dabei die Rede ist vom ausgewanderten Schuster.

In einer Vermengung mehrerer Handlungsfäden erzählt Karl May allerlei Gefühlsüberladenes, das jede Beurteilung verträgt – angefangen von ‚herzanrührend' über ‚lebenswahr' und ‚kitschigabgeschmackt' bis ‚nicht zum Aushalten!'

(1) Grotesk und tragikomisch zugleich sind die Begebenheiten rund um den alten Professor und die ihm abgestatteten Besuche des Ich-Erzählers. Die mühsame Komik erinnert an die leicht (oder stark) überzogenen Humoresken aus der Frühzeit des Mayschen Schaffens. Vielerorts treibt der Autor üble Zeilenschinderei, ohne daß ein Sinn des Geschriebenen sichtbar wird. Kritisches Hinsehen freilich belehrt den mit Karl Mays im Wortsinne ‚ich-bezogener' Arbeitsweise Vertrauten, daß die Klamaukszenen und die Torheiten des Ich-Erzählers im Milieu des Professors sowohl drückenden Seelenmüll beseitigen als auch dem Aufbau einer Schutzschicht

dienen, die es May ermöglicht, dahinter Selbstenthüllung vorzunehmen. Der Klamauk findet seine Entsprechung später in Szenen innerer Bedrängnis; das Groteske nimmt die Züge der Qual an. Das als skurriler Schabernack dargebotene vorsätzlich rüde Betragen des Ich-Erzählers bald nach Beginn des *Heimat*-Kapitels, womit er die ihm üblicherweise sehr zugetane keusche alte Magd des Professors gegen sich aufbringt (H 26ff.), verweist bei aller vorgetäuschten Lustigkeit voraus auf ein späteres unentschuldbares Fehlverhalten gegenüber einer Frau, das May gegen Schluß der besagten 440 Seiten in bestürzender Offenheit preisgibt.

(2) Hineinverwoben in die Beziehung des Ich-Erzählers zum Professor und zur oben erwähnten Familie Vogel ist Karl Mays auffälliges Bestreben nach ‚mehr Schein als Sein'. Nicht nur gibt er gleich zu Anfang seine (vorgebliche) Universitätsbildung an; nur wenige Seiten weiter nennt ihn die Magd des Professors „May [...], den frühern Studenten" (H 25), und der Professor tituliert ihn laufend „Kollege" (H 32, passim) und „Doktor" (H 62, passim) und verehrt in May ein wahres Sprachgenie, das vom Sanskrit bis zum entlegensten Indianer-Dialekt alle Idiome und deren sämtliche Flexionen beherrscht.

Ausgerechnet diesen armen Professor läßt Karl May einen argen Fauxpas begehen – gewissermaßen, als wolle er genüßlich Rache dafür nehmen, daß ihm in Wirklichkeit die akademischen Weihen verschlossen blieben: Eine von May komponierte und mit Text versehene Weihnachts-Kantate wird vom Professor für ein Werk Mozarts gehalten und dem örtlichen Gesangverein zur Einstudierung überlassen (H 93ff.). Der Ich-Erzähler May stellt den Irrtum natürlich richtig – und weidet sich an des Professors Verlegenheit. Dann gibt er sich betont großzügig und übernimmt seinerseits als Dirigent und Chorleiter das Einstudieren der Kantate mit einer Meisterschaft, die seinem Orgelspiel und seinem Geigenspiel und seinen umfassenden Fremdsprachenkenntnissen in nichts nachsteht (H 109ff.).

(3) Eitelkeit und Geltungsbedürfnis des Ich-Erzählers May sind, bezeichnend gepaart mit natürlicher Gutmütigkeit und Hilfsbereitschaft, auch mitbestimmend für sein Verhalten gegenüber der Familie Vogel. Der hungrigen holzsammelnden Großmutter, die er im Walde trifft (H 43ff.), überläßt er seinen Proviant und seinen Mantel und zum Abschied ein Goldstück (H 106); er versetzt die alte Frau und das ganze Dorf in Staunen, indem er, der feine „Herr Lingennist" (H 48), ihren schweren Korb trägt.[4]

Dem armen Musiker, der durch eigenes Ungeschick sein sauer erworbenes Cello demoliert (H 130), ersetzt er den Schaden durch ein großzügiges Geldgeschenk (H 146). Dem als Violinspieler begabten jungen Franz Vogel vermittelt er zu besten Bedingungen eine mehr als nur solide Ausbildung zum Virtuosen (H 163ff.): Immerhin hat er, der Doktor Karl May, Zutritt zu den gehobenen Kreisen der Gesellschaft in der Residenzstadt Dresden, seinem Wohnsitz, wo er sich als Redakteur und Schriftsteller und abenteuernder Weltläufer einen Namen gemacht hat.

Die ihm schwärmerisch, fast andachtsvoll entgegengebrachte Verehrung der jungen hübschen Martha Vogel allerdings nutzt er bei aller Eigenliebe und bei allem Selbstlob nicht aus: Der sonst ostentativ Extrovertierte bleibt auf diesem Sektor auffällig introvertierter Gentleman – und plagt sich redlich mit Zweifeln, ob das nicht zu seinem Schaden ist.

Und eben dieser zunächst überdeckte Handlungsfaden entpuppt sich als das eigentliche Drehmoment des in so heterogener Form vor dem Leser Abgespultenen; hinter dem Erzählaspekt der Zuneigung Marthas zum Doktor May tritt alles andere als belanglos zurück. Die wirklich wichtigen Abläufe (wenn wir den Begriff ‚wichtig‘ als angebracht gelten lassen wollen) schildert Karl May, in jähem Fortschwenken von der bis dahin beobachteten Erzählweise, straff, pointiert und selektiert auf etwa einhundert der in Rede stehenden fünfhundert Manuskriptseiten (mit der Ausnahme, daß er die Szene, in der er als Ich-Erzähler Bekanntschaft schließt mit dem Ölprinzen Konrad Werner, unnötig in die Länge zieht). Fast masochistisch, ganz unheldisch, in engste persönliche Bezirke vordringend, erzählt Karl May von der schmerzhaften Herzensbindung der schönen Martha an ihn – und von seiner eigenen unglücklichen, verdrängten, nur widerwillig eingestandenen Hinneigung zu ihr. Martha wird ihm, weil er den Mund nicht auftut – oder vielmehr, weil er das beleidigend Falsche sagt –, weggeschnappt von dem lautstark auftretenden, auf seinen Reichtum pochenden Ölprinzen, der sich zunächst um Mays/Shatterhands Freundschaft bemüht, sich aber als Bewerber um Marthas Gunst rasch zum Feind wandelt.

Angesichts der rückhaltlosen Identifizierung des Ich-Erzählers mit dem Autor Karl May, mit dessen erträumtem Bildungsgang, mit seiner beruflichen Vergangenheit ebenso wie mit seiner Heldentraum-Gestalt Old Shatterhand (der er alsbald noch die Identifizierung mit Kara Ben Nemsi folgen läßt), kommt der ihm hier zugewiesenen Funktion eines in Liebesleid Befangenen unzweifelhaft besondere Bedeutung zu. Der Leser fragt sich zwangsläufig: Warum erzählt er uns das?

*

Glücklich der, der die Antwort weiß, der damit ein bisher ungelöstes Rätsel entwirrt und der Karl-May-Forschung einen unschätzbaren Dienst erweist. Wir machen uns gern anheischig, Überlegungen anzustellen, behutsam nach Fingerzeigen (oder was wir dafür halten) zu suchen, doch wir bekennen unsere Zweifel, ob dabei ‚*die* Antwort' zum Vorschein kommt.

Unsere Überlegungen gründen sich auf Karl Mays private Situation im Jahre 1891, der Entstehungszeit der Erzählung *Die Felsenburg* und der *Heimat*-Episode. Und wenn wir im nachfolgenden hier und da abrücken von früher Geschriebenem, so nicht nach der Devise, was uns denn unser Geschwätz von gestern kümmere, sondern weil wir uns nicht scheuen zu bekennen, daß wir einen Lernprozeß durchlaufen haben (und stetig weiter durchlaufen) und daß neue Erkenntnisse an die Stelle früherer Ansichten treten müssen.

*

Im Frühjahr 1891 bezog Karl May die Villa Agnes in der Nizzastraße in Oberlößnitz. In den hübschen Villenvororten Dresdens, die später zur Kreisstadt Radebeul vereint wurden, war er als ‚Dr. phil.' bekannt und als Schriftsteller, dem der Nimbus eines weitgereisten und in vielen fremden Sprachen versierten Mannes anhaftete. Zu seinem Renommee gehörte – zumindest seiner Meinung nach – der gesellige Umgang mit honorigen Bürgern und der möglichst häufige Besuch beliebter Lokale der Lößnitzorte, wo gutes Bier und guter Wein ausgeschenkt wurden und wo man zünftiges Skatspiel schätzte.[5] Die damit verbundenen Geldausgaben vertrugen sich wenig mit Mays zeitweilig angespannter wirtschaftlicher Lage[6], aber er neigte nicht zum Knausern und zum Sparen. (Sein leichtfertiger Umgang mit Geld – der wahnhafte Züge annahm, wenn May Goldstücke als Trinkgelder verteilte oder seiner Frau Emma Tausendmarkscheine als Geburtstagsgeschenk übergab – war Teil jener charakterlichen Labilität, die ihn im Lehrerseminar Waldenburg 1858 zum Kerzendieb machte, ihn 1861 in Glauchau in eine verfängliche Lage mit seiner Quartiergeberin Henriette Meinhold trieb, ihn vor Weihnachten 1861 in Alt-Chemnitz ohne vorherige Rücksprache mit dem Buchhalter Scheunpflug dessen Taschenuhr mitnehmen ließ in die Ferien, ihn im April 1878 in Niederwürschnitz veranlaßte, in der Manier eines Paschas mit sieben Roßschweifen der Ursache des Todes Emil Pollmers nachzuforschen, sich den Doktortitel zuzulegen und die ‚Old-Shatterhand-Legende' zu propagieren. Ungewöhnliche charakterliche Standfestigkeit hingegen bewies er im beharrlichen zielbewußten Streben nach stetiger geistiger Weiterbildung, in seiner strikt gesetzestreuen Lebensführung nach seiner Waldheimer Haft wie auch im zweimaligen Bruch mit Heinrich Münchmeyer zwecks Wahrung seiner persönlichen Integrität – obschon zu Lasten regelmäßiger gesicherter Einkünfte. Gerade Mays gegensätzliche Charakterzüge sind Quelle vieler seiner Handlungen und vieler Diskrepanzen im Werk.)

Den Nimbus des Weitgereisten und des von seinen ‚niedergeschriebenen Reiseerinnerungen' höchst auskömmlich lebenden ‚Privatgelehrten' mußte er unter anderem auch wahren vor dem Eigentümer der im nahen Radebeul eröffneten Verbandstoff-Fabrik, Richard Plöhn, und dessen Ehefrau Klara, mit denen das Ehepaar May in enge Berührung gekommen und rasch in traulich-freundschaftliche ‚Du'-Beziehung getreten war.

Plöhns hatten im März 1889 ihren Wohnsitz von Leipzig nach Radebeul verlegt.[7] Entweder aus dieser Zeit oder schon aus dem Vorfeld des Umzugs stammte die Bekanntschaft.[8] Emma May brachte der anderen Frau vorbehaltlos herzliche Gefühle entgegen, und ihrem Mann Karl erwuchs in Richard Plöhn unversehens ein später, bewundernder, verehrender Freund. Das Hauswesen der Plöhns wurde von Klaras Mutter, Wilhelmine Beibler, einer resoluten Matrone in den Fünfzigern, besorgt; Klara selbst ging ihrem Mann in der Fabrik zur Hand, hielt sich aber sehr häufig bei Mays in der Villa Agnes auf.[9] Während May und Emma höchstwahrscheinlich nach zwei Jahren Vertrautheit mit Plöhns deren Lebensgeschichte – auf die wir bei der Suche nach Fährten und Fäden noch näher eingehen werden – weitgehend kannten (weil daran ja nichts zu beschönigen war), hielt Karl May natürlich noch auf Jahre hinaus seine wahre Vergangenheit verborgen, und Emma hütete sich wohlweislich, ihn bloßzustellen.

Daß Karl May rein äußerlich – trotz etwas kurzer Beine – der jungen Klara Plöhn etwa besser gefiel als ihr eigener kleiner korpulenter Ehemann[10], könnte nicht überraschen. Daß er fesselnd zu erzählen wußte und Charme besaß, ist schon aus seinen Schülertagen und seinen Straftäterzeiten bekannt. Daß dieser lehrbegabte

Karl May einer bildungs-, literatur-, musik- und kunstbeflissenen jungen Frau große Mengen an geistiger Kost (die gern aufgenommen wurde) zu vermitteln wußte, steht außer Frage. Und wenn die hochgewachsene junge Frau vielleicht nicht nur von Karl Mays Wissen und seinen zahlreichen schriftstellerischen Werken schwärmte, sondern vielleicht auch ein wenig – oder mehr als ein wenig – von dem Mann, so wäre das nicht verwunderlich.

Die das Ego streichelnde, der Seele schmeichelnde Bewunderung durch eine attraktive Frau, die seine Tochter hätte sein können, und durch einen veritablen ‚Fabrikherrn' traf Karl May zu einer Zeit, da er auf die Fünfzig zuging – eine Zeit, in der Männer dazu neigen, sich Rechenschaft über das Erreichte abzulegen und sich die Zukunft auszumalen. Im Regelfall hat ein bürgerlich lebender Mann mit Fünfzig sein Leben gefestigt, darf seine persönliche Zukunft und die Versorgung seiner Ehefrau als gesichert ansehen. Karl May aber – mag er sich auch in eine sanguinische Betrachtungsweise seiner Lebensumstände geflüchtet haben – hängt in der Luft und Emma ebenso. Ein Vermögen hat er bisher nicht angesammelt. Wenn seine Schaffenskraft versiegt, wenn die Einfälle ausbleiben, ist seine Existenzgrundlage dahin. Das wissen beide (und Emma bringt vielleicht manchmal auch die Rede darauf). In der soeben beendeten Geschichte vom *Vermächtnis des Inka* war entgegen aller Wahrscheinlichkeit der Lebenstraum eines kleinen versponnenen deutschen „Privatgelehrten" in Erfüllung gegangen: wie aber stand es mit dem Lebenstraum des Autors Karl May? Hatte er insgeheim tief in sich hineingehorcht?

Wenn es zutrifft, daß May – zufolge des nie wahrhaft überwundenen, im Alter von zwanzig Jahren durchlittenen Schocks des Verlustes seiner Lehrerlaufbahn, zufolge seines Abgleitens in die Kriminalität, zufolge der vieljährigen Haftzeiten und zufolge der peinigenden Schuldgefühle gegenüber den Eltern – bis ins Alter an schwelenden seelischen Konflikten trug und daß der immer neu unternommene Anlauf zu ihrer Bewältigung Ausgangspunkt seiner schriftstellerischen Produktion wurde, so folgern wir daraus, er habe reale Begebenheiten seines Lebens mehr oder weniger unbewußt – gelegentlich sogar voll bewußt – in sein Werk einfließen lassen, habe notwendigerweise aber auch innere Zustände wie Ängste, Befürchtungen, depressive Vorstellungen, Selbstzweifel, Hoffnungen, das Aufflackern von Euphorien usw. gleichermaßen wie konkrete äußere Ereignisse – in wie auch immer camouflierter Form – thematisiert.

Es fiel ihm in jenem Jahr 1891 schwer, die laufenden Kosten für sein bürgerlich ‚standesgemäßes' neues Heim aufzubringen. Ein gediegenes Heim und eine stabile Ehe waren, neben wirtschaftlich-finanzieller Sicherheit, zwei der Grundvoraussetzungen für ein sorgenfreies Leben im allmählich heraufziehenden Alter. Im Lichte allgemeiner Lebenserfahrung meinen wir dem Endvierziger ein bestimmtes Gedankenkarussell unterstellen zu können:

Welches Versäumnis an seinem Lebenswege verhindert noch jetzt den Durchbruch ins immerwährende Glück? Welchem Irrtum, den er hätte vermeiden können (außerhalb der Straftaten und der daraus folgenden Haftzeiten), ist er erlegen? Kann er sein Schicksal noch glanzvoll gestalten? Wird er – wie zahllose Männer um die Fünfzig – Versuchungen durch lockende außereheliche Weiblichkeit ausgesetzt sein? Oder Emma an jemand anderen verlieren? Oder hatte er gar, indem er sie wählte, den gravierenden Fehler begangen? War es richtig, ihr seit eh und je Post- und Kassenvollmacht zu gewähren?[11] Veruntreute sie Einnahmen? Kam er deshalb, trotz aller rastlosen Arbeit, nie zum ‚großen Geld'? Warum war er nicht wirklich sein eigener Überheld Old Shatterhand? Der hätte sicherlich wieder einmal alles Übel der Welt aus dem Wege gefegt und seinen Kopf selbst gegen den „Lehrmeister" Winnetou (XXI 117) durchgesetzt –

Old Shatterhand – – Und jählings sitzt er am Schreibtisch und bringt Old Shatterhand mit einem geriebenen Schurken von satanischem Zuschnitt zusammen – und ist der Welt entrückt – und schreibt es nieder, was er aus der Seele klingen hört...

*

Old Shatterhand und Winnetou! Seit 1887 hat er das edle und unfehlbare Freundespaar in mehreren äußerst erfolgreichen Erzählungen für die jugendlichen Leser der vielbeachteten Zeitschrift ‚Der Gute Kamerad' auftreten und heldenhaft agieren lassen. Seit Oktober 1890 läuft in dieser Zeitschrift gerade die spannende Geschichte *Der Schatz im Silbersee*. Unlängst (1890) ist *Der Sohn des Bärenjägers* als schmuckes Buch auf den Markt gekommen. Erscheinungsbild und Verhalten der beiden Protagonisten, des weißen und des roten Kämpfers für Recht und Frieden, unterscheiden sich jetzt beträchtlich von früheren Auftritten, und mit diesen Vorzügen und den daraus sprießenden Großtaten sollen nun auch die Leser des ‚Deutschen Hausschatz' vertraut gemacht werden. Es kümmert Karl May offenbar nicht, daß der dort im XV. Jahrgang,

1888/89, in der Erzählung *Der Scout* geschilderte angejahrte Winnetou wenig gemein hat mit dem, der sich in der *Felsenburg* tummelt. Insoweit ist *Satan und Ischariot* gleich im ersten Teil des Gesamttextes ein Neubeginn auf Karl Mays Weg in die Herzen der Erwachsenen – und auch damit eine Besonderheit.

Karl May, auf der gefahrvollen Straße in die ‚midlife crisis', setzt an zu einer rasanten – und seiner bis dahin kühnsten – Reiseerzählung, zur Bewältigung drängender Bilder im Rahmen einer natürlich frei erfundenen Geschichte, und plaziert als absolutes Novum sein Ich als ‚Objekt der Begierde' zwischen zwei Frauen hinein.

*

Schon kurz nach Beginn der Erzählung legt die flatterhafte, auf erotische Abenteuer erpichte schöne Judith es darauf ab, Old Shatterhands Interesse und wohlwollende Zuneigung zu gewinnen. Da er kühl bleibt, wendet sie sich enttäuscht dem Schurken Harry Melton zu. An anderer Stelle[12] haben wir die Indizien aufgeführt, die zu der Vermutung führen, Karl May habe unbewußt oder mit Willen im Lumpen Harry Melton ein Zerrbild seines einstigen Verlegers Heinrich Münchmeyer stilisiert, dem während Mays Tätigkeit als Kolportageautor in den achtziger Jahren Emma May als leichte Beute zufiel – wie die *Prozeßschriften* sagen.[13] Das Bild Meltons als Münchmeyer und das Judiths als Emma muß selbstverständlich nicht Spiegelung realer Vergangenheit sein; es kann sich durchaus um ein von Karl May imaginiertes und in den Schreibfluß aufgenommenes Schreckensbild zur Abwehr etwaiger eigener, 1891 aktuell auftretender Ausbruchsgelüste handeln. Emma wirkte nun einmal anziehend auf Männer. Ihre zu lobenden wie zu beklagenden Eigenschaften tauchten in den Frauengestalten der Kolportageromane – die unter Pseudonym veröffentlicht wurden – immer wieder auf, und grundsätzlich war jede Ehe Anfälligkeiten ausgesetzt. Auch auf ihn, Karl May selber, hätte gewiß noch manche Frau gern ein Auge geworfen –

Aber wäre er mit einer anderen Frau glücklicher geworden? Vielleicht mit jemand aus seiner Redakteurzeit – oder aus noch weiter zurückliegenden Jahren? Einer künstlerisch Engagierten zum Beispiel? Einer noch recht Unausgereiften, unschwer zu Formenden, einer Anbetenden? Einer Frau voller lodernder Anteilnahme am kreativen Schaffen, am erzieherischen Zweck schriftstellerischer Arbeit –

So eine wie Klara Plöhn. Nicht sie selber – nein. Als Frau des Freundes war sie tabu – auch im Gedankenspiel. Und ihre körperliche Höhe wäre doch bedrückend[14] – nicht wahr? Wie hielt Richard es nur aus, eine so viel größere Frau ständig um sich zu haben! Und von Hausarbeit verstand sie praktisch nichts. Emma hingegen –
Erfüllte die kleine handliche, küchenerprobte und immer muntere Emma nicht alle Bedürfnisse ihres Karl? Absurd, sie etwa einzutauschen gegen eine seelenvoll blickende, die Hände in den Schoß legende Frau, auf die er mit seinen 1,66 Meter[15] nur hinunterblicken kann, wenn sie sitzt und er steht... Und damit nimmt die Old Shatterhand anschmachtende reizvolle Judith Silberstein noch ein zweites Gesicht an:
Judith ist mit ihrem Vater, einem Kaufmann, aus wirtschaftlichen Gründen von daheim weggegangen; beide wollen in fremder Umgebung eine neue Existenz aufbauen. So hatte der halbjüdische Kaufmann Richard Plöhn im März 1889 seine Firma ‚Äther und Öle' in Leipzig seinem Partner Hopf überlassen und war mit seiner jungen Frau in Radebeul ansässig geworden, um eine neue Fabrik zu begründen. Und Judith ist ein „äußerst schmuck gekleidetes Mädchen mit orientalischen Zügen von ungewöhnlicher Schönheit" (XX 40). Darin fängt sich Klara Plöhn, deren Gesichtszüge einen sympathischen orientalischen Einschlag hatten; darin fängt sich zugleich Emma, die von May bis zuletzt als ungewöhnlich schön gerühmt wurde[16] (ein subjektiver Eindruck, mit dem wir uns abfinden wollen); und darin fangen sich beide Frauen mit ihrer Neigung zu gefälliger, schmucker, nach Möglichkeit eleganter Kleidung. Die Überblendungen ziehen sich durch alle drei Bände der Buchausgabe; so ist z. B. der Hinweis auf Judiths Hinwendung zu einem „Reservelieutenant" (46) dem heftigen Flirt der koketten ‚Emma Vollmer' in *Scepter und Hammer* (1879)[17] zu ähnlich, um Zufall zu sein, und Judiths lautstarker Protest, „Dienerin, Dienstbote, Dienstmädchen? [...] Fällt mir nicht ein, mich so weit wegzuwerfen! Niemals!" (XXII 535), kann sich leicht darauf beziehen, daß Karl May seiner Emma im Frühjahr 1877 zumutete, als Hausgehilfin bei einer Pfarrerswitwe in Dresden zu arbeiten[18], und sie dies zunächst als unwürdig empfand; mit Blick auf die als gefahrbergend erkannte – bzw. als solche imaginierte – Berührung mit Klara Plöhn ist von Belang, daß es bei Old Shatterhand nicht an Interesse Judith gegenüber fehlt, doch etliches an ihr ihn zu sehr stört, als daß es zu der von ihr erhofften Annäherung käme: „gera-

de Ihre Kälte, Ihre Härte hat mir [...] imponiert", läßt sie ihn wissen (36) – und stärkt damit sein Gefühl der Überlegenheit.[19]

Mit der Dualität des Betrachtungswinkels mag der willkürliche Wechsel des Familiennamens der schönen Judith zusammenhängen: May schwankt unachtsam zwischen ‚Silberstein' (XX 50, passim) und ‚Silberberg' (XX 178; XXI 107), an einer Stelle (XXII 32f.) gar innerhalb von 36 Textzeilen. Seltsam anmuten will uns, daß in dem von ‚Balmer' abgeleiteten Namen ‚Pollmer', dem Geburtsnamen Emmas, sowohl ‚Hügel' (sprich: Berg) wie ‚(Ge)stein' stecken und daß Klaras Ehename Plöhn sich ableitet von Plön in Holstein.[20] Ob Karl May das wußte?

Wie zentral wichtig die Person Judiths dem Autor Karl May ist, erhellt unzweideutig eine Szene, in der Old Shatterhand (Ich-Erzähler) als heimlicher Lauscher fungiert und bei deren Wiedergabe der sich selbst als Karl May identifizierende Ich-Erzähler[21] nicht nur Judiths Worte mitteilt, sondern auch ihre Gedanken (XXI 13ff., insbes. 16ff.)! Die brillante Analyse dieser Szene durch Werner Kittstein[22] belegt Karl Mays völliges Eins-Sein mit der von ihm aufgerollten Problematik.

*

Niemand vermag zu sagen, ob Karl May von vornherein den auf den reichen Erben Small Hunter hindeutenden Brief Jonathan Meltons – und damit ‚die Jagd nach großem Geld' als Hauptthema des Fortgangs der Geschichte – im Sinn hatte oder ob er damit, irgendwann im Spätsommer 1891[23], einem jähen Einfall folgte. Als pure Gedankenspielerei wollen wir vermerken, daß im Verlauf jenes Sommers die Anfrage des Verlegers Friedrich Ernst Fehsenfeld eintraf, wie Karl May sich zum Vorhaben einer Buchausgabe der im ‚Deutschen Hausschatz' abgedruckten Reiseerzählungen stelle. Obwohl er erst im November darauf reagierte[24], könnte er sich doch die Aussicht auf erfreulich höhere Einnahmen vorgegaukelt und sie auf den Handlungsverlauf projiziert haben. Damit ging er zugleich einem ‚Gespenst' aus einstigen Straftäterzeiten zu Leibe – seiner unrühmlichen Rolle in der Angelegenheit der Erbschaft der Familie Albani in Ernstthal, 1869: Er hatte für die präsumtiven Erben allerlei Schreibarbeiten verrichtet und war dann mit Geld und Dokumenten durchgegangen, statt die ihm aufgetragenen Recherchen anzustellen.[25] Nun konnte er sein damaliges Versagen zum Heldenstück Old Shatterhands umwandeln. Ob jedoch in puncto Melton-Brief Vorausplanung gegeben war oder eine spontane Idee – ‚Berg' und Ge‚stein' gaben den Blick auf die ersehnten Reichtümer und den Weg dorthin nicht frei, und Karl May begab sich flugs auf krause Umwege – ‚in der Heimat'.

*

Es läuft auf das Forträumen von Seelenmüll hinaus, der etwas zu tun hat mit selbstverschuldeten Versäumnissen und Fehlverhalten auf dem ganz persönlichen ‚Weg zum Glück':

Umständlich und scheinbar humorig, in Wahrheit gallig, beschreibt May das zweimalige diebgerechte, gewaltsame Eindringen ins Haus des so schrulligen wie gütigen alten Sprachforschers und Professors, der sich auch musikalisch interessiert; da sucht er die aufsteigende Erinnerung an die heimliche Suche des einstigen Straftäters Karl May nach Nachtquartier, nach Zuflucht beim Paten Weißpflog, in ‚Kochs Hütte' beim Dorfe Falken, in der Gastwirtschaft Engelhardt in Hohenstein, im Schuppen in Niederalgersdorf in Böhmen[26] oder anderswo, ins Spaßhafte umzumünzen. Und vom Schmiedemeister Weißpflog, dem weitgewanderten Paten und Mentor und Erzähler par excellence („ein kleines schwächliches Männlein, mit weißen Locken"[27]), fällt der rückwärts gerichtete Blick auf den zweiten gütigen Lehrer von damals, den Ernstthaler Kantor Strauch[28], der ihm so viel an Wissen und an Kunstverständnis vermittelte; er wäre von seinem Schüler Karl May enttäuscht gewesen – nicht, weil der ihn mit den Jahren an gespeichertem Wissen übertraf, sondern weil er straffällig wurde. Unter der Hülle der angemaßten Universitätsbildung und Doktorwürde, die er sich trotzig umlegt, wirkt ein Mischmasch aus Schuldgefühl und Dankbarkeit und Widerstand gegen die eigene Fehlbarkeit: Nachdem er die Handlungs-Szenerie ohne Not in die Adventszeit verlegt hat (H 40), taucht das just vor Weihnachten (1867?) im Gefängnis in Zwickau entstandene Gedicht *Weihnachtsabend* (mit der Eingangszeile „Ich verkünde große Freude")[29] vor ihm auf – und wird erhoben zur (von uns bereits erwähnten) „Kantate" mit „Weihnachtsszene" (samt „Gebet der Mutter für ihren verlorenen Sohn", H 97) von ‚K. M.' („Das stimmt ja ganz auf Ihren Namen!", H 96) und damit zum Triumph für den „Herrn Doktor" beim Gesangverein „Lyra" (H 112) – dem Karl May 1863 in der Tat in Ernstthal angehörte. Dieser gegen den Professor („mein[en] Lehrer", H 23) gerichtete – imaginierte – Coup der Überlegenheit des „frühern Studenten" (H 25) ist allerdings nur möglich, weil eben dieser Mentor als hinter den Kulissen wirkender Initiator der

Einstudierung der Kantate das Werk erst ans Licht gebracht hat.[30] Aller vorgetäuschte Ulk und Schabernack und schale Schmunzel-Effekt aber fallen zusammen unter der deprimierenden Note der beklagenswerten Vernichtung all der wertvollen Handschriften und sonstigen Aufzeichnungen des Professors (H 37ff.) – keine „Erinnerung, welche mir immerdar lieb und freundlich bleiben wird", vielmehr anhaltendes Bedauern darüber, daß er, Karl May, beim Tode des 72jährigen Kantors Strauch am 10. Februar 1860 gerade unter dem Makel des Kerzendiebstahls im Lehrerseminar Waldenburg stand und von dort relegiert war und allein schon deshalb keinerlei „Autorität" geltend machen konnte, um tatkräftig einzutreten für die Rettung der Kompositionen und anderen Schriften des Kantors; sie wurden Makulatur wie die des Professors.[31]

*

Der Klamauk rund um den Professor und seine Haushälterin – mit allen eingestreuten Weitschweifigkeiten –, das Entdecken der Kantate und deren Einstudierung, der Disput des Ich-Erzählers und des Professors über Bier und Wein und Zigarren[32] und die gelehrten Auseinandersetzungen über ungewöhnliche Laute in ungewöhnlichen Sprachen (oder durch exotische Instrumente produzierte Klänge) bleiben folgenlos und ohne jede Einwirkung auf das mit *Satan und Ischariot* verbundene Geschehen, zu dem Karl May sich mit mehreren Unterbrechungen vorarbeitet. (Wir scheuen uns daher nicht, weiteste Teile des Manuskriptes *In der Heimat* nochmals als überflüssig zu bezeichnen – jedenfalls insoweit Karl May sie ja ursprünglich zur Veröffentlichung bestimmte und damit gewiß viele seiner ‚lieben Leser' verstört hätte. Seinen Wert als ‚Dokument aus der Werkstatt' gewinnt der Text des Manuskriptes erst im Lichte der nunmehr ernsthaft betriebenen Karl-May-Forschung.)

Allmählich schält sich heraus, daß es dem Autor um entgangenes Liebesglück geht. Doch bei aller betonten Personalisierung des Erzählten flüchtet er in Mehrdeutigkeiten, zeigt sich schlüpfrig wie ein Aal. Die romantisch verklärte Martha Vogel in der Geschichte, die Enkelin der im Walde getroffenen alten Frau Jäger, ist vielleicht pure Erfindung und entzieht sich deshalb der Identifizierung – oder ist eine Synthese aus drei, vier oder mehr Frauen in Mays Leben und bleibt uns auch dann natürlich ihren wahren Namen schuldig.

Den Ich-Erzähler (wir haben immer ‚Karl', XX 254, und ‚May', H 25, vor Augen!) berührt die „ganz eigenartige Schönheit der noch nicht ganz siebzehnjährigen" Martha, die in der Stadt gedient hat. „Ihre Hände waren ungewöhnlich klein und ebenso ihre Füße" (H 137). Sie steht dem ‚Herrn Doktor' züchtig und ehrerbietig Rede und Antwort und zeigt sich sehr verständig.

Schönheit – Hände und Füße – Betragen – – es ist ganz so, als ob Karl May von Emma Pollmer spricht, deren hier genannte Kennzeichen er bei entsprechenden Gelegenheiten in dieser Weise rühmte.[33] Sie war gerade etwa Zwanzig, als er sie kennenlernte, und sie folgte ihm im Mai 1877 nach Dresden – als Hausgehilfin bei der Pfarrerswitwe Auguste Petzold. (Martha und Judith – in XXII 535 – begegnen sich.) Martha ist der bettlägerigen Mutter wegen ins Dorf zurückgekehrt (H 112); Emma verließ Dresden wegen des kranken Großvaters in Hohenstein.[34]

Die Altersangabe „noch nicht ganz siebzehnjährig" paßt recht gut zu Mays Früh-Bekanntschaften Anna Preßler[35] und Anna Schlott[36] an seinem Heimatort – zumal erstere, wie Martha Vogel, sehr bald einen anderen Mann heiratete und zweitgenannte vor Karl May einem Musiker namens Vogel ihre Gunst bezeigt hatte. Aber nirgendwo im Text findet sich noch eine Spur der ersten oder der zweiten Anna. Eine weitere (diesmal definitiv sehr intime) Früh-Bekanntschaft, das Dienstmädchen Auguste Gräßler aus Schwarzenberg im Erzgebirge, war bereits elternlos, als sie sich 1869 vom Straftäter Karl May trennte[37], und taucht im Text nur insofern – versteckt – auf, als der Ich-Erzähler mit der Familie Vogel einen Ausflug nach Schwarzenberg und ins von dort nahegelegene Bad Ottenstein unternimmt, wo er sich mehrmals mit Auguste aufgehalten hatte. Im übrigen aber ist Martha Vogel erklärtermaßen ein „braves Mädchen, sittsam im höchsten Grade!" (H 180) – und das kann man Emma und den anderen Genannten wohl nicht ohne weiteres nachsagen.

Dieses Prädikat paßt auch nicht unbedingt zu der in Hohenstein ansässigen Thekla Maria Vogel: sie brachte 1876, zwanzigjährig, eine nicht-eheliche Tochter zur Welt. Ihr Vater war Strumpfwirker (wie der Vater Marthas); der Mann, der sie später heiratete – und noch später das Kind anerkannte –, hieß Friedrich Albani. Immerhin *könnte* Karl May der eigentliche Vater gewesen sein.[38] Wäre das aber in der kleinen Stadt verborgen geblieben? Eher hätte es als offenes Geheimnis die Runde gemacht und wäre auch dem alten Pollmer und Emma zu Ohren gekommen. Hätte Emma das ungerührt übersehen, als Karl sich um sie bemühte? Hätte Karl May nicht – zumindest zunächst – für das Kind zahlen müssen? Wäre es Karl und Emma gleichgültig gewesen, diesem Kind etwa ein Jahr lang unversehens zu begegnen, nachdem es ab Ostern 1882 die Bürgerschule besuchte, neben der das Ehepaar May wohnte?[39] Fragen – keine Gegenbeweise –, die uns hindern, in Thekla Maria Vogel mehr zu sehen als nur die Trägerin eines ähnlichen Namens.

Die still an ihrer Liebe zum ‚Herrn Doktor' leidende Martha Vogel nimmt im Manuskript eine Stelle als Punktiererin in jenem Verlag an, wo der verehrte Mann als Redakteur tätig ist und auch wohnt; alsbald hält sie, neben ihrer Arbeit an der Buntdruckmaschine, die Zimmer des Redakteurs May in Ordnung und stellt ihm heimlich Blumen hin (H 180, 183ff.). Da verschmelzen Fiktion und unangenehme Erinnerung in wieder anderer Weise:

Als „der Herr Doktor Karl May" galt der Autor tatsächlich während seiner Tätigkeit als Redakteur für Heinrich Münchmeyer[40], und für geraume Zeit bewohnte er in Münchmeyers Haus eine Drei-Zimmer-Wohnung. Als Aufwärterin diente ihm eine der Punktiererinnen[41], die aber eines Tages ohne sein Zutun abgelöst wurde von Minna Ey, der Schwägerin Münchmeyers, die – samt Schwester Pauline und Schwager Heinrich – den Plan verfolgte, Karl May zu heiraten und damit fest an das Unternehmen zu binden.[42] Karl May gab ihr damals entschlossen einen Korb und kündigte kurzerhand seine gute Stellung[43]; er konnte nie ohne Unbehagen an das schon etwas ältliche Mädchen zurückdenken: Es schmerzt, einem Menschen wehe tun zu müssen, dessen Gefühle – und seien diese auch nur aus Träumen geboren – man nicht erwidert. Der im *Heimat*-Text auf Martha bezogene Satz, „Ich hatte noch nicht erfahren, daß eine Herzensenttäuschung das Weib zum unglücklichsten Entschluß zu führen vermag" (H 248), mag gelesen werden als Mays Bedauern darüber, daß Minna Ey und Pauline Münchmeyer sich durch ihren tiefen Groll gegen den nicht Heiratswilligen jahrelang das Leben vergällten. In anderem Zusammenhang aber, den wir gleich noch behandeln, fällt anderes Licht darauf.

In dem anonymen Oberdrucker (H 180, passim) können wir ein Abbild des von Karl May an anderem Ort[44] gezeichneten Leiters des Druckereiwesens bei Münchmeyer, Wilhelm Gleißner, vermuten; er und May mochten einander wie der Oberdrucker und der ‚Herr Doktor'; nach Mays Bekunden hatte er seinerzeit Gleißners Empfehlung die Redakteurstelle bei Münchmeyer zu verdanken.[45] Beim Abschied des ‚Herrn Doktor' aus der Redaktion (H 188) vertraut der Oberdrucker ihm „ein Geheimnis" an. Im Text bezieht sich das auf Martha, in Mays Erinnerung aber möglicherweise darauf, daß der über Mays Ausscheiden bei Münchmeyer sehr unglückliche Gleißner dies dem Schriftsteller/Redakteur spüren ließ und bald darauf ebenfalls bei Münchmeyer kündigte.[46]

Spiegelt sich aber in diesem „bedeutende[n] Etablissement" „eines Dresdener Verlagsbuchhändlers" (H 40) wirklich das Unternehmen Heinrich Münchmeyers? Da der Ich-Erzähler aus seiner Stellung als Redakteur fortstrebt, scheint Bejahung angebracht. Da aber der Chef „seinen Arbeitern ein gütiger und wohltätiger Prinzipal" ist (H 250), der dem ‚Herrn Doktor' vor dessen Ausscheiden „eine ganz unerwartete Gratifikation" zahlt und „sich sehr generös gegen mich [erwies]", und es außerdem von der „Gemahlin des Besitzers" heißt, sie sei „eine sehr liebe und gütige Dame" (H 184), werden wir unsicher. Attackierte Karl May Münchmeyer und Frau durch nachträgliche ‚Glorifizierung' oder beißenden Sarkasmus? Oder hatte er vielleicht seine so unerwartet kurze Redakteurtätigkeit, 1878, bei Bruno Radelli in Dresden im Sinn, in dessen Wochenblatt ‚Frohe Stunden' er binnen weniger Monate so viele eigene schriftstellerische Arbeiten hatte unterbringen können?[47] Leichten Herzens war er von Radelli nicht fortgegangen.

Mehrdeutigkeiten überall im *Heimat*-Text. Martha Vogels Ausbildung zur Sängerin gefällt dem ‚Herrn Doktor' überhaupt nicht; er ereifert sich geradezu darüber. Das ist ähnlich wie im Roman *Der Weg zum Glück*, wo das gespaltene Karl-May-Abbild Anton Warschauer, polizeilich gesuchter Wilderer, sich erzürnt über die Absicht der von ihm geliebten Leni, ihr Gesangtalent beruflich zu nutzen. Bei Anton ist es noch verständlich, denn Lenis absehbarer gesellschaftlicher Aufstieg verhindert ihre Heirat mit einem halbkriminellen Hallodri. Der ‚Herr Doktor' alias Karl May alias Old Shatterhand aber faßt eine Eheschließung mit Martha nicht ins Auge und ist überhaupt für ihre Zukunft weder zuständig noch verantwortlich. Warum sträubt er sich gegen ihre Ausbildung?

Unwillkürlich denken wir daran, daß Karl May aller Wahrscheinlichkeit nach einen Teil seiner Vagantenzeit 1863/64 in Gesellschaft einer wandernden Schauspieler- und Komödianten- und Musikertruppe verbrachte; engere Beziehungen zu wenigstens einem weiblichen Mitglied der Truppe lassen sich ihm nach allgemeiner Lebenserfahrung unschwer unterstellen; seine in jene Zeit fallenden Straftaten, u. a. das Erschwindeln von Damenpelzen, nähren den Verdacht, er habe aus Imponiergehabe gehandelt. War die von ihm Auserwählte vielleicht eine pikante Jodlerin – mit ungarischem Pseudonym wie Martha? Wußte sie, wie Martha, auch

Poetisch-Elegisches vorzutragen? Und war sie talentiert genug, oder nicht selbst verliebt genug, um den anbetenden Habenichts als lästig zu empfinden? (Dies wäre die Umkehrung der Situation im Text.) Beziehen wir der Vollständigkeit halber jene nächtliche Szene im Westen Amerikas mit ein, als die in ihrem Zelt nur ungenügend bewachte Martha Besuch erhält von dem nur spärlich bekleidet draußen im Bach stehenden ‚Herrn Doktor' (XXII 408), so bietet sich ohne Anstrengung das Bild eines heimlichen nächtlichen Rendezvous bei ‚Fahrendem Volk' an; desgleichen kann Old Shatterhands unbeobachtetes lautloses Einschleichen in die alte Überlandkutsche (509), in der Martha eine andere Nacht verbringt, dem behutsamen nächtlichen Öffnen der Tür eines Wohnwagens bei einer Wandertruppe entsprechen – und da Old Shatterhand hierbei Martha in Männergesellschaft antrifft (wie sie ist auch der Rechtsanwalt Murphy gefangen und gefesselt), läßt sich für die beim Niederschreiben erschaute reale Vergangenheit eine Szene verletzter Eitelkeit aus Eifersucht konstruieren. (Karl May als Verlierer – die Frau als höhnisch Überlegene.) Jedweder gelockerte Sittenkodex aber, wie er in diesen Fällen zu unterlegen wäre, ist nicht vereinbar mit dem auf Martha zutreffenden Bild: „Ein braves Mädchen, sittsam im höchsten Grade!" Auch als inzwischen verheiratete Frau wahrt sie streng die Grenzen des Anstands. Ganz anders als damals die von Karl May begeisterte Emma Pollmer, die den Mittdreißiger unendlich entzückte: Old Shatterhands Waten durch den Bach hinüber zu Martha und sein leises Aufklinken der Kutschentür können gesehen werden als launige Verdrehung des nächtlichen Heranhuschens Emmas zur Wohnstatt Karl Mays in Ernstthal, etwa Anfang 1877, „durch meine Hintertür, die für sie offen stand".[48]

Wir wollen nicht daran vorbeisehen, daß Martha Vogel ganz überraschend heiratet und dann den Namen Martha Werner führt, also die Initialen M. W. Als Objekt des Liebesverlangens Karl Mays um 1864 gilt die damalige Mittvierzigerin Malwine Wadenbach[49], die im Alter von 51 Jahren überraschend heiratete – einen Fabrikanten; auch ihrer nicht-ehelichen Tochter Alwine, Alma genannt, hat Karl May wahrscheinlich nahegestanden. Alwine ist die Geliebte des jungen Heinrich Silbermann, der als *Der Giftheiner* zu Unrecht in Verruf gerät, wie Karl May unter dem Pseudonym Karl Hohenthal erzählt, und der, viele Jahre vor dem ‚Herrn Doktor', mit dem Gedicht *Ich verkünde große Freude* hervortritt; und Alma heißt das liebliche Mädchen, dessen Loyalität sich ihr so böser Taten verdächtigter Freund, *Der verlorne Sohn* (im gleichnamigen Roman), nicht absolut sicher sein kann: Lauter zwischen den Zeilen des *Heimat*-Textes eingestreute Fäden, aus denen Karl May aber keinen Flickenteppich webt.

*

Das setzt sich fort, nachdem Karl May den Ölprinzen Konrad Werner eingeführt hat (H 191). In jungen Jahren hat dieser daheim viel Prügel bezogen und ist schließlich an einem Weihnachtstag aufgebrochen, „im tiefen Schnee und bei schrecklichem Gestöber" (H 197), um in der Fremde sein Glück zu suchen. (Mays heimliche Sehnsucht ‚Amerika' bestimmt auch Werners Tun.) Abgesehen von einigen anderen Merkmalen im übrigen Text, die in Konrad Werner eine Abspaltung Mays erkennen lassen, haben wir hier Mays böse Erinnerung an die vom Vater empfangenen körperlichen Züchtigungen[50], an die traurige Weihnacht 1861, als ihn ‚der Schlag' der Beschuldigung traf, ein (Uhren-)Dieb zu sein, und an die bittere Weihnacht 1869, die er bei bedrohlichem Winterwetter als Flüchtling in Nordböhmen zubrachte. Der zunächst als zwar abenteuerlich und nicht gerade zimperlich (wie May), aber keineswegs unsympathisch (wie May) geschilderte Ölprinz offenbart die unvermuteten negativen Seiten seines Wesens erst durch seine fast gierige Leidenschaft zu Martha Vogel, wobei der ‚Herr Doktor' als Störfaktor erscheint, und hier könnte innerhalb der Vielfalt der bunten, wirren, verschlungenen Fäden eine Anspielung vorliegen auf Heinrich Münchmeyers Scharwenzeln um Emma May, eifersüchtig beobachtet von Karl und gern von Emma akzeptiert – falls denn Emma zwischen dem Frühjahr 1883 und dem Herbst 1888 (als das Ehepaar May aus der Hauptstadt fortzog nach Kötzschenbroda) wirklich Anlaß zu solchem Tun gegeben haben sollte. Marthas überstürzte Eheschließung aber läßt eine andere Färbung hervortreten:

Der um die Freundschaft des Menschen ‚Dr.' Karl May und abenteuerliche Geschichten erzählenden Schriftstellers (‚Old Shatterhand') bemühte Fabrikant Richard Plöhn war knapp sechsunddreißig Jahre alt, als er in Radebeul ansässig wurde; Konrad Werner ist beim Zusammentreffen mit dem von ihm bewunderten Old Shatterhand „vielleicht sechsundzwanzig" (H 191). Klara Plöhn war 1891, als die „nicht ganz siebzehnjährige" Martha Vogel im Manuskript Karl Mays auftaucht, gerade siebenundzwanzig. (Zweimal dichterische Freiheit, natürlich.) Richard Plöhn kam kurz vor Weihnachten 1880 aus Siegmar bei Chemnitz nach Leipzig;

Konrad Werner gibt „ein kleines erzgebirgisches Städtchen" als Herkunftsort an (H 195). Schon am 22. Juni 1881 heiratete Plöhn die am 4. Juli 1864 geborene Klara Beibler, die er also jedenfalls erst (sehr) kurze Zeit kannte und die noch nicht einmal siebzehn Jahre alt war. Plöhn und sein Geschäftspartner Hopf führten eine Firma ‚Äther, Öle en gros'.[51]

Die nicht alltägliche Heirat einer erst Sechzehnjährigen mit einem elf Jahre älteren Kaufmann, den die Braut um etwa Haupteslänge überragte, wirft die Frage auf, ob Klaras verwitwete Mutter schlichtweg drängte, für die Tochter und sich die benötigte materielle Versorgung zum frühestmöglichen Zeitpunkt sicherzustellen – bzw. ob etwa bei Klara eine jungmädchenhafte „Herzenstäuschung" (H 248) vorgelegen hatte, eine romantische Verirrung, die der Mutter unpassend erschien und die sie durch Klaras Eheschließung drastisch beendete? Und wenn ja – wußte Karl May davon?

Wir fragen uns weiter, ob Karl May zeitweilig eine ambivalente Einstellung gegenüber dem Freund hegte oder, getrieben vom Unbehagen an imaginierten Verlockungen und Versuchungen, in seiner Gedankenwelt eine Störung des Verhältnisses entstehen ließ. Wie erklärt doch der Ölprinz sein Verhältnis zu Martha: „Ein Kompagniegeschäft. Sie gibt ihre Schönheit, und ich gebe meine Millionen. Meinen Sie nicht, daß beide Kompagnons sich dabei gut stehen werden?" Und lachend fährt der im Streit um die Frau Sieger Bleibende fort: „Denken Sie, ich war so dumm, Sie für einen Nebenbuhler zu halten. [...] Es ist kaum glaublich, aber ich hatte wirklich diese unsinnige Idee. [...] Old Shatterhand [gehört] in die Prärie". Diesem fiktiven Dialog zwischen Richard Plöhn und Karl May ist also zu entnehmen: ‚Lieber Freund – für meine Ehe bist du keine Gefahr, auch wenn Klara dich ein bißchen anhimmelt. Deine Welt ist allein das Schwelgen in tollen Geschichten.' Der Ich-Erzähler im Text, um Haltung bemüht, lehnt es spitzfindig ab, „eine arme, ahnungslose Dame unglücklich zu machen" (H 247), versichert als Karl May also, er werde nie einer Frau ungebührlich zu nahe treten. Gleichwohl vertraut May dem Leser eindringlich an: „Ich gönnte sie ihm nicht, weil ich ihn nicht für den Mann hielt, sie glücklich zu machen, hatte aber nicht das mindeste Recht, Einblicke in das Seelen- oder Herzensleben meines [...] Schützlings zu verlangen." (XXI 229f.) Das ist bedenkenswert. Wenn „Schützling" sich, außerhalb des Manuskriptes, real auf Klara Plöhn bezieht, so ruft der Autor sich damit fast gewaltsam zur Ordnung.

*

Ungeachtet der von May mit Bedacht aufgezeigten Wesensunterschiede zwischen Martha und Judith entspricht die Situation Martha – ‚Doktor May' (alias Old Shatterhand) – Ölprinz ganz der Situation Judith – Old Shatterhand – Harry Melton. Im überhöhten Sinn sind beide Frauen einunddieselbe bzw. einunddasselbe: Die im Geiste heraufbeschworene Verkörperung der Versuchung – einerseits in mädchenhaft-keuscher Gestalt, anderseits Abbild aufpeitschender Lüsternheit. Ist die Schlußfolgerung erlaubt, der knapp fünfzigjährige Karl May appelliere eindringlich an sich selbst, vernunftwidriges Handeln zu meiden, in seinem vorgerückten Alter keiner Versuchung außerhalb des Ehestandes anheimzufallen?

*

Trotz aller Plastizität des Erzählten (dessen Hauptstrang eine gewisse Faszination nicht abzusprechen ist, wenn wir uns auf das entsprechende Niveau begeben) hat Karl May immer noch instinktive Disziplin genug, um uns im ungewissen zu lassen. Wie nie zuvor erhebt er das betont persönliche Schicksal des mit dem Autor identischen Ich-Erzählers zum Gegenstand des Geschehens, und doch setzt er während der Niederschrift zwischen die Fadenknäuel immer nur isolierte Leuchtpunkte, die beim näheren Hinsehen keine Kette bilden.

So zum Beispiel revoziert die mehrschichtige Figur des Konrad Werner die Frage, ob es während Mays Arbeit an *Das Waldröschen*, *Der verlorne Sohn* usw. zwischen Münchmeyer und Emma ‚funkte' (wie er über zehn Jahre später wortreich behauptete) oder ob May im *Heimat*-Text nur verdeutlichen will, daß er sich damals unnötig in Aufregung versetzte und allen denkbaren Gefahren ohne Schaden entkommen ist. Es ist nicht ersichtlich, ob die gegen den labilen Nebenbuhler gerichtete Eifersucht des Ich-Erzählers auf Liebesglut beruht oder auf gekränkter Eitelkeit oder auf reinem Trotz des wenig Begüterten gegen den Reichen. Das Umherirren des von Emotionen geschüttelten Ich-Erzählers in der Dresdener Heide bei Nacht und die präzise Schilderung seines inneren Zustands (H 233) wollen uns als Wiedergabe fest im Gedächtnis haftengebliebener Realität erscheinen, gerade so wie des ‚Herrn Doktors' von wiederum heftigen Gefühlsstürmen begleitetes Durchqueren des Ostrageheges (H 242f.). Bei letzterer Szene paßt der Weg, den der Ich-Erzähler von seiner Wohnung im Verlagsgebäude einschlägt, „der Weißeritz entlang und zur Stadt hinaus ins

Ostragehege", eigenartig zur geographischen Lage des Münchmeyer-Verlags am Jagdweg, einer von der Freiberger Straße abbiegenden Ansiedlung von Gewerbebetrieben (damals wie heute); mit wenigen Schritten ist man an der Weißeritz. – Hat Karl May jemals zur Nachtzeit Emma und einen Mann in der Dresdener Heide (oder sonstwo) gesucht? Vielleicht in einer Schutzhütte unter Bäumen – die später im Handlungsgeschehen (XXII 509) als alte Überlandkutsche auftaucht? Hat der durchnäßte Old Shatterhand, der um Marthas willen unterwegs ist (408), etwas zu tun mit dem vom Regen triefenden Redakteur im Ostragehege am Elbufer? Aber war unbedingt Liebesleid die Ursache für den Nachtmarsch und dann für das Davonhasten im Gewitter? Oder heftiger Streit mit Münchmeyer aus anderen Gründen? Weder 1877, beim Ausscheiden als Redakteur, noch 1888, beim Beenden der Arbeiten als Romanautor, dürfte es für Karl May geräuscharm und gefühlsarm zugegangen sein.

Auf diese Facette – und damit auf Emma (als Emma Pollmer) und auf Minna Ey – blendet er zurück bei den Sätzen:

Mein Blick fiel in den Spiegel. Dort gab es ein ernstes, sonnverbranntes Gesicht, das Gesicht eines Mannes, den das Leben bisher noch niemals freundlich angelächelt hatte. Und vor mir stand das Glück in seiner schönsten, jugendlichsten Gestalt. War es nicht eine Sünde, eine schwere Sünde, diese Schönheit, diese Jugend an dieses braune Gesicht, an ein Leben, welches mir vielleicht nie Ruhe bot, zu ketten? Ja, gewiß! (H 237)

Er verlegt diese Gedankenszene absichtsvoll ins Haus des Verlags-‚Prinzipals‘, wo er Glück und Erfolg hatte verbuchen können bis zu dem Moment, als er erklärte, Minna Ey nicht heiraten zu können, und er Münchmeyer verließ, weil in Emma „das Glück in seiner schönsten, jugendlichsten Gestalt" erschienen war. Durfte er, der wieder in die Existenznot Zurückgeworfene, Emma jetzt an sich „ketten"? Gehörte er wieder zu denen, die „das Leben [...] niemals freundlich angelächelt hatte"? Nein. Emma hatte sich als „das Glück" erwiesen, hatte ihm beim Überwinden der Lebenskrise treu zur Seite gestanden.

Aber eindeutig ist Emmas Bild nicht. Dem Ölprinzen legt Karl May den Satz in den Mund: „Was tue ich mit einer Frau mit kleinen Füßen und winzigen Händen, aber desto größern Ansprüchen?" (H 213) Da er diesen gegen Emma gerichteten Anwurf nicht als ‚Doktor Karl May' erhebt, sondern als sein eigener Kontrahent, distanziert er sich zugleich davon, zieht die Berechtigung der Frage in Zweifel. Bald darauf läßt Konrad Werner erkennen, daß er sich glücklich schätzt, „eine schöne Frau zu besitzen, ihr zu dienen, alle ihre Wünsche zu erfüllen, sie mit Reichtümern, mit Edelsteinen zu beglücken", und er schwärmt: „Ich [...] weiß, daß ich der Diener, vielleicht der Sklave meiner Frau sein würde." Der Ich-Erzähler kontert sofort: „Das ist keine Ehre für einen Mann." (H 225) Spricht da nicht der in sich gespaltene Mensch Karl May aus beiden Männern?[52]

*

Dem Zwiespalt begegnen wir noch in einigen direkt ineinandergreifenden Szenen:

Für Marthas Vortrag als Sängerin wählte der Autor Karl May einige Texte (H 228, 230), die er selbst in seiner Frühzeit verfaßt und 1876 in der von ihm bei Münchmeyer redigierten Zeitschrift ‚Schacht und Hütte'[53] sowie 1880 in seinem Roman *Scepter und Hammer* veröffentlicht hatte. Die Erstveröffentlichung war Emma wahrscheinlich vor Augen gekommen, als sie seinerzeit Karl Mays Aufsatzreihe *Geographische Predigten* in jener Zeitschrift las[54], und zu einer abermaligen Veröffentlichung entschloß sich May während der Niederschrift des 10. Kapitels des genannten Romans, im Herbst 1879, nachdem die nur wenige Seiten des 9. Kapitels durchstreifende, auf moralische Abwege geratene ‚Emma Vollmer' sang- und klanglos aus dem Romangeschehen verschwunden war und Frieden und Einvernehmen zwischen Karl und seiner Emma Pollmer bestand. So legt die Wahl der Verse für den *Heimat*-Text eine Fährte zu Emma – und zum stabilen Ehestand 1891. Vom ‚Herrn Doktor' befragt, warum sie gerade seine Texte in deren Vertonung gesungen habe, antwortet Martha, „weil ich überhaupt nicht für andere, sondern nur für Sie singen wollte". Dürfen wir das forsch ersetzen durch ‚nicht für andere, sondern nur für dich kochen, wirtschaften, lachen, dasein' – als Liebesbekenntnis Emmas vor der Hochzeit? Nach Marthas Worten wallt es im Ich-Erzähler auf: „Da war sie ja, diese schnelle Erkenntnis: Das ist die Richtige!" (H 239) Dann müßte im Manuskript, 1891, das Happy-End folgen wie 1880 in der Realität – aber der Autor hat sich hineinmanövriert in eine Konfliktsituation:

Ob sie mich liebte? Ich wollte es nicht glauben. [...] Ob ich sie liebte? Ja, das war eine böse Frage! Hatte ich nicht selbst gesagt, es müsse einen durchzucken: Das ist die Richtige! [...] Sollte die Liebe sich auch nach und nach entwickeln können? Vielleicht besitzt Amor zwei Arten von Pfeilen, solche, die er ganz plötzlich verschießt, und andere, mit denen er sich heimlich, langsam und innerlich kichernd heranschleicht, um sie einem bei offenen Augen oder vielmehr trotz offener Augen so recht blutdürstig nach und nach ins Herz zu bohren? Wer kann das wissen! (H 234)

Ja, wer will das schlüssig beantworten?! Durchzuckt ‚das ist die Richtige!', hatte es ihn vollauf bei Emma; er hatte nicht geruht und gerastet, bis er sie heimführen konnte; von ‚Liebe nach und nach' konnte bei Karl und ihr keine Rede sein. Die in obigen Sätzen beschriebenen Regungen – echte Liebesgefühle oder nicht – sind erkennbar nicht beglückend, sondern problematisch und beziehen sich in dieser Problematik nicht auf Emma. Sie wären auch im Text ganz und gar entbehrlich, wenn es um eine von May erfundene ‚Martha' aus der Vergangenheit ginge. Ihre Niederschrift im Jahre 1891 und in dieser Wortwahl deutet nach unserem Dafürhalten auf einen – tatsächlichen oder von May für möglich erachteten – Konflikt, zu dem die in sein Leben getretene Klara Plöhn – ob nur wißbegieriges ‚Dummchen' oder nicht, ob zu hoch gewachsene Tabu-Frau oder nicht – gewollt oder ungewollt das Wesentliche beitrug. Ein Konflikt, der unterschwellig, hier und auch später noch, das Werk bestimmte.

*

Anstelle des Happy-Ends tritt kurz vor dem Ende des *Heimat*-Textes eine häßliche Szene. Beim Ball der Verleger und Buchdrucker nähert Martha sich schüchtern dem mit dem ‚Prinzipal' Billiard spielenden ‚Herrn Doktor', als Damenwahl ist, und bittet ihn um den Tanz (H 249); sie ist zwar noch Arbeiterin im Verlags-‚Etablissement', hat aber allseitige öffentliche Anerkennung als Sängerin gefunden und ihren Status auch dadurch beträchtlich aufgewertet, daß sie – ebenfalls öffentlich – von dem millionenschweren Ölprinzen umschwärmt und als Dame hofiert wird; sie hat Anspruch auf würdige Behandlung. Darüber hinaus hat der ‚Herr Doktor' sie ja längst liebgewonnen – in einer zumindest onkelhaften, von niemandem zu beanstandenden Weise – und in ihr seinen ‚Schützling' gesehen; ein Überschreiten der seinerzeit strengen gesellschaftlichen Schranken kann Martha unter diesen Umständen nicht vorgeworfen werden. Nun aber begeht der Ich-Erzähler einen unentschuldbaren Fauxpas – der das bittere Pendant zum bizarr-komischen Fehlverhalten des ‚frühern Studenten' May, kurz nach Erzählbeginn, im Hause des Professors bildet: Martha wird vom ‚Herrn Doktor' in beleidigender Weise zurückgewiesen und unerhört brüskiert (H 250). Dadurch treibt er die mit Recht zutiefst Gekränkte dem Nebenbuhler förmlich in die Arme. Wir fragen uns, wieso Karl May sich hier vorsätzlich in ein derart schlechtes Licht stellt. Er hätte die Szene ohne Schaden für die Handlung aussparen können, hat sie aber wider alle Vernunft festgehalten.

Das erscheint wie eine Wiederholung des Beibehaltens jener befremdlichen, im Handlungsverlauf unnötigen und dort nie weiter verfolgten Zeilen über ‚Emma Vollmer' in der Druckfassung des Romans *Scepter und Hammer*, die May hätte tilgen müssen. Mag 1879 ein Fehlverhalten Emmas Anlaß gewesen sein für Groll und Kummer in Karl May, so legt *In der Heimat* das Gegenteil nahe: Hat ein eigenes schweres menschliches Versäumnis ihm die Feder geführt? Hatte er Emma, vielleicht in Gegenwart Heinrich Münchmeyers (des ‚Prinzipals') oder im Zuge einer Auseinandersetzung des Ehepaars über Münchmeyer-und-Frau, einen überaus häßlichen Schimpf angetan, den sie ihm berechtigt nachtrug und der im Manuskript unter dem Zwang des Gewissens seinen Platz findet?

*

In der Quintessenz, so finden wir, sind im ganzen *Heimat*-Manuskript nur einige wenige Szenen und Sätze von Belang – jedenfalls mit Blick darauf, warum Karl May, der ja seine Vortrefflichkeit als Maestro sondergleichen auf den unterschiedlichsten Gebieten nach Kräften herausstreicht, sich als Opfer einer selbstverschuldeten unglücklichen Liebesbeziehung porträtiert. Zugrunde liegt nach unserer Deutung ein quälender Zwiespalt des Autors; und in den belangreichen Szenen erscheinen, nach unserer Deutung, die Bilder der liebenswerten und zugleich problematischen Emma May und der ebenfalls, wenn auch in anderer Weise, liebenswerten und nicht weniger problematischen Klara Plöhn. Der häufige freundschaftliche Umgang mit einer wissensdurstigen, zur Bewunderung neigenden jungen Frau konnte leicht die Frage aufwerfen, ob wohl „die Liebe sich auch nach und nach entwickeln" kann. Klaras Bildungshunger entspricht Marthas Streben nach höheren Werten jenseits des Alltags, doch der Widerstand des ‚Herrn Doktor' gegen Marthas Gesangsausbildung verrät, daß ein zur Kritik befähigendes Bildungsniveau der Lebensgefährtin dem Aufsteiger und Selfmademan eher unwillkommen wäre. Aus Furcht um den Bestand alles bislang mühsam Erworbenen weicht er außerehelichen Liebesbezeigungen aus. Früherer Zank mit Emma lebt im Inneren auf und bedroht das seelische Gleichgewicht erheblich.

Und während der Erzählton im *Heimat*-Text den Tiefpunkt an Melancholie und Anklänge der Depression erreicht – den errechenbaren Entstehungsdaten nach im November 1891 –, holt May wie aus einem Stupor erwacht jählings aus zu zwei Aktionen, um einem Wandel in seinem Leben eine Chance zu geben: Er holt seine Nichte Clara Selbmann, genannt Lottel, als eine Art ‚Adoptivkind' ins Haus[55], und er schreibt an den seit Monaten ratlos wartenden Verleger Fehsenfeld in Freiburg: „Kommen Sie!"

*

Wir wissen nicht, wie ohne diese Wendungen die der Fortsetzung harrende Geschichte *Satan und Ischariot* weitergegangen wäre. Die Anwesenheit des Kindes jedenfalls und dessen herzliche Zuneigung zum Onkel Karl brachten frischen Wind ins Gemüt eines Mannes, dem sanguinische Betrachtung des Lebens viel näher lag als trübes Denken – auf das er sich eingelassen hatte –, und die Vereinbarungen mit Fehsenfeld über eine Buchausgabe der Reiseerzählungen veränderten Mays Daseinsbedingungen durchgreifend und nahmen die Sorge vor der Zukunftssicherung von Karl wie von Emma. Nun konnte May, kurz vor seinem fünfzigsten Geburtstag, doch noch auf den Grundstock eines echten Vermögens rechnen. Die psychische Hochstimmung kam dem während des Jahres 1892 rauschhaft dahingeschriebenen, aktionsgeladenen Abschlußteil der Geschichte zugute. Von neuem Selbstbewußtsein erfüllt, bringt Karl May sich neben Old Shatterhand auch als Kara Ben Nemsi ins Geschehen ein und rettet im Verein mit Winnetou das Erbe für „die schöne junge Squaw, welche [...] Dir einst ihr Herz geschenkt (hat)"[56]: In einem dramatischen Finish hält Old Shatterhand es triumphierend in Händen.

Im Übereifer des Schreibens, der einem Ansturm auf Gipfelhöhen gleichkommt, läßt May sich dazu hinreißen, ganze 1.382 Manuskriptseiten in einem einzigen Kapitel – überschrieben *Cap. 3. / Schluß* – ohne jede weitere Unterteilung zusammenzufassen; sie entsprechen den 615 Druckseiten des Bandes *Satan und Ischariot III*. Zwischen Martha Vogel verehelichte Werner und dem nach wie vor ‚Herr Doktor' titulierten Ich-Erzähler geht es moralisch einwandfrei zu; ein Bedauern, daß sie einander ‚nicht gekriegt' haben, wird nirgendwo angedeutet. Ist das ein Indiz für die Klara Plöhn gegenüber eingenommene Distanz? May unterläßt freilich auch jeden noch so versteckten Hinweis darauf, daß – oder ob – er, der einstige Redakteur, der Tausendsassa im Osten wie im Westen, das Glück bei einer anderen Frau gefunden hat. Somit also doch stille Vorbehalte gegen Emma?

*

Noch nicht genug der Fragen, des Nennenswerten, der Besonderheiten. Es kommt uns vor, als sei der *Heimat*-Text nur ein fast bedrohlicher Auftakt gewesen, denn mit dem Abschluß des insgesamt 4.270 Seiten umfassenden Manuskripts von 1891/92 war das für den Autor bedrückende Innengeschehen, das ihn zum Umherwandern in der eigenen Seele und zur Umschau nach Amors Liebeskummer-Pfeilen bewogen hatte, nicht ausgestanden:

Bald darauf, Anfang 1893, entstand der unmittelbar für die Buchausgabe geschriebene Band *Winnetou I*, wiederum in betont personalisierter Art dargeboten, mit der endgültigen Version vom Kennenlernen der Blutsbrüder Winnetou und Old Shatterhand. Und abermals verfolgt der Leser eine zum Scheitern verurteilte Romanze des Ich-Erzählers: Parallel zu Emma Pollmer drängt es die schöne Indianerin Nscho-tschi, Winnetous Schwester, in die große Stadt (St. Louis), damit sie sich dem Bildungsgrad des geliebten weißen Mannes, Shatterhand geheißen, annähern kann; dieses Moment des Wissensdurstes strahlt auch hinüber zu Klara Plöhn. Parallel zu Martha Vogel ist es Nscho-tschi, in der keine Zweifel über ihre Liebe aufkommen, während der Mann – derselbe Mann! (dank der Identifizierung als Old Shatterhand) – sich im Zwiespalt befindet. Da er sich eingestandenermaßen nie dazu durchringen wird, die Indianerin zu heiraten, müßte sein Gewissen ihm, Intschu-tschunas Zorn hin oder her, befehlen, die sinnlose Reise nach St. Louis zu unterbinden, aber den Mut dazu bringt er nicht auf. So findet das Mädchen den Tod – und Shatterhand bleibt sein Leben lang in Schuld verstrickt. Die Brüskierung Martha Vogels, als sie den Ich-Erzähler um den Tanz bittet, steht als Pendant im Hintergrund.

Karl May hätte – wer will es bestreiten? – auch ohne die tragische Liebesromanze das Buch von Anfang bis Ende spannend gestalten können; der Inhalt stand ihm frei. Seine abermalige Entscheidung zugunsten des Unglücks der Heldin und des befleckten Gewissens des Helden muß in einem inneren Zwang begründet gewesen sein; sie zeigt den Fortbestand einer für May schädlichen Entwicklung in seiner psychischen Befindlichkeit. Die Zuweisung wesentlicher Handlungsfunktionen an Frauen in den Reiseerzählungen – nämlich in ihrem unmittelbaren Verhältnis zum Ich-Erzähler –, noch dazu mit den Begriffen ‚Versäumnisse' – ‚Schuld' – ‚Ängste', finden wir bei May erst, nachdem er in enge Berührung mit Klara Plöhn gekommen war. In dieser Berührung sehen wir daher die Ursache der veränderten Thematisierung.

Im nächstfolgenden großen Werk, *Old Surehand* (1894-96), dessen Konstruktion schlimme handwerkliche Schlampereien im Gegensatz zur moralisch-ethischen Wucht aufweist, was für ein alles andere als ruhiges Seelenleben spricht, sind es gar zwei Schwestern, deren Schicksal Old Shatterhand in Aufregung versetzt. Emma und Klara wurden von Außenstehenden gern für Schwestern gehalten. In der Erzählung ist eine der beiden geistig verwirrt – entweder eine geradezu schreckliche Präkognition in bezug auf Emma oder aber Widerspiegelung erster bedenklicher Anzeichen ihrer späteren Gemütsstörungen –, und die andere führt die Initialen ‚K. P.' im Namen... Und diese Frau ist es, mit der Old Shatterhand die entscheidenden, für sie ersichtlich ‚zukunftweisenden' Gespräche führt. Sich selbst noch – beinahe? – unbewußt, trieb Karl May von Jahr zu Jahr mehr und mehr den Armen Klaras entgegen.

Allerdings zeigte er im Herbst 1896, als *Old Surehand* vor der Vollendung stand, auch bemerkenswerte Klarsicht: Bei der Vorbereitung der Buchausgabe der Bände *Satan und Ischariot* beklagte er sich zwar gegenüber Fehsenfeld lautstark über die beim ‚Deutschen Hausschatz' vorgenommenen Änderungen mit den Worten, man habe dort „Band III so verdorben, daß ich ihn umarbeiten muß"[57], doch diese Umarbeitung bestand de facto darin, daß er sich daran machte, die Zusammenfassung des Inhalts der gestrichenen 440 Manuskriptseiten noch einmal neu zu formen – wenige Seiten. Die *Heimat*-Episode gliederte er nicht ein – in der Erkenntnis, wie wir es deuten, daß er als nunmehr stolzer Villenbesitzer und zum Ruhm avancierter Autor sein Helden-Image nicht zerstören dürfe durch den doch sehr bedenklichen Text, der Neidern und Spöttern – aber auch Wohlgesinnten – zu viele Möglichkeiten eröffnet hätte, der Wahrheit über die Vergangenheit des ‚Herrn Dr. phil. Karl May' auf die Spur zu kommen. Er vergaß, die mindestens genauso riskante Szene des Auftretens Winnetous in Dresden auszumerzen. Merkwürdigerweise war sie jedoch nie Anlaß zu seiner Entlarvung.

*

Die *eine*, alles entscheidende Antwort, die sämtliche durch das Manuskript *In der Heimat* aufgeworfenen Fragen beantwortet, haben wir nicht gefunden, auch wenn in dem Verwirrspiel schließlich ein Fingerzeig sichtbar wurde. Außerhalb des eigentlich verfolgten Zieles aber wurde etwas ganz anderes deutlich: Das *Heimat*-Manuskript weist partienweise bestürzend voraus auf die von Karl May gewählte Art der Darstellung in der späteren Schmähschrift *Frau Pollmer, eine psychologische Studie*[58], an der Klara May verwitwete Plöhn gewichtigen Anteil hatte. Ob die Ausführung des Textes der ursprünglichen Planung entsprach, erscheint mehr als zweifelhaft; *In der Heimat* läßt ähnliches vermuten.

Der *Heimat*-Text wurde, wie uns scheint, durch Mays (zunächst gedankliche) Hinwendung zu Klara Plöhn inspiriert; die darin gebotenen halboffenen Vorwürfe und Vorbehalte gegen Emma weiten sich zum offenen Haßgesang in der *Studie*. Der Brüskierung Marthas als ‚nicht gesellschaftsfähig' (H 250) entspricht in der *Studie* die Schmähung Emmas als primitiv und nicht bildungsfähig. (May vergreift sich hier ebenso im Ton wie als Ich-Erzähler im *Heimat*-Text.) Der in puncto Wissen, Leistung und gesellschaftlichen Ansehens selbstgefällige Angeber im *Heimat*-Text gibt sich in der *Studie* als von Professoren, Fürsten, Herzögen Umschwärmter, Bewunderter, Vielbesuchter. Der Ratlose aber, der Gedemütigte, der Versager und Verlierer, als den Karl May sich im *Heimat*-Text porträtiert, schaut uns ungeschminkt, pathetisch, erbärmlich und bar aller Ehre auf beinahe jeder Seite der *Studie* an: Old Shatterhand und Kara Ben Nemsi sind glanzlos auf der Strecke geblieben.

Diese – neu hinzutretende – Besonderheit ist in unseren Augen von Interesse, weil der Inhalt der *Studie* bei kritischer Betrachtung nur zum kleinen Teil als wahr, als substantiell begründet angesehen werden darf; überwiegend handelt es sich um Verzerrungen, Verdrehungen, Unwahrheiten, plumpes Blendwerk, unwürdige Fiktion. Sollte also ihre ‚Vorstufe', der *Heimat*-Text, auch dummdreiste, irrlichternde, trotzig anmutende Gleisnerei sein? Bewußt vorgetragen in einem Gemenge von Albernheiten, Großtuerei und Rührseligkeit?

Wieviele unserer hier angestellten Überlegungen zur Brisanz des Textes *In der Heimat* fallen dann in sich zusammen!

Karl May, vielseitig talentierter Träger unzähliger Masken, wird uns immer wieder vor Rätsel stellen.

Anmerkungen

1 *Karl May's Gesammelte Werke.* Band 79, *Old Shatterhand in der Heimat und andere Erzählungen aus der Werkstatt von Karl May*, hg. v. Lothar u. Bernhard Schmid. Bamberg, Radebeul 1997 (hierin S. 21-253). Nach dieser Ausgabe (Kürzel H und Seite) wird nachfolgend zitiert. Dank freundlichem Entgegenkommen der o. a. Herausgeber habe ich mich bereits vor Jahren mit dem im Karl-May-Verlag Bamberg befindlichen Manuskript näher befassen können; die in der Druckfassung im Band 79 erkennbaren geringen und behutsamen stilistischen Korrekturen beeinträchtigen die Zuverlässigkeit des Textes nicht. – Eine von Franz Kandolf bearbeitete Textfassung ist seit 1927 enthalten in: *Karl May's Gesammelte Werke*. Band 47, *Professor Vitzliputzli*, Verlagsorte Radebeul wie Bamberg, und zwar aufgeteilt in die Titelerzählung und die sogenannte Novelle *Wenn sich zwei Herzen scheiden*; sie erhebt keinen Anspruch auf Eignung für Forschungszwecke.

2 Vgl. die Faksimile-Dokumentation bei Gerhard Klußmeier: *Karl May und Deutscher Hausschatz VIII und IX.* In: MKMG 23 (1975), S. 19f., u. MKMG 24 (1975), S. 19ff.

3 Ungeachtet dessen sind der Planwagen und dessen hilfreicher Kutscher (H 198) interessant, weil sich Ähnliches bereits mit Bezug auf Kara Ben Nemsi in *Von Bagdad nach Stambul* (III 607f.) findet. Möglicherweise gelangte Karl May auf solch einem Wagen im Winter 1869 nach Böhmen hinein oder durch einen Teil Böhmens hindurch (Die Textstellen „nicht ein einziges Mal von der Polizei [...] aufgegriffen", „man sollte mich nicht erwischen", „ich [ließ] mich nicht sehen und hungerte lieber", H 198, sind erkennbar ungeschminkte Autobiographie.).

4 Eine Parallele dieser Szene ist enthalten in: Karl May: *Der Weg zum Glück. Roman aus dem Leben Ludwig II*. Reprografischer Nachdruck der Ausgabe Dresden 1886-1887 [in sechs Bänden]. Hildesheim, New York 1971, S. 582ff. Der Schullehrer Max Walther, ein Teil-Selbstporträt Karl Mays, trifft im Walde auf die hungrige alte Feuerbalzerin, überläßt ihr seinen Proviant, übernimmt ihren schweren Korb und erhält von ihr wertvolle Informationen. Anschließend begegnet er der ‚Silbermartha', der er ambivalente Gefühle entgegenbringt; parallel dazu trifft der Ich-Erzähler (May) auf Frau Jägers Enkelin Martha Vogel.

5 Klaus Hoffmann: *Karl Mays Beziehungen zur Lößnitzstadt Radebeul. Biographisches, Lokalhistorisches und Zeitgenössisches.* In: JbKMG 1994, S. 11-29. – Friedrich Ernst Fehsenfeld: *Erinnerungen an Karl May.* In: *Anhang* zur Reprint-Ausgabe v. Karl May: *Satan und Ischariot I*. Bamberg 1983. S. A8-A12 (in leichter Paraphrasierung: „May erfreute sich am Wein genau so wie an Zigarren und Spielkarten", A9). Vgl. ferner Mays eigene Ausführungen in seiner Skizze *Freuden und Leiden eines Vielgelesenen*. In: Deutscher Hausschatz, Regensburg, Jg. XXIII, 1896/1897, Nr. 1 u. 2 (KMG-Reprint *Kleinere Haus-*

schatz-Erzählungen. Hamburg, Regensburg 1982, S. 303-313); Neuabdruck in: *Karl May's Gesammelte Werke*, Band 79 [Anm. 1], S. 553-587.
6 Fritz Maschke: *Karl May und Emma Pollmer. Die Geschichte einer Ehe*. Bamberg 1973. S. 41ff.
7 Karl May: *Mein Leben und Streben*. Freiburg 1910. Reprint, hg. und mit Anmerkungen versehen v. Hainer Plaul. Hildesheim, New York 1975 [³1997], S. 438*, Anm. 254.
8 Klara May: *Mit Karl May durch Amerika*. Radebeul 1931, S. 180: „Fünfzehn Jahre eher habe ich ihn schon gekannt" (ausgehend von ihrer Eheschließung mit Karl May am 30. März 1903).
9 Aussage Louise Dietrichs am 2. März 1908 vor dem Kgl. Landgericht Dresden. Abgedruckt bei Rudolf Lebius: *Die Zeugen Karl May und Klara May. Ein Beitrag zur Kriminalgeschichte unserer Zeit*. Berlin-Charlottenburg 1910. Reprint, Lütjenburg 1991, S. 72ff. (73).
10 Vgl. die im JbKMG 1971 gegenüber Seite 160 wiedergegebene Fotografie, die das Größenverhältnis zwischen Richard Plöhn und dem 1,66 m großen Karl May verdeutlicht und auch Plöhns ‚Bäuchlein' erkennen läßt.
11 Karl May: *Ein Schundverlag. Ein Schundverlag und seine Helfershelfer* (*Prozeßschriften*, Bd. 2), hg. v. Roland Schmid. Bamberg 1982, S. 351f.: „ich will [...] aufrichtig gestehen, dass meine Frau die Kasse führte, nicht ich [...]. Ich habe, so lange ich verheiratet bin, mich nie mit der Kasse befasst." Ferner Karl May: *An die 4. Strafkammer des Königl. Landgerichtes III in Berlin* (*Prozeßschriften*, Bd. 3), hg. v. Roland Schmid. Bamberg 1982, S. 69: „Meine Frau besaß Postvollmacht. Sie konnte jede Summe für mich empfangen und quittieren."
12 Walther Ilmer: *Nachworte* in den KMG-Reprints *Die Felsenburg* und *Krüger Bei / Die Jagd auf den Millionendieb* (Hamburg, Regensburg 1980). Die in der jeweiligen *Einführung* zu diesen Reprints von mir nach damaligem Kenntnisstand geschätzten Entstehungszeiten der Erzählungen müssen berichtigt werden zufolge Roland Schmid: *Die Entstehungszeiten der Reiseerzählungen*, in: *Anhang* zur Reprint-Ausgabe v. Karl May: *Auf fremden Pfaden*, Bamberg 1984, S. A19-A42 (38). Vgl. ferner Roland Schmid: *Nachwort zur Reprint-Ausgabe* v. Karl May: *Satan und Ischariot III*. Bamberg 1983, S. Nl-N8. – Die oben erwähnten *Nachworte* sowie meine Beiträge *Der Professor, Martha Vogel, Heinrich Keiter und Mays Ich*, abgedruckt in MKMG 47 (1981), S. 3-12, u. MKMG 48 (1981), S. 3-10, und *Winnetou beim Gesangverein*, SoKMG 35 (1982), würde ich heute weitgehend anders abfassen.
13 Neben Karl May: *Ein Schundverlag* (1905/09) und Karl May: *An die 4. Strafkammer* (1911) [Anm. 11] noch Karl May: *Frau Pollmer, eine psychologische Studie* (*Prozeßschriften*, Bd. 1), hg. v. Roland Schmid. Bamberg 1982 (Niederschrift wahrscheinlich um die Jahreswende 1907/08). Jede dieser Prozeßschriften enthält langatmige, sich in Mi-

krodetails verlierende, an vielen Stellen als Aufbauschung oder Verzerrung alltäglicher Vorkommnisse und Belanglosigkeiten erkennbare Schilderungen (die stellenweise psychopathische Züge tragen) und zeugen beredt von Mays seelischen Schädigungen, die einerseits eigenes unrechtmäßiges Handeln, andererseits die – gleichfalls fast psychopathische – Verfolgung durch Rudolf Lebius in ihm erzeugten.

14 Prinzessin Wiltrud von Bayern notierte in ihrem Tagebuch nach dem Besuch des Ehepaars May am 10. Dezember 1909: „Klara May [...] ist sehr groß und stark [...]. [Karl May ist] Viel kleiner als seine Frau". Eine Kopie dieser Eintragung verdanke ich dem hilfreichen Entgegenkommen von Dr. Ulrich Schmid, Neu-Ulm.

15 So Karl Mays Aussage über sein Körpermaß in *Freuden und Leiden* [Anm. 5]. Unentbehrlich in diesem Zusammenhang ist *Karl May. Biographie in Dokumenten und Bildern*, hg. v. Gerhard Klußmeier u. Hainer Plaul. Hildesheim, New York 1978 ([3]1992, erweiterte Jubiläumsausgabe). Zum Größenverhältnis May/Emma May vgl. darin das Foto Nr. 164, S. 88, zum Größenverhältnis Emma May/Klara Plöhn das Foto Nr. 330, S. 143. (Hätte Klara Plöhn dort ihren Kopf nicht so stark gesenkt, fiele ihre Größe noch mehr auf.) Mehrere in diesem Band enthaltene Fotos, die Karl und Klara als Ehepaar zeigen, belegen Mays sorgsames Bemühen, den Unterschied zwischen seinen 1,66 m und Klaras Größe von schätzungsweise 1,72 m (ohne Absätze) zu kaschieren.

16 Mays Aussage vor dem Kgl. Landgericht in Dresden am 6. April 1908: „ein sehr schönes Mädchen". Abgedruckt bei Lebius [Anm. 9], S. 122. In *An die 4. Strafkammer* [Anm. 11] schreibt May: „schön, wie man sich eine Frau nur wünschen kann" (S. 55).

17 Karl May: *Scepter und Hammer*. In: All-Deutschland/Für alle Welt, Stuttgart, Jg. IV, 1879/80 (KMG-Reprint Hamburg, Gelsenkirchen 1978, S. 66f.).

18 Mays Aussage am 6. April 1908 [Anm. 16]. Vgl. auch May: *Mein Leben und Streben* [Anm. 7], S. 193, sowie ebd., S. 399*, Anm. 186 (H. Plaul).

19 Old Shatterhand droht Judith Lassohiebe an (XXI 132; ähnlich XXII 297, wo Judith ihn für fähig hält, „eine Dame zu malträtieren") und nimmt sie als gefesselte Gefangene eng vor sich aufs Pferd (XXII 363) – was Anlaß zu Spekulationen über den (beabsichtigten?) körperlichen Kontakt bietet. Die verräterische Stelle, „Sie ergriff meinen Arm, um mich festzuhalten, damit ich nicht entfliehen könne" (XXII 474), hätte im Erzähltext unterbleiben können; sie spiegelt wahres – äußeres oder inneres – Erleben.

20 Hans Bahlow: *Deutsches Namenlexikon*. Bindlach 1988, S. 51, 382, 383f.

21 Den vielfältigen Merkmalen im *Heimat*-Text schickt May in der *Felsenburg* voraus, daß Winnetou den Ich-Erzähler, d. i. Old Shatterhand, als „Scharlieh!" begrüßt (XX 254). Dazu May als Autor (ebd.): „Er

pflegte auf diese Weise meinen Vornamen Karl englisch auszusprechen." (Im Text des Erstabdrucks, Deutscher Hausschatz, Jg. XX, 1893/94, S. 312 rechts, fehlt „Karl"; doch welche andere Bedeutung als „Charley" – eben ‚Karl(chen)' – könnte „Scharlieh" noch haben?)

22 Vgl. Werner Kittstein: *Fiktion als erlebte Wirklichkeit. Zur Erzähltechnik in Karl Mays Reiseromanen. Teil 1: Literaturwissenschaftliche Grundlagen – Einzeluntersuchungen an Beispielen des Frühwerks und des Orientzyklus.* In: JbKMG 1997, S. 117-175 (148-150). – In diesem Zusammenhang sei ausdrücklich auch verwiesen auf Kittsteins Spezialuntersuchung zum Brief Jonathan Meltons (XXI 79-82): *Briefe in Karl Mays Abenteuerromanen.* In: JbKMG 1999, S. 44-69 (53-57).

23 Berechnungen zum Fortschreiten des Manuskripts von Monat zu Monat bleiben notwendigerweise Theorie, da Aufzeichnungen Mays fehlen. Ich lege die Wahrscheinlichkeit zugrunde, daß *Die Felsenburg* im September 1891 beendet wurde und May nach kurzer Pause mit der Niederschrift des *Heimat*-Textes begann. Dessen Gestaltung mag beeinflußt worden sein durch die Geldnöte (Rückzahlung von Schulden), denen May sich im Oktober und November 1891 ausgesetzt sah. Vgl. bei Maschke [Anm. 6], S. 42f.

24 Fehsenfeld: *Erinnerungen* [Anm. 5, S. A8, A10]: „Ich verschaffte mir Karl Mays Anschrift und fragte bei ihm an, ob er mit mir in Verbindung treten wolle. Nach vier Monaten [...] kam die Antwort: ‚[...] Kommen Sie!' Ich reiste nach Dresden. [...] Am 17. November wurde ein Vertrag gemacht, der zu beider Zufriedenheit ausfiel. Mit großer Genugtuung reiste ich wieder heimwärts."

25 Klaus Hoffmann: *Karl May als „Räuberhauptmann" oder Die Verfolgung rund um die sächsische Erde. Karl Mays Straftaten und Aufenthalt 1868 bis1870, 2. Teil.* In: JbKMG 1975, S. 243-275 (259f.).

26 Klaus Hoffmann: *Karl May als „Räuberhauptmann" oder Die Verfolgung rund um die sächsische Erde. Karl Mays Straftaten und Aufenthalt 1868 bis1870, 1. Teil.* In: JbKMG 1972/73, S. 215-247. Ferner: Wolfgang Hallmann: *Auf Mayschen Spuren in Falken.* In: Karl-May-Haus Information 5 (1992), S. 9-12; ders. u. Christian Heermann: *Reisen zu Karl May.* Berlin 1992, Abschnitt „Falken", S. 122f.

27 So Karl May (unter dem Namen ‚Richard Plöhn') in einer am 20. August 1899 an den Redakteur der ‚Tremonia', Dortmund, gerichteten Zuschrift. Neuabdruck, als Teil einer Dokumentation über die Auseinandersetzung Karl Mays mit der ‚Frankfurter Zeitung', unter dem Titel: *May gegen Mamroth*, in: JbKMG 1974, S. 131-152 (132).

28 May: *Mein Leben und Streben* [Anm. 7], S. 45f. u. 49f., ebd. auch S. 350* u. 351*, Anm. 55 u. 60 (H. Plaul).

29 Dieses Gedicht wie auch die Kantate erschienen bereits in Karl Mays 1880 (wenn nicht früher) unter seinem Pseudonym ‚Karl Hohenthal' veröffentlichter Erzählung *Der Giftheiner* (wieder zugänglich im KMG-Reprint *Der Waldkönig. Erzählungen aus den Jahren 1879 und 1880.* Hamburg, Gelsenkirchen 1980). Teile des Gedichts verwendete

May ferner in seinen pseudonym-anonym veröffentlichten Münchmeyer-Romanen *Das Waldröschen* (1882ff.) und *Der verlorne Sohn* (1884ff.). Daß er sich im *Heimat*-Text selbst als Autor und Komponist nannte, mutet an wie ein schneidiger Husarenritt. – Sechs Jahre später, 1897, in seiner Erzählung „*Weihnacht!*", wandelte May die Kantate zur Motette und machte sich als Schöpfer des Gedichtes und der Komposition zum Gewinner ansehnlicher Preise während seiner Schülerzeit. Vgl. hierzu Walther Ilmer: *Karl Mays Weihnachten in Karl Mays „Weihnacht!"* In: JbKMG 1987, S. 101-137. – Von besonderem Belang zu dieser Thematik ist Hartmut Kühne: *Musik in Karl Mays Leben und Werk*. In: JbKMG 1996, S. 39-77, worin auch der *Heimat*-Text eingehend behandelt wird (S. 59-64, passim).

30 In „*Weihnacht!*" läßt der Kantor (als seinem Schüler Karl May wohlgesonnener Lehrer) heimlich die Motette drucken und verhilft ihr zum Erfolg.

31 Mays Behauptung in *Mein Leben und Streben* [Anm. 7, S. 50], er sei zum Zeitpunkt des Todes des Kantors Strauch „nicht daheim" gewesen, ist schönfärbende Schutzbehauptung. – Vielleicht assoziierte er bei den Szenen des gewaltsamen Eindringens des Ich-Erzählers ins Haus des Professors die Vorstellung, er hätte im Februar 1860 heimliche gewaltsame Versuche zur Rettung des Nachlasses unternehmen sollen. Auf Seite 4.267 des Gesamtmanuskripts *Satan und Ischariot* kommt er ausdrücklich noch einmal auf diese Szenen zurück – ein Indiz, daß das sich dahinter verbergende Vorkommnis ihm wichtig war. Der Absatz fehlt im ‚Deutschen Hausschatz' und in XXII 613 unten.

32 Den dem Professor in den Mund gelegten Satz: „Ein Glas Bier regt die Verdauung auf das angenehmste an, und eine Zigarre gibt dem Geist eine ganz eigenartige Phantasie, die ihn weit über die Nüchternheit des Alltagslebens erhebt" (H 157), münzt May selbstverständlich auf sich selbst. Entweder war er zum Zeitpunkt der Niederschrift nicht genötigt, aus Geldmangel auf Zigarrengenuß zu verzichten, oder aber aufgezwungener Verzicht wirkte sich negativ auf die Schreiblust aus („verdarb die Arbeit") und stärkte das Verlangen nach Tabak. – Renommier-Bekanntschaften mit Professoren täuschte May auch zu anderen Zeiten vor: In *Im Lande des Mahdi II* (XVII 103), entstanden 1890, nennt er sich einen Schüler des berühmtesten deutschen Lehrers für Arabisch und Koranauslegung etc. und verweist damit (u. a. durch Hinweis auf „Ali's hundert Sprüche") auf Professor Heinrich Fleischer (1801-1888), der als Orientalist in Leipzig wirkte und in der Tat auf seinem Gebiete führend in Deutschland war. Ähnlich heißt es in *Winnetou II* (VIII 396) an einer Stelle, die 1893 erst für die Buchausgabe geschrieben wurde: „Der Professor, welcher mein Lehrer im Arabischen war, galt für den größten Arabisten Deutschlands." Im Ende 1892 für den Band *Der Schut* bestimmten *Anhang* schrieb May: „Ein Freund von mir, bekannter Professor und Sprachforscher, hatte es verstanden, mich für die kaukasischen Idiome zu interessieren" (VI 537).

(Besonderen Dank für wertvolle Hilfe an Stefan Schmidt, Merzig, dem diese Textstellen ebenfalls auffielen.)
33 May: *An die 4. Strafkammer* [Anm. 11]: „so still, so zurückhaltend, so bedachtsam, außerordentlich sympathisch" (S. 55), „die kleinen Händchen", „zierliche Füße" (S. 58).
34 Bei May: *Mein Leben und Streben* [Anm. 7], S. 339*, Anm. 187, S. 401*, Anm. 189 (jeweils H. Plaul). – May: *An die 4. Strafkammer* [Anm. 11]: „Er forderte sie auf, heimzukommen" (S. 57); „er war schon seit langer Zeit schwer asthmatisch und schlagflüssig gewesen" (S. 59) (dies bezogen auf Pollmers Tod am 26. Mai 1880).
35 Vgl. Ludwig Patsch: *Karl Mays erste Liebe*. In: KMJb 1979, S. 189-194.
36 Vgl. Roland Schmid: *Anna Schlott*. In: KMJb 1979, S. 209-211. Ferner Ralf Harder: *Karl May auf amourösen Pfaden? Über angebliche Liebschaften und uneheliche Kinder*. In: MKMG 115 (1998), S. 58-69 (58f.)
37 Hoffmann: *Karl May als „Räuberhauptmann", I. Teil* [Anm. 26], S. 216, 221, 226, 233.
38 Vgl. Hans-Dieter Steinmetz: *„Der gewaltigste Dichter und Schriftsteller ist... das Leben". Zur Deutung der Nebatja- und Martha-Vogel-Episode*. In: MKMG 40 (1979), S. 12-23. Meine hiervon abweichende Meinung schmälert nicht meinen Respekt vor dieser forschungsrelevanten Arbeit. – Hierzu auch Harder [Anm. 36], S. 59f.
39 Vgl. bei Steinmetz [Anm. 38], S. 17. – Karl und Emma May bezogen nach ihrer Heirat (17. August 1880) eine Wohnung im Hause Marktstraße 2 in Hohenstein (oberhalb des Altmarktes), wenige Schritte entfernt vom ‚Pollmer-Haus'.
40 May: *Schundverlag* [Anm. 11], S. 283; auch Mays Aussage am 13. April 1908, abgedruckt bei Lebius [Anm. 9], S. 123f.
41 May: *Schundverlag* [Anm. 11], S. 304.
42 Ebd., S. 304ff. ausführlich geschildert.
43 Ebd., S. 307.
44 Ebd., S. 285ff. ausführlich dargestellt.
45 Ebd., S. 312.
46 Ebd., S. 314.
47 Maschke [Anm. 6], S. 11. – May war von (etwa) Oktober 1877 bis Juli 1878 bei Radelli beschäftigt; er verließ die Stelle offenbar lediglich wegen der 1878 gegen ihn laufenden polizeilich-gerichtlichen Ermittlungen (bei Maschke, ebd., S. 13-21). – Karl Mays im II. Jahrgang der Wochenschrift ‚Frohe Stunden' veröffentlichte Arbeiten (davon mehrere unter dem Namen ‚Emma Pollmer') sind aufgelistet bei Roland Schmid: *Anhang zur Reprint-Ausgabe* v. Karl May: *Auf fremden Pfaden*. Bamberg 1984, S. A3.
48 May: *Frau Pollmer* [Anm. 13], S. 810.
49 Vgl. bei Hoffmann: *Karl May als „Räuberhauptmann", I. Teil* [Anm. 26], S. 238, 240f. Dr. Franz Cornaro, Wien (1897–1989), mit dem ich

von 1972 bis zu seinem Tode in enger Verbindung stand, teilte mir gesprächsweise mit, sein Landsmann Ludwig Patsch habe zahlreiche belegte Einzelheiten über Karl Mays Beziehungen zu Malwine Wadenbach und deren Tochter ermittelt und entsprechende Notizen darüber gefertigt, doch offenbar Klaus Hoffmann nicht eingehend informiert. Der Verbleib der Notizen war Dr. Cornaro – und ist mir – nicht bekannt.

50 May: *Mein Leben und Streben* [Anm. 7], S. 10.
51 Ebd., S. 438*, Anm. 254 (H. Plaul). – Eine denkbare Assoziation des Namens Hopf mit ‚Topf' – englisch ‚pot' – mag May veranlaßt haben, den die Firmenänderung verursachenden Kompagnon des Ölprinzen in *Satan und Ischariot II* (XXI 239, passim) Potter zu nennen.
52 In *Frau Pollmer* [Anm. 13] stellt May seine erste Frau u. a. als überanspruchsvolle Verschwenderin dar, für die er, May, sich abrackerte, und entwirft hinsichtlich seiner Haltung ihr gegenüber ein sehr zwiespältiges Bild.
53 Schacht und Hütte. Blätter zur Unterhaltung und Belehrung für Berg-, Hütten-und Maschinenarbeiter, Jg. 1, 1875/76, Nr. 1-52 (Reprografischer Nachdruck Hildesheim, New York 1979, S. 352, 358). (In dieser von ihm selbst redigierten Zeitschrift veröffentlichte May seine beachtliche Aufsatzreihe *Geographische Predigten*.) – In *Scepter und Hammer* [Anm. 17] finden die von Martha Vogel als Lieder vorgetragenen Texte sich auf S. 290, 291 (Nr. 19), d. i. KMG-Reprint, S. 79, 80.
54 May: *Mein Leben und Streben* [Anm. 7], S. 190.
55 Maschke: [Anm. 6], S. 45f. – Die in *Satan und Ischariot III* (XXII 174, 176) geschilderte Szene der Begegnung Old Shatterhands mit einem niedlichen Indianermädchen, dem gegenüber er sich freundlich verhält und das ihn dann warnt („daß dir [nichts Böses] geschehe"), könnte eine wahre, wenn auch abgewandelte Onkel–Nichte-Szene spiegeln.
56 Hier zitiert nach zwei kurz aufeinander folgenden Textstellen in ‚Deutscher Hausschatz', Jg. XXI, 1894/95, S. 75 links, die in *Satan und Ischariot II* (XXI 260) geändert sind. – Eine Auflistung Martha Vogel betreffender Änderungen im Text der Buchausgabe gegenüber dem Erstabdruck befindet sich in MKMG 48 (1981), S. 7f.
57 Vgl. Roland Schmid: *Nachwort* [Anm. 12], S. N7.
58 Mittels der *Studie* [Anm. 13] wollte Karl May u. a. im seinerzeitigen (teils von ihm, teils gegen ihn in Gang gesetzten) Prozeßgeschehen seine Ex-Ehefrau als unglaubwürdige Zeugin hinstellen.

Martin Lowsky

Strukturen des Erzählens, Sehnsüchte des Erzählers

Über die Motivreihe Gasthaus, Heim, Heimat in Karl Mays ‚Satan und Ischariot'

> Und dann hat er, als er starb, Roter Baum gesagt. Meine Mutter war verwundert, alle fragten sich, was das bedeuten sollte. Ich dachte zunächst, es sei eine Kartoffelsorte. Er war nämlich ein großer Kartoffelkenner. Und jetzt, vorhin, als Sie sangen, ist es mir wieder eingefallen, was es bedeutet. So heißt ein Gasthof.
>
> Uwe Timm: *Johannisnacht* (1996)

1

Schon bei einer flüchtigen Lektüre von Karl Mays Trilogie *Satan und Ischariot*, dieser fast zweitausend Seiten umfassenden Geschichte von Reisen, Abenteuern und dem Erfolg der Helden, fällt zweierlei auf. Zum einen werden hier wie in keiner anderen Reiseerzählung Karl Mays die Kontinente gewechselt: Die Handlung beginnt in Amerika, an der mexikanischen Westküste, führt dann nach Mitteleuropa und nach Nordafrika und schließlich über England zurück nach Amerika, in die Rocky Mountains. Zum anderen ist in diesem Werk die Gaststätte ein häufiges Motiv, das als ein Element der Ruhe oder des Pausierens die sozusagen erdumspannende Aufgeregtheit der Abenteuerhandlung durchbricht. Wir werden sehen, wie erzählökonomisch geschickt May das Sujet Gasthaus einsetzt und damit sein phantasievolles Berichten strukturiert, und wir werden dabei, von diesem Sujet ausgehend, eine ganze Motivkette in den Blick bekommen, die über das konventionelle Abenteuererzählen weit hinausweist.

Nennen wir die wichtigsten Gaststättenszenen von *Satan und Ischariot*: In der Herberge ‚Meson de Madrid' von Guaymas, der mexikanischen Hafenstadt, trifft der Held und Ich-Erzähler auf den kriminellen Mormonen Harry Melton, der ‚Satan' genannt werden wird; in Kairo genießt der Held den Aufenthalt in einem Hotelgarten, wo er seinen alten Reisegefährten Emery Bothwell wiedersieht; und vorher, in Bremerhaven, in ‚Löhrs Hotel', findet die erste Begegnung mit dem ‚Ölprinzen' Konrad Werner statt, dem Auswanderer auf Brautsuche in der Heimat, mit dem sich der exotische und der deutsche Schauplatz zusammenschließen. Werner liefert hier im Hotel mit seinem Erlebnisbericht eine längere Binnenerzählung. Gasthäuser und Restaurationen erscheinen auch in den in der sächsischen Heimat spielenden Episoden: Bei einem Dresdener Gesangverein, während einer Übungsstunde, findet der aus Amerika angereiste Häuptling Winnetou seinen Blutsbruder wieder; bei dem Sprachforscher im Erzgebirge läßt man sich zu einem Aufenthalt im Dorfgasthaus bewegen[1]; und Martha Vogel, der vom Erzähler entdeckte Gesangsstar, tritt in einem Dresdener Lokal auf.[2]

Auch während des langen Verfolgungsrittes durch den Wilden Westen, dem der dritte Band gewidmet ist und dem wir uns zuerst zuwenden wollen, werden Gasthäuser aufgesucht. Doch jetzt geht May mit diesem Motiv spielerisch um. Denn in Albuquerque läßt er die Sängerin Martha wieder ein öffentliches Konzert geben, so als sei die Dresdener Atmosphäre übertragbar nach New Mexico und seinen Saloons; schreibt doch May: „Der größte Teil des Publikums verstand kein Wort des Textes, und doch folgte ein Applaus, daß das Gebäude zu zittern schien." (XXII 142) Dafür mißlingt ein anderer Transfer. Bei einem anschließenden Umtrunk soll ein Wein von deutscher Herkunft auf den Tisch kommen, wobei das Etikett diesen Wein als ‚Riedesheimer Berg' bezeichnet und somit allein durch das Wort – gemeint ist ‚Rüdesheimer' Wein – dieses Deutschsein als Fälschung und den Wein als Fusel entlarvt (147f.). In einer texanischen Gaststätte wird die Schlitzohrigkeit eines Wirtes vorgeführt, der vor den Gästen die Mängel seines Hauses mit Prahlereien wegzureden versucht: „Entschuldigt, Mesch'schurs! [...] Ich habe heute nur eine Lampe. Die drei großen Kronleuchter, welche ich in Little Rock bestellt habe, kommen leider erst übermorgen an." (63) Bei solchen Auftritten mit Angebereien – hierzu gehört auch die über die Kellner, die deshalb fehlten, „weil der Schneider ihre Fracks nicht zur rechten Zeit fertig gebracht" habe (64) – glaubt sich der Leser in eine Komödie des heimischen Volkstheaters versetzt. Fremdes und Heimatliches schiebt May in diesen Wildwest-Kapiteln ineinander und arbeitet mit genrefremden Elementen.

Achten wir nochmals auf den Umtrunk. Die Episode, in welcher der Erzähler zuerst mit der Sängerin allein ist und dann ihr Bruder und zwei weitere Gäste hinzukommen, hat den Zuschnitt einer bürgerlichen Konversationsszene, was sich gleich zu Beginn ankündigt: „Nun saßen wir einander gegenüber. Es mußte gesprochen werden", heißt es (XXII 145). Ja, es mußte; das forderte der Anstand.[3] Später wird die Frage gestellt: „Was heißt Glück und was Unglück?", und das Gespräch gerät nahe daran, „eine etwas peinliche Wendung zu nehmen" (147). Als Franz, der Violinist, darum bittet, an dem Ritt hinter den Verbrechern teilnehmen zu dürfen, wollen die anderen in plauderndem Scherz darüber hinweggehen („,Sie?' lachte ich. ,Wollen Sie in der wilden Sierra Blanca Konzerte geigen?'", 164). Doch Martha stellt sich auf die Seite ihres Bruders, und als einzige Dame in dieser Soirée gewinnt sie den Disput, denn Emery tritt für sie ein. Der Erzähler glossiert dies: „Der ritterliche Englishman war eigentlich ein wenig Damenherr; er konnte den Bitten der schönen, jungen Sängerin nicht widerstehen" (165f.). Ein „Damenherr"? Das Wort erscheint meines Wissens bei May nur dieses eine Mal. Um es zu verstehen, sollte man bei Theodor Fontane nachlesen. In dem zu derselben Zeit wie Mays Trilogie entstandenen und kurz nach ihr erschienenen Roman *Effi Briest* läßt Fontane die Titelheldin in einem Brief sagen: „Er, Crampas, soll nämlich ein Mann vieler Verhältnisse sein, ein Damenmann".[4] Und entsprechend ist dieser Crampas für sie bei seinem ersten Auftreten: „Vollkommener Kavalier, ungewöhnlich gewandt."[5] Mays Emery Bothwell, der sich monatelang mit seinen männlichen Freunden auf Abenteuerreise befand, wird nun in einen solchen Damenmann oder Damenherrn verwandelt.

Wir wollen diese kleine Vokabel-Brücke von May zu dem großen Schriftsteller des Realismus nicht überbewerten, aber doch für Mays Wortwahl hellhörig werden. Die Konversation geht weiter, und als Martha den ganz unvernünftigen Wunsch ausspricht, selber mitzureiten, legt Winnetou sein Veto ein. Der Erzähler resümiert: „Der Angriff der jungen, unternehmungslustigen Frau war also siegreich abgeschlagen." (167) Die Metaphern ,Angriff' und ,siegreich abschlagen', so passend sie sind, um ein erregtes Gespräch zu charakterisieren, wirken in einer Abenteuererzählung, in der viel von realen Angriffen und deren Abschlagen berichtet wird, wie Selbstverspottung. Jedenfalls versucht May in seiner Konversation von Albuquerque jene Gesprächskultur mit ihren Konventionen und „Harmonisierungstendenzen"[6] zu imitieren, die ein Hauptstück der realistischen Literatur seiner Zeit war. Wiederum verläßt May sein eigentliches Erzählgenre.

In diesem Sinne kann man Mays Werk sogar experimentelle Züge zusprechen. Schon Harald Eggebrecht hat in seiner Interpretation des ersten Bandes der Trilogie die Maysche Experimentierfreudigkeit herausgestellt, wobei er, anders als wir, das Personal, etwa den geheimbündlerischen Mormonen Melton, und damit die kolportagehaften Züge vor Augen hatte.[7] Ein hübsches poetisches Spiel – um bei den Gaststättenszenen des dritten Bandes zu bleiben – ist auch der Umstand, daß May nicht nur in seinen Gaststätten Binnenerzählungen vortragen läßt (so bei dem früheren Bremerhaven-Aufenthalt), sondern daß er auch umgekehrt Binnenerzählungen einfügt, in denen von Gaststätten berichtet wird. Dieser souveräne Perspektivenwechsel findet sich in dem Erlebnisbericht, den der Pfadfinder Will Dunker den Helden der Erzählung liefert. Dunker beginnt so: „wenn man ein schönes Buch liest, so fängt man nicht in der Mitte oder gar hinten an. Es muß alles seine richtige Ordnung haben, Sir. Also ich saß da in Fort Belknar bei einem Glase Mintjulep – sage Euch, das ist der delikateste Julep den es giebt – und überlegte dabei, wohin ich meine Füße von dort aus richten sollte" – bis eine Kutsche hielt und ein Gast sich „an den nächsten Tisch" setzte (XXII 379). Dunker hat hier die Rolle übernommen, die sonst der Erzähler spielt, der ja „ein schönes Buch" ersinnt (um Dunkers Wort zu benutzen) und selber schon berichtet hat, im Guaymas-Abschnitt nämlich, wie er als Gast in der Herberge dem zusieht, was bei und in der Gaststätte Neues geschieht.

Einmal sagt Dunker: „Advokaten werden bekanntlich nicht verrückt. Oder habt Ihr vielleicht einen gesehen, welcher ausnahmsweise übergeschnappt ist, Sir?" (XXII 381) In demselben Tenor hat zu Beginn dieses Bandes der Erzähler sich und den Leser ins Grübeln gebracht, in der Szene, die in einem Anwaltswartezimmer spielt: „Was war denn das! [...] daß der Advokat mich warten ließ, obgleich er meine Karte zweimal gelesen hatte! [...] Nun, die Erklärung mußte ja kommen!" (8)

Die Figur des Dunker repetiert also den Gestus des Erzählers, doch dies in einer Gegenkonstruktion. Denn Dunkers Reden über die ‚richtige Ordnung' des Berichtens und das ‚schöne Buch' und das Getränk im Lokal findet in den gefährlichen Gefilden des Westens statt. In diesem Moment wird also nicht erzählt, weil die Ruhe dazu gegeben ist, sondern es tritt umgekehrt die Ruhe ein, weil jemand erzählt. – Soweit unser Blick in den dritten Band und seinen spielerischen Umgang mit dem Motiv Gaststätte.

2

Die Aufenthalte in Gasthäusern und Herbergen sind Momente der Ruhe für den Helden in seinem aufregenden Abenteuerdasein. Das gilt schon für das erste Gasthaus in dieser Reiseerzählung, jenes von Guaymas, in dem der Held müde und hungrig anlangt, und besonders für das Hotel in Kairo, über das mitgeteilt wird: „Es gab mehrere Tische und viele Gäste da, welche sich an der kühlen Abendluft erfreuten." (XXI 264) Die Ruhe und die Vornehmheit des Hotels kontrastieren mit dem Abenteuertreiben, das sich allerdings bald wieder ankündigt: Noch in der Hotelanlage erörtern die beiden Helden Old Shatterhand und Winnetou mit dem überraschend hinzugestoßenen Emery Bothwell die Verbrecherjagd und die dafür notwendige „Abenteurerlust" (267): der Hotelaufenthalt öffnet die Bahn für Neues und ist eine Art Weichenstellung im Handlungsablauf.

Das Gasthaus oder die Herberge in der Abenteuererzählung dient also der Erzählökonomie. Bleiben wir noch bei dem Gegensatz von Abenteuer und Pausieren. Statt von ‚Abenteuer und Pausieren' kann man auch sprechen von den Gegensatzpaaren ‚Reisen und Verweilen', ‚Alleinsein und Begegnung', vor allem ‚Aktion und Gespräch'.

Diese Beobachtung führt uns darauf, daß *Satan und Ischariot* aus einigen Dualismen und Gegensätzen lebt. So zerfällt das eigentliche Abenteuer, also die Aktivität des Haupthelden, in zwei große Komplexe. Der eine ist die Befreiung der armen Auswanderer, die in die Felsenburg, ein mexikanisches Quecksilberbergwerk, verschleppt worden sind; der andere ist die *Jagd auf den Millionendieb* (so der Titel des dritten Bandes im Zeitschriftabdruck, wobei diese Jagd schon in der Mitte des zweiten Bandes beginnt), bei der eine Erbschaft für unvermögende Hinterbliebene gesichert wird. Im ersten Fall geschieht die Erlösung von Menschen aus Folter, Krankheit und Tod, also eine existentielle Rettung; im zweiten geht es vorrangig um die Vereitelung eines Geldbetruges. Beide Handlungsstränge – die übrigens, wie wir sehen werden, im Finale des Werkes ineinander übergehen – nehmen mit ihren Nebenepisoden jeweils ungefähr die Hälfte des Gesamttextes ein. Eine andere bedeutsame Zweiheit ist das Nebeneinander von Exotik und Nähe; zum ersten Mal in seinem Reiseerzählungswerk läßt May einzelne Episoden in Deutschland spielen. Schließlich sei ein wichtiger Gegensatz genannt, den Helmut Mojem erkannt hat. Die Erzählung berichtet nämlich einerseits von Geldgier und Ausbeutertum, das heißt von den verbrecherischen Ausuferungen des vordringenden Kapitalismus; die Erzählung hat also aktuelle Züge. Andererseits arbeitet das Werk mit archaisch-mythischen Bildern, wie es schon der Titel andeutet, der auf ‚Satan' und Judas ‚Ischariot' hinweist, Namen, mit denen dann zwei Verbrecher bezeichnet werden. Mojem schreibt: „Das Thema vom Gegensatz der Alten und Neuen Welt, von vertrauten, überschaubaren Verhältnissen und unübersichtlichem, bedrohlichem Kapitalismus überlagert also die christliche Motivik des Buches".[8] Mays Roman *Satan und Ischariot* wird also durch eine Reihe von Dualismen bestimmt.

Doch wieder zu den Gasthofszenen. Interessanterweise betont May ihren Kontrast zum Reise- und Abenteuerleben durch kommentierende Sätze. In Guaymas wird der Held, der nach einer Bleibe sucht, mit den Worten beschrieben: „Mein Anzug, für welchen ich vor meiner Abreise in San Franzisco achtzig Dollars bezahlt hatte, war nach und nach in eine solche Zerfahrenheit geraten, daß verschiedene Gegenden meiner Person viel sichtbarer waren als der Stoff, dem ich ihre Bedeckung anvertraut hatte" (XX 3), und den Aufenthalt in ‚Löhrs Hotel' leitet die Bemerkung ein: „Ich kehrte vor längerer Zeit von einer Reise nach Südamerika zurück, landete nach glücklicher Seefahrt in Bremerhaven" (XXI 201). Bemerkenswert ist die grundsätzliche Erklärung, mit der die Episode in der Dresdener Gaststätte des Gesangvereins angekündigt wird: „versteckte ich mich für einige Zeit zwischen meine Bücher und kam nur wenig unter Menschen. Wöchentlich einmal aber besuchte ich einen Gesangverein [...]. Das war meine Erholung." (247) Hier unterbricht der Besuch der Gaststätte das geträumte Reisen in Büchern.

Mit diesem Gedanken an die Bücher, an die Arbeit am Schreibtisch thematisiert die Hauptperson sogar ihre Rolle als Schriftsteller. Eine andere wichtige Stelle dieser Art finden wir wiederum in Guaymas, wo der Held gegenüber dem Wirt, der ihn befragt, seinen Stand als „Litterat" angibt. Er erläutert: „Ein Litterat ist das, was Sie im Spanischen mit dem Worte Autor oder Escritor bezeichnen." (XX 13) Hiermit verbindet der Held und Erzähler eine Art vorgetäuschter Schreibhemmung, indem er, statt selbst die Feder zu ergreifen, den Wirt zum Eintrag ins Gästebuch veranlaßt und indem er dem Mormonen gegenüber Unsicherheiten beim Schreiben behauptet. Die spanische Sprache, sagt er, falle ihm schwer; er könne sich in die Interpunktion „nicht recht finden, weil im Spanischen die Frage- und Ausrufezeichen nicht nur hinter, sondern auch vor dem Satze stehen" (30). May läßt also in seinen

Gasthausszenen nicht nur sprechen, sondern er reflektiert auch die Sprache und den Umgang mit ihr. Dazu gehört die Episode in dem Kairoer Hotel, wo der zufällig anwesende Emery seinen Freund in einer exotischen Sprache anredet, und zwar „im schönsten Tehua-Indianisch" („Oseng-ge tah, mo Old Shatterhand!", XXI 265). Die Beispiele zeigen, daß die Lust am Thema Sprache und Sprechen mit der Selbstpräsentation des Erzählers Hand in Hand geht.[9] Die Dynamik des Abenteuers wird von einer Dynamik des Sprechens und der Selbstpräsentation abgelöst. Dies hat einen antiillusionistischen Effekt. Der Leser wird immer wieder gewahr, daß er nicht an einem Abenteuer, sondern an einem Erzählvorgang teilnimmt.

Auffällig ist, daß sich der Held in den Gaststätten oft in einer Rolle zeigt, die dem Leser schon bekannt ist, die aber in die augenblickliche Atmosphäre nicht hineinpassen will. In Guaymas bekennt sich der Held, wie erwähnt, zum Schriftsteller, und im Hotel von Bremerhaven läßt er sich die Frage stellen: „So sind Sie also doch Old Shatterhand?" und kontert darauf: „Es wird die Herren, welche sich hier befinden, weniger interessieren, wer ich bin und wie ich da drüben im Westen genannt werde." (XXI 204). In dem erzgebirgischen Dorfgasthaus versucht sich der Held als einer vorzustellen, der vom Blatt singen und die Akkorde auch theoretisch erkennen kann (und der selbst komponiert), und bekommt von einem Dirigenten, einem Fachmann somit, gesagt: „Da wissen Sie freilich mehr als ich! Wollen aber sehen, ob's wahr ist."[10] In der Dresdener Sangesrunde, in der plötzlich Winnetou auftaucht, bekommen die Anwesenden die Freundschaft zwischen den beiden Männern, von der sie nur aus Erzählungen wußten, aufdringlich vor Augen geführt: „Wir setzten uns [...] an einen abgelegenen kleinen Tisch und bestellten Bier [...]. Ich glaube, wir haben in den Augen der Zuschauer ein ganz rührendes Paar gebildet." (XXI 250) Erinnert sei wiederum an die Szene in Kairo, wo der Held von Emery als Westmann erkannt wird. Anschließend erklärt der Held, daß er auf der Jagd nach einem Verbrecher ist, den Emery für einen Ehrenmann hält, bis man ihn sodann vom Gegenteil überzeugt (268-272). In diesem Zusammenhang begibt sich der Erzähler wieder in die Rolle des Schriftstellers: er erinnert den Leser daran, daß er von Emery schon in einer früheren Erzählung („Die Gum") berichtet hat, und gestattet sich über eine halbe Seite hinweg, „das zu wiederholen, was ich dort über seine Persönlichkeit gesagt habe" (266). Auch in dieser Wiederbegegnungsszene ist der Leser der Allervertrauteste des Erzählers.

Wenn der Held und Erzähler sich so in verschiedenen Rollen präsentiert und sich eine eigene Dynamik des Sprechens entfaltet, so mag man sich an das Modell der ‚Inszenierung' erinnern, das Hans-Otto Hügel als typisch für Mays Heldenphantasien beschrieben hat, oder an die ‚Identitätsprobleme' denken, die Helmut Schmiedt in *Satan und Ischariot* analysiert hat.[11] Klar ist auch, daß sich in dieser ‚nicht-agierenden Dynamik' der spielerische Umgang mit dem Gaststättenmotiv vorbereitet, den wir im dritten Band bemerkt haben.

Bedenken wir aber, daß in den Selbstpräsentationen des Helden dem Leser kaum Neues gesagt wird, so stellen diese Elemente des Sprechens auch eine Selbstvergewisserung des Erzählers dar, die die eigentliche Handlung kommentiert. Was uns als Kontrast zwischen dem Abenteuer und der Ruhe des Gesprächs erschien, ist letztlich das Zusammenspiel von eigentlicher Handlung und strukturierendem Kommentar. Die Gasthausszenen strukturieren die Handlung, nicht nur indem sie oft neue Handlungsteile einleiten, sondern auch indem sie das Abenteuergeschehen kommentierend begleiten.

3

Weiteres zur strukturierenden Kraft des Gasthausmotivs. Wenden wir uns dem Erzählanfang und dem Erzählende zu, zwei Partien, die, wie sichtbar werden wird, eng aufeinander bezogen sind und außerdem an das Motiv Gaststätte anknüpfen. Zuerst zum Erzählanfang; nach der Überschrift *Erstes Kapitel. / In der Sonora* schreibt May:

Sollte jemand mich fragen, welches wohl der traurigste, der langweiligste Ort der Erde sei, so würde ich, ohne mich lange zu besinnen, antworten: Guaymas in Sonora, dem nordwestlichsten Staate der Republik von Mexiko. Diese Meinung ist allerdings nur eine rein persönliche; ein anderer würde sie wahrscheinlich bestreiten; ich aber habe in der Stadt die inhaltslosesten zwei Wochen meines Lebens – man verzeihe mir den freilich sehr zutreffenden Ausdruck – verfaulenzt und verspielt. (XX 1)

Diese Sätze, die die Reisethematik wider Erwarten mit dem ‚Traurigen' und ‚Langweiligen' anschneiden, haben eine literarische Qualität; sie erinnern an einen Kapitelbeginn in Heinrich Heines ‚Reisebildern' („Es gibt nichts Langweiligeres auf dieser Erde, als die Lektüre einer italienischen Reisebeschreibung"[12]). Sie klingen verlockend, scheinen aber, gemessen an ihrem Umfang, wenig auszusagen. Um welche Art von ‚Spielen' und ‚Faulenzen' es geht, hören wir nicht, dagegen gibt es umständliche Einschiebsel wie: „ohne mich lange zu besinnen" oder: „man verzeihe mir" oder: diese „Meinung" sei „allerdings nur eine rein persönliche". Man möchte urteilen, May ergehe sich hier in einer übertriebenen, informationsarmen epischen Breite.

In Wirklichkeit enthält der Text viel Information, die der Leser eher unbewußt aufnimmt. Entscheidend an diesem Anfang sind die allerersten Worte: „Sollte jemand mich fragen, welches wohl der traurigste, der langweiligste Ort der Erde sei". Hier stellt sich der Erzähler in markanter Weise vor. Denn die Frage nach dem „langweiligsten Ort der Erde" läßt sich sinnvollerweise nicht an jeden Menschen stellen, sondern nur an einen, der gereist ist, ja der ein Globetrotter ist. Die in den ersten Zeilen vorgetragene Frage sorgt also, als geschickte Vorausdeutung, für die Charakterisierung des Erzählers als Weltreisender.[13]

Hatte May in seiner Zeit überhaupt einen Leser, der damit hätte rechnen können, eine solche Frage gestellt zu bekommen? Der Erzähler nimmt also sofort eine höhere Position gegenüber dem Leser ein. So erlebt der Leser zu Beginn ein neugierig machendes, aber auch die Überlegenheit ausspielendes Auftreten des Roman-Ichs als Reiseerzähler. Dieser Überlegenheitsgestus wird verstärkt durch die Antwort, die der Erzähler auf die Eingangsfrage gibt: er nennt Guaymas, also eine in Deutschland kaum bekannte Stadt. Doch dann geschieht eine Kehrtwendung, bekennt doch der Erzähler, er, der Globetrotter, habe dort gefaulenzt. Der Leser ahnt wohl, daß das Faulenzen in einer mexikanischen Stadt aufregender und gefährlicher ist als daheim, doch fühlt er sich dem Erzähler wieder verbunden. Denn Faulenzen ist etwas, über das er sich mit dem Erzähler austauschen könnte, zumal er jetzt, eben da er das Buch aufgeschlagen hat, selbst zum Nichtstuer wird. Wenn also der Leser nach diesem ersten Abschnitt gespannt weiterliest, so nicht deswegen, weil er lediglich von zwei, drei Vokabeln ‚verlockt' worden ist, sondern weil er vom Erzähler in eine subtile Kommunikation hineingezwungen wird. Sie lebt für ihn aus dem Wechsel zwischen dem Respekt vor dem großen Reisenden und dem Gefühl des Verbundenseins in der menschlichen Schwäche des Faulenzens. – Soweit unsere erste Überlegung zu den Eingangssätzen.

Vermerkt sei noch, daß Arno Schmidt in seinem letzten (Fragment gebliebenen) Werk *Julia, oder die Gemälde* diesen Mayschen Beginn zitiert. Den alten Leonhard Jhering läßt er sagen: „Das Bedürfniss zu reisen iss mir fremd [...]. So ‚lesn davon' tu ich ganz gern [...]. Und wenn [...] KARL MAY kategorisch erklärt, ‚der langweiligste Ort auf der ganzen Erde sei Guaymas in Sonora' – dann drück ich mich natürlich behaglicher in die SesselEcke".[14] Schmidts Figur bekennt ihre Abscheu vor dem Reisen und ihre Freude am Lesen, sie geht also auf das Thema Reiselust und Faulenzen, eben auf das Kommunikationsangebot des Mayschen Erzählers, ein. Wenige Zeilen davor – auch hier bei Schmidt befindet man sich in einem Gasthof – warnt eine andere Figur vor „unächtem Rüdesheimer".[15] Diese Seite in Schmidts *Julia* ist eine kleine Hommage an Karl Mays *Satan und Ischariot*.

Blicken wir nun auf das Ende des Werkes. Dort kommt der Erzähler in einer Art Schlußbericht über die Personen des Romans auch auf die Familie Vogel zu sprechen. Martha Werner, geborene Vogel, und ihr Bruder haben mit der großen Erbschaft ein Heim gegründet, das sie „Heimat für Verlassene" nennen. Der Erzähler macht dort einen Besuch und redet mit Martha:

„Ich bin mit Freuden gekommen, denn ich werde den Erlöser sehen," antwortete ich gerührt.
„Den Erlöser? – Wieso!"
„Sagt nicht Christus: ‚Wer jemand aufnimmt in meinem Namen, der nimmt mich auf!' Hier ist eine heilige Stätte, Frau Werner. Ich möchte meine Schuhe ausziehen wie Moses, als er im Feuer den Herrn erblickte. Sie haben nach langem Irren die rechte Heimat gefunden und teilen dieselbe mit den Verlassenen. Ich habe Sie darob lieb, Martha! Bitte, zeigen Sie mir Ihr Haus!"
Sie that es. [Es folgen Einzelheiten über die karitative Fürsorge in dem Heim.]
„Heimat für Verlassene!" Welch ein schönes und beruhigendes Wort! Lieber Leser, auch ich werde und du wirst einst zu den Verlassenen gehören, wenn alles, was wir unser nennen, vor unserm sterbenden Auge verschwindet; dann öffnet sich uns jene Heimat, von welcher der Erlöser sagt: „Im Hause meines Vaters sind viele Wohnungen, und ich gehe hin, sie für euch zu bereiten!" – – – (XXII 614f.)

In diesen Schlußsätzen tritt der Erzähler wiederum in zweifachem Licht vor den Leser. Einerseits erscheint er als der Überlegene, der von Martha Verehrte; in der Tat ist er der Tüchtige, der das Erbe erjagt und die Heim-Gründung ermöglicht hat. Er hat daher keine Scheu, sich mit „Moses" zu vergleichen, wobei sich die Parallelität, recht besehen, nicht nur auf Moses' Erlebnis mit dem „Feuer" des Herrn, dem brennenden Dornbusch (2 *Moses* 3, 2-5), bezieht. Denn so wie Moses die Kinder Israels gerettet hat, so hat der Erzähler durch das erlangte Geld an den Waisen und Kranken, die jetzt untergekommen sind, eine Rettungstat vollführt.[16] Andererseits tritt der Held und Erzähler zurückhaltend auf. Er, der wie Moses seine „Schuhe ausziehen" will, ist nur ein passiver Besucher des Heims, ist Laie und Fremdling in dieser karitativen Einrichtung. Wieder kann sich der Leser, der gleich ihm dort einen Besuch machen könnte, mit ihm verbunden fühlen. Und dies gilt erst recht, wenn im allerletzten Absatz die Rede auf das Sterben kommt: „Lieber Leser, auch ich werde und du wirst einst zu den Verlassenen gehören". Auf dieser metaphysischen Ebene werden Leser und Erzähler endgültig gleichberechtigt vereint.

Hier fällt die besondere poetische Struktur ins Auge. Mit diesen Schlußsätzen von der irdischen und der himmlischen Heimat schließt sich ein Kreis, wenn man das Werk in seiner Ganzheit sieht, nämlich den Titel einbezieht. Die Worte *Satan und Ischariot* vorne im Buch sind der Ausgangspunkt für den Leser. Auf der ersten Textseite dann erfährt er von Guaymas und daß dort der Erzähler Faulenzer und Spieler gewesen sei, und zwar, wie er bald danach liest und wohl schon sofort vermutet, in einer kneipenähnlichen Unterkunft. Der Leseakt beginnt also mit biblischen Begriffen (,Satan', ,Ischariot') und führt anschließend zu einer irdischen Herberge. Am Ende kehrt May die Reihenfolge um. Der Erzähler befindet sich in Marthas Heim, also wieder in einer Herberge, und unternimmt dann unter Berufung auf ein Jesu-Wort über die ,im Himmel bereiteten Wohnungen' (*Joh.* 14, 2) den Ausblick in die himmlische Heimat. Metaphysisch und biblisch sind die allerersten und die allerletzten Begriffe des Romans – sie bilden eine „religiös-biblische Einkleidung"[17] in einem sehr präzisen Sinne; und ihnen jeweils benachbart sind ausführliche Äußerungen über eine irdische Einkehr. Ein doppelter Rahmen umschließt also diese Abenteuergeschichte, wobei die äußere Schicht biblische Anspielungen und Zitate sind.

Bei all dieser religiösen oder scheinbar religiösen Bildhaftigkeit sei jedoch zunächst festgestellt: Die Bibel-Assoziationen haben durch ihre Position ganz am Anfang und ganz am Ende primär eine erzähltechnische Funktion. Offenbar spricht hier nicht ein ,fertiger Erzähler', sondern einer, der sich in die Rolle des Erzählers hineinbewegt und der am Ende von dieser Rolle wieder Abschied nimmt. Der Erzähler benötigt sozusagen erst einmal ein Buch, die Bibel – das Buch der Bücher –, um seine Aufgabe anzugehen. Dieses Hineinfinden in die Erzählerrolle bekommt eine eigene Prägnanz durch den konjunktivischen, hypothetischen Erzählbeginn. „Sollte jemand mich fragen", setzt May ein, und diese Formulierung (deren lockenden Effekt wir besprochen haben) tut kund: die kommende Frage gibt es nicht, hat es noch nie gegeben, der Erzähler stellt sich nur vor, man könnte sie an ihn richten. Damit steht das Werk unter dem Vorzeichen des ‚nur Möglichen'; von jetzt an, so wird angedeutet, gilt das Ersonnene, das Phantasierte. Ebenso weist das Ende des Werkes in das ‚nur Mögliche', in die Phantasie, wenn der Erzähler davon spricht, daß sich dereinst im Himmel eine „Heimat" uns „öffnet". Das Bekenntnis zu Hypothetischem, Phantasiertem und in der Bibel Gelesenem bestimmt den Erzählbeginn und das Ende des Werkes.

Die Werkkonstruktion ist nicht symmetrisch. Während der Romaneinstieg behutsam den Erzählvorgang thematisiert, sind am Ende die Bibel-Allusionen (zu denen auch – „Wer jemand aufnimmt in meinem Namen" – der Vers *Mk* 9, 37 zu rechnen ist[18]) überraschend ausführlich. Es ist wohl nicht anzunehmen, daß May diese ganze Konstruktion absichtsvoll als Erzählerreflexion geplant hat. Aber sie hat diese Wirkung auf den Leser; er fühlt sich an die Hand genommen und von der realen Welt in die Phantasiewelt des Buches geleitet und am Ende aus ihr wieder entlassen.

Dieses poetische Vorgehen hat moderne Züge, und interessanterweise hat der zeitgenössische Autor Uwe Timm in seinem Roman *Johannisnacht* (1996) einen ähnlichen Weg der Erzählerreflexion eingeschlagen. Der Roman schildert eine Reise in das wiedervereinigte Berlin, wo der Held mit außergewöhnlichen Menschen zusammentrifft, sogar mit einem Tuareg, der aus der Sahara angereist ist. Timms Erzählanfang lautet:

> Die Geschichte beginnt genaugenommen damit, daß ich keinen Anfang finden konnte. Ich saß am Schreibtisch und grübelte, lief durch die Stadt, fing wieder das Rauchen an, Zigarren, in der Hoffnung, so, eingehüllt in den Rauch, würde mir der richtige, ganz und gar notwendige Anfang für eine Geschichte einfallen.[19]

Und genau dieselben Sätze stehen im letzten Absatz des Buches, der nach überleitenden Bemerkungen mit den Worten endet: „feiner blauer Dunst".[20] Auf diese Weise, mit einer Impression vom Schreibtisch, deklariert Timms Erzähler das ganze Werk zu einem phantasierten Gebilde, zum Traum einer ‚Johannisnacht'. Wo bei Timm das Eingehülltsein in Rauch und Dunst erscheint, drängen bei May die Assoziationen des Bibellesers vor. Es führt eine Linie von Karl Mays *Satan und Ischariot* zu Uwe Timms modernem Roman.

4

Man kann einwenden, daß wir mit unserem Blick auf Mays Erzähltechnik und seine Erzählerposition den Schluß von *Satan und Ischariot* zu sehr loben. Der Besuch in Martha Vogels Heim führt das Motiv der Gaststätte und ihrer Ruhe zu einem Höhepunkt, aber ist die Wendung von der ‚Heimat' des Vogelschen Hauses zur ‚himmlischen Heimat' nicht unangemessen, gar voller „Klischeehaftigkeit"?[21] Ist dies Mays mißglückter erster Versuch auf dem Wege zu jener „theologischen Poesie", die Hermann Wohlgschaft in Mays Alterswerk beobachtet?[22] Wir haben bereits bemerkt, daß sich der vorsichtig reflektierende Erzählbeginn und die vielfachen Bibelzitate am Ende unsymmetrisch gegenüberstehen. Das ist ein künstlerischer Mangel, jedoch sind die religiösen Anspielungen in ihrer Relativität zu sehen. Zu bedenken ist, daß es May mit seinem theatralischen Blick in die ‚himmlische Heimat' um einen Vergleich geht, der im Irdischen ansetzt, daß er mit seinem Rückgriff auf die Metaphysik vor allem das karitative Heim rühmen will. Die Mitteilung, daß nach diesem Heim nichts anderes als die ‚himmlische Heimat' komme, gibt eben diesem Heim, dieser Gast-Stätte par excellence, einen besonderen Glanz. Dieser Glanz deutet sich schon vorher im Heim an mit den Symbolen der Weite und des Lichts – dem „hohen, breiten Thore", dem „Garten" der tollenden Kinder, den „weißen Kissen" der Patienten (XXII 614f.). May, aus seinem platonischen Weltgefühl heraus, wertet das irdische Ziel seines Romans durch metaphysische Traumgedanken auf, hat dabei aber eine „innerweltliche Heilsgeschichte"[23] im Sinn. Auch der Satz „Ich habe Sie darob lieb, Martha!", ausgesprochen gegenüber der Frau, in die der Held einmal vernarrt war, stellt solch eine Wendung ins Unirdische dar, die das Irdische nicht vergißt. Jetzt, da die ‚Heimat für Verlassene' gegründet ist, herrscht eine ideale Liebe, die die spontane Zuneigung von einst rechtfertigt.

Damit erscheint die Suche nach einer Heimat als das Hauptelement menschlichen Strebens, wobei dieses Ziel, wie Marthas Einrichtung bezeugt, im Irdischen erreicht werden kann. Sehnsucht und ihre Erfüllung prägen das Ende dieser Reiseerzählung. Mit seinem Gedanken von der Heimat im Diesseits wie im Jenseits wiederholt May auf seine Weise die rigorose Heimatvision aus Novalis' *Heinrich von Ofterdingen*: „‚Wo gehn wir denn hin?' ‚Immer nach Hause.'"[24] Ähnlich wie bei May findet sich der Gedanke der Heimat im Schlußsatz eines neueren utopischen Werkes wieder, der dokumentarisch aufgemachten Erzählung *Ecotopia*

(1975) des Amerikaners Ernest Callenbach. Dort sagt der Ich-Erzähler am Ende über seine Reise in das ökologisch ausgerichtete Land knapp und kategorisch: „It led me home."[25] Zu denken ist auch an Ernst Jüngers mythologisch-allegorischen Roman *Auf den Marmorklippen* (1939), wo der letzte Satz lautet: „Da schritten wir durch die weit offenen Tore wie in den Frieden des Vaterhauses ein."[26] Genannt sei ferner Christoph Martin Wielands *Oberon*, der May als Vorbild gedient haben könnte; dort sagt nach allen Abenteuern in dem Moment, da der Held Hüon „glorreich heim gekommen", der Kaiser den Schlußsatz: „Nie fehl' es unserm Reiche / An einem Fürstensohn, der Dir an Tugend gleiche!"[27] Mays Heimat-Sehnsucht am Ende von *Satan und Ischariot* steht also in einer ehrwürdigen literarischen Tradition.

Der berühmteste Fall, wo das Wort Heimat im Schlußsatz erscheint, ist das philosophische, aber auch hochpoetische Werk *Das Prinzip Hoffnung* von Ernst Bloch. Bloch schreibt am Ende: „Hat [der Mensch] sich erfaßt und das Seine ohne Entäußerung und Entfremdung in realer Demokratie begründet, so entsteht in der Welt etwas, das allen in die Kindheit scheint und worin noch niemand war: Heimat."[28] Beachten wir, daß auch bei Bloch metaphysische Anklänge vorhanden sind: denn wenn Heimat das sein soll, was „allen in die Kindheit scheint", so wird hier ebenfalls eine zweite, nicht faßbare Welt angedeutet. Bloch sagt auch im Hinblick auf die Evangelien: „Erstrebt ist kein Jenseits nach dem Tod, wo die Engel singen, sondern das ebenso irdische wie über-irdische Liebesreich".[29] Über das biblisch inspirierte Finale bei May, nimmt man es rückhaltlos ernst, ist dasselbe Urteil zu fällen.

Die Beobachtung, daß May, bei all seinen ‚himmlischen' Bezügen, nach irdischem Glück sucht, wird noch durch ein Erzähldetail gestützt. Die materielle Grundlage des karitativen Heims, die Millionenerbschaft, ist von anrüchiger Herkunft. Small Hunter, der Schuhmacher und Kaufmann, der das Erbe hinterlassen hat, ist während des amerikanischen Bürgerkrieges „Armeelieferant" (XXI 255) gewesen und hat dadurch den „unendlichen Haufen Geld zusammengebracht" (79). May wußte von der Macht solcher Kriegsgeschäfte, schrieb er doch im Jahre 1906 dem Maler Sascha Schneider diese warnenden Sätze: „[...] unsere Schlachten werden nicht mehr von sogenannten ‚*Männern und Helden*' entschieden, sondern durch gute Stiefelsohlen und chemische Teufeleien, durch Druck und Drill, durch Hunger und Fieber, durch wohlberechneten Transport, durch Riesenanleihen und andere sehr unrühmliche Dinge, bei denen von ‚Mannheit' keine Rede ist!"[30] Die Stiefel nennt May an erster Stelle in seiner bitteren Liste des Kriegsmaterials. In *Satan und Ischariot* wird das ominöse Geld des Stiefellieferanten Hunter, dank der Anstrengung der Gründer des Heims und nach den Strapazen des tapferen Helden, in Segen verwandelt. ‚Heimat' ist somit ein Produkt menschlichen Bemühens.

Festzuhalten bleibt noch, daß May das Motiv der anrüchigen Geldquelle mit Sorgfalt in den Erzählfortgang eingefügt hat. Denn schon am Ende der *Felsenburg*-Geschichte, in der Mitte des Werkes, läßt er an die armen Auswanderer, die „nicht nur um [ihre] Heimat, sondern auch um [ihre] Habe gebracht worden" sind (XXI 104), Geld aus dem Vermögen von Verbrechern verteilen: „ich habe das Geld Meltons und Wellers in die Hand genommen, um Ihnen mit Hilfe desselben zu der Gerechtigkeit zu verhelfen, zu welcher ein anderer Richter Ihnen nicht verhelfen würde." (106) Dieses zum Wohle aller weitergereichte Verbrecher-Geld präludiert den Segen, den später das kriegsgewinnlerische Millionenerbe bewirken wird. Das Finale der Trilogie knüpft an das Finale ihres ersten Teiles an, und so zeigt sich in dem Motiv des Geldes wiederum: die Vorstellung von Heimat, die Mays biblische Assoziationen am Ende des Werkes in Worte fassen, hat einen entschieden irdischen Zug.

Die Bibel-Assoziationen haben, wie uns auffiel, eine erzähltechnische Funktion, und die Heimat-Vorstellung selbst knüpft an das Thema ‚Heim' an und damit an das Sujet des Gasthauses, an jenes Sujet, das ein bedeutsames Strukturelement dieses Romans ist. Strukturen des Erzählens leiten über zu Sehnsüchten des Erzählers. Die Utopie erwächst aus der Kunst des Erzählens.

Anmerkungen

1 Die Stelle befindet sich in dem Romanteil *In der Heimath*, der beim Vorabdruck in der Zeitschrift ‚Deutscher Hausschatz' vom Redakteur gestrichen wurde und den May auch in die Buchausgabe nicht wieder hineingenommen hat. Zitiert wird dieser Teil nach der nicht immer wortgetreuen Wiedergabe in Bd. 79 von ‚Karl May's Gesammelten Werken': *Old Shatterhand in der Heimat*. Bamberg 1997, S. 21-253, hier S. 105.
2 Ebd., S. 219-231; beiläufig auch XXI 228.
3 „Nur sage man etwas und sitze nicht da, als habe man drei Vorlegeschlösser vor dem Mund", mahnte ein damaliges Anstandsbuch, erschienen bei Mays Verleger Wilhelm Spemann: Graf und Gräfin Bau-

dissin: *Spemanns goldenes Buch der Sitte. Eine Hauskunde für Jedermann.* Berlin, Stuttgart o. J ; zit. nach Angelika Linke: *Sprachkultur und Bürgertum. Zur Mentalitätsgeschichte des 19. Jahrhunderts.* Stuttgart, Weimar 1996, S. 193.
4 Theodor Fontane: *Effi Briest.* In: *Werke, Schriften und Briefe,* Abt. I, Bd. 4. München 1974, S. 105.
5 Ebd.
6 Linke [Anm. 3], S. 228.
7 Vgl. Harald Eggebrecht: *Sinnlichkeit und Abenteuer. Die Entstehung des Abenteuerromans im 19. Jahrhundert.* Berlin, Marburg 1985, S. 207-218.
8 Helmut Mojem: *Karl May: Satan und Ischariot. Über die Besonderheit eines Abenteuerromans mit religiösen Motiven.* In: JbKMG 1989, S. 95.
9 Vgl. Martin Lowsky: *Die Einkehr. Zur Poetik von Karl Mays Gasthausszenen.* In: JbKMG 1999, S. 148-165.
10 May: *In der Heimath* [Anm. 1], S. 110.
11 Vgl. Hans-Otto Hügel: *Das inszenierte Abenteuer.* In: Marbacher Magazin 21 (1982), S. 10-32; Helmut Schmiedt: *Identitätsprobleme. Was ,Satan und Ischariot' im Innersten zusammenhält.* In: JbKMG 1996, S. 247-265.
12 Heine sagt weiter: „– außer etwa das Schreiben derselben – und nur dadurch kann der Verfasser sie einigermaßen erträglich machen, daß er von Italien selbst so wenig als möglich darin redet." Heinrich Heine: *Sämtliche Schriften,* Bd. 3. Frankfurt/M. u. a. 1981, S. 426 (*Die Bäder von Lucca,* Kap. IX).
13 Das Motiv der Weltreise findet sich nicht nur in der Haupthandlung, sondern auch in den am Rande erwähnten Touren „nach Südamerika" (XXI 201) und „nach dem Orient" (247) und in den Flunkereien des Helden über seine Beziehungen nach Indien und Sibirien (284f.).
14 Arno Schmidt: *Julia, oder die Gemälde. Scenen aus dem Novecento.* Zürich 1983, S. 54.
15 Ebd.
16 Hermann Wohlgschaft (*Große Karl May Biographie. Leben und Werk.* Paderborn 1994, S. 246) sieht schon im ersten Teil des Werkes, bei der Rettung der Auswanderer, den Helden als eine Art Nachfolger Moses'.
17 Ulrich Schmid: *Das Werk Karl Mays 1895-1905. Erzählstrukturen und editorischer Befund.* Ubstadt 1989, S. 249.
18 Vgl. auch die hiermit verwandten Passagen; Gross nennt die Stellen *Mt* 10, 40; *Joh* 13, 20; *Mt* 18, 5 (Oliver Gross: *Old Shatterhands Glaube. Christentumsverständnis und Frömmigkeit Karl Mays in ausgewählten Reiseerzählungen.* Husum 1999, S. 183).
19 Uwe Timm: *Johannisnacht. Roman.* Köln 1996, S. 9.
20 Ebd., S. 280f. (Statt „Anfang für eine Geschichte" heißt es hier: „Anfang einer Geschichte").
21 Gross [Anm. 18], S. 17.
22 Wohlgschaft [Anm. 16], S. 246.

23 Gert Ueding: *Der Traum des Gefangenen. Geschichte und Geschichten im Werk Karl Mays.* In: JbKMG 1978, S. 74.
24 Novalis: *Heinrich von Ofterdingen.* In: *Novalis Werke*, hg. v. Gerhard Schulz. München 1987, S. 267.
25 Ernest Callenbach: *Ecotopia. The Notebooks and Reports of William Weston.* Stuttgart 1996, S. 342.
26 Ernst Jünger: *Auf den Marmorklippen.* Berlin 1997, S. 138. Auf die Nähe von Jüngers Roman zu Karl Mays *Ardistan und Dschinnistan* weist Günter Scholdt hin: *Sitara und die Marmorklippen. Zur Wirkungsgeschichte Karl Mays.* In: JbKMG 1982, S. 158-169.
27 *C. M. Wielands Sämmtliche Werke*, Bd. 23.: *Oberon.* Zweyter Teil. Leipzig 1796, S. 307f. (Reprint in: C. M. Wieland: *Sämmtliche Werke.* Bd. VIII. Hamburg 1984).
28 Ernst Bloch: *Das Prinzip Hoffnung.* Frankfurt/M. 1973, Bd. 3, S. 1628.
29 Ebd., Bd. 2, S. 580.
30 Zit. nach Hansotto Hatzig: *Karl May und Sascha Schneider. Dokumente einer Freundschaft.* Bamberg 1967, S. 126.

Helmut Lieblang

„Ich war noch niemals hier gewesen"

Die Quellen zu ‚Satan und Ischariot'

Karl Mays künstliche Welt, die er als Imitator von Realität vor seinen Lesern ausbreitet, kommt natürlich ohne geographische Vorlagen nicht aus – ‚geographisch' im weitesten Sinn, nämlich Material aus dem Bereich der physischen Geographie und der Anthropogeographie sowie der Länderkunde, aber auch Informationen ethnographischen und historischen Inhalts. Im Grunde ist es jener Stoff, aus dem die so populäre wie populärwissenschaftliche Reiseliteratur des 19. Jahrhunderts bestand, denn nicht von ungefähr nennt May seine literarischen Arbeiten ‚Reiseerzählungen', und wenn er über den Amerikaner Small Hunter in *Satan und Ischariot II* schreibt: „Seine liebste, ja fast einzige Lektüre sind Reiseschilderungen" (XXI 81), so ist das als Reflexion seiner selbst zu verstehen. Es ist die Fortsetzung des antiken Verständnisses von Geographie, wie sie uns etwa in den *Geographika* des Strabo, der *Chorographia* des Pomponius Mela oder der *Perihegese* des Pausanias vorliegt. Eine Geographie, die eine möglichst umfassende Beschreibung bestimmter Erdräume anstrebt, unter Einbeziehung unterhaltenden Materials und von Exkursen über Mythologie und Geschichte.

Reisende und Forscher des 19. Jahrhunderts, die in hohem Maße dazu beigetragen haben, weiße Flecken auf der Landkarte zu tilgen, erfahren und erkunden die Welt zwar mit verfeinerten Methoden und Meßapparaten, ihr Anliegen aber ist dasselbe: das Füllen des leeren, unerforschten Raumes durch Wort und Bild, sowohl in Büchern als auf Landkarten – auch dies ist ein Schaffen von Abbildern, ebenfalls eine Imitation der Wirklichkeit. „Etwas übertrieben ausgedrückt: wir wissen nicht, wie die Erde wirklich ausschaut. Überhaupt ist alles, was außerhalb unseres Gesichtskreises ist, Theorie."[1] Wenn frühere Jahrhunderte darangingen, weiße Flecken auf der Landkarte durch Bilder zu übertünchen, die sich auf Hörensagen oder auch auf bloße Erfindungen gründen (Fabelwesen wie ‚Drachen', ‚Anthropophagen', ‚Kephalopoden' oder mythischen Orten wie den ‚Mondbergen', der ‚Quelle ewiger Jugend', dem ‚Meer der Finsternis' usw.), ersetzt das 19. Jahrhundert Schritt für Schritt und in relativ kurzer Zeit diese mythenerfüllten Landschaften durch Anschauung und eine zunehmend wissenschaftlich geprägte Darstellung. Karl Mays literarisches Wirken ist dadurch entscheidend gekennzeichnet. Die Form des Reiseerlebnisses, die er für seine Werke wählte, wird in großem Maße ja vom geographischen, meist exotischen Raum und seinem Inhalt geprägt, andernfalls würde die relative Schlichtheit seiner Handlungsführung in Monotonie ersticken. Vereinfachend gesagt, versucht May die Umsetzung von Raum in Handlung, oder anders: der Raum ist handlungsmächtiger Treibstoff des Fabulierens. Die zweite Komponente ist aber bei May auch und noch immer die der mythischen, imaginativen Erdbeschreibung. Denn neben der kognitiven Dimension in der Darstellung fremder Welten für seine Leser ist Mays zweiter mächtiger Antrieb sein Eskapismus in andere, künstliche Welten, um sich (und so auch seine Leser) schreibend aus der Enge seiner soziokulturellen Bedingtheit zu retten:

May ist ein Erzähler, der eine übermäßig große Einbildungskraft besitzt, und nur zu leben vermag, indem er nie zu schreiben aufhört. Um aber zu schreiben, ist er gezwungen, sich unermüdlicherweise eine andere Wirklichkeit zu wählen, in fiktiven Welten zu reisen, die er nie persönlich gesehen hat. Auch seine Erzählerfiguren müssen ständig Reisen unternehmen, sowohl in den Westen, nach Amerika, als auch in den Osten, in den Orient.[2]

Die Darstellung der Reisen von Mays Alter ego Old Shatterhand resp. Kara Ben Nemsi in *Satan und Ischariot* bietet dafür ein treffliches Beispiel. Die Abenteuerketten führen den Leser über drei Kontinente, von Amerika (Mexiko) nach Europa (Deutschland), dann nach Nordafrika (Ägypten, Tunesien) und wieder zurück nach Amerika (New Mexico, Arizona). Bei der folgenden Untersuchung sind der Amerika- und Afrikateil von Belang hinsichtlich der geographischen Quellen. Das ‚deutsche Intermezzo' hat ersichtlich eine andere Funktion als den Leser zu belehren und ihm Fluchträume zu bieten. Es dient wohl eher dazu, die ‚Old-Shatterhand-Legende' zu installieren. Obwohl uns der Roman in drei Bänden vorliegt, mag er nicht die Kriterien einer literarischen Trilogie erfüllen; in geographischer Sicht entspricht er jedoch durchaus einer großräumlichen Dreiteilung: Mexiko – Nordafrika – USA. Das von dem ‚Hausschatz'-Redakteur Heinrich Keiter gestrichene Kapitel *In der Heimath* wurde auch von May nicht wieder in die Buchausgabe integriert und bedarf einer gesonderten Betrachtung (vgl. den Beitrag von Walther Ilmer im vorliegenden Band).

Vorab läßt sich sagen, daß Karl May bei der Abfassung der Erzählung einerseits auf schon vorhandenes, früher benutztes Material zurückgriff, und das in nicht unbeträchtlicher Weise, daß er sich andererseits aber auch neues Quellenmaterial erschloß, wenn auch in bescheidenerem Umfang.

1. Grenzüberschreitungen in Mexiko

1.1. *Von Guaymas zum Rio Sonora – ‚reale' Geographie*

Die Erzählung nimmt ihren vielversprechenden Anfang in der Hafenstadt Guaymas am Golf von Kalifornien, im mexikanischen Bundesstaat Sonora. Vielversprechend insofern, als uns der Protagonist Old Shatterhand in ungewöhnlichem Habitus daherkommt:

Mein Anzug, für welchen ich vor meiner Abreise in San Franzisco achtzig Dollars bezahlt hatte, war nach und nach in eine solche Zerfahrenheit geraten, daß verschiedene Gegenden meiner Person viel sichtbarer waren als der Stoff, dem ich ihre Bedeckung anvertraut hatte. Auch die Fußbekleidung war bei der vollständigen Erschöpfung ihrer Kräfte angelangt. (XX 3)

Dieser äußeren Erscheinung des Ich-Erzählers entspricht die Umgebung, in der er sich aufhält, der wohl „traurigste, der langweiligste Ort der Erde" (XX 1). Dieser Anfangsteil bezieht seine Inspiration aus zwei Quellen, Wappäus' *Handbuch für Geographie und Statistik*[3] und *Brockhaus' Conversations-Lexikon*.[4] Ein Vergleich der entsprechenden Textteile macht Mays Technik des ‚kompositorischen Einschubs' deutlich:

Es war eine lange und anstrengende Wanderung, und so atmete ich froh auf, als ich endlich in den Trachytkessel niederstieg, in welchem das traurige Guaymas liegt. Obgleich am ersehnten Ziele angekommen, war ich doch keineswegs entzückt über den Anblick, welchen die Stadt mir bot. Sie hatte damals kaum zweitausend Einwohner und bestand aus Häusern, welche aus Luftziegeln erbaut waren und keine Fenster hatten. Rings von hohen, kahlen Felsen umgeben, lag der Ort wie eine ausgedorrte Leiche in erdrückender Sonnenglut. (XX 3)	Guaymas oder San José de G., an der Mündung des kl. Fl. gl. Nam. [...] liegt in e. kahlen, von nackten Bergen eingeschlossenen Felsenkessel, in welchem die fast unerträgliche Hitze nur Nachmittags durch e. leichte Seebrise etwas gemildert wird. Die Häuser sind bis auf ein Paar bessere aus Luftziegeln (Abodes) [richtig: Adobes] erbaut und ohne Fenster, indem das Licht nur durch die Thüren einfällt. Die Einwohnerzahl beträgt in der guten Jahreszeit etwa 5.000, die ansäßige nur 2.500 (Wappäus 175).

Der von May erwähnte „Trachytkessel" hat seinen Ursprung im Brockhaus, dessen Text im übrigen großenteils von Wappäus abhängig ist:

Die Stadt liegt in einem kahlen, wasserlosen, von nackten trachytischen Bergen eingeschlossenen Felsenkessel, hat fast lauter aus Luftziegeln erbaute Häuser ohne Fenster und zählt etwa 2500 E. (Brockhaus VIII, 593)

Die kartographische Ausgangslage, die zumeist Mays Abenteuerhandlung zugrunde liegt[5], bietet für Mexiko vermutlich die 6. Auflage des Sohr-Berghaus-Handatlas[6], der in manchen Teilen eine veraltete Nomenklatur bereithält, die auch May benutzt.[7] Auf dieser geographischen Grundlage, vermehrt um Angaben aus Wappäus und Brockhaus, entwickelt May seine nächsten Schauplätze.

Vor der Niederschrift von *Satan und Ischariot*, zwischen Mai und Dezember 1891[8], bot Mexiko den geographischen Hintergrund und war Handlungsraum der Kolportageromane *Das Waldröschen* und *Deutsche Herzen, deutsche Helden*.[9] Damit hatte sich May einen Fundus geschaffen, auf den er später in seinen Reiseerzählungen zurückgreifen konnte, wie wir noch sehen werden.

Mit dem Auftritt Harry Meltons, der für die Mormonen[10] in Utah neue Siedlungsgebiete in Mexiko erschließen soll und der eine Gruppe Auswanderer aus Kobylin in Posen als Kontraktarbeiter[11] auf die Hazienda Pruchillos führt, beginnt die eigentliche Abenteuerhandlung. Old Shatterhand begleitet Melton und die Auswanderer zu Schiff von Guaymas über den Kalifornischen Golf nach Lobos im nordwestlichen Sonora. Von dort nimmt der Treck seinen Weg über San Miguel de Horcasitas und den Rio Sonora zur Hazienda del Arroyo. Unterwegs macht Old Shatterhand einen Abstecher nach Ures.

Dieser Teil der Erzählung bewegt sich noch in der realen Geographie, wird aber relativ schnell überbrückt. Die magische Grenze bildet hier der Rio Sonora, der eindeutig die Trennlinie bildet zwischen realen Orten, d. h. Orten, die man im Atlas nachschlagen kann, und rein fiktiven Schauplätzen. Jenseits des Rio Sonora liegt also der ‚weiße Fleck', den May mit Imagination füllt. Bis zum Rio Sonora liefern Wappäus und Brockhaus das äußerst spärlich eingesetzte geographische Hintergrundmaterial. Bezeichnenderweise verliert sich die Handlung im imaginativen Raum, sobald das enzyklopädische Material ‚verbraucht' ist. Es darf vermutet werden, daß May außer den bereits genannten Quellen wahrscheinlich über keine weiteren Vorlagen verfügte oder darauf verzichtete, aus welchen Gründen auch immer. Insofern bedeutet dies einen Rückschritt in der Gestaltung, wenn man zum Beispiel die Komposition der ersten drei Bände des Orientzyklus dagegenhält, wo May in ganz hervorragender Weise geographische und sprachliche Quellen und Vorlagen für sich fruchtbar gemacht hat. Wie ich meine, in später nie wieder erreichter Meisterschaft.

Werfen wir einen kurzen Blick zurück auf Mays geographische Exzerpte:

Die im östlichen Teile von Sonora sich erhebenden Berge enthalten reiche Lagerstätten von edlen Metallen, Kupfer und Blei, und fast alle Wasserläufe führen Waschgold mit sich; aber die Ausbeute war damals nur eine geringe, weil die Reviere von den Indianern unsicher gemacht wurden und man sich nur in starker Gesellschaft hinauf an Ort und Stelle getraute. Wo aber eine so zahlreiche Belegschaft hernehmen? Der Mexikaner ist alles andere, nur kein Arbeiter; dem Indianer fällt es nicht ein, gegen Tagelohn die Schätze auszugraben, welche er noch heutigen Tages für sein rechtmäßiges Eigentum hält; chinesische Kulis könnte man genug bekommen, doch mag man sie nicht, denn wer diese unsauberen Geister beschwört, der wird sie nicht wieder los – – aber die Gambusinos, die Prospektor, wird man sagen; das sind doch die eigentlichen Goldsucher und Minenarbeiter; warum engagiert man diese nicht? Sehr einfach darum, weil damals keine zu haben waren; sie waren alle hinüber nach Arizona, wo das Gold in hellen Haufen liegen sollte. Darum waren die Reviere von Sonora verödet, gerade wie noch heute, wo nicht nur der Bergbau, sondern auch die Vieh-	Die Viehzucht [...] ist neuerdings durch die wachsenden Räubereien der Apaches im ganzen Staate sehr zurückgegangen. Die Berge enthalten reiche Lagerstätten an edlen Metallen, Kupfer und Blei, und fast alle Flüsse führen Waschgold. Der Bergbau ist jedoch von geringer Bedeutung, schon wegen der Unsicherheit der früher bearbeiteten Grubenreviere [...]. Im Norden und Osten des Staats leben noch unbezwungene Indianerstämme, darunter die durch ihre Raubzüge berüchtigten Apaches. (Brockhaus XIV, 934)

zucht des Landes unter der Furcht vor den wilden Indianern darniederliegt. (1f.)

Die Angaben, die May dem Brockhaus entnimmt, entstammen ihrerseits wiederum den statistischen Informationen, die Wappäus notiert. Der Brockhaus als direkte Vorlage erweist sich durch die zum Teil wörtliche Wiedergabe durch May. Zur Verdeutlichung hier die entsprechenden Passagen aus Wappäus:

Die Viehzucht ist jedoch neuerdings durch die immer mehr überhand nehmenden Räubereien der Apaches im ganzen Staate sehr zurückgegangen [...]. Der Mineralreichthum des Staates ist sehr bedeutend. Die Gebirge enthalten reiche Lagerstätten edler Metalle, und fast alle Flüsse führen Waschgold [...]. Der Bergbau ist jetzt jedoch verhältnißmäßig wenig bedeutend, vorzüglich wegen der Unsicherheit der früher bearbeiteten Grubenreviere [...].
Im nördlichen und östlichen Theile des Staates leben noch unbezwungene Jägerstämme, unter welchen die verschiedenen Zweige der Apaches seit Alters her gegen die vordringenden Ansiedlungen der Spanier einen erbitterten Kampf geführt haben und gegenwärtig [...] häufig raubend und plündernd weit über ihre ehemaligen Grenzen hinaus herumschwärmen (Wappäus 173f.).

Der Vergleich der Textstellen macht deutlich, daß bei der Eruierung der direkten Vorlage, die May benutzt hat, das einzelne Wort wichtig ist. Wie bei der weiter oben zitierten Stelle über Guaymas der „Trachytkessel" auf einen Einschub aus dem Brockhaus in den Wappäus-Text hinweist, beweist im vorliegenden Fall die teils wörtliche Gleichung und mehr noch die Erwähnung von ‚Kupfer und Blei', daß der Brockhaus die Quelle Mays ist.

Weiterhin bemerkenswert bei Mays Textübernahme ist die Veränderung der ‚Apaches' in das verallgemeinernde ‚Indianer'. Eine Maßnahme, die notwendig wird, weil May sich ja entschieden hatte, die Apatschen als positive Figuren in seinem Werk zu etablieren. Die Rolle der Bösewichter übernehmen hier die Yumas, die mit den historischen Yumas nur den Namen gemeinsam haben.[12]

Auf der Grundlage dieser recht spärlichen Informationen baut May ein knappes Exposé des in Mexiko spielenden Abenteuers. Es enthält in nuce die Hinweise auf die drei handlungsbestimmenden Einheiten: Bergwerk – Minenarbeiter (Auswanderer) – Indianer. Mays Bemerkung über den ‚Goldrausch' in Arizona stammt aus *Deutsche Herzen, deutsche Helden*:

Prescott, der Hauptort von Yavahai County im nordamerikanischen Staate Arizona war zur Zeit, da die uns bekannten Personen dort handelnd auftraten, noch Sitz der Territorialbewegung. Man hatte in der Nähe reiche Gold- und Silberlager entdeckt, und durch diese Entdeckung war, wie das gewöhnlich zu geschehen pflegt, eine Menge fraglicher und fraglichsten Existenzen herbeigezogen worden. (S. 1164)

Die entsprechenden Angaben findet man im Brockhaus (XIII, 262). Vergleichbares entdeckt man unter dem Stichwort ‚Arizona':

A. ist das metallreichste Gebiet an der Pacifickküste, selbst reicher als Californien. [...] die Entwicklung jener unerschöpflichen Schätze an Gold, Silber, Kupfer, Quecksilber [...]. Im J. 1879 wurde das Eigentumsrecht von 5485 verschiedenen Minen im Archiv des Territoriums eingetragen [...]. (Brockhaus I, 903)

Den letzten Eintrag in die ‚reale' Geographie, bevor die Auswanderer über den Rio Sonora gehen und wir mit ihnen die rein fiktiven Schauplätze betreten, macht May bei dem Ritt Old Shatterhands nach Ures, wo dieser sich der Hilfe der dortigen Behörden versichern will:

| [...] wir [...] ritten und fuhren nun Ures, der Hauptstadt des gleichgenannten Distriktes entgegen. (XX 74) [...] ich wußte, daß sie am Rio Sonora liegt, einige Meilen unterhalb Arispe. Die Stadt breitet sich am linken Ufer des Flusses in einer sehr fruchtbaren Ebene aus und ist von herrlichen Gärten umgeben. (76) [...] Stadt von neuntausend Einwohnern [...] (384) | Ures, Hauptstadt des mexikan. Staates Sonora, Hauptort eines Distrikts von 18 282 E., in einer fruchtbaren, von hohen Bergen umschlossenen Ebene, links am Rio Sonora, ist von herrlichen Gärten umgeben und zählt 9700 E. (Brockhaus XVI, 64) |

Grundlage des Brockhaus-Textes ist auch hier Wappäus, der Ures als in einem „fruchtbaren, romantisch von hohen Bergen eingeschlossenen Thale, umgeben von den üppigsten Gärten" (175) beschreibt. Allerdings aktualisiert der Brockhaus die Einwohnerzahl von „etwa 5.000" auf „9700", was May großzügig abrundet.

Der nun folgende Teil der in Mexiko spielenden Abenteuerhandlung setzt sich in der ‚Wildnis' fort, und das heißt bei May häufig, sie findet in fiktiven geographischen Räumen statt. Sie werden bis auf die beiden Hauptschauplätze, die Hazienda del Arroyo und das Bergwerk Almaden alto, nur noch dürftig skizziert, unter Zuhilfenahme enzyklopädischen Materials.

Interessanterweise fällt dies inhaltlich mit der Tatsache zusammen, daß Old Shatterhand mittlerweile über einen neuen, sauberen Anzug verfügt – der vielversprechende Anfang, von dem schon die Rede war, mündet in Altbekanntem.

1.2. Von der Hazienda del Arroyo nach Almaden alto – fiktive Geographie

Allein der Name der Hazienda und die Bezeichnungen, die in ihrer Umgebung eine Rolle spielen (der Arroyo als Wasserlauf und der See, in den er mündet, sowie das Arroyothal), erweisen die Örtlichkeiten als rein fiktiv: ‚arroyo' bedeutet im Spanischen einfach einen ‚Bach'. Erst durch Hinzufügen eines Namens kommt es wie bei ‚río' (Fluß) oder ‚lago' (See) zu einer geographischen Spezifizierung.

Anregung fand May möglicherweise in einer Notiz bei Wappäus:

In den See von Tezcuco münden 4, jedoch nur kleine Flüsse, nämlich der Rio de la Papalotla, der Tezcuco, der Teotihuacan und der Tepeyacac (oder Guadalupe), als natürlichen Abfluß hat dagegen der See nur einen einzigen kleinen Bach, den Arroyo de Tequisquiac (15).

Um dem fiktiven Ort ‚Leben einzuhauchen', greift May auf das Lexikon zurück. Die Beschreibung der Hazienda (XX 111ff.) ist zum Teil eine phantasievolle Ausgestaltung der Informationen, die May im Brockhaus und vermutlich bei Wappäus vorfand. Eine kurze Gegenüberstellung mag das verdeutlichen:

Ich sah Baumwolle und Zuckerrohr in langen, breiten Pflegen stehen. Dazwischen gab es Indigo, Kaffee, Mais und Weizen, doch das alles in einem Zustande, welcher erkennen ließ, daß es an Arbeitshänden mangelte. Dann kam ein großer Garten, in welchem alle Obstbäume Europas und Amerikas vertreten waren, aber ein sehr verwildertes Aussehen hatten [...]. (XX 112)	Es gedeihen [...] Kaffee, Zucker, Baumwolle, Indigo, Mais und Weizen [...]. Alle Früchte Europas und Amerikas gedeihen vortrefflich in M[exiko]. Der Landbau ist daher die wichtigste und ergiebigste Nahrungsquelle und wurde [...] auf den Meiereien (haciendas) mit Fleiß und Eifer betrieben. Die unaufhörlichen innern Unruhen haben indes die Bodenkultur außerordentlich beeinträchtigt. (Brockhaus XI, 681)

Bedingt durch die „Unsicherheit der dortigen Verhältnisse" sind die „größeren Haziendcn und Estanzien [...] in jenen Gegenden [...] meist festungs- oder fortähnlich angelegt" (XX 112). Diese Bemerkung Mays über den baulichen Aspekt der Hazienda del Arroyo geht vielleicht auf eine Stelle bei Wappäus zurück. Dort wird berichtet, daß „gegen die Einfälle der Apaches Grenzforts angelegt wurden und sich die Einwohner auf leichter zu verteidigende Ortschaften zurückgezogen haben":

> Selbst der fruchtbarste Ackerbau-Distrikt des Landes, das Thal des R. Sonora, ist jetzt durch die Apaches so gefährdet, daß Niemand ein Städtchen unbewaffnet zu verlassen wagt, selbst die Feldarbeiter ihre Lanzen mit sich führen und insbesondere Frauen nur in bewaffneter Begleitung zu reisen wagen. (Wappäus 174f.)

Es soll allerdings nicht verschwiegen werden, daß einige Informationen über die Hazienda del Arroyo die Vermutung nahelegen, daß May außer den beiden bisher genannten Quellen eine weitere, noch unbekannte benutzt haben könnte. Darauf weisen unter anderem „dicke und dichte Zäune von Kakteen und anderen Stachelpflanzen" (XX 112) hin, die zu Verteidigungszwecken angelegt wurden, sowie die Beschreibung des Inneren der Hazienda, die recht präzise Angaben enthält.[13]

Von der Hazienda del Arroyo aus bewegt sich die Handlung ins Gebirge hinauf ihrem dramaturgischen Höhepunkt, dem Bergwerk Almaden alto, entgegen. Auf dem Weg dorthin spielen sich in nicht enden wollender Reihung die Kleindramen von Gefangennahme und Befreiung zwischen Old Shatterhand, Winnetou und den Mimbrenjos einerseits sowie Harry Melton und seinen Komplizen einschließlich der Yumas andererseits ab. Man ist versucht zu sagen, je höher die Protagonisten ins Gebirge gelangen, desto flacher wird die Geschichte. Bezeichnenderweise ist die Schilderung der Landschaften, in denen sich die Abenteurer tummeln, blaß, wenig anschaulich und beliebig. Mehrfach greift May zu Formulierungen, die nahelegen, daß der Autor kein geeignetes Material zur Verfügung hatte. Einige typische Beispiele:

> Die Beschreibung der Gegend, durch welche wir kamen, würde zu Weitläufigkeiten führen. Sie steigt nach der hohen Sierra auf und ist destomehr bewaldet, je höher man kommt. An Wasser hat man keine Not zu leiden, denn wenn es auch hier und da ein unfruchtbares Felsenplateau giebt, so ist man doch bald darüber hinweg.
> Ich war noch niemals hier gewesen. Ob Winnetou den Weg kannte, den wir heute zurückzulegen hatten, wußte ich nicht; er sagte nichts. (XX 429)

Ueber den übrigen Teil der Reise kann ich kurz hinweggehen, indem ich bemerke, daß wir nach Aufhebung der übrigen Posten in die Region gelangten, in welcher die Vegetation aufzuhören begann. (532)

„Aber wozu die Beschreibung! Ich höre, daß Ihr als Kundschafter vorausgehen werdet; Ihr nehmt mich natürlich als Führer mit, und da zeige ich Euch dann alles besser, als ich es Euch beschreiben kann." (544f.)

Von besonderer Bedeutung sind die beiden letzten Sätze im ersten Zitat. In pseudologischem Sinn[14] kann das bei May und für den aufmerksamen Leser heißen: ‚Ich habe nichts darüber vorliegen.' Beachtenswert ist auch, daß Winnetou ‚nichts sagt'. Wenn Karl May aufgrund der Tatsache, daß er – amateurhaft – Sprachstudien betrieben hat, im ‚Kürschner' als Übersetzer für verschiedene Fremdsprachen (unter anderen Türkisch und Indianerdialekte) firmiert, ja sogar den großen Arabisten Ferdinand Wüstenfeld seinen Lehrer nennt[15], so ist der Schluß naheliegend, daß er diese innere Haltung auch seinen ‚Reisen' gegenüber hatte. Und das heißt, die Gegend, über die er gelesen hatte, hatte er in seinem Selbstverständnis auch ‚durchreist' und vice versa.

Über die fiktive ‚Fuente de la Roca' (Felsenquelle) gelangt der Zug der Abenteurer nach dem Quecksilberbergwerk Almaden alto, wo die Auswanderer aus Posen als Sklaven arbeiten müssen. Der Ort, räumlich in Chihuahua angesiedelt, ist geographische Fiktion. Gleichwohl wird er, wie bei May üblich, mit Realien ausgestattet. Dieser Kunstgriff der Vermengung von Fiktion und Geographie zeigt sich schon in einer kurzen Bemerkung, die May zur Lage des Bergwerks macht: „Droben in den Yumabergen, fünf Tagereisen von hier [Ures]" (XX 397). Die Yumaberge sind fiktiv, Ures ist ein realer Ort.

Seine literarische Entstehung verdankt der Ort zum einen dem schon in *Deutsche Herzen, deutsche Helden* vorgeformten Quecksilberbergwerk im ‚Thal des Todes' und zum andern dem Lexikon.[16] Auch Wappäus erwähnt die Quecksilberminen von ‚New Almaden' und berichtet von „25 Minen von diesem Metall, die in Mexiko in Bearbeitung genommen sind" (S. 77), so daß man hier ebenfalls eine Inspirationsquelle vermuten darf. Die Plazierung von ‚Almaden alto' im mexikanischen Chihuahua entspricht durchaus den historisch-geographischen Gegebenheiten: „Natürlicher Zinnober [...] besteht aus Schwefelquecksilber, HgS. Es findet sich bei [...] Almaden in Spanien, Neu-Almaden bei San José in Californien (wohl die reichste Gegend), im Staate Chihuahua in der Sierra Madre (Mejico)."[17]

Karl May hat für die Ausgestaltung des Quecksilberbergwerks in *Deutsche Herzen, deutsche Helden* auf verschiedene Beiträge aus dem Pierer und dem Brockhaus zurückgegriffen. Bei der Übernahme des Schauplatzes in *Satan und Ischariot* benutzte er dann die Lexikon-Information und ein spanisches Wörterbuch[18] für die Namengebung, wobei ihn die Tatsache, daß es im südlichen Kalifornien schon ein nach dem spanischen Almaden genanntes Neu-Almaden[19] gab, inspiriert haben mag. Dem Brockhaus folgend notiert er:

Das war der Name des Quecksilberbergwerkes, welches man nach dem berühmten spanischen Quecksilberbergwerke Almaden so genannt hatte. Almaden alto heißt Hoch-Almaden – weil es hoch in den Bergen liegt. (XX 420)	Almaden (arab. al-mâden, Bergwerk) [...] Stadt (Villa) in der span. Provinz Ciudad-Real [...] Seinen Wohlstand verdankt A. den berühmten, in seiner unmittelbaren Nähe und zum Teil unter ihm befindlichen Quecksilbergruben (Brockhaus I, 443).

Obwohl Almaden alto keinen geographischen Ort darstellt, sondern ein topographisches Utopia, wird er enzyklopädisch ausstaffiert und erhält eine ‚reale Verkleidung':

„Wenn Ihr Retorten braucht, so vermute ich, daß in Almaden das Quecksilber in Form von Schwefelquecksilber, also als Zinnober gefunden wird?" „So ist es; es kommt jedoch stellenweise auch gediegen vor." „Der Zinnober soll in den Retorten also in Schwefel und Quecksilber zerlegt werden. Durch welche Zuschläge soll das geschehen? Eisenhammerschlag ist nicht zu haben; ich vermute folglich Kalk?" „Ja, es soll Kalk verwendet werden." „Giebt es welchen da oben?" „Massenhaft. Die Berge und Felsen bestehen meist nur aus Kalk, in welchem es zahlreiche Höhlen giebt." (XX 489f.)	Quecksilber [...] findet sich gediegen und in Form von Schwefelquecksilber als Zinnober [...]. Fast alles Q. wird aus dem Zinnober erhalten, und zwar entweder durch Rösten in Schachtöfen [...] oder durch Zerlegen des Zinnobers in Retorten durch Zuschläge, wie Eisenhammerschlag oder Kalk, und Kondensation der übergehenden Quecksilberdämpfe. (Brockhaus XIII, 428) Als Hauptglieder dieses Uebergangsgebirges kommen in Mexiko vor: [...] Kiesel- und Kalkschiefer mit weit verbreitetem Kalkstein [...]. Alle diese Formationen sind in Mexiko ausgezeichnet durch große Mannigfaltigkeit von Erzlagerstätten (vorzüglich gediegenes Silber, Rothgültigerz (Wappäus 16f.).

Ein weiterer realistischer Bestandteil des imaginären Bergwerks ist die Beschreibung der Fördermaschine, die May wiederum dem Lexikon entnimmt. Offensichtlich hat er nicht nur den Text (Brockhaus II, 806), sondern auch eine beigegebene Abbildung (Brockhaus II, Tafel Bergbau I, Abb. 26) ausgewertet (s. Abb. 1):

„Ich sehe aber hier einen Förderkasten, welcher an einer Kette hängt; da ist doch anzunehmen, daß es oben eine Welle, einen Göpel giebt, durch welchen man den Kasten in die Höhe zieht?" (XXI 36)

Als die Leiter zu Ende ging, befanden wir uns in einer viereckigen Erweiterung des Schachtes. Hier stand der Göpel über dem weiter abwärts führenden Loche. Er war durch ein Schwungrad in Bewegung zu setzen, und eine Welle von riesigem Durchmesser nahm die Kette auf. Der Förderkasten hing noch oben. (50f.)

Abb. 1

Die Künstlichkeit der Lokalität jedoch zeigt sich einmal in der Übernahme ihres ‚Charakters' aus dem Roman *Deutsche Herzen, deutsche Helden*, zum anderen in ihrer konzentrischen Konstruktion, das heißt, ihr Umfeld ist so angelegt, daß die Merkmale der Landschaft auf ihren dramaturgischen Mittelpunkt, das Bergwerk, hin angeordnet sind. Eine kurze Gegenüberstellung soll das verdeutlichen:

Als sie den Ort verlassen hatten, dehnte sich eine weite, steinigte Ebene vor ihnen aus. Es gab weder Weg noch Steg. Auch war keine Spur von irgend welcher Vegetation zu sehen. Dagegen glühte, obgleich es bereits nicht mehr früh am Nachmittage war, die Sonne auf dem trockenen, unfruchtbaren Boden, daß Einem die Augen schmerzten. (DH-DH 1422f.)	Nachdem wir vielleicht vier Stunden lang südwärts geritten waren, lenkten wir nach Osten um und erreichten bald darauf die schon mehrmals erwähnte Grenze der Vegetation. Die Einöde begann. [...]
Die Sonne war nicht mehr zu sehen, aber die Gluth, welche sie hier in der Tiefe zurückgelassen hatte, fand keinen Ausweg und benahm Einem beinahe den Athem. (DH-DH 1424)	Es war ein Ritt, wie durch eine Wüste. [...] alles war Fels, war Stein, Geröll oder Sand. Kein Strauch, kein Grashalm war zu sehen. Dieses nackte Gestein saugte die Strahlen der glühenden Sonne auf, bis es von denselben gesättigt war; die nachfolgende Hitze konnte nicht mehr eindringen und lagerte nun wie eine vier oder fünf Fuß hohe, flimmernde oder zitternde Glutsee auf die Erde. Das Atmen wurde schwer [...]. (XXI 2f.)

Der Weg in beiden Werken Mays führt aus der belebten Welt durch die Wüste, dem Sinnbild der Lebensfeindlichkeit, zu deren Zentrum, dem Ort des Todes und der Pein, jeweils symbolisiert durch die sich in einem Felsenblock befindliche Quecksilbergrube:

Der Thalkessel hatte einen Durchmesser von vielleicht zwei englischen Meilen. Er wurde von schwarzen Felswänden gebildet, welche beinahe lothrecht abfielen und von schmalen, tiefen Klüften zerrissen waren [...]. Nämlich gerade in der Mitte des öden Kessels erhob sich ein steiler Berg, dessen Felswände senkrecht in die Höhe stiegen. (DH-DH 1424)	„Hinter demselben [wüsten Land] senkt sich der Boden ziemlich schnell und bildet eine weite, fast kreisrunde Vertiefung, welche früher ein See gewesen zu sein scheint. In diesem See hat eine große Felseninsel gelegen, welche heute das eigentliche Almaden darstellt, und wie ein riesiger Felsenquader aussieht." (XX 541) Das riesige Felsenbollwerk [...]

> war oben platt und bildete einen beinahe regelmäßigen Kubus, dessen Seiten fast genau nach den vier Winden lagen. (XXI 4)

Auf den ersten Blick ergeben sich zahlreiche Parallelen. Wenn man jedoch genauer hinsieht, entdeckt man eine fundamentale Andersartigkeit bei der Anlage von ‚Almaden alto' gegenüber dem ‚Quecksilberbergwerk im Todesthal'. In *Deutsche Herzen, deutsche Helden* wird allgemein ein höllisches Szenario beschrieben. Die zwischen den Seiten 1426 und 1463 sich häufenden Ausdrücke wie ‚Teufel', ‚Satan', ‚Beelzebub', ‚Teufels Urgroßmutter', ‚Höllenkröte', ‚Fegefeuer', ‚Hölle' und ähnliches verdeutlichen dies. Unübersehbar sind jedoch andererseits in *Satan und Ischariot* die Signale, die auf Mays Urthema der ‚Pein des Gefangenen' und seiner Befreiung verweisen und den Ort nicht nur als fiktiven, sondern mehr noch als mythischen Ur-Ort Mays kennzeichnen – das Bergwerk beinhaltet hier eindeutig Mays Gefängnistrauma. Er verzichtet weitestgehend auf die ‚infernalischen' Vokabeln aus *Deutsche Herzen, deutsche Helden*, fast kühl beschreibt er das Innenleben des Bergwerks und den Vorgang der Gefangenenbefreiung.

Biographische Spiegelungen lassen sich unschwer dingfest machen: „Vor dem dritten [Gange] befand sich eine Thür mit zwei Riegeln. In derselben war eine Klappe angebracht, wie man sie an Gefängnisthüren findet." (XXI 46) Als Old Shatterhand auf der Suche nach den Gefangenen einen der vielen Gänge hinabsteigt, gerät er an eine „aus Hausteinen errichtete Mauer" (24). Wir erleben den ‚Traum des Gefangenen':

Was nun thun? Wir lauschten. Hinter der Mauer machte sich kein Leben bemerkbar. Ich wagte zu klopfen, und erhielt keine Antwort. [...] Es galt also, durch die Mauer zu kommen. Wir mußten Steine aus derselben brechen. Aber womit? Wir hatten keine andern Werkzeuge als unsere Messer. [...] aber der Mörtel war eisenhart [...]. Dennoch machten wir uns an die Arbeit; wir hatten ja nichts weiter zu thun, da wir am hellen Tage draußen nichts vornehmen konnten. [...]
Den Mörtel zwischen zwei Steinen herauszukratzen, scheint gar nicht schwer und anstrengend zu sein; wir mußten aber doch oft innehalten, um einige Minuten auszuruhen. Endlich – (25)

Vollends faßbar wird Mays Trauma aber in folgendem Zitat, das als historische Markierung erscheint und vordergründig dazu dient, dem fiktiven Ort ein realistisches Antlitz zu geben, sich in Wahrheit aber als biographische Maskerade herausstellt:

> Als ich die Stelle mit der Fackel beleuchtete, konnte ich ganz deutlich lesen: *Alonso Vargas of. en min. y comp. A. D. MDCXI.* Ich ergänzte mir die Abkürzungen zu „*Alonso Vargas, oficial en minas y compañeros, Anno Domini MDCXI*" oder zu deutsch: „Alonso Vargas, Bergsteiger, und Genossen, im Jahre des Herrn Eintausendsechshundertundelf." Es waren also bis heut mehr als zweihundertfünfzig Jahre vergangen, seit dieser spanische Bergmann den Stollen angelegt hatte. (XXI 23f.)

Wenn man die beiden Zahlen addiert, erhält man die Jahreszahl 1861, das Jahr, in dem Mays ‚großes Trauma' begann. Weihnachten 1861 wurde Karl May wegen Uhrendiebstahl verhaftet und zu sechs Wochen Haft verurteilt. Walther Ilmer nennt es „das *eine* zentrale Ereignis"[20], es ist die ursprüngliche Katastrophe, „die May nie verwunden und die sein Gesamtwerk gezeichnet hat".[21]

Entsprechend darf man auch eine weitere historische Anmerkung Mays als Verschlüsselung seiner eigenen Geschichte lesen:

> Dabei bemerkte ich auf einem der Steine die mit einem spitzen Werkzeuge flüchtig eingegrabene Inschrift *E. L.* 1821. Das *E. L.* waren jedenfalls die Anfangsbuchstaben eines Namens; die Zahl sagte, daß der Gang im Jahre 1821 durch die Mauer verschlossen worden war (XXI 24).

Möglicherweise ist es eine tatsächlich von May im Gefängnis gesehene Inschrift. Beide Jahresangaben dürften schwerlich aus einer Vorlage stammen, es handelt sich wohl eher um ureigenes Maysches Material im ‚spanischen Gewand'. Man kann Wolf-Dieter Bach nur zustimmen, wenn er schreibt: „Almaden alto ist eine weitere Ortsmetapher, mit der May Fernen Westen, Nahen Osten – und Spanien dazu verbindet."[22]

Bezeichnenderweise gelangt man nach der Befreiung der Gefangenen zur ‚See-Oase', man kehrt ins Leben zurück, und schließlich führt Old Shatterhand den Treck der Auswanderer in ihre neue Heimat Texas.[23] Nach einem längeren Aufenthalt bei ihnen begeben sich Old Shatterhand und Winnetou auf einen recht unmotivierten Ritt, der sie durch den Llano estacado nach Neu-Mexiko und Arizona führt, „um zu jagen und verschiedene Indianerstämme zu besuchen. Dann ging's durch Nevada nach Kalifornien und San Franzisko" (XXI 232) – Gelegenheit, dem Leser aus dem Lexikon vorzulesen:

Am Nachmittage besuchten wir die berühmten Woodwards Gardens, welche sich leicht mit unsern botanischen und zoologischen Gärten vergleichen lassen. Eben wollten wir da ins Aquari-	Unter den öffentlichen Gärten sind besonders der City-Garden und die Woodwards Gardens hervorzuheben. Letztere haben eine reiche Sammlung von Zierpflanzen und Blumen, eine Orangerie,

| um treten [...]. (XXI 232) | ein Treibhaus, ein Aquarium, eine Menagerie u. s. w. (Brockhaus XIV, 179) |

Den ersten Teil dieses Ritts (Llano estacado – Neu-Mexiko – Arizona) greift May im dritten Band der Erzählung wieder auf, wenn die ‚Rächerjagd' ihrem Schluß zustrebt.

2. Tunesische Rundreise

Der nordafrikanische Teil des Romans beginnt in Ägypten, wozu kein besonderes Quellenmaterial eruiert werden kann. Nach einem kurzen Intermezzo, das wohl lediglich dazu dient, exotische Fernträume zu befriedigen, landen die ‚Jäger des Millionendiebes' in Tunesien.

Die Quellen dieses Reiseabschnitts sind bereits bekannt. May bediente sich vielfach im Fundus seines älteren Materials. Die Figur des Krüger Bei betrat die literarische Bühne erstmals im *Krumir*[24], erlebte ihren zweiten Akt in *Deutsche Herzen, deutsche Helden* und hatte in *Satan und Ischariot* ihren letzten Auftritt. Schon Franz Kandolf hat auf die diesbezüglichen Vorlagen hingewiesen.[25] Zum einen handelt es sich um den Aufsatz *Ein deutscher Renegat in Nordafrika*, der 1845 im ‚Magazin für die Literatur des Auslandes' (Bd. 27) erschienen war, zum anderen um den Beitrag *Ein Spaziergang in Tunis* von P. R. Martini im Jahrgang 1881 der ‚Gartenlaube'.

Des weiteren benutzte May zwei Abschnitte aus dem Reisewerk des Grafen d'Escayrac de Lauture: *Die Afrikanische Wüste und das Land der Schwarzen am obern Nil* (Leipzig 1855). Ein kürzerer Text über die verschiedenen Benennungen der Wüste, den May vorher schon für die Erzählung *Unter Würgern*[26] herangezogen hatte, wird hier seiner Wiederverwertung zugeführt. Für die Darstellung eines zentralen Motivs des tunesischen Abenteuers, der Blutrache zwischen den verfeindeten Stämmen der Uled Ayar und Uled Ayun, verwendet er einen längeren anekdotenhaften Einschub über Abd el Mottaleb, den Großvater des Propheten Mohammed. All das ist schon an anderer Stelle kommentiert worden und muß hier nicht noch einmal ausgebreitet werden.[27]

Hauptquelle und Grundlage der tunesischen Perihegese ist die Karte *Tunis u. westl. Theil von Tripoli* der 5. Auflage des Sohr-Berghaus-Atlas.[28] Sämtliche Landmarken, die May erwähnt und ausphantasiert, sind auf dieser Karte verzeichnet (vgl. Abb. 2).[29]

Abb. 2

Die gleiche Technik, nämlich eine ganze Erzählung auf das Fundament einer Landkarte zu setzen, hatte May extrem schon im *Krumir* erprobt, wo er sich regelrecht in der Kartographie ‚austobt' und keine Gelegenheit ausläßt, den Leser mit Toponymen zu konfrontieren und vor ihm eine profunde Landeskenntnis auszubreiten. May verwendete dafür die sehr detaillierte *Karte des Kriegsschauplatzes in Tunesien, nach den Franz. Generalstabskarten bearbeitet*, die 1881 in der Topographischen Anstalt von Wurster, Randegger & Co. in Winterthur (Schweiz) erschienen war.[30] Interessant ist, daß May bei Abfassung des Tunesien-Teils von *Satan und Ischariot* nicht diese ausführliche Karte benutzte, sondern die weit weniger informative aus dem Sohr-Berghaus II, die uns, wie

Franz Kandolf schreibt, „auf einen weniger vollkommenen Stand der Kenntnis jener Gegend zurückführt. Ich erkläre mir diese merkwürdige Tatsache dadurch, daß May, als er die Kapitel schrieb, in denen er Winnetou in Tunis auftreten läßt, die für den ‚Krumir' benützte Karte verlegt hatte".[31] Denkbar ist allerdings auch, daß May den schon einmal beschriebenen Raum variieren wollte. Es ist jedenfalls belanglos, ob die Karte aktuell oder antiquiert war, denn sie erfüllt in beiden Fällen ihren exotischen Zweck, dem Leser durch das Medium May Fluchträume zu erschließen und ihm gleichzeitig die Möglichkeit zu geben, sich eine fremde Welt mittels Namengebung anzueignen.

Mays gesamte tunesische Geographie entspringt dieser Karte, allenfalls ergänzt durch einige kurze Einschübe aus dem kognitiven Pool des Brockhaus. Bemerkenswert ist, wie wenig ‚Zündmaterial' May brauchte, um daraus eine Geschichte zu entwickeln.

Etwa in der Mitte der Karte rücken die beiden prominent gedruckten Stammesbezeichnungen der ‚Uled Ayar' und der ‚Uled Aun' in den Blickpunkt. Wohl in Analogiebildung macht May aus der letzteren ein ‚Uled Ayun'. Die ins Auge fallenden Stämme werden so auch zum Mittelpunkt des tunesischen Abenteuers. In diese Ausgangslage bringt May dann das in vielen seiner Orienterzählungen beliebte Motiv der Blutrache ein, die in diesem Fall durch Entrichtung eines Blutpreises aufgelöst wird (Abd el Mottaleb-Anekdote). Der Grund, warum die Helden in die Auseinandersetzung zwischen den beiden Stämmen geraten, hat durchaus historische Aspekte. Die Helden sind Begleiter Krüger Beis, der als Heerführer des Beys von Tunis die ausstehende Kopfsteuer von den aufständischen Uled Ayar eintreiben soll: „Es haben sich nämlich die Uled Ayar gegen den Bei von Tunis empört, weil ihnen die Kopfsteuer, welche er erhebt, zu hoch ist" (XXI 296). Heinrich von Maltzan vermerkt zu diesem Sachverhalt: „Tunis hatte im letzten Jahrzehnt (1860 bis 1870) zwei wichtige Empörungen zu bekämpfen. Die eine war die große Empörung arabischer Stämme im Jahre 1864"[32], die blutig durch die Truppen des Bei niedergeschlagen wurde:

> Plötzlich, es war im Sommer des Jahres 1867, tauchte in Tunis von Neuem das Gerücht auf, einzelne Gruppen von Beduinenstämmen hätten dem Bey den Gehorsam aufgesagt und ständen in offener Rebellion. Sie hatten ihre Kaids (Gouverneure) theils erschlagen, theils fortgejagt, sie zahlten keine Steuern mehr, kurz sie waren factisch nicht mehr Unterthanen des Bey.[33]

Mays Quelle dürfte allerdings eher der Brockhaus gewesen sein, den er ja, wie bereits gesagt und gezeigt, für *Satan und Ischariot* häufiger zu Rate zog. Für den betreffenden Zusammenhang kombiniert er zwei Informationen aus dem Artikel ‚Tunis'. Einmal wird davon berichtet, daß sich „die Araber, Mauren und Kabylen des Gebirges" 1858 gegen den Bei Sidi Mohammed empörten, als dieser „die Kopfsteuer um das Doppelte erhöhte" (Brockhaus XV, 903). Die zweite Information bezieht sich auf den Aufstand gegen die französischen Kolonialtruppen, die 1881 im Zuge einer militärischen Expedition gegen die Khrumir das ganze Land erobert hatten:

Die Franzosen brannten die Dörfer nieder, vernichteten die Bäume und die Ernte und trieben das Vieh fort, um die Unterwerfung zu erzwingen, und 19. Nov. gelang es ihnen, die Aufständischen im Uled-Ayargebirge einzuschließen, worauf deren Unterwerfung Ende Dezember erfolgte. (Brockhaus XV, 904)

Dieses Ereignis lokalisiert May auf der Sohr-Berghaus-Karte, wo über dem Stammesnamen ‚Uled Ayar' der Ort ‚Magraham' eingezeichnet ist; darunter findet sich der Eintrag ‚Hügel v. Ayar'. Die Ortsbezeichnung ‚Magraham' wird von May als Namengeber für den ‚Dschebel Magraham' verwendet, wo der ‚Showdown' zwischen den Uled Ayar, den Uled Ayun und den Truppen Krüger Beis stattfindet. Die Beschreibung des ‚Dschebel Magraham' speist sich allein aus der Karte. Nordöstlich des Ortes Magraham sind zwei einzelne Bergstöcke eingezeichnet. Diese Beobachtung gibt May an den ‚freundlichen Leser' weiter. Old Shatterhand und seine Gefährten kommen aus der Gegend von Zauharim:

Da hob sich nach und nach der Boden, und rechter Hand tauchten Höhen auf. Zwei von ihnen traten besonders charakteristisch hervor, obgleich sie weit hinten lagen. Das mußten mächtige Bergstöcke sein, das heißt, was man hier in einem so ebenen Lande so nennen kann. Täuschte ich mich nicht, so waren es die beiden Berge von Magraham. (XXI 393)

In diese ‚realistische' Karteninterpretation setzt May ein virtuelles Landschaftsbild, das allein mit den Farben seiner Phantasie ausgemalt wird. Die Kulisse für den ‚Showdown' wird hergerichtet:

Nun sahen wir eine ganz eigenartige Berggestaltung vor uns. Eine kompakte Masse stieg rechts und links allmählich zu bedeutender Höhe an und war in der Mitte tief bis herunter auf die Steppe eingeschnitten. Es sah aus, als ob ein Riese, ein gigantisches Wesen sich ein Brot gebacken, es hierher gelegt und dann mit einem mehrere Kilometer langen Messer bis ganz nach unten durchschnitten und nachher die beiden Hälften ein wenig auseinander gerückt habe. Die beiden Seiten waren leicht zu ersteigen, die zwischen ihnen liegende Kluft oder der zwischen ihnen liegende Paß aber schwerlich, denn ich sah ganz deutlich, daß die Wände desselben fast lotrecht abfielen. (393f.)

Ein beachtliches Stück Mayscher Imagination und ein wunderbarer Beweis seiner phantastischen Erfindungsgabe, der Gabe, weiße Flecken auszufüllen. „Der Dichter erfindet. Er erfindet Menschen, Geschicke, Zeiten, und er erfindet Orte. Eigentlich gibt es in der Literatur *nur* erfundene, also imaginäre Geographie."[34] Eine Erkenntnis Herbert Rosendorfers, die auf Karl May besonders zutrifft.

Daß May für Tunesien auf geographisches Material verzichtete, sollen zwei typische Bemerkungen über den Reiseweg von Tunis zum Dschebel Magraham und von dort zurück nach Tunis veranschaulichen, Beispiele inspirierter Geographie und Ethnographie:

Es würde zu viel Raum einnehmen, den Marsch zu beschreiben; es genügt, zu sagen, daß wir bis zu den Ruinen von Tastur dem Medscherdah-Flusse folgten und dann über Tunkah, Tebursuk und Zauharim ritten. In der letztgenannten Gegend treiben sich die Uled Ayun herum, welche sich stets noch widerspenstiger als die Uled Ayar gezeigt haben und mit den letzteren verfeindet sind oder wenigstens damals waren. (XXI 328)

Am nächsten Tage trafen wir bei den Ruinen von Nabhannah auf Ussalahbeduinen, welche uns freundlich aufnahmen. Für einige kleine Silberstücke erhielten wir von ihnen soviel Proviant, daß wir bis Hammamet recht gut ausreichen konnten.

An diesem Tage ritten wir bis Mahalute-Kasr, wo wir übernachteten, und am nächsten über die Zehlum-Ruinen, Kasr-azeït und El Menarah nach Hammamet, welches wir am Abende erreichten. (533)

Bevor wir uns dem letzten Roman-Teil zuwenden, bleiben noch zwei spärliche enzyklopädische Einschübe nachzutragen, die May glaubt, dem Leser nicht vorenthalten zu dürfen:

Wo [Krüger Bei] zu finden war, wußte ich genau. Er hatte zwei Dienstwohnungen, eine in der Kasbah, dem Palaste des Herrschers in der Stadt, und eine in Bardo, einer vier Kilometer von der Stadt gelegenen starken Burg, welche Sitz der Regierung ist. (XXI 300) „einige Fransen von el Waïbs Grabstuch aus der Okba-Moschee in Kaïrwain" (485).	Der Palast des Bei, die Kasbah, ist stattlich im maurischen Stil erbaut. Der Sitz der Regierung ist im Bardo, einer von Türmen flankierten, starken Burg, 4 km nordwestlich von der Stadt [...]. (Brockhaus XV, 905) Die Okba-Moschee ist eine der heiligsten des Islam [...]; in ihr liegt Mohammeds Busenfreund und Gefährte, Elwaib, begraben [...]. (Brockhaus X, 11)

Da die ‚Jäger des gestohlenen Schatzes' die beiden Meltons in Tunesien nicht dingfest machen können, besteigen sie einen Dampfer, um die Verbrecher weiterzuverfolgen. Über Marseille gelangt man nach Southampton, wo Winnetou zunächst „ein schweres Gallen- und Leberleiden" (XXII 1) auskurieren muß.

Reisetechnisch gesehen hatte May Southampton als Sprungbrett nach Amerika zutreffend und bewußt ausgewählt:

Unter anderen Dampfschiffahrtsgesellschaften haben hier ihren Sitz die großartige Peninsular- and Oriental-Steam-Navigation-Company und die Royal-Mail-Steam-Packet-Company [...]. Außerdem besteht von S. aus direkte Dampfschiffahrtsverbindung mit Neuyork (Brockhaus XIV, 947).

Demselben Lexikonartikel verdanken wir den räumlichen Hintergrund für den mehrwöchigen Aufenthalt der Helden in Englands Süden, bevor die Reise über den Ozean weitergeht:

| Emery [...] mietete in der Umgegend der Seestadt, die der „Garten Englands" genannt wird, eine der vielen hier befindlichen Villen (XXII 1f.). | Die Umgebung der Stadt, wegen ihrer landschaftlichen Schönheit und Vegetationsfrische berühmt und der ‚Garten Englands' genannt, hat zahlreiche Villen. (Brockhaus XIV, 947) |

Anders als im wirklichen Leben endet die Ozeanüberquerung aber nicht in New York, sondern in New Orleans.

3. Amerika – einmal Wildnis und zurück

Von New Orleans aus folgt man Judith Silberstein, von der man Aufschluß über das Versteck der Meltons erhofft, zunächst recht zivilisiert per Eisenbahn in den ‚Fernen Westen'. Einen vergleichbaren Vorgang hatte May schon einmal in der Erzählung *Im ‚wilden Westen' Nordamerika's* beschrieben, wo der Protagonist ebenfalls per Bahn zum Abenteuerschauplatz in der Wildnis anreist.[35] Auch hier wieder, wie in Mexiko, bildet ein Fluß die magische Grenze des Übergangs von der Zivilisation in die erfundene Wildnis, von der realen zur fiktiven Geographie. Sinnigerweise geschieht dieser Übergang über die ‚Dryfurt' der South Fork of Red River:

Hier war die Dryfurt, von welcher wir gehört hatten. Die Furt hat den Namen erhalten, weil hier der Fluß so breit und seicht ist, daß ein Reiter, falls nicht Ueberschwemmung ist, hinüberkommen kann, ohne einen einzigen Tropfen Wasser an seinen Körper zu bekommen. (XXII 72)

Allein schon durch die sprachliche, englisch-deutsche Mischform zeigt sich die ‚Dryfurt' als fiktiver Ort.[36]

Reminiszenzen ergeben sich hier an Balduin Möllhausen: „Der Dry River entspringt an den Llano Estacado, in der Nähe der Quellen des Sweet Water Creek, oder vielmehr der Northfork des Red River von Texas [...]. Nur eine Meile von seiner Mündung in den Canadian zog unsere Expedition durch das sandige Bett des Dry River"[37], und an Josias Gregg: „Einer von diesen [Flüssen] war wegen seiner Eigenheit und Größe so merkwürdig, daß wir ihn den trockenen Fluß, Dry River, nannten. Das Bett war wenigstens 200 Fuß breit, doch ohne eine Spur von Wasser".[38] Daß genannte Autoren May damit eine Vorlage boten, ist zwar denkbar, aber eher unwahrscheinlich; mutmaßlich entspringt die Quelle der ‚Dryfurt' Mays eigener Imagination.

Kartographische Grundlage für den US-amerikanischen Reiseabschnitt ist auch hier wie für Mexiko der Sohr-Berghaus I, vornehmlich das Blatt *Vereinigte Staaten von Nord-Amerika. Südwestlicher Theil*[39] (vgl. Abb. 3). Für den Eisenbahn-Abschnitt muß May zusätzlich noch eine andere Karte bzw. Quelle zu Rate gezogen haben, weil der Sohr-Berghaus I für den Süden und Südwesten keine Eisenbahnstrecken verzeichnet. Darauf verweist auch die kurze Beschreibung der Station Gainesville (XXII 60). Die betreffende Vorlage konnte jedoch bisher noch nicht ermittelt werden.

Daß May auf den seinerzeit schon leicht antiquierten Sohr-Berghaus I zurückgriff, hat berechtigte Gründe, bot dieser doch reichlich weiße Flecken, gewissermaßen Freiräume, die May dann durch Szenen und Handlung beleben und durch erfundene Namen faßbar machen konnte. Wahrscheinlich liegt in dieser Tatsache auch der Grund für die Verwendung der Tunesien-Karte des Sohr-Berghaus II anstelle der reichhaltigeren ‚Krumir-Karte'.

Nachdem man die ‚Dryfurt' überquert hat, gelangt man in den nördlichen Teil des Llano estacado. Es darf bezweifelt werden, daß May für diesen Abschnitt eine konkrete Vorlage zur Hand hatte.[40] Vielmehr erinnert die Beschreibung dieser Wüstenei an vorher absolvierte Sahara-Abenteuer. Die Zeichnung der Landschaft bleibt stereotyp und beinhaltet hauptsächlich Versatzstücke. Man darf vermuten, daß es sich hierbei, zumindest teilweise, um eine Wiederverwendung der betreffenden Passagen aus *Unter Würgern* handelt, benutzt May doch bei den Schlüsselwörtern verräterischerweise ‚afrikanisches' Vokabular: „über den nördlichen Teil des Llano estacado, welcher dort eine saharaähnliche Hochebene bildet" (XXII 71), und „wie wenn in der Wüste ein Samum zu erwarten ist" (76). Auch die in Mays Wüstenbildern unvermeidliche

Abb. 3

Fata Morgana wird in den ‚freien' Raum gemalt, und zwar verwendet May hier einen besonderen Effekt, nämlich den des ‚verkehrten Spiegelbilds', den er schon in *Unter Würgern* detailliert beschrieben hatte und dessen Quelle d'Escayrac de Lauture ist.[41] Ein weiteres Indiz ist die Figur des Emery Bothwell, die in der genannten Nordafrika-Erzählung schon zum Personal gehört hatte.

Auffällig ist, daß der räumliche Hintergrund des Llano-Abenteuers (XXII 70-81) genau so strukturiert ist wie der letzte Abschnitt des Artikels ‚Wüste' im Brockhaus (XVI, 795): Merkmale der Landschaft – Samum – Fata Morgana.

Einige meteorologische Einzelheiten wie die Färbung des Himmels, die Geräusche und die plötzlich einsetzende Kälte im Zusammenhang mit dem Sandsturm entstammen einer noch unbekannten Vorlage.

Am Rande des Llano, jenseits des Canadian-River, wo der Sohr-Berghaus I ‚Camanche Ind.' verzeichnet, gelangt man, der inneren Logik der beschriebenen Gegend gemäß, an eine Stelle, „welche von den Komantschen Keapa-yuay, das Thal des Todes, genannt wird" (XXII 89), ein Name, den May häufig verwendet und mit ähnlichen Attributen versieht. So erinnert die Beschreibung an das ‚Todesthal' in *Deutsche Herzen, deutsche Helden* (DH-DH 1419, 1422ff.). Das ‚Keapa-yuay' ist insofern erwähnenswert, als es der erste in einer Reihe fiktiver Orte ist, die May mit indianischen Namen belegt, die er sämtlich mit Hilfe des Gatschet[42] zusammensetzt. In diesem Fall verbindet er zwei Worte unterschiedlicher Sprachen zu einem neuen Toponym: ‚keapa' (tot) aus der Sprache der Jemes (Gatschet 110) und ‚yuavh' (Tal) aus dem nicht verwandten Utah (Gatschet 105), wobei er mit der Verwandlung von ‚yuavh' in ‚yuay' noch ein übriges tut.

Über die „Canadianstraße der Wagenzüge [...], welche nach San Pedro und Albuquerque führt" (XXII 68), erreichen die Abenteurer zunächst wieder bewohntes Gebiet. Die von May bezeichnete Route ist nicht als ‚Straße' nach unserem Verständnis aufzufassen, sondern als das, was man im Amerikanischen als einen ‚Trail' bezeichnet, unbefestigte Wege und Überlandverbindungen, die Pioniere, Kaufleute, Missionare und Siedler seit dem frühen 19. Jahrhundert benutzten, um in den Westen zu gelangen – wie May es auch richtig andeutet (103). Zwei der bekanntesten Trails waren der Oregon Trail und der Santa Fe Trail. Die Hauptrouten teilten sich in zahlreiche Nebenstrecken. May nennt vier dieser ‚Straßen', wobei es sich um erfundene Namen handelt, die er den im Sohr-Berghaus I eingezeichneten Verbindungslinien beilegt. Außer der ‚Canadianstraße' werden noch genannt: die ‚San Pedro-Straße'

(70), die ‚Cerbatstraße' (381), die ‚Arkansasstraße' (83) und die ‚Red Riverstraße' (611). Die beiden letzteren orientieren sich einfach am Flußlauf, die drei erstgenannten sind Teile eines Trails, den May nach einem Fluß (Canadian River), nach einem Ort (San Pedro, New Mexico) und einem Gebirge (Cerbat Mountains, Arizona) benennt, alles Namen, die sich auf der Karte des Sohr-Berghaus I finden. Es handelt sich dabei um Teilstrecken des historischen Santa Fe Trails und des California Trails. Sie entsprechen in etwa dem Verlauf des heutigen ‚Highway 40'.

Bevor Old Shatterhand und seine Gefährten die Wildnis von Arizona erreichen, um dort die Meltons der Gerechtigkeit zuzuführen, legen sie in Albuquerque eine Zwischenstation ein, und für May bietet sich die willkommene Gelegenheit, aus einer Quelle zu schöpfen, die für Szenarios in späteren Reiseerzählungen noch von Bedeutung sein sollte. Es handelt sich um das Reisewerk von Paul Lindau: *Aus der Neuen Welt. Briefe aus dem Osten und Westen der Vereinigten Staaten.* Berlin 1885.[43]

Die Beschreibung der Stadt Albuquerque stammt größtenteils aus diesem Werk, am Ende vermehrt um eine Angabe aus dem Brockhaus:

| Die Stadt Albuquerque hat ihren Namen nach dem Herzoge gleichen Namens, welcher Vicekönig von Mexiko war, erhalten. Albuquerque bedeutet Weiß-Eiche (*alba quercus*). Sie zerfällt in zwei verschiedene Teile, die einander vollständig unähnlich sind, nämlich in die alte spanische und in die junge amerikanische Stadt. Ein breiter, unbebauter Raum trennt die beiden Stadtteile voneinander. Der alte spanische Typus hat sich hier in jeder Beziehung rein erhalten, und nirgends stellt sich diesem das Neuamerikanische ablehnender gegenüber als hier. Das neue Albuquerque hatte genau das Aussehen anderer amerikanischer Pilzstädte: sehr schlechte, ungepflasterte Gassen und Straßen mit Holzsteigen an den Seiten für die Fußgänger. Die | Die Stadt Albuquerque, die ihren Namen nach dem Herzog von Albuquerque, Vizekönig von Mexiko, erhalten hat (Herzog von Weißeiche, alba quercus), zerfällt in zwei ganz verschiedene Teile, die gar keinen Zusammenhang und keine Verwandtschaft miteinander haben: in die alte spanische und in die junge amerikanische Stadt. In dieser letzteren mündet die Atchison-Topeka-Santa-Fé-Bahn. Das amerikanische Albuquerque sieht geradeso aus wie alle anderen amerikanischen Pilzstädte: schlechte, ungepflasterte Straßen, an den Seiten etwas erhöhte Steige aus Bohlen für die Fußgänger, schnellfertige Bretterbauten mit zahlreichen und verhältnismäßig großen Läden, Trinkstuben und Saloons aller Arten [...]. |

Häuser waren meist Bretterbauten mit Läden aller Art und Trinklokalen jeden Genres. (XXII 138f.)	Nirgendwo tritt die Scheidung zwischen dem alten und dem neuen Amerika schärfer hervor, nirgendwo hat sich das Alte unvermischter erhalten und sich das Neue dem Alten ablehnender gegenübergestellt als hier. Ein vorläufig noch ziemlich breiter, unbebauter Raum [...] trennt das alte Albuquerque von dem jungen. (Lindau 356f.) Der spanische Typus hat sich vollständig rein erhalten. (357)
Die Stadt liegt am linken Ufer des Rio Grande del Norte; am rechten Ufer breitet sich das große Dorf Atrisco aus. (XXII 139)	A. [...] am linken Ufer des Rio-Grande-del-Norte [...] der Stadt gegenüber, auf der rechten Seite des Flusses, das bedeutende Dorf Atrisco. (Brockhaus I, 355)

Außer einer gelegentlichen Textumstellung und -verdichtung übernimmt May die Darstellung Lindaus nahezu unverändert. Interessant ist, daß May eine Formulierung, die Lindau mit Bezug auf die Bevölkerung macht (‚der spanische Typus‘), auf die Architektur der Stadt überträgt. Darüber hinaus verwertet May noch zwei weitere Informationen Lindaus bezüglich der Charakteristik der Stadt und des Klimas:

„Albuquerque ist ein trauriges Nest" (XXII 139).	Es war zufällig eine Ausstellung da, die etwas Leben in die tote Stadt brachte (359).
Der Abendhimmel war von jener Bläue, welche Neu-Mexiko, wo es oft während eines ganzen Jahres nicht regnet, eigen ist. (144)	Zu diesen Baulichkeiten und zu diesen Menschen gehört in dieser ziemlich freudeleeren Gegend wohl eigentlich der blaue Himmel [...]. Seit achtzehn Monaten hatte es hier nicht geregnet (358).

Bemerkenswert an Mays Textübernahme ist nicht so sehr die Art, wie er es hier und im folgenden Teil über die Pueblos gemacht hat, sondern die Tatsache, daß er den Lindau überhaupt als Quelle benutzt hat. Paul Lindau hatte sich nach seiner Rückkehr aus Amerika in Strehlen bei Dresden niedergelassen, wo er bis 1894 lebte. Er befand sich sozusagen in nächster Nachbarschaft zu May, und – was noch mehr wiegt – er war seinerzeit als Erfolgsautor eine Berühmtheit: „Der Name Paul Lindau war ein Begriff. Es war klar, daß mit dem Buch kein Wissensspeicher über die USA auf den Markt kam, sondern eine Reisebeschreibung mit literarischem Wert."[44] Theodor Fontane bringt es in seiner Rezension von Lindaus Reisebuch auf den Punkt: „Das Buch ist kein Baedeker, sondern ein Lindau, womit eigentlich alles gesagt ist."[45] Was May bewogen haben könnte, sich des Lindaus zu bedienen, bleibt letztlich spekulativ. Immerhin vorstellbar ist, daß er sonst über kein geeignetes Material verfügte; auch Lexika der Zeit, wie der Brockhaus, machen nur recht spärliche Angaben.

Wie oben schon angedeutet, hat May den Lindau ein weiteres Mal benutzt, und zwar für die Darstellung des ‚Pueblo Acoma' und, davon abgeleitet, für das ‚Pueblo der Jüdin' (Pueblo der Yumas). May verdankt also Lindau eine Abenteuerkulisse, die erstmals in *Satan und Ischariot* aufgebaut wird und später noch in den Erzählungen *Der Ölprinz*[46] und *Winnetou I*[47] als Bühne dient.

Von Albuquerque aus machte Lindau einen Ausflug nach dem 30 km südlich davon gelegenen Pueblo Isleta. Dessen Beschreibung nutzt May für das Pueblo Acoma, etwa 100 km westlich von Albuquerque, weil es auf der Reiseroute seiner Protagonisten in die unbenannte Wildnis liegt. May verwendet hier also den nicht selten von ihm geübten ‚Kniff der Übertragung'.[48]

Am Abend des zweiten Tages erreichten wir Acoma, ein altes Indianerpueblo (XXII 168).	Um die Mittagsstunde machten wir einen Ausflug nach Isleta, einem der alten und bedeutendsten Indianerpueblos (Lindau 359).
Unter Pueblos versteht man die festen, burgartigen Städte der alten seßhaften Bevölkerung des Landes; man zählt ihrer in Neu-Mexiko nur noch etwa zwanzig; die bedeutendsten sind Taos, Laguna, Isleta und Acoma. Man darf sich unter den alten Städten oder Dörfern nicht Ortschaften mit einzelstehenden Häusern oder Häuserreihen und Gassen denken. Sie wurden, um Schutz gegen feindliche Ueberfälle zu bieten, als Burgen errichtet; sie sind auch Burgen, aber in architektonischer Beziehung nicht in unserm Sinn des Wortes. Sie sind schwerfällige Lehm- oder Felsenbauten, je	In früheren Zeiten waren die Pueblos, die festen burgartigen Städte der seßhaften Indianer, über das ganze Gebiet des jetzigen Neumexiko und eines großen Teils von Arizona verbreitet. Jetzt sind sie bis auf einige wenige in Arizona, bis auf die paar Dörfer der Moquis, in Neumexiko auf etwa zwanzig zusammengeschmolzen. Die bedeutendsten sind Acoma, Laguna, Isleta und Taos. Einige dieser Wohnstätten sind in die Felsenwände hineingeklemmt und fast unnahbar; aber auch die zugänglicheren lassen erkennen, daß sie wie kleine Festungen als Schutz gegen An-

nachdem dieses oder jenes Material vorhanden war, ohne Stil und äußere Gliederung, wenn man nicht das Gliederung nennt, daß jedes höhere Stockwerk über dem untern zurücktritt.

Man denke sich zwei weit auseinanderstehende Felsenwände, zwischen denen einst größere oder kleinere Blöcke lagen. Die Blöcke wurden nebeneinander gewälzt und mit Lehm verbunden, bis eine Mauer entstand, welche von der einen Felsenwand bis an die andere reichte und die Höhe eines Stockwerkes hatte. In der Mauer gab es weder Thür- noch Fensteröffnung. Der Raum zwischen ihr und den Felswänden wurde durch weitere Lang- und Querwände aus Lehm in eine beliebige Anzahl von Vierecken zerlegt, und dann das Ganze mit einer dicken Lehmschicht zugedeckt. In der Lehmdecke befanden sich Löcher, welche als Eingang in die Vierecke und Wohnungen dienten. Ueber dem Erdgeschoß wurde aus demselben Materiale und in derselben Weise ein erstes, zweites drittes u. s. w. Stockwerk errichtet, doch so, daß jedes höhere Stockwerk einige oder mehrere Meter zurückweicht, und also in der Decke des tieferliegenden einen freien, balkonartigen Raum vor sich liegen hat. Oft haben auch diese terrassenförmig übereinander liegenden Geschosse weder Thür noch Fenster, sondern nur Löcher in der Decke. Man muß also, um in eine Wohnung zu gelangen, in das höhere Stockwerk hinauf- und dann durch das betreffende Loch wie in einen Keller hintersteigen. Das Erdgeschoß ist griffe fest angelegt sind. Das untere Geschoß hat gewöhnlich keine Tür und kein Fenster. Der Eingang ist von dem platten Dach aus, auf das man zunächst auf einer Leiter klettern muß, um sich von da in das Erdgeschoß wieder herabzulassen. Wird die bewegliche Treppe weggezogen, so bietet es jedenfalls erhebliche Schwierigkeiten dar, in den Wohnraum einzudringen. Die Pueblos mit mehrstöckigen Bauten gewähren einen höchst interessanten Anblick. Jedes höhere Stockwerk weicht erheblich in der Front zurück, so daß vor jedem ein breiter balkonartiger Raum frei bleibt. Mitunter sind die Lehmmauern, die von einem Stockwerk zum andern führen, treppenartig abgestuft, so daß man von außen auf einer Art schmaler Freitreppe vom ersten Stockwerk in das zweite gelangen kann. Bei andern ist die Kommunikation wiederum nur durch die vorgestellten Leitern zu bewerkstelligen. Die Gebäude selbst sind aus demselben primitiven Material gefertigt, das die Spanier in ihren Adobe-Bauten den Indianern entlehnt haben, aus angefeuchteter Erde, die die Sonne zu einer festen, sehr widerstandskräftigen Masse zusammengebacken hat. Bei einigen sind auch unbehauene oder höchstens ganz grob zurechtgehauene Steine zur Anwendung gekommen. Von irgendwelchem Ausschmuck ist nirgends die Rede. Die geschwungenen Linien sind vollständig unbekannt, alles geradlinig, rechtwinklig.

In den echtesten Pueblos, die von der Kultur noch gar nicht beleckt sind, hat man sich nicht stets nur durch eine Leiter zu erklettern, welche außen an die öffnungslose Mauer gelehnt ist. Wird sie auf das platte Dach gezogen, so ist der Zutritt für einen Feind zwar nicht unmöglich gemacht, aber doch außerordentlich erschwert und mit Gefahren verbunden. Zuweilen sind die Lehmmauern, welche dann von einem Stockwerk zum andern führen, treppenartig abgestuft, sodaß man hinaufsteigen kann; meist aber werden auch die höheren Geschosse nur durch angelehnte Leitern verbunden, welche jeden Augenblick hinaufgezogen werden können. [...]

Diese Beschreibung gilt einem Pueblo der regelmäßigsten Bauart; solche sind aber sehr selten. Die andern sind ein unregelmäßig zusammengeschachtelter Komplex von verschiedenartigen Lehmzellen, welcher meist in einer trostlosen Umgebung liegt und den Eindruck eines häßlichen Trümmerhaufens macht. Und in diesen künstlichen hohlen Lehm-würfeln wohnten einst Hunderte und Tausende von Menschen zusammen, deren Verkehr nur dadurch ermöglicht wurde, daß man aus einer Zelle über die platten Dächer der unteren Herbergen durch ein Loch in die andere stieg! Jetzt kann man freilich nicht mehr von „tausend" sprechen. (168-171)

die Mühe gegeben, die seit Tausenden von Jahren dort herumliegenden, abgesplitterten Felsblöcke zu beseitigen. Diese liegen oft hart an den Lehmbauten und sind zum Teil als zugehöriger Teil der Baulichkeit mit benutzt worden. Diese kleineren Pueblos haben auch gar keine Straßen, sie sind vielmehr ein riesiges Familienhaus – ein zusammenhängender, aneinandergeschachtelter Komplex von Baulichkeiten, der, wenn man von der Regelmäßigkeit und Symmetrie absieht, mit dem Bienenkorbe und dessen Zellen eine gewisse Ähnlichkeit hat. Der Verkehr von einer Einzelherberge zur anderen ist nur auf dem Wege über die platten Dächer der benachbarten Behausungen zu bewerkstelligen.

Diese häßlichen würfelartigen Komplexe von Wohnstätten aus schmutziggelbem Lehm und rohen Steinen inmitten einer Umgebung von abgerissenen Felsblöcken und allerhand Geröll machen den Eindruck eines befestigten Platzes, der durch irgendein elementares Ereignis, durch eine große Feuersbrunst oder durch ein Erdbeben zerstört worden ist. Für unser Auge sind es nur Trümmerhaufen und Ruinen. Einige auf den hohen kahlen Sandstein aufgekleckste wirken von weitem ungemein malerisch, wie die letzten Zeugen einer zerstörten großartigen Riesenburg. (Lindau 360ff.)

Unschwer ist zu erkennen, daß May Lindaus Text teils wörtlich übernimmt, teils umstellt, in manchen Teilen paraphrasiert und variiert. Einige Eigenheiten des Mayschen Textes lassen sich so aber nicht erklären. So liest sich der erste Teil des zweiten Abschnitts („Man denke sich") eher wie die Beschreibung einer Bildvorlage;

einige andere Angaben, wie z. B. über die Bevölkerungszahl, deuten auf eine weitere Textvorlage. Wir können mit großer Wahrscheinlichkeit davon ausgehen, daß May zusätzlich zu Lindau mindestens noch eine andere Quelle benutzt hat. Denkbar wäre Gregg, dessen Informationen May zum Teil in *Der Oelprinz* einschiebt[49], aber im vorliegenden Fall ist dies wenig wahrscheinlich, weil sich wörtliche Übernahmen nicht nachweisen lassen. Ähnlich verhält es sich im folgenden Abschnitt über Charakter, Arbeit und materielle Kultur der Pueblo-Indianer:

Die Bewohner der Pueblos dürfen keineswegs mit den thatkräftigen freien Indianern verglichen werden. Sie sind gutmütige, genügsame, ganz unwissende Menschen, wahrscheinlich verkümmerte Abkömmlinge der alten Azteken. Meist Katholiken, sind sie doch eigentlich keine Christen. Sie beten noch immer heimlich zu ihrem Manitou und hängen an alten, heidnischen Gebräuchen, welche dem Christentume widerstreben. Daran trägt die alte, iberische Indolenz die Schuld (XXII 171).	Die Pueblo-Indianer sind harmlose, genügsame, gutmütige Leute. Sie treiben etwas Ackerbau, ohne sich irgendwie der Hülfsmittel neuerer Erfindungen zu bedienen (Lindau 362). [...] Aztekenabkömmlinge [...] (360) Die Vereinigung von Christentum und Rothaut berührt uns immer etwas seltsam. Wenn wir diese merkwürdigen Menschen vor uns sehen, die auch in ihrer Halbkultur noch die Spuren ihres wilden Urzustandes zeigen, so erscheint es uns immer logischer, daß sie auf den Großen Geist, Manitou, bauen als auf die christliche Dreieinigkeit. (366)

Was Lindaus Text nicht hergibt, sind Mays Ausführungen über die „iberische Indolenz". Das weist eindeutig auf eine weitere Vorlage hin, wobei es sich bei seinem Einschub „unwissende Menschen" um eine Paraphrase handeln könnte. Zu erwähnen ist in diesem Zusammenhang eine Analogstelle bei Gregg: „Die Pueblos sind [...] noch in der rohesten Unwissenheit, da sie weder Bücher noch Schulen haben" (Gregg II, 177). Doch ist das zu wenig, um Gregg für die vorliegende Textstelle als Quelle nachzuweisen.

Die meisten Ausführungen über Landwirtschaft und Handwerk der Pueblo-Indianer stammen aus Lindau, ein kleiner Teil erkennbar jedoch aus einem unbekannten Text:

Diese Indianer treiben ein wenig Ackerbau, ein wenig Viehzucht und ein wenig Hausindustrie,	Die Pueblo-Indianer [...] treiben etwas Ackerbau, ohne sich irgendwie der Hülfsmittel neuerer

doch das alles auf der niedrigsten Stufe. Die kleinen Aecker liegen gewöhnlich in der Nähe des Pueblo, und werden mit geradezu kindisch einfachen Werkzeugen bestellt. Das Neue und Praktische wird beharrlich zurückgewiesen; es stimmt nicht mit ihren Ueberlieferungen zusammen. Lieber ernten sie Hunger vom steinigten Lande, als daß sie es düngen und anders, als mit einem einfachen Stocke oder hölzernen Haken bearbeiten. Ebenso steht es mit der Viehzucht. Man sieht einige magere Hühner, einige Schweine und viele Hunde. Sonderbarerweise laufen die bissigen Köter frei umher, während die Schweine – sollte man es denken! – – an Ketten liegen.

Ihre Kunstfertigkeit besteht in der Anfertigung von Körben, Beuteln und verschiedenen Geflechten. Sie brennen Krüge und Urnen, welche keinen Kunstwert besitzen. Aus Thon stellen sie allerlei Figuren her, welche geradezu lächerlich sind. Der Sinn für schöne Formen ist ihnen vollständig versagt. Die Figuren werden bei uns von vierjährigen Kindern viel besser auf der Schiefertafeln gezeichnet; sie dienen meist als Spielwerkzeuge; oft haben sie auch eine geheim religiöse, heidnische Bedeutung.

In diesem Falle werden sie in der „Estufa" aufgestellt. Dies ist ein kleiner Raum, welcher von niedrigen, nur drei Fuß hohen Mauern eingefaßt wird, zwischen denen

Erfindungen zu bedienen, heute noch gerade so, wie vor Tausenden und aber Tausenden von Jahren der Ackerbau von den Urvölkern betrieben worden ist. Alle ihre Geräte sind im Zustande der kindischen Einfachheit, und mit dem Neueren und Praktischeren unserer Kultur wissen sie nichts anzufangen. (Lindau 362)

Auf uns wirkte es eigentümlich, daß die großen Hunde frei herumliefen, und die Schweine an Ketten gelegt waren. (365)

Ebenso sind ihre sonstigen Kunstfertigkeiten auf der niedrigsten Stufe. Das Beste, was sie machen, sind die Webereien [...]. Sie verfertigen auch einfache Geflechte, Körbe, Beutel, Sandalen und dergleichen und verstehen sich auch ein wenig auf die Töpferkunst. Ihre großen Krüge und Urnen haben aber nichts irgendwie Bedeutendes. Der Sinn für schöne Formen ist den Indianern völlig versagt. Das zeigt sich auch in ihren lächerlichen Bildnereiversuchen. Aus gebranntem Ton stellen sie allerhand närrische Figuren her [...]. Es sind Figuren, wie sie unsere Kinder im Alter von vier bis fünf Jahren auf die Schiefertafel zeichnen. (362f.)

In der Nähe der Pueblos und in diesen selbst sieht man von Zeit zu Zeit einen kleinen durch eine ganz niedrige, etwa zwei bis drei Fuß hohe Lehmmauer eingefrie-

stets zwei hohe Stangen stehen. Vielleicht sollen diese ein Fingerzeig gen Himmel sein. Es wird sehr darauf gesehen, daß diese Estufa von keinem Unberufenen berührt oder gar betreten wird. (XXII 171f.)	digten Raum, in dem zwei sehr hohe mastbaumartige Stämme nebeneinander eingepflanzt sind. Dieser Raum wird ‚Estufa' genannt und ist für die Indianer, die nicht zum Christentum bekehrt worden sind, geheiligt – eine Art Tempel, in dem sie ihren Gottesdienst verrichten. Die einfachen, aus der Erde zum Himmel hoch aufragenden Stämme sind ein meinetwegen kindisches, aber gar nicht unpoetisches Sinnbild des rührenden Vertrauens dieser unglücklichen Menschenkinder auf ihren Vater da droben. (362)

Auch für diese Textadaption gilt das bereits oben Gesagte, auch hier kompiliert und komprimiert May seine Textauswahl. In der sich anschließenden Passage geht er aber noch einen Schritt weiter, indem er Lindaus Text über-, ja *verzeichnet*. Er versetzt nämlich die beschriebenen ‚närrischen Figuren' in die Estufa, was Lindaus Text nicht hergibt. Auf diese Weise verbindet May zwei Aspekte der von Lindau mit satirischem Unterton vorgetragenen ‚Kulturkritik' zu einem Komplex, ohne sich anscheinend über die kulturelle Arroganz Rechenschaft abzulegen. Diese zeigt sich darin, daß der Schreiber die Normen und Wertigkeiten der eigenen Kultur oberflächlich auf die Ausformungen einer anderen überträgt, um sie lächerlich zu machen. Die aus Lindaus Textbausteinen komponierte Szene macht aber Mays Absicht deutlich. Nachdem die Gefährten Acoma erreicht haben, unternehmen Old Shatterhand und Emery Bothwell einen Rundgang durch das Pueblo und kommen so auch zu der Estufa:

Gerade vor uns sahen wir die Estufa. [...] Es standen da ein Dutzend der oben erwähnten Figuren, welche allerdings höchst lächerlich waren, breitbeinige Kerls mit wurstartigen Armen, die sie in unmöglichen Haltungen vorstreckten. Köpfe und Stirn ohne Nase, mit zwei Löchern von oben als Augen, und einem großen Loche unten als Mund. Es	Figuren [...] fast alle in lächerlich übertriebenen, törichten Stellungen: breitbeinig stehende Kerle, die den einen wurstartigen Arm an die Stirn drücken oder eine Hand pathetisch vorstrecken oder aufs Herz legen oder beide Arme gen Himmel heben; oder sitzende kleine Figuren oder ungeheuerliche Bildungen mit zwei oder drei Köpfen und dergleichen [...]. Den

gab sitzende Gestalten mit ungeheuerlichen Bäuchen und drei Köpfen, einen oben, einen auf dem Rücken und einen auf der Brust; die Ohren waren länger als die Arme. (XXII 173)	Kopf bildet eine vorn abgeplattete Kugel, die Stirn fehlt gewöhnlich ganz, hoch oben sind zwei Vertiefungen angebracht, die die Augen darstellen sollen; dann kommt ein Vorsprung, die Nase, und dann ein großes tiefes Loch, der Mund. (Lindau 363)

May malt das Groteske der Figuren noch aus, jedoch nicht um Lindaus Betrachtung noch zu überbieten, sondern mit Bedacht in pädagogischer Absicht. Mays Haltung ist nämlich eine andere. Die Gegensätzlichkeit beider wird deutlich in der Gestaltung der Szene, die sich bei der Estufa abspielt: „Emery griff zu, um eine dieser Figuren wegzunehmen und zu betrachten, ich zog ihn abermals zurück und erklärte ihm die Bedeutung dieser thönernen Gestalten. Er lachte und ging weiter." (XXII 173) Emery Bothwells Verhalten entspricht der Haltung Lindaus, der sich über das Andersartige lustig macht: „Es ist alles so dumm, so täppisch und läppisch wie nur möglich." (Lindau 363) Old Shatterhand–May versucht diese Oberflächlichkeit und Arroganz zu korrigieren, indem er Emery ‚die Bedeutung erklärt'.[50] Vorher hatte dieser versucht, „sich einen Rettich anzueignen, den er natürlich gut bezahlt hätte; da sprang einer der hübschen Knaben herbei und faßte ihn von hinten, um ihn wegzuziehen. Emery schüttelte ihn kräftig von sich ab und griff wieder zu; da nahm ich den Freund beim Arme und zog ihn mit mir fort." (XXII 173) Eine Szene, die deutlich Mays Respekt vor dem Anderen ausdrückt, was Lindaus Darstellung mangelt. May geht es hier also nicht so sehr um die ethnographische Genauigkeit, sondern vielmehr um ein ethisches Ziel, was seine Textvariation über den bloß amüsant-witzelnden exotischen Lesestoff hinaushebt, den Lindau bietet.

May übernimmt von Lindau noch zwei weitere Informationen, nämlich den „Governor, unter welchem man sich [...] eine Art Dorfschulzen vorzustellen hat" (XXII 172; Lindau 364), und eine ethnische Besonderheit. Bei dem „hübschen Knaben", dessen Rettich er vor Emery gerettet hatte, fällt Old Shatterhand etwas auf:

Das war keine Knaben-, sondern eine Mädchenstimme, und nun fiel mir ein, daß in einigen Pueblos sich die Mädchen wie Knaben kleiden. Sie tragen Hosen und scheiteln sich die kurzge-	Einige der Pueblo-Indianerinnen sind von seltener Schönheit [...]. Da sie das kurzgeschnittene Haar an der Seite scheiteln und samt und sonders Beinkleider tragen, so sehen sie für uns aus wie bild-

schnittenen Haare auf der Seite, was die Verwechslung sehr begünstigt. (XXII 174)	hübsche Jungen. Einige wenige dieser sehr reizenden Mischlingsexemplare haben wir in Isleta gesehen, so die Tochter des Governors [...]. (Lindau 366)

Eine Information, der May dramaturgische Bedeutung gibt. Die hübsche Tochter der Pueblo-Indianer, die sich Old Shatterhand noch durch das Geschenk eines silbernen Etuis geneigt gemacht hat, gibt ihm nämlich wichtige Hinweise auf die verfolgten Meltons und Hilfe in einer bedrohlichen Situation, da sich die anderen Bewohner von Acoma feindselig zeigen.

Aus der obigen Gegenüberstellung und Kommentierung ergibt sich eindeutig, daß Lindau die Hauptquelle für Mays Pueblo-Szenario ist. Die von May übernommenen Bausteine bilden weiterhin das Fundament für das fiktive ‚Pueblo der Jüdin / Yumas' in *Satan und Ischariot III*, aber auch für die Pueblos in den danach entstandenen Erzählungen *Der Oelprinz* und *Winnetou I*. Diese Tatsache ist in früheren Quellenstudien anders dargestellt worden.

So behauptet Gerhard Klußmeier, die Quelle für Winnetous Pueblo am Rio Pecos sei die 1863 in Berlin erschienene *Malerische Länder- und Völkerkunde* von W. F. A. Zimmermann.[51] „Und auch das Pueblo-Dorf der Apatschen (eines der historisch anfechtbaren Details bei May und bislang literarisch ungeklärt) ist zu finden".[52] Das muß nunmehr zurückgewiesen werden. Zusätzlich zu Lindau verarbeitete May hier eine Information aus Gregg, der unter anderem auch über das Pueblo Pecos berichtet: „Dieses einst so berühmte Dorf liegt fünf und zwanzig Meilen östlich von Santa Fé, und nicht weit vom Flusse Pecos, dem es den Namen gegeben hat."[53] Anzumerken bleibt, daß Zimmermann auch gar kein Indianer-Pueblo beschreibt, sondern den eigentümlichen Hausbau eines spanischen Dorfes (= Pueblo) in Texas.

Andreas Graf hat vorsichtig auf Balduin Möllhausen als mögliche Vorlage hingewiesen: „Ob das Pueblo in ‚Winnetou I', die ständigen Talkessel [...]: in ähnlicher Form findet sich dies alles bereits bei Möllhausen."[54] Und, so muß man hinzufügen, bei vielen anderen auch. So hilfreich manchmal die Konstruktion von ‚Adaption und Variation' sein mag, im Universum Mays kommt man bei der Verifizierung von Quellen ohne wörtliche oder zumindest nahezu wörtliche Parallele nicht aus. Analogien gibt es reichlich.

Der Wiedereintritt in die Wildnis, in der sich der Hauptteil des dritten Bandes ausschließlich abspielt, wird im folgenden Teil der Erzählung markiert durch ein „schmales, ebenes und schnurgerades Thal" (XXII 188), das sich zwischen zwei Höhenzügen öffnet. Wie auf der Karte unschwer zu erkennen ist, handelt es sich um die ‚Sierra Madre' und die ‚Zuni Mountains', die von May auch beide erwähnt werden (186, 196). Topographisch heißt das, Hauptschauplatz ist das östliche und mittlere Arizona. Die Kartengrundlage mit ihren zahlreichen ‚weißen Flecken' lieferte May die idealen Rahmenbedingungen, in die seine Phantasie dann die Abenteuerhandlung hineinsetzen konnte. Gebirgszüge (Mogollonberge, Sierra Blanca) und Flüsse (Kleiner Colorado, Gila) bilden den groben Rahmen einer terra incognita, in die May erfundene Orte hineinmalt.[55] Ein Teil der Orte hat deutsche Benennungen (‚Pueblo der Jüdin/Yumas', ‚Platte des Cañons', ‚Quelle des Schattens', ‚Tiefes Wasser'), wohl weil der Gatschet keine entsprechenden Angaben bereithält; der andere Teil trägt indianische Namen, die May sämtlich mit Hilfe der Vokabellisten bei Gatschet arrangiert (‚Klekie-Tse', ‚Pinun-Tota', ‚Tikh Nastla'), dabei dem gleichen Muster folgend, das weiter oben schon am Beispiel des ‚Keapayuay' dargelegt worden ist. Die fiktiv-geographische Beschreibung dieser Orte orientiert sich an ihren Namen. Ein Beispiel, um das zu verdeutlichen, mag genügen. Mays Imagination zeigt sich schon im ersten Satz:

„So denkt Euch einen kleinen Berg! Wenn Ihr darauf steht und von ihm niederblickt, so seht Ihr ein rundes Schloß mit weißen Mauern, Fenstern, Portalen, Säulen, Pfeilern, Treppen, Erkern und Türmen. Ihr denkt, ein berühmter Architekt müsse es gebaut haben, und doch ist es nur ein natürlicher Felsen, ein weißer Kalkstein, aus welchem der Regen das alles nach und nach herausgearbeitet hat. Längs des natürlichen Schlosses läuft das Flüßchen hin" (XXII 383).

Möglich, aber kaum nachweisbar ist, daß May von einer Bildvorlage inspiriert wurde. Auch die zwischen die einzelnen Reisestationen eingestreuten geographischen Merkmale dürften schwerlich nachzuweisen sein. Es war mutmaßlich nicht Mays Absicht, ein stimmungsvolles Landschaftsbild zu entwerfen, wie es ihm oft in seinen Orienterzählungen gelungen ist. Der Raum, den er beschreibt, wirkt nicht konkret, weil die Ingredienzien, die May benutzt, skizzenhaft bleiben, ähnlich wie im mexikanischen Teil der Erzählung. Er verarbeitet hier und da Aufgesammeltes, Reminiszenzen an frühere Arbeiten, was folgendes Beispiel verdeutlicht:

Da, wo wir uns befanden, war das Hochplateau unbewaldet. Es gab ein dünnes, niedriges Gras, welches an die Puna der peruanischen Alpen erinnerte. Ebenso erinnerte der Wind daran, der scharf und kalt aus Westen wehte (XXII 350f.).

Nach erfolgreich abgeschlossener Mission geschieht die Abreise aus der Wildnis auf dem gleichen Weg, den man bereits vorher genommen hatte, in umgekehrter Richtung. Die Helden verlassen die Bühne wieder über den Bühneneingang.

4. Savannenesperanto

Es ist bereits mehrfach darauf hingewiesen worden, daß die Quelle für Mays indianische Sprachexempel in *Satan und Ischariot* das Werk von Albert S. Gatschet ist, das der Schriftsteller ab etwa 1882 für seine Amerika-Erzählungen hauptsächlich benutzte. Jürgen Pinnow hat sich ausführlich damit beschäftigt. Als Abschluß der Untersuchung sei eine Konstruktion vorgestellt, die sich auch Pinnow nicht ganz erklären konnte:[56]

Die Worte [...] gehörten der Sprache der Mimbrenjos an, welche mir, da der Apatschenhäuptling Winnetou in derselben mein Lehrmeister gewesen war, ziemlich geläufig zu Gebote stand. Darum rief ich zu ihnen hinauf:
„Te sa arkonda; nina akhlai to-sikis-ta – drückt euch an die Felswand; über euch ist ein Feind!" (XX 101f.)

Der dargebotene Satz ist eine Addition von Wörtern aus den Sprachen der Apachen, Tonto und Navajo, wie sie Gatschet in seinen Vokabellisten verzeichnet: te = gehen (S. 115) + sa = Stein, Fels (S. 105) + arhónda = nahe (S. 113) + ni-ua = dort (S. 113) + akhlai = eins (S. 112) + to ... ta = nicht, nein (S. 67, 112) + sikis = Freund (S. 102), also „gehen Fels nahe dort eins Nicht-Freund". Dabei sind entweder May oder dem Setzer zwei kleinere Schreibfehler unterlaufen: ‚arhónda' mutiert zu ‚arkonda', ‚ni-ua' zu ‚nina'. Wahrscheinlich handelt es sich um Lesefehler des Setzers, da May ‚arhónda' in *Old Surehand I* ebenfalls verwendet, aber in der Gatschet entsprechenden Schreibung mit ‚h': „Owan ustah arhonda – kommt hierher!" (XV 314). Auch das in der Schreibschrift leicht zu verwechselnde ‚u' und ‚n' geht wohl eher auf das Konto des Setzers. Die von Gatschet verwendeten Akzente läßt May in der Regel fort.

5. Schlußbemerkung

Gewiß ist *Satan und Ischariot* eine der schwächeren Arbeiten Mays. Zu deutlich treten die Mängel in der Gesamtkomposition zu Tage, wozu die Parforcereise über drei Erdteile in nicht unerheblichem Maße beiträgt. So erwächst die nordafrikanische Abenteuerhandlung nicht organisch aus dem Gesamtkonzept (wenn es denn eines gab) und könnte leicht auch völlig für sich allein stehen. Offensichtlich diente sie in erster Linie der Befriedigung von Autor und Leser durch Exotik. Die kulturelle Andersartigkeit des Raumes ist bloße Staffage und steht in keinem inneren Zusammenhang mit dem Plot, der beliebig auch in einen anderen geographischen Raum hätte gesetzt werden können. Bezeichnend in diesem Zusammenhang ist die folgende Äußerung Mays: „Dieser sagte mir, daß Old Shatterhand wieder hinüber sei in's Afrika, in die dumme Gegend, welche man die Wüste Sahara nennt. Dort schlägt er sich wohl mit den Indianern herum, welche den Namen Araber führen".[57] Die Einheit des Raumes, wie May sie im sechsbändigen Orientzyklus großartig dargestellt hatte, wird in *Satan und Ischariot* nicht thematisiert und zerfällt in drei große Blöcke (Mexiko, Tunesien, New Mexico – Arizona), und wenn man das im ‚Deutschen Hausschatz' gestrichene Kapitel *In der Heimath* miteinbezieht, sind es eigentlich sogar vier Blöcke.

Hinzu tritt der Mangel an guten geographischen und reisekundlichen Vorlagen, die May für seine Zwecke hätte bearbeiten können – ein Mangel, der auch in Mays Kolportageromanen deutlich zu erkennen ist, bei denen ihm der Zwang zur Textproduktion kaum die nötige Zeit ließ, gründlich zu recherchieren und das Material durchzuarbeiten. Ähnliches darf man auch für *Satan und Ischariot* annehmen. „In keinem anderen seiner klassisch gewordenen Reiseromane segelt Karl May so dicht an der Kolportage".[58] In nicht unerheblichem Maß nutzt May ja seinen Kolportageroman *Deutsche Herzen, deutsche Helden* als Quelle.

Dennoch bietet der Roman exemplarisch ein aufschlußreiches Panorama Mayscher Textkreation hinsichtlich seines Umgangs mit Quellen. Wir finden hier die gesamte Palette von Baustoffen, deren May sich für die Schaffung seines literarischen Kontinents bedient: Statistik, Lexikon, Bild, Landkarte und Reisewerk. Und was überdies deutlich wird: Je mehr Orte er erfindet, die keinen kartographischen Bezugspunkt haben, desto weniger gelingt es ihm, eine Landschaft, einen Raum anschaulich vor den Augen des Lesers erstehen zu lassen.

Anmerkungen

1 Herbert Rosendorfer: *Vorwort* zu Alberto Manguel/Gianni Guadalupi: *Von Atlantis bis Utopia. Ein Führer zu den imaginären Schauplätzen der Weltliteratur.* München 1981, S. 5.
2 Lorenza Rega: *Karl May als imaginärer Reisender.* In: Prospéro. Triest 1996, S. 50.
3 J. E. Wappäus: *Handbuch der Geographie und Statistik des ehemaligen spanischen Mittel- und Südamerika nebst den europäischen Besitzungen.* Leipzig ⁷1863/70; künftig: Wappäus. Den Hinweis auf Wappäus fand ich bei Siegfried Augustin: *Mit Karl May auf fremden Pfaden. Literarische Quellen und Vorbilder.* In: *Karl May – Leben, Werk, Wirkung. Ein Handbuch*, hg. v. Heinrich Pleticha u. Siegfried Augustin. Stuttgart 1996, S. 199. Johann Eduard Wappäus, geboren am 17. 5. 1812 in Hamburg, gilt als einer der größten deutschen Geographen des 19. Jahrhunderts. 1838 habilitierte er sich als Privatdozent in Göttingen, wo er 1845 eine außerordentliche und 1854 eine ordentliche Professur erhielt. 1847 übernahm er die Redaktion der neuen Bearbeitung von Stein-Hörschelmanns *Handbuch der Geographie und Statistik*, das er 1871 als zehnbändiges Werk abschloß. Wappäus starb am 16. 12. 1879 in Göttingen.
4 *Brockhaus' Conversations-Lexikon. Allgemeine deutsche Real-Encyklopädie.* Leipzig ¹³1882-87; künftig: Brockhaus, wobei die römische Ziffer den Band angibt.
5 Vgl. Bernhard Kosciuszko: „*Man darf das Gute nehmen, wo man es findet". Eine Quellenstudie zu Karl Mays Südamerika-Romanen.* In: JbKMG 1979, S. 169-185; Ralf Schönbach: „*Zu einem guten Kartenleser gehört schon etwas..." Die Quellen der Balkan-Romane Karl Mays.* In: *Karl Mays Orientzyklus*, hg. v. Dieter Sudhoff u. Hartmut Vollmer. Paderborn 1991, S. 202-218; Helmut Lieblang: „*Sieh diese Darb, Sihdi..." Karl May auf den Spuren des Grafen d'Escayrac de Lauture.* In: JbKMG 1996, S. 132-204.
6 *Sohr-Berghaus Handatlas über alle Theile der Erde.* 6. Auflage. Glogau 1877; künftig mit der Sigle: Sohr-Berghaus I.
7 Beispielsweise die ‚Sierra Verde' (Sohr-Berghaus I, Blatt 94; XX 2, 67 u. ö.), der nördliche Teil der Sierra Madre (Sierra Tarahumara), die ich nur in den verschiedenen Auflagen des Sohr-Berghaus-Atlas feststellen konnte.
8 Vgl. Roland Schmid: *Die Entstehungszeiten der Reiseerzählungen.* In: Karl May: *Auf fremden Pfaden.* Reprint-Ausgabe, hg. v. Roland Schmid. Bamberg 1984, S. A38.
9 Karl May: *Das Waldröschen oder die Rächerjagd rund um die Erde.* Dresden 1882-84. Reprint Leipzig 1988; ders.: *Deutsche Herzen, deutsche Helden.* Dresden 1885-87. Reprint Bamberg 1976; Zitate künftig unter der Sigle: DH-DH. Der Vollständigkeit halber sei erwähnt, daß auch ein Teil der Erzählung *Ein Dichter* in Mexiko ange-

siedelt ist. Sie wurde erstmals veröffentlicht in: All-Deutschland! Illustrirtes Hausblatt, Jg. 3 (1879), Nr. 16-20; als Buchausgabe in von Karl May bearbeiteter Form erschienen unter dem Titel *Der Pfahlmann* in dem Sammelband *Die Rose von Kaïrwan.* Osnabrück 1894.

10 Mays Bemerkungen über die Mormonen sind so skizzenhaft und wenig spezifisch, daß sich schwerlich eine konkrete Quelle dafür ausmachen läßt. Im einzelnen vgl. dazu den nach wie vor gültigen Aufsatz von Hermann Wiedenroth: *Die beiläufige Rolle der ‚Jüngstentages Heiligen' im Erzählwerk Karl Mays.* In: JbKMG 1980, S. 125-136.

11 Die Rolle der Auswanderer aus Posen als Kontraktarbeiter in Mexiko scheint eine Maysche Fiktion zu sein. Möglicherweise kombinierte er zwei unterschiedliche historische Fakten: a) die Statistik nennt für das Jahr 1851 eine Gesamtzahl von 567 in Mexiko lebenden Deutschen (davon 153 aus Preußen) und für das Jahr 1853 insgesamt 495 (93 aus Preußen) (Wappäus 43); b) die erbärmliche Lage der Masse der indianischen Landbevölkerung Mexikos, die durch die Gesetzgebung des Präsidenten Porfirio Diaz (1877–1880 und 1884–1911) zu besitzlosen Landarbeitern wurde und so gezwungen war, sich als billige Kontraktsklaven auf den Besitzungen der Minen- und Plantagengesellschaften zu verdingen. Eine deutsche Auswanderung nach Mexiko spielte zu keiner Zeit eine besondere Rolle. Immerhin muß erwähnt werden, daß manche zeitgenössische Autoren in einer massiven Einwanderung nach Mexiko die einzige Chance sahen, das Land für die Zivilisation zu retten. So bemerkte J. B. A. Ahrens (*Mexiko und Mexikanische Zustände. In den Jahren 1820–1866.* Göttingen 1866, S. 43): „Nur ein Weg scheint offen zu stehn für religiöse und politische Freiheit in Mexiko. Es ist dies der Sturz des Priesterthums durch die Immigration der Union, Englands und Deutschlands." (Zit. nach: *Die Wiederentdeckung Lateinamerikas. Die Erfahrung des Subkontinents in Reiseberichten des 19. Jahrhunderts,* hg. v. Walther L. Bernecker u. Gertrut Krömer. Frankfurt/M. 1997, S. 339) Zudem ist bemerkenswert, daß der Bergbau „in neuerer Zeit vertragsmäßig namentlich durch Briten u. Deutsche betrieben" wurde (*Pierer's Universal-Lexikon,* Bd. 11. Altenburg ⁴1860, S. 209).

12 Die Yumas waren ein in zahlreiche Stammesgruppen zerfallenes Volk beiderseits des Colorado River im westlichen Arizona. Zu ihnen zählten unter anderen die Maricopa, Mohave, Walapai und Yavapai, die sich meist aufs heftigste bekämpften. Als seßhafte Ackerbauern betrieben sie in der Regel Überschwemmungsfeldbau und waren wenig kriegerisch. Streifzüge führten zwar einzelne Gruppen gelegentlich über die mexikanische Grenze, aber nie in die Gegend des östlichen Sonora oder gar nach Chihuahua, wie May es beschreibt: „Da wir zunächst nach Chihuahua wollten, so mußten wir erst einen Tag lang durch die Einöde reiten, kamen dann über einen schmalen Strich Landes, welcher den Yumas noch gehörte, und dann in ein Gebiet, um welches diese sich mit den Mimbrenjos stritten." (XXI, 142) Histo-

risch richtig ist lediglich, daß Nordmexiko zu den Streifgebieten der Mimbrenjos und anderer Apatschen-Stämme gehörte. Beachtenswert im Zusammenhang mit Mays Erzählung ist eine Begebenheit aus dem Jahre 1858. Nachdem einige Mohavehäuptlinge von Mormonen getauft und gegen die Amerikaner aufgewiegelt worden waren, überfielen sie auf dem Beal Trail über den Colorado einen Wagentreck und töteten 18 Amerikaner. May könnte natürlich aus der zeitgenössischen Literatur davon erfahren und dieses Ereignis variiert haben, was sich aber kaum nachweisen läßt. Vgl. H. J. Stammel: *Indianer. Legende und Wirklichkeit von A–Z.* München 1992, S. 291f.; *Handbook of American Indians North of Mexico*, Part 2, ed. by Frederick Webb Hodge. New York 1971, S. 1010ff.

13 Vgl. hierzu XX 112f., 117f. Was die ‚Kakteenzäune' betrifft, findet sich im Brockhaus eine vergleichbare Stelle: „Manche Arten, wie Cereus Swartzii, werden zur Herstellung undurchdringlicher Zäune benutzt" (X 16). Aus genannten Gründen muß aber eine Zuweisung als Quelle offenbleiben.

14 Vgl. Claus Roxin: *„Dr. Karl May, genannt Old Shatterhand". Zum Bild Karl Mays in der Epoche seiner späten Reiseerzählungen.* In: JbKMG 1974, S. 15-73.

15 Karl May: *Freuden und Leiden eines Vielgelesenen.* In: Deutscher Hausschatz, Jg. XXIII (1896/97), S. 18.

16 Eine erste Idee dazu, das ‚Quecksilberland' des Grafen Ferdinando de Rodriganda, findet sich bereits in *Das Waldröschen* [Anm. 9], S. 932-936.

17 *Pierer's Universal Conversations-Lexikon. Neuestes encyklopädisches Wörterbuch aller Wissenschaften, Künste und Gewerbe*, Bd. 18. Oberhausen, Leipzig ^{6}1879, S. 792.

18 May verfügte über verschiedene spanische Wörterbücher und Grammatiken. Vgl. Franz Kandolf/Adalbert Stütz: *Karl Mays Bücherei.* In: KMJb 1931, S. 238f.

19 New Almaden lag in der äußerst quecksilberreichen Gegend des kalifornischen Küstengebirges 24 km südlich von San José auf dem Gebiet der ehemaligen Mission Santa Clara (Santa Clara County). Schon 1846 begann die Ausbeutung durch die Amerikaner Barron, Forbes & Co. New Almaden galt bis in die achtziger Jahre des 19. Jahrhunderts als die reichhaltigste aller bekannten Quecksilberminen. Auch in der deutschen Presse wurde des öfteren über New Almaden berichtet; vgl. etwa *Ein Tag in den Quecksilbergruben zu Neu-Almaden.* In: Westermann's Illustrirte Deutsche Monatshefte, Braunschweig, 26 (August 1869), Nr. 155, S. 507-510.

20 Walther Ilmer: *Karl Mays Weihnachten in Karl Mays „Weihnacht!".* In: JbKMG 1987, S. 102.

21 Hermann Wohlgschaft: *Große Karl May Biographie.* Paderborn 1994, S. 76.

22 Wolf-Dieter Bach: *Fluchtlandschaften.* In: JbKMG 1971, S. 53. Recht zielgenau auch der Satz: „Über die Heimatschicht breitet er aus Lexika abgeschriebene exotische Landschaftsszenerie" (S. 43).
23 Zur Wassersymbolik vgl. Bach [Anm. 22].
24 Karl May: *Der Krumir.* In: Belletristische Correspondenz, Jg. 1882.
25 Franz Kandolf: *Krüger-Bei und der ‚Vater der Fünfhundert'.* In: KMJb 1979, S. 29-37; ders.: *Sir David Lindsay und Krüger-Bei,* ebd., S. 41-53. Vgl. auch Mounir Fendri: *Neues zu Karl Mays Krüger-Bei. Das Manuskript des Muhammad ben Abdallah Nimsi alias Johann Gottlieb Krüger.* In: JbKMG 1992, S. 277-298.
26 Karl May: *Unter Würgern.* In: Deutscher Hausschatz, Jg. V (1878/79).
27 Vgl. Lieblang: *Escayrac* [Anm. 5], S. 152 u. 170f.
28 *Vollständiger Universal-Handatlas der neueren Erdbeschreibung über alle Theile der Erde,* hg. v. Dr. K. Sohr u. F. Handtke. 5. Aufl., vermehrt und verbessert durch Dr. Heinrich Berghaus. Glogau 1865, Blatt 91; künftig mit der Sigle: Sohr-Berghaus II.
29 Zum besseren Verständnis folgt hier der von Old Shatterhand und seinen Gefährten eingeschlagene Reiseweg, in Klammern die Namen des Sohr-Berghaus II. Bei den Abweichungen handelt es sich teils um Lese- oder Setzerfehler; konsequent hat May den arabischen Artikel al zu el und kazr zu kasr verändert. Ein eklatanter Setzerfehler findet sich XXI 335 bei dem Ortsnamen Nablumah, wo es richtig Nabhannah heißen müßte: Kap Chamart [Ghamart] – Goletta – Tunis – Bardo – Tunis – Zaghuan [Zaghwan] – Bardo – Uneka – Medscherdah-Fluß – Tastur – Tunkah – Tebursuk – Zauharim – Dschebel Magraham – Wadi Baduwas – El Khima [Al Khima] – Dschebel Ussalat – Nabhannah – Mahalute-Kasr [Mahalute-Kazr] – Zehlum-Ruinen – Kasrazeït [Kazr-à-zeit] – El Menarah [Al Menarah] – Hammamet – Soliman – Tunis – Bardo – Goletta.
30 Vgl. dazu Lieblang: *Escayrac* [Anm. 5], S. 140.
31 Franz Kandolf: *Schrittmesser und Landkarten.* In: KMJb 1979, S. 26. Kandolfs dort gemachte Angaben zu Verlagsname und -ort der Krumir-Karte sind nicht korrekt.
32 Heinrich von Maltzan: *Zur Kennzeichnung der Zustände in Tunis.* In: Globus. Illustrirte Zeitschrift für Länder- und Völkerkunde, Bd. 22 (1872), S. 153.
33 Ebd., S. 154.
34 Rosendorfer [Anm. 1], S. 6.
35 Karl May: *Im ‚wilden Westen' Nordamerika's.* In: Feierstunden im häuslichen Kreise, Jg. 9 (1883).
36 Englisch würde es ‚Dryford' heißen.
37 Balduin Möllhausen: *Tagebuch einer Reise vom Mississippi nach den Küsten der Südsee.* Leipzig 1858, S. 122f. Zu Möllhausen als Vorbild Mays vgl. Andreas Graf: *„Habe gedacht, Alles Schwindel". Balduin Möllhausen und Karl May – Beispiele literarischer Adaption und Variation.* In: JbKMG 1991, S. 324-363.

38 *Karawanenzüge durch die westlichen Prairieen und Wanderungen in Nord-Mejico*. Nach dem Tagebuche des Amerikaners Josias Gregg bearbeitet von M. P. Lindau. 2 Bde. Dresden, Leipzig 1848, Bd. 2, S. 106; künftig mit der Sigle: Gregg. Vgl. Augustin [Anm. 3], S. 196f.
39 Sohr-Berghaus I [Anm. 6], Blatt 94.
40 Als Handlungsraum hatte May den Llano estacado schon vorher erschlossen in *Ein Dichter* [Anm. 9], *Deadly Dust* (Deutscher Hausschatz, Jg. VI, 1879/80), *Das Waldröschen* [Anm. 9] und *Der Geist der Llano estakata* (Der Gute Kamerad, Jg. II, 1887/88). In *Satan und Ischariot* nimmt May selbst Bezug darauf: „ich hatte schon einigemale einen solchen Sturm in dem Llano estacado erlebt." (XXII 77) Später erscheint der Llano noch einmal in *Old Surehand I* (Freiburg 1894). Vgl. hierzu Meredith McClain: *Karl Mays Llano estakado und die Wirklichkeit heute*. In: JbKMG 1994, S. 299-311.
41 Vgl. Lieblang: *Escayrac* [Anm. 5], S. 155ff.
42 Albert S. Gatschet: *Zwölf Sprachen aus dem Südwesten Nordamerikas*. Weimar 1876; künftig unter der Sigle: Gatschet. Auch alle anderen indianischen Sprachproben stammen daher. Vgl. dazu auch Jürgen Pinnow: *Indianersprachen bei Karl May*. SoKMG 69 (1987); ders.: *Aus der Geisteswelt der Apachen und Navaho / Indianersprachen bei Karl May II*. SoKMG 74 (1988).
43 Das Buch ist in Mays Bibliotheksverzeichnis aufgeführt, vgl. Kandolf/Stütz [Anm. 18], S. 233. Zitiert wird nach dem Neudruck, hg. v. Peter Wersig, mit einem Nachwort v. Roland Berbig. Berlin 1990; künftig mit der Sigle: Lindau. Vgl. Augustin [Anm. 3]. Paul Lindau wurde am 3. 9. 1839 in Magdeburg geboren. Er war Literaturkritiker, Redakteur und Gründer verschiedener Zeitschriften, seit 1895 Intendant des Hoftheaters Meiningen, von 1900 bis 1903 Direktor des Berliner Theaters, bis 1905 des Deutschen Theaters und bis 1917 Dramaturg des Königlichen Schauspielhauses. Daneben verfaßte er zahlreiche Novellen, Romane, Dramen und Reisebücher. Er starb am 31. 1. 1919 in Berlin. Im Jahre 1883 unternahm Lindau aus Anlaß der Einweihung der Northern Pacific Railroad eine Reise durch die zum Teil noch wenig bekannten Gebiete des amerikanischen Westens. Seine Briefe wurden zuerst in der ‚National-Zeitung' veröffentlicht.
44 Berbig: *Nachwort* (zum Neudruck) [Anm. 43], S. 421.
45 Zit. nach ebd.
46 Karl May: *Der Oelprinz*. In: Der Gute Kamerad, Jg. VIII (1893/94); als Buchausgabe Stuttgart, Berlin, Leipzig 1897; Beschreibung der Pueblos: S. 198ff. Zu den Entstehungszeiten vgl. Schmid [Anm. 8], S. A41.
47 Karl May: *Winnetou der Rote Gentleman*. Bd. 1. Freiburg 1893; Beschreibung von Winnetous Pueblo: S. 177f. Zu den Entstehungszeiten vgl. Schmid [Anm. 8], S. A40.
48 Vgl. hierzu Helmut Lieblang: *Adolf von Wrede und Karl May. Erlebte und fabrizierte Reisebeschreibungen*. In: JbKMG 1995, S. 252-261;

ders.: *Im Schatten des Großherrn. Karl May, Charles Didier, von der Berswordt.* In: JbKMG 1999, S. 270-296 (285f.).
49 Gregg [Anm. 38], (II) 171, 177f.; May: *Der Oelprinz* [Anm. 46].
50 Die von Lindau beschriebenen Kulturelemente waren Bestandteile eines vielschichtigen rituellen Systems von Heilungs- und Regenmagie.
51 Gerhard Klußmeier: *Karl May; Schriftsteller – kein Psychopath.* In: *Vom Old Shatterhand zum Sherlock Holmes. Ein Abenteuer-Almanach,* hg. v. Siegfried Augustin u. Walter Henle. München 1986, S. 71-112.
52 Ebd., S. 86.
53 Gregg [Anm. 38], (II) 175.
54 Graf [Anm. 37], S. 352f.
55 Zu den bei May erwähnten und handelnd auftretenden Indianerstämmen (Apachen, Mogollons, Nijoras, Yumas u. a.) vgl. Wilhelm Manig: *Waren die Nijoras in Karl Erzählungen Apachen?* 3 Teile. In: MKMG 97-99 (1993/94).
56 Vgl. Pinnow: *Indianersprachen* [Anm. 42], S. 49.
57 Karl May: *Im ‚wilden Westen' Nordamerika's* [Anm. 35], S. 30.
58 Siegfried Augustin: *Nachwort* zu Karl May: *Satan und Ischariot,* 3. Bd. Karl May's Illustrierte Werke, hg. v. Heinrich Pleticha u. Siegfried Augustin. Stuttgart 1993, S. 460.

Bibliographie

Aufgenommen sind Publikationen, die monographisch oder themenübergreifend Karl Mays Trilogie *Satan und Ischariot* (oder das gestrichene Kapitel *In der Heimath*) behandeln. Die mit * gekennzeichneten Titel sind im vorliegenden Band abgedruckt.

Biegel, Gerd: *„Armer Professor, dein Leben war umsonst!" Das Alter bei Karl May: eine Anregung.* In: *Geschichte des Alters in ihren Zeugnissen von der Antike bis zur Gegenwart*, hg. v. Gerd Biegel. Braunschweig 1993, S. 89-92.

Biermann, Joachim: *Die wahre Judith. Motivverwandtschaften zwischen dem „Verlorenen Sohn" und „Satan und Ischariot".* In: MKMG 48 (1981), S. 23-25.

*Ders.: *Von der Felsenburg zur wahren Heimat. Örtlichkeiten zwischen Heimat und Fremde in ‚Satan und Ischariot'.*

Ders./Winter, Ingmar: *Die Insel als Topos im Werk Karl Mays.* SoKMG 79 (1988).

Dernen, Rolf: *Satan und Ischariot. Aus der Werkstatt eines Erfolgsschriftstellers VIII.* In: *Karl May & Co.* 94 (2003), S. 62.

Fendri, Mounir: *Neues zu Karl Mays Krüger-Bei. Das Manuskript des Muhammad ben Abdallah Nimsi alias Johann Gottlieb Krüger.* In: JbKMG 1992, S. 277-298.

Graefe, Hanns: *Krüger Bei?* In: KMJb 1930, S. 328-332; wiederabgedruckt in: KMJb 1979, S. 38-40.

Gross, Oliver: *Old Shatterhands Glaube. Christentumsverständnis und Frömmigkeit Karl Mays in ausgewählten Reiseerzählungen.* Husum 1999.

Haider, Anton: *Vergleichslesung „Satan und Ischariot". Vom „Deutschen Hausschatz" zur Buchausgabe.* Ottersheim 1998.

Hatzig, Hansotto: *Register zu Karl Mays Reiseerzählungen. Mit Anmerkungen und Zitaten.* Ubstadt 1995, S. 233-264.

Hermesmeier, Wolfgang/Schmatz, Stefan: *„Krüger Bey" und „Die Jagd auf den Millionendieb". Unbekannte May-Abdrucke entdeckt (III).* In: *Karl May & Co.* 95 (2004), S. 54-57.

Ilmer, Walther: *Einführung.* In: Karl May: *Die Felsenburg* (*Hausschatz*-Reprint). Hamburg, Regensburg 1980, S. 3-8.

Ders.: *Nachwort.* In: Karl May: *Die Felsenburg* (*Hausschatz*-Reprint). Hamburg, Regensburg 1980, S. 216-227.

Ders.: *Einführung.* In: Karl May: *Krüger Bei/Die Jagd auf den Millionendieb* (*Hausschatz*-Reprint). Hamburg, Regensburg 1980, S. 2-10.

Ders.: *Nachwort.* In: Karl May: *Krüger Bei/Die Jagd auf den Millionendieb* (*Hausschatz*-Reprint). Hamburg, Regensburg 1980, S. 275-285.

Ders.: *Der Professor, Martha Vogel, Heinrich Keiler und Mays Ich. Zur Heimat-Episode in ‚Satan und Ischariot'.* In: MKMG 47 (1981), S. 3-12; MKMG 48 (1981), S. 3-10.

Ders.: *Winnetou im Gesangverein. Ein Traum des Gefangenen.* SoKMG 35 (1982).

*Ders.: *Wirrwarr ‚in der Heimat'. Dokument einer Wende mit Folgen.*

Jeglin, Rainer: *Karl May und der antisemitische Zeitgeist.* In: JbKMG 1990, S. 107-131.

Kandolf, Franz: *Krüger-Bei und der „Vater der Fünfhundert".* In: KMJb 1924, S. 90-104; wiederabgedruckt in: KMJb 1979, S. 29-37.

Ders.: *Sir David Lindsay und Krüger-Bei* (1937). In: KMJb 1979, S. 41-53.

*Keindorf, Gudrun: *Schöne Männer und schmutzige Frauen. Physiognomische Phänomene als Elemente der Charakterbildung in Karl Mays ‚Satan und Ischariot'.*

Kittstein, Werner: *Briefe in Karl Mays Abenteuerromanen.* In: JbKMG 1999, S. 44-69.

*Ders.: *„ Was nun thun? War ich denn noch nicht da?" Beobachtungen zur Erzählsituation in Karl Mays ‚Satan und Ischariot'.*

Klußmeier, Gerhard : *Karl May und Deutscher Hausschatz.* In: MKMG 19 (1974), S. 17-20 (Teil IV); MKMG 23 (1975), S. 18-20 (Teil VIII); MKMG 24 (1975), S. 19-21 (Teil IX).

Kosciuszko, Bernhard (Hg.): *Großes Karl-May-Figuren-Lexikon.* Paderborn 1991; Zweite, verbesserte, überarbeitete u. erweiterte Auflage. Paderborn 1996; dritte, verbesserte u. ergänzte Auflage [*Das große Karl May Figurenlexikon*]. Berlin 2000.

Kühne, Hartmut: *Satan und Ischariot I-III.* In: *Karl-May-Handbuch*, 2. erweiterte u. bearbeitete Auflage, hg. v. Gert Ueding in Zusammenarbeit mit Klaus Rettner. Würzburg 2001, S. 216-222.

Ders.: *Karl Mays musikalisches Leben und Streben.* In: Ders./Lorenz, Christoph F.: *Karl May und die Musik.* Bamberg, Radebeul 1999, S. 9-72 (42-61).

*Lieblang, Helmut: *„Ich war noch niemals hier gewesen". Die Quellen zu ‚Satan und Ischariot'.*

Lorenz, Christoph F.: *In der Heimath.* In: Karl May: *Old Shatterhand in der Heimat und andere Erzählungen aus der Werkstatt* (*Karl May's Gesammelte Werke* 79). Bamberg, Radebeul 1997, S. 16-20.

Lowsky, Martin: *Karl May.* Stuttgart 1987.

Ders.: *Die Einkehr. Zur Poetik von Karl Mays Gasthausszenen.* In: JbKMG 1999, S. 148-165.

*Ders.: *Strukturen des Erzählens, Sehnsüchte des Erzählers. Über die Motivreihe Gasthaus, Heim, Heimat in Karl Mays ‚Satan und Ischariot'.*

Maschke, Fritz: *Karl May und Emma Pollmer. Die Geschichte einer Ehe.* Bamberg 1973.

Ders.: *Martha Vogel – ein Pseudonym für Thekla Vogel?* In: MKMG 41 (1979), S. 29-31.

*Mojem, Helmuth: *Karl May: Satan und Ischariot. Über die Besonderheit eines Abenteuerromans mit religiösen Motiven.* In : JbKMG 1989, S. 84-100.

*Olma, Walter: *„So etwas war noch nie dagewesen". Ein Apatschenhäuptling im Orient und andere unglaubliche Geschichten in Karl Mays ‚Satan und Ischariot'.*

Plaul, Hainer (Hg.): *Karl May, Mein Leben und Streben.* Hildesheim, New York 1975.

Ders.: *Illustrierte Karl-May-Bibliographie.* Unter Mitwirkung v. Gerhard Klußmeier. Leipzig 1988.

Raub, Manfred: *Indianer am Rio Gila. Yuma und andere Indianervölker des Südwestens bei Karl May.* In: MKMG 129 (2001), S. 28-40.

Schenk, Kurt H.: *„Ich, der Proletarier" sagte Karl May.* In: MKMG 19 (1974), S. 14-16.

Schmid, E [uchar] A[lbrecht]: *Die verfälschte Handschrift.* In: KMJb 1926, S. 245-256.

Schmid, Roland: *Nachwort zur Reprint-Ausgabe* v. Karl May: *Satan und Ischariot III.* Bamberg 1983, S. N1-N8.

Schmidt, Stefan: *Neues von Professor Vitzliputzli?* In: MKMG 86 (1990), S. 51f.

Schmiedt, Helmut: *Karl May. Studien zu Leben, Werk und Wirkung eines Erfolgsschriftstellers.* Königstein/Ts. 1979; überarbeitete Ausgaben; Frankfurt/M. 1987 u. Frankfurt/M. 1992 (*Karl May. Leben, Werk und Wirkung*).

*Ders.: *Identitätsprobleme. Was ‚Satan und Ischariot' im Innersten zusammenhält.* In: JbKMG 1996, S. 247-265.

Schweikert, Rudi: *Artistisches Erzählen bei Karl May: „Felsenburg" einst und jetzt. Der erste Teil der ‚Satan und Ischariot'-Trilogie vor dem Hintergrund des ersten Teils der ‚Wunderlichen Fata' von Johann Gottfried Schnabel – und ein Seitenblick auf Ernst Willkomms ‚Die Europamüden'.* In: JbKMG 1992, S. 238-276.

Seybold, Ernst: *Anmerkungen zu einer Hypothese.* In : MKMG 101 (1994), S. 27-32.

Steinmetz, Hans-Dieter: *„Der gewaltigste Dichter und Schriftsteller ist... das Leben". Zur Deutung der Nebatja- und Martha-Vogel-Episode.* In : MKMG 40 (1979), S. 12-23.

Tippel, Werner/Wörner, Hartmut: *Frauen in Karl Mays Werk.* SoKMG 29 (1981), S. 39-43.

Ueding, Gert: *Die Rückkehr des Fremden. Spuren der anderen Welt in Karl Mays Werk.* In: JbKMG 1982, S. 15-39.

Vinzenz, Wilhelm: *Karl Mays Reichspost-Briefe. Zur Beziehung Karl Mays zum ‚Deutschen Hausschatz'.* In: JbKMG 1982, S. 211-233.

Vocke, Willi: *Satan und die Sangesbrüder. Anmerkungen zu Karl Mays Romantrilogie ‚Satan und Ischariot'*. In: JbKMG 2010, S. 35-72.

Wiedenroth, Hermann: *Die beiläufige Rolle der ‚Jüngstentages Heiligen' im Erzählwerk Karl Mays*. In: JbKMG 1980, S. 125-136.

Wohlgschaft, Hermann: *Große Karl May Biographie. Leben und Werk*. Paderborn 1994, S. 240-251.

Ders.: *Karl May. Leben und Werk. Biographie*, Bd. 2. Bargfeld 2005, S. 782-798.

Wollschläger, Hans: *Karl May in Selbstzeugnissen und Bilddokumenten*. Reinbek b. Hamburg 1965; Neufassung: *Karl May. Grundriß eines gebrochenen Lebens*. Zürich 1976.

Zimmermann, Rosemarie: *Eine Geschichte, die das Leben schrieb*. In: Karl May in Leipzig 9 (1998), Nr. 35, S. 11-16; 10 (1999), Nr. 36, S. 14-20.

Die Karl-May-Studienbände im Igel Verlag

Karl Mays „Orientzyklus". KMS Bd. 1
Br. 312 S., 21,- €; ISBN 978-3-927104-19-8.

Karl Mays „Im Reiche des silbernen Löwen". KMS Bd. 2
Br. 380 S., 24,90 €; ISBN 978-3-86815-505-1; Neuauflage 2010

Karl Mays „Old Surehand". KMS Bd. 3
Br. 384 S., 24,90 €; ISBN 978-3-86815-509-9; Neuauflage 2011

Karl Mays „Ardistan und Dschinnistan". KMS Bd. 4
Br. 222 S., 24,90 €; ISBN 978-3-86815-504-4; Neuauflage 2010

Karl Mays „Satan und Ischariot". KMS Bd. 5
Br. 280 S., 24,90 €; ISBN 978-3-86815-560-0; Neuauflage 2012

Karl Mays „Und Friede auf Erden!" KMS Bd. 6
Br. 318 S., 24,90- €; ISBN 978-3-89621-135-4.

Karl Mays „Im Lande des Mahdi". KMS Bd. 7
Br. 297 S., 24,90 €; ISBN 978-3-86815-506-8; Neuauflage 2010

Karl Mays „El Sendador". KMS Bd. 8
Br. 324 S., 24,- €; ISBN 978-3-89621-207-8.

Karl Mays „Weihnacht!" KMS Bd. 9
Br. 320 S., 24,- €; ISBN 978-3-89621-222-1.

Karl Mays „Winnetou". KMS Bd. 10
Br. 432 S., 24,- €; ISBN 978-3-89621-223-8.